汽车特约销售服务站经营与管理丛书

汽车售后服务管理

第 3 版

宓亚光　编著

机械工业出版社

本书从实际应用出发,对汽车售后各阶段的服务及管理做了详细的阐述,包括汽车售后的前期、中期和后期服务内容,即汽车消费信贷、购车手续代理、汽车保险、汽车保修索赔、汽车维护与检测、汽车配件供应、汽车美容装饰、二手车交易等工作环节应如何管理。作者还就汽车售后服务市场的拓展与开发讲述了自己的观点和看法。

本书可供汽车售后服务业的从业人员阅读,也可供汽车维修专业师生参考。

图书在版编目(CIP)数据

汽车售后服务管理/宓亚光编著 . —3 版 . —北京:机械工业出版社,2017. 12 (2023.9 重印)

(汽车特约销售服务站经营与管理丛书)

ISBN 978-7-111-58478-0

I. ①汽… Ⅱ. ①宓… Ⅲ. ①汽车—售后服务 Ⅳ. ①F407. 471. 5

中国版本图书馆 CIP 数据核字 (2017) 第 280614 号

机械工业出版社(北京市百万庄大街22号 邮政编码 100037)
策划编辑:赵海青 责任编辑:赵海青 丁 锋
责任校对:王 延 封面设计:马精明
责任印制:郜 敏
北京富资园科技发展有限公司印刷
2023 年 9 月第 3 版第 5 次印刷
169mm×239mm · 23 印张 · 364 千字
标准书号:ISBN 978-7-111-58478-0
定价:69. 00 元

汽车特约销售服务站经营与管理丛书
编 委 会

主　任：康文仲

编　委（按姓氏笔画排序）：

刘晓冰　李　戈　张京伟　宓亚光

高玉民　康文仲　黄国相

丛 书 序

随着国民经济的发展和人民生活水平的提高，我国汽车行业得到了长足的发展，轿车进入家庭标志着汽车已经从单纯的运输生产工具变成了普通百姓的耐用消费品。全社会的汽车保有量迅猛增加，2016年底已突破1.94亿辆。汽车保有量的大幅增长，必然为汽车服务业尤其是汽车维修业带来广阔的发展前景。

当前，我国的汽车维修业正处于一个从传统工艺型维修向现代技术型维修的转轨时期。面对市场需求的突然增加、新车型新技术的日新月异、服务对象的变化、服务方式的多样化等新的形势，全行业的准备是不足的。具体表现在，一是思想观念转变不够，服务的理念不强；二是管理水平低，很大一部分企业还沿用着生产型企业的管理模式；三是合格的现代维修企业和现代技术型维修方式的管理人才、技术人才、维修技工等严重缺乏。其结果造成汽车维修行业的整体素质不高，服务质量差，维修质量低，社会信誉度不好。这些问题已经成为社会关注的焦点，同时也引起了政府管理部门和业内的高度重视。为尽快改变汽车维修行业的现状，适应和满足社会的需求，业内专家一致认为，加强和改善汽车维修企业的管理，尽快提高广大维修企业经营者的素质是重中之重。为此，中国汽车维修行业协会号召各地维修协会要加强对维修企业经营者的培训，并要求业内专家及时编写有关教材，著书立说，为行业的发展建功立业。

　　"汽车特约销售服务站经营与管理丛书"是在中国汽车维修行业协会的指导下，由一些有志于为汽车维修行业发展做点实事的业内专家和行业管理者自发组织起来的。他们各自从特约销售服务站管理的关键环节出发，把多年的研究成果和实践经验，经认真总结和提炼，编成此套丛书。其内容包括：营销策略、配件经营与管理、售后服务管理等。

　　在此套丛书陆续出版发行之际，仅对丛书的各位作者表示衷心的感谢，并希望继续努力，为中国汽车维修行业发展做出更大的贡献。

康文仲

第 3 版前言

　　我国汽车工业的高速发展,使我国汽车后市场的经营模式发生了重大的转变,同时也给汽车售后服务业带来巨大的商机。汽车售后服务是指汽车作为商品销售出去以后,由制造商、销售商、维修商、配件供应商和以汽车为服务对象的各类服务商为客户及其拥有的汽车提供的全过程、全方位服务。汽车售后服务涉及各个领域,包括汽车金融服务、汽车保险服务、汽车维修服务、汽车配件服务、汽车美容装饰服务、旧车交易服务、汽车报废回收服务,以及汽车租赁、汽车停车、汽车信息等服务。

　　编写《汽车售后服务管理》一书的目的,是便于业内同行对汽车售后服务及其管理有一个比较系统的了解,为解决实际工作中的具体问题提供一些帮助。同时,本书也可作为汽车售后服务业的经营管理人员,以及汽车专业师生在工作与教学中的参考书。

　　本书于 2005 年 10 月出版第 1 版,2009 年 2 月出版第 2 版,受到了广大读者的欢迎和支持。此次再版,根据读者的要求及实际工作中的需要,对部分章节进行了修改和补充。全书共分十二章,其中第一章是汽车售后服务概述,第二至第四章介绍汽车售后的前期服务,包括汽车消费信贷服务、购车代理服务、汽车保险服务；第五至第九章介绍汽车售后的中期服务，包括汽车保修索赔、汽车维护与汽车检测、汽车配件供应、汽车美容、汽车装饰与汽车防盗；第十章和第十一章介绍汽车售后的后期服务，包括二手汽车交易服务、汽车报废与汽车回收利用；第十二章介绍汽车售后服务市场的拓展与开发。

在本书编写过程中，得到中国汽车维修协会的大力支持与帮助，并参考了国内外同行的相关资料，在此表示诚挚的感谢。

由于本书涉及面广，而作者水平有限，书中难免存在错误和不当之处，恳请广大读者和各位同行批评指正。

作　者

目　　录

第 一 章

汽车售后服务概述

第一节　汽车售后服务的基本概念

一、汽车售后服务

汽车售后服务是指汽车作为商品销售出去以后，由制造商、销售商、维修商、配件商等服务商为客户及其拥有的汽车提供的全过程、全方位服务。它包括汽车金融服务、汽车保险服务、汽车维修服务、汽车配件服务、汽车美容装饰服务、旧车交易服务，以及汽车租赁、汽车停车、汽车信息等服务。

汽车售后服务的直接服务对象是客户，间接服务对象是汽车。提供服务的主体是制造商、经销商、维修商、配件商等服务商，每一个主体都在自己的经营范围提供相应的服务。汽车售后服务贯穿汽车的整个生命周期，在汽车售后的全过程中，有售后的前期服务，包括购车代理、汽车消费信贷、汽车保险代理；中期服务，包括汽车保修索赔、汽车维护与汽车检测、汽车配件供应、汽车美容装饰；后期服务，包括二手车交易和报废车回收。

二、汽车售后服务的经营方式

汽车售后服务分为两种经营方式：一种是汽车销售与服务一体化的方式，以汽车特约销售服务站为主体，集整车销售、维修服务、配件供应、信息反馈为一体。另一种是汽车销售与服务相分离的方式，如汽车城的汽车品牌专卖店及其指定的特约维修厂。还有按多种车型相同服务内容划分出来的方便、快捷、专业化的连锁经营模式，如汽车快修连锁店、汽车专项维修店、汽车换油中心、汽车美容店。其中汽车特约销售服务站的方式是我国汽车售后服务业的主导经营方式。

汽车特约销售服务站通过汽车专营将汽车制造商、汽车销售商、汽车维修商、汽车配件供应商与客户的利益紧密连接在一起，形成一个有机的服务链。对于汽车制造商，可以最快速地获取用户的信息，改正自己汽车商品的缺陷，提高用户的满意度，增强汽车品牌的市场竞争力；对于汽车销售商，有汽车制造厂的品牌以及汽车维修商售后服务的强力支持，从而可以推动销售；对于汽车维修商，新车的销售带来了一大批新客户，而且有汽车制造厂强大的技术支持、人员培训和配件供应，维修的质量和进度大大提高。由于有上述各方面的优势，汽车特约销售服务站在我国汽车售后服务业中处于主导地位。

三、汽车售后服务的特点

与传统产成品相比，汽车售后服务有以下几个特点。

1. 无形性

无形性是产成品与服务之间最本质的区别。由于服务是一种行为而非物体，它是无形的，人们不能像对待有形产品那样去看它、品尝它、嗅它或触摸它。服务的无形性给人们带来了许多新的挑战：

1）服务无法储存，因此，人们很难协调服务需求的波动性。

2）服务不能申请专利，竞争者常能轻易地盗用新的服务理念。

3）服务在购买之前无法向消费者展示其成效，因此消费者也就很难在付款之前评价服务的质量。此外，服务的无形性也使得每单位服务的实际成本很难确定，价格与质量之间的关系也显得比较复杂。

2. 差异性

差异性是指服务的构成成分及质量水平经常变化，很难统一界定。由于服务是一种由人来执行的行为，会受人员自身因素的影响和制约。因此，服务提供者的能力对服务质量的影响非常大。事实上，即使服务是由同一个人提供的，也可能因一些不可避免的因素（如心理因素等），而难以保证有完全一致的服务水准。另外，消费者本身的素质（如知识、兴趣、态度等）也会直接影响服务的质量和效果。

3. 易消失性

易消失性是指服务不能被储存，不能重复出售，也不能退还的特点。提供服务的各种设备可以提前准备好，重复使用，但生产出来的服务如果不当时消费掉，就会消失。有形产品可以存起来在需要的情况下再出售，客户对产品不满意甚至可以退换产品。而汽车售后服务同其他任何服务产品一样不能被储存、转售或退回。例如，一位修理人员将汽车修坏了或一位接待人员对客户不礼貌，这些都是不成功的服务产品，相当于次品或废品，不可能退货，也不可能转售给其他的客户。

4. 复杂性

复杂性表现在：

1）汽车的车型种类繁多，每一次的故障也不一样。

2）汽车的车主是有着复杂感情和不同需求的客户，他们参与了整个服务过程，每天的心情、每一次的需求都会不一样。

3）汽车售后服务是由企业的员工表现出来的一系列行为，没有两种服务会完全一样，员工的服务行为每天甚至每小时都会有区别。

4）汽车售后服务的服务过程极其复杂。就拿汽车维修来说，有接车、诊断、估价、派工、维修、配件、检验、结算、出厂、跟踪等多个环节。哪一个环节出了问题，都会带来车主的不满意，产品就可能是次品或废品。

5. 生产与消费的不可分离性

有形产品往往先生产、再销售、最后消费，它们在时间上是有间隔的，从生产到消费要经过一系列的中间环节。而服务产品的生产和消费是同时进行的，不可分离。也就是说，服务人员提供服务给客户时，也正是客户消费服务的时刻。这通常意味着在服务的生产过程中，消费者必须在场，他们可以看见甚至要加入到整个生产过程中去。生产与消费的同时性会引发下列几个问题：

1）由于在服务的过程中，客户之间相互沟通或相互作用，因而一个客户的意见或行为会影响到他人对服务的满意程度。另一个问题是服务人员（服务的生产者）与客户之间的相互作用也影响着服务的质量及企业和客户的关系。

2）由于服务要按客户要求及时生产出来，不同客户的要求又存在很大的差异，因此，负责提供服务的第一线员工是否具有足够的应变能力以确保服务，能否达到每一个客户所期望的质量水平，就显得极为重要。

3）由于服务产品生产和消费的同一性，使得大规模生产变得非常困难。服务的质量和客户的满意度主要依赖于实际的服务过程，包括服务人员的行为和服务人员与客户的相互作用，以及客户之间的相互作用，因而服务无法通过集约化生产达到规模经营。

从对上述五个特点的分析可以看出，无形性是服务的最基本特点，其他特点都是从这一特点派生出来的。实际上，正是因为服务的无形性，它才不可分离。而差异性、易消失性、复杂性在很大程度上又是由无形性和不可分离性这两大特点所决定的。

第二节　汽车售后服务的新理念

一、客户满意的经营理念

客户是企业最大的投资者，坚持客户第一的原则，是市场经济本质的要求。汽车售后服务的经营目的是为社会大众服务，为客户服务，不断满足各个层次车主的需求。

任何企业都以追求经济效益为最终目的，如何才能实现自己的利润目标，从根本上讲必须满足客户的需求、愿望和利益，才能获得企业自身所需的利润。"客户满意"可以为企业创造价值，企业经营活动的每一个环节都必须眼里有客户，心中有客户，全心全意为客户服务，最大限度让客户满意。这样才能在激烈的市场竞争中获得持久的发展。

二、"客户总是对的"理念

树立"客户总是对的"理念，是建立良好客户关系的关键所在，在处理客户抱怨时，这是必须遵循的黄金准则。

"没有客户的错，只有自己的错"尽管不一定符合客观实际，然而在企业与客户这种特定的关系中，只要客户的错不会构成企业的重大经济损失，就要将"对"让给客户，得理也让人。"客户总是对的"并不意味着事实上客户的绝对正确，而是意味着客户得到了绝对的尊重。客户品尝到"上帝"滋味的时候，就是企业提升知名度、信誉度，拥有更多的忠诚客户、更大的市场、更大发展的时候。

"客户总是对的"，这是对员工服务行为的一种要求。必须要求员工遵循三条原则：

1）站在客户角度考虑问题。

2）应设法消除客户的抱怨和不满，不应把对产品或服务有意见的客户看成讨厌的人。

3）切忌同客户发生任何争吵。

三、"员工也是上帝"的理念

客户的满意必须要有满意的员工来服务，只有满意的员工才能创造客户的满意，只有做到员工至上，才能做到把客户放到第一位。

"员工也是上帝"的理念告诉人们，满意的员工才能创造客户的满意。企业善待员工，员工才能理解客户第一的理念，才会善待企业和企业的客户。企业要想使自己的员工让车主百分之百的满意，必须从满足员工的需要开始，满足员工求知的需要，发挥才能的需要，享受权利的需要，实现自我价值的需要。关心爱护员工，调动积极性，激发奉献精神，满足员工自尊心，使员工真正成为创造客户满意的生力军。

员工至上和客户第一是统一的，相辅相成的。员工是以劳动技能和智慧作为投资投入企业，劳动力是一种智慧资本、知识资本、技能资本，是企业资产的组成部分。员工希望企业发展，自身也能发展。客户也是企业的最大投资者，客户投资了车源，投资了服务对象，也希望企业发展能更好地给自己的车辆做好售后服务，所以在投资关系上他们是统一的。

四、全新的人才理念

企业竞争，人才是关键。现代汽车服务企业需要一大批"汽车医生""汽车护士"、职业经纪人和职业经理。

五、全新的培训理念

培训是提高人才素质的重要途径，将员工送出去学习，将专家请进来授艺，以及企业内部对员工不间断地培训是人才快速提高的主要形式。传统单一的以师带徒的授艺模式不利于人才的快速成长。

六、全新的资讯理念

现代汽车技术含量的提高，使得资讯的重要性日益突出。资讯包括图书、光盘（电子图书）和互联网查询三大类，特别是电子图书和互联网，具有信息容量大、交换过程快、费用低等一系列传统图书无法比拟的优点，充分利用资讯对增强企业竞争力尤为重要。

七、全新的资源整合理念

现代汽车服务企业是一个由人流、物流、信息流、资金流组成的复杂系统。将各种资源有效、合理、科学地配置和整合，提高资源的利用效率，挽救资源的损失和浪费是现代企业经营管理的又一新理念。

八、全新的信息管理理念

在信息经济时代，信息就是生产力。现代汽车服务企业如何将企业的客户信息、车辆信息、技术信息、配件信息、员工信息、竞争对手信息、政策信息、资金信息、设备信息等纵横交错的信息，用计算机网络平台加以管理，加以分析，为决策提供可靠依据。这是企业提高工作效率、降低成本、增强竞争力的一种科学的管理方法和管理手段。

第三节　汽车售后服务的模式

一、东风裕隆的营销服务体系

2001 年 12 月 21 日，东风汽车公司与台湾裕隆公司在人民大会堂隆重举行合作签字仪式。从此，双方在汽车销售服务领域展开广泛合作，合资组建东风裕隆汽车销售公司、东风裕隆旧车置换公司、联友科技有限公司，合作经营东风汽车工业财务公司和东裕保险代理公司。服务内容包含新车销售、零件销售、汽车保修、汽车检验、汽车办牌、汽车百货、汽车信贷与汽车保险等。让消费者在购车过程中"容易购买"，能够一次办理好所有手续与装备，达到"易购服务"与"易行服务"的目的。

1. 营销服务体系的理念

东风裕隆以建设"具有竞争优势的营销管理事业"为战略目标，以用户为中心，以"易购服务"与"易行服务"为战略手段，通过营销技术的导入与构建，销售网点的重整与开拓等计划的执行，迅速构建出兼具"易购服务"与"易行服务"的先进销售体系，为用户提供全面的便利服务，建立品牌的忠诚度。

（1）满足消费者行的需求

消费者对于行的需求不仅体现在以购车作为代步工具上，而且在行的整个发生过程中始终与生活息息相关。为消费者在行的过程中多提供一些便利、关怀、体贴服务，甚至多一些优惠，消费者很容易对东风品牌产生深刻的信赖感，进而建立品牌忠诚度。

（2）以差异化服务取得消费者的信赖与喜爱

基于满足消费者行的需求，东风裕隆公司从购车、用车，甚至生活的其他领域都给予关怀与服务，使消费者对购车、用车有全新的感受与体验，让消费者的生活与车紧密结合，也让消费者信赖东风品牌，喜爱东风品牌，建立起消费者对东风品牌的忠诚度。相对于其他的竞争者来说，提供这样的个性化服务是极具差异化的，这样的销售和服务必将能够抢占先机。

（3）共担成本、共创价值

除了新车销售事业体系外，还可以进行水平衍生其他事业的发展，如信贷、保险、票务代理、旅游、快速维修等。各事业体的商品可以相互结合搭配提供，如联合促销、售后服务优惠等，可降低各自的促销成本与营业成本，经各自的渠道以及经销网络一起销售，能够增加与消费者的接触，降低渠道成本。这样，新车销售同时带动其他事业体商品的销售，或者通过其他事业体的服务，促进品牌认同以及再次购买，逐渐形成良性循环，达到"共担成本、共创价值"的目的。

2. 营销服务体系的主体架构

（1）销售公司

销售公司的主要职能有四个方面，即新车销售、渠道管理、零部件经营和水平衍生事业的协调和规划。

销售公司的经销模式采取区域经销与直销双轨制。区域经销由原东风经销商和其他经销伙伴组成，并通过销售公司对各地区营业部的整合和经营辅导，引进裕隆集团先进的营销技术，提高渠道实力，扩大渠道规模，增强区域渠道竞争力。直销点由销售公司直接设立，或引进其他资源包括台湾经销商资源。一是能够快速适应市场需求，作为销售公司在各个区域市场的触角迅速收集市场信息；二是作为当地其他经销商的营销示范，加快营销技术导入速度；三是可作为当地营销管理人才及专业人才的培训中心。

在区域管理中，实施以区域管理为主、品种总代理为辅的营销模式。

将广东、山东分别根据经济发展水平、保有量等因素分成 7 个区域，每个区域选取有很强实力的经销商作为区域总经销，负责管理授权区域的市场，规范市场，提高市场占有率，为用户提供个性化服务，增强东风营销网络的竞争力。

（2）信息管理公司

信息管理公司的功能主要是引进裕隆集团现有的整套软件，并在此基础上进行二次开发，以满足东风营销体系的应用需要。通过软件的引进和开发，大大提高了东风营销网络应用计算机的水平，从而促进网络整体管理水平的提高。

（3）融资公司

在构建"易购服务"体系时，汽车的融资是非常重要的一环。汽车融资企业的介入使销售公司和经销商集中精力于自己熟悉的领域，经营风险将大大降低。因为销售公司只需根据经销商的要求将车提供给经销商，即可从融资公司获得贷款，基本上不存在应收账款的问题，经营风险大大降低，同时资金周转非常快；经销商一方面从融资公司获得流动资金贷款，解决资金问题，另一方面也可以通过消费信贷从融资公司获得贷款；而专业的融资公司通过专业人员管理这些应收账款，将风险降低到最低限度，从而为销售公司集中精力管好市场、理顺思路打下坚实的基础，更好地通过销售公司为消费者提供个性化服务。

（4）保险代理公司

东风裕隆项目中包括保险代理公司。保险代理公司的业务主要是代理保险公司开展汽车保险业务和保险理赔前期服务业务。所有汽车保险业务均可以通过汽车销售人员完成保险产品的推销与保险费的收取。销售人员在销售汽车时，同时为用户提供保险业务的服务，投保手续完成后，投保书统一送签约的保险公司进行核保与签发保险单。业务推展成功后，由保险公司核发约定的代理费。这样既省去了用户的麻烦，达到"易购服务"的目的，又增加了业务代表的收入，一举数得。

在保险理赔前期服务作业方面，根据与合作保险公司的约定，由合格的专业人员代为进行车辆出险时出险通知书的受理、损坏原因的勘察、损坏部位的拍照与损坏部位的修复定价，并备齐相关证明文件，交付保险公司进行理赔案的审核。结案后，由保险公司核发约定的代理费，这样可加快理赔的速度，提高东风用户的满意度。

（5）旧车置换公司

旧车置换公司是东风营销体系改革的重要一环，其策略为"共担成本、共创价值"。东风与裕隆共同合资成立的旧车置换公司，其基本思路是根据欧美国家旧车置换交易市场的经验，先在特定地区进行试点，逐步推广到全国。依托东风公司在全国销售新车的实力，共同推广旧车置换新车活动，从而促进市场的发展，获取旧车销售利润，提高东风品牌的整体竞争力和市场知名度。

二、广州本田汽车的"四位一体"

广州本田是我国第一家引进整车销售、售后服务、零配件供应、信息反馈四位一体世界先进销售模式的企业。

1. "四位一体"的品牌专营销售

广州本田从成立起就建立以售后服务为中心"四位一体"的品牌专营服务店网络，采用全国统一销售价格并将车辆销售给直接客户的直销体制。

品牌专营有利于引导客户上门购车，促进销售，增强客户对产品的信心并树立良好的企业形象，提高品牌的知名度，也有利于提高特约店的专业服务水平。

统一价格可以排除客户在价格方面的顾虑，避免特约店与客户在价格问题上产生过多的争执，便于将恶性的价格竞争引导向良性的服务竞争，保证特约店的稳定经营。在市场紧俏的时候，可以减轻客户在价格上的负担，保护特约店的利益，便于市场的管理。

直接销售可以减少中间环节，避免增加不产生任何附加值的费用，让客户得到更大的实惠。特约店代表广州本田与客户直接接触，缩短广州本田、特约店、客户之间的距离，可建立良好的互相信赖的关系；便于对客户的跟踪服务，使客户的信息可以及时、准确地得到反馈；利于广州本田对特约店的管理，对市场进行良好的培育，同时增强客户对产品的信任度。

以售后服务为中心，以客户为中心的"四位一体"的销售网络是一开始就推行的。通过专卖这种形式，建立全国统一的价格、服务标准、推荐方式、专营的服务及与客户的沟通，从而缩短了企业与客户的距离。随着整个公司产量的提高，网络也需要不断完善。这不但能够增加产品的销售，而且能够在服务上及时跟踪客户，使客户能够买得放心、用得放心。

首先要适应客户的需求，特别要关心我国用户对于零配件、维修等各个方面的要求。广州本田各个地方的专卖点所做的不仅仅是销售，还包括如汽车美容、维护等各方面的服务措施，也可以说是一种创意。广州本田是我国最早开始运行这种模式的企业，与美国、日本的售后服务相比较也是最出色的、最健全的。它能提供给客户良好的买车环境、纯正的配件和统一的维修技术服务。

广州本田的经销商无一不对这种体制推崇备至，他们认为之所以在营销上能够如此成功，完全得益于这种体制。有的经销商曾经专营进口轿车，当他们把汽车交到客户手中时，与客户的关系也就宣告结束，这意味着与客户建立的价值链断裂了，这对商家来说无疑是一种损失。而广州本田经销商给每位客户终生服务，在给予客户足够的安全感和信任感的同时，也就保障了经销商的长远利益。目前的经销商在售后维修方面的利润几乎可以负担店面的日常运营成本，那么售车的利润就是经销商的纯利了。

2. 广州本田的售后服务理念

基本理念：在产品的整个使用过程中，维护客户所期待的商品价值（性能及功能），获得客户的满意和信赖，并提高客户对品牌的喜爱。

特约店销售服务的运营方针：

特约店的运营应以售后服务为中心。通过良好的售后服务，创建客户购车后能安心使用的环境，从而吸引和促使客户再次购买广州本田产品。

通过售后服务收益来维持特约店的经营费用。因为新车销售获得的收益会因市场情况、经济环境的影响而产生波动。但售后服务收益是稳定的，客户购车后的售后服务工作将伴随客户车辆的整个使用期，从而使特约店获得更大的收益。

维护客户所期待的商品价值。通过良好的售后服务，使客户车辆始终保持良好的状态，使客户财产保值，在旧车交易时获得较好的售价。

维护老客户，发展新客户，培育终生客户。通过直销及提供售后服务与客户建立良好的互相信赖关系，使每位客户都能成为广州本田的热衷者与宣传者，从而去影响客户周围的潜在客户群，使更多的人了解广州本田汽车，了解特约店。这样，特约店建立起了牢固的客户网络，保证了特约店的稳定经营和不断的发展。

3. 广州本田的"双赢"理念

广州本田在选择经销商和设立销售网点的过程中，一直本着公开、公平、公正的原则。

经销商、四位一体的专卖店如果投资回报率差，激励的动力就比较差，反过来会影响对最终客户的服务水平。广州本田的目标是：每个销售点三年内必须能够收回投资。为了保证经销网点建一家成功一家，在投资过程中，厂家都要返回一部分投资额给经销商或专卖店，如经销商投资1000万元，广州本田根据情况有可能给其返回200万元或300万元，从而鼓励经销商大胆投入。

广州本田选择经销商有几个必要的条件和标准。首先，必须有资金的保障；其次，经销商资产结构应比较紧密和合理，还必须有合法的经营场地和场所；最关键的还是要有为客户服务的正确观念和意识，也就是要有先进的服务理念。

广州本田希望所有的专卖店都能通过售后服务来维持一个店的经营，而把销售作为纯利润的收入。选择经销商的过程中，广州本田是在调查的基础上，经中日双方企业领导层召开评价会，对其经营能力、资格进行评估后才做出结论的。需要特别解释的是，广州本田所提出的资产结构合理，主要是指经销商应该资产清晰，而且负债率不要太高。如果资产负债率高，则意味着该企业没有资金和能力开展汽车购销业务，必然影响其业务的发展，这样的申请者广州本田就不会选择。

广州本田把设立销售网的重点放在大中城市和一些经济发达地区等客户群集中的地方，建点原则是：客户在哪里，广州本田的网点就设在哪里。对不同的地区，广州本田根据其市场保有量情况，并考虑投资者回报率情况，提出一些合理建议，比如某个店一年销售达到多少台、某个城市的合理销售规模有多大等。

广州本田的销售力度是根据市场购买力——客户的多少来决定的。目前，在西部的客户群相对沿海要少，广州本田的销售力度也小些，但已经在西安、成都、重庆设立了销售点。

4. 广州本田的品牌理念

广州本田与所有的经销商们都在倾心打造着广州本田的品牌。从硬件上来讲，每家专卖店的店面设计整齐统一，内部的功能室和车间划分都非常严格，每位来访者都会感觉到置身于简洁高雅、井然有序的环境。有些经销商根据自身条件，投资了客户俱乐部、娱乐室，户外运动场等设施，让客户体会到了"家"的感觉。从软件上来讲，广州本田在服务程序上给经销商制定了严格的、几乎苛刻的规定，从车辆销售前的 97 项检查到对来宾、来电详细登记存档，对客户定期的跟踪、提醒服务，乃至对客户的迎送，都有详细的要求。不仅如此，经销商还要进一步了解客户的需求，开发系列的个性化服务，如建立客户会员制度，在价格服务上给会员更大优惠，详细分析每位客户用车习惯，准确地提醒客户维修的时间，免费上门取车送车，免费赠送客户紧急救援卡等。不能不说，广州本田的客户真正成了服务的中心。

本田形象广告由广州本田自己做，营销广告由经销商做。经销商选择广告媒体的原则是投入产出比高的媒体，广告方案报厂方审批，厂方对经销商没有广告费用补贴。经销商往往联合做广告，在排名顺序上，本着团结协作、支持新店的原则。

5. 管理培训——利益挂钩

广州本田对经销商的甄选、培训、管理都有严格的规范制度。每位申请者只有保证履行所有广州本田的规定，才有可能成为经销商。因为只有在厂家、经销商对于经营管理达成共识之后，才能结盟成为利益共同体。广州本田强调同经销商建立"鱼水关系"。

广州本田高层每一个季度举行一次店长会议，商谈内容包括心得体会、不足、改进要求、销售动向等。在管理经销商方面采用的是最简单也是最有效的手段——"调整配额"。雅阁轿车是畅销的，每个经销商都处于吃不饱的状态，广州本田这种"断粮"或"加餐"的方式最能够触及经销商痛处。

广州本田每年组织特约销售服务店于春秋两季举行服务周活动，为广州本田雅阁车客户进行免费检测维护服务，为前来维修的客户提供零部件优惠。还组织特约销售服务店定期就销售、售后、零部件服务等开展客户满意度调查，针对客户的意见和建议改进特约销售服务店的服务。

2001 年 3 月 24 日至 4 月 17 日，为进一步提高特约销售服务店售后服务技术人员的服务水平，广州本田举行了第一届售后服务技术技能竞赛，66 家特约销售服务店的 880 多名售后服务技术人员分别在广州、上海和北京展开竞赛，同场竞技，互相切磋，极大地提高了服务技术和水平。在根据市场需求推出新车型扩大生产规模的同时，广州本田将继续努力建设更大的销售服务网络，让所有的广州本田客户都可以享受全方位的优质服务。

三、上海通用汽车别克品牌的差异化竞争优势

上海通用汽车有限公司成立于1997年6月12日，是由通用汽车公司与上海汽车工业（集团）总公司合资组建而成的先进的整车生产企业。

中国质量协会和全国用户委员会表彰了97家2004年"全国用户满意服务"企业，上海通用汽车成为获此殊荣的唯一一家汽车制造公司。世界著名权威调查机构J. D. Power公布了2004年中国汽车市场售后服务满意度（CSI）调研报告。经过对国内24个合资及国产汽车品牌客户的广泛调查，最终别克品牌以812分的佳绩，超越其他品牌，排名第一。别克品牌的胜出，再次以消费者的"选票"对长期以来口碑卓著的别克售后服务给予了肯定，以不争的事实证明了"别克关怀"服务品牌的差异化竞争优势。

别克关怀（Buick Care）是上海通用汽车于2002年11月创立的通用汽车在中国的第一个汽车服务品牌。上海通用汽车秉承"以客户为中心，满足和超越客户期望，不断创造客户热忱，建立具备差异化竞争优势的售后服务体系，打造具有世界水平的售后服务品牌"的售后服务理念，将汽车售后服务从"被动式维修"带入了"主动式关怀"的新时代，率先带来主动提醒/问候、一对一顾问式服务、快速维护通道、配件价格/工时透明、专业技术维修认证、两年/4万km质量担保六项服务承诺，将"比你更关心你"的服务理念真正融入每个细节，为广大车主免去后顾之忧。此外，"别克关怀"每年都会主动发起全国范围的别克健康中心系列免费检测活动，如安全检测、空调检测、发动机检测、假日检测等；更有每天19：30～22：00的夜间车辆预约维修，给别克车主更多时间自主权。同时，上海通用汽车建立了CAC客户支持中心，给消费者售前、售中、售后的全方位优质服务。

"别克关怀"作为上海通用汽车别克品牌的差异化竞争手段，遵循"比你还关心你"的理念，坚持由车及人始终如一的主动、热诚、全程透明服务。对于客户来说，买别克意味着买到"一流的服务和关怀"，因此"别克关怀"的意义远远高于单纯的性价比之争。在已推出"听诊式预约""星月服务""别克关怀健康中心"每年4～6次免费检测等项目的基础上，"别克关怀"又频频采取维修新举措，推出专业特色服务新项目。

例如，针对高温酷暑天气开展发动机免费检测活动；在全国首推"菜单式维护"系列套餐项目，通过优化维修流程，让别克车客户真切体验到专业和超值的快速服务。2004 年度"全国 50 佳汽车经销商"评选，上海通用汽车有 6 家别克特许经销商荣登榜上，上海通用汽车也连续两年成为获奖经销商最多的汽车生产厂家。在消费者越来越成熟、理性以及对服务期望值越来越高的今天，"别克关怀"以先进的服务模式、便捷的服务网络、一流的服务水准赢得了广大消费者口碑。

第 二 章

汽车消费信贷服务

第一节　汽车消费信贷概述

所谓汽车消费信贷，就是金融机构对消费者个人发放的、用于购买汽车的贷款。它是银行为解决购车者一次性支付车款困难而推出的一项业务；通俗地讲，就是到银行去借钱，用银行的钱去办自己的事，圆自己的汽车梦。

汽车消费信贷业务是汽车营销流通体系现代化的标志，也是汽车产业发展的重要内容，得到了政府部门的高度重视。从 1998 年 10 月中国人民银行下发《汽车消费贷款管理办法》以来，汽车消费贷款增长很快，1998 年当年汽车消费贷款即达 4 亿元，1999 年汽车消费贷款为 25 亿元，2000 年汽车消费贷款为 157 亿元，2001 年汽车消费贷款为 234 亿元，2002 年汽车消费贷款为 716 亿元。2003 年一季度为 200 亿元，比上年同期多增 113 亿元。2003 年 6 月 1 日我国颁布的《汽车产业发展政策》，明确提出了鼓励汽车消费。2004 年 10 月 1 日，又颁布实施了新的《汽车贷款管理办法》，对规范汽车消费信贷业务、促进市场发展都具有积极的作用。这是开展汽车消费信贷业务健康发展的基础和保证。当然，也应当看到，在尚未建立一套完整的个人信用体系的情况下，开展汽车消费信贷尚存在一些问题和困难，但这不应成为否定或停滞汽车消费信贷的理由。汽车制造商、经销商有责任配合银行系统，建立起具有防范风险功能的汽车信贷消费体制。

汽车消费信贷在国外十分普及，国外比较大的汽车制造公司都有自己的汽车金融公司，为促销自己的汽车而发放贷款。这些跨国汽车企业利用现有的客户群和营业网点开展汽车金融服务，从而扩大汽车的销售，并提高金融服务收入。汽车制造商自己的金融公司和银行之间展开了竞争，这对于促销自己的汽车起到十分重要的作用，并推动了汽车工业的发展。

汽车巨头热衷于开拓汽车金融业务，主要是因为金融服务作为一项汽车产品的辅助业务，对公司的赢利会产生很大影响。发达国家的汽车销售多以分期付款方式进行。汽车公司自己办信贷，可以针对自己的特点设计灵活的条款，吸引消费者。再者，由于有些国家，如美国近年来放宽了金融管制，非金融机构从事金融业务的障碍被打破，汽车制造商的新银行在吸引客户存款的同时，还可以扩大汽车贷款、租赁和保险业务。跨国汽车公司进军汽车金融业有着强大的优势。与一般银行办理的汽车分期付款往往以固定资产、银行存款或保险作为抵押不同，汽车公司提供的所购汽车为主要抵押物，手续简便，易于为消费者接受。而这些汽车公司金融机构提供的贷款利率也因车型而异，比较灵活；其贷款利率也非常低，有利于促销车辆，这一点传统银行无法与之相比。

第二节　国外汽车消费信贷对中国的影响

1. 通用汽车融资公司与中国银行关于汽车融资的签约

1999 年 11 月 15 日，中美两国签署了同意中国加入世贸组织（WTO）协议，并且美国公司获准在中国开展汽车消费信贷业务。4 天后，美国通用汽车融资公司（GMAC）就在北京国际俱乐部举行了"汽车贷款媒体研讨会"，行动迅速至极。美国通用汽车融资公司成立于 1919 年，是全世界第一个汽车公司所有的金融公司，主要向通用汽车的特约经销商和客户提供购车贷款业务，迄今已向全世界 14400 万辆汽车发放了总额为 9900 亿美元的融资贷款。1998 年其资产总额达 1470 亿美元，净利润达 13.3 亿美元；其中相当比例的净收入都源于购车贷款和汽车租赁业务。目前，其在全世界 35 个国家有业务，拥有客户 800 万。

通用汽车融资公司来到我国后，先后与中国工商银行、建设银行、上海浦东发展银行、上海银行就车辆融资签约。目前主要是推进上海别克车金融服务工作，其短期目标是与中资银行建立战略合作伙伴关系，以从事车辆零售与批发融资业务；长期目标是建立为各种品牌车辆提供购车贷款的金融公司。

通用汽车融资公司已与上海一些银行签约，让更多的消费者购买更多的通用品牌汽车。所有购买上海通用别克车的客户均能由上海通用汽车公司或其特约经销商安排申请贷款购车。它将采取灵活的方式来发放贷款。一些银行办理分期付款是以正式工资单或税单等作为正式凭证的，其标准是很严格的；而融资公司则更注重实际情况，其标准极有可能比银行更为宽松。目前，他们的最长贷款年限为5年，利率为基准利率，采用新车抵押为基本的担保方式；有可能以后会因车型不同而制订不同的贷款利率。

2. 大众汽车金融服务公司成立北京代表处

目前，大众汽车银行和大众租赁公司已成为欧洲最大的工业金融机构，在全世界拥有约270万辆的贷款或租赁车辆，已经签订了700万份购车贷款合同，平均销售4辆车中就有1辆是通过大众金融租赁服务的。大众汽车金融公司拥有500亿美元的资产，约占大众汽车集团总资产的40%。

1998年6月，大众汽车金融服务公司北京代表处成立，为德国大众、一汽大众、上海大众生产的汽车提供购车贷款业务服务。

德国大众金融公司采用新的汽车贷款方式以适应市场的需求。一般来讲，如果客户想买车，通过汽车金融公司办理贷款手续，客户将按照每月分期付款的方式支付全部购车价款的本息，最后获得车辆的所有权。如果客户想在一定时间内租赁的话，将通过每月的租金偿还车辆的折旧费及销售商的资本投入。通过汽车金融的贷款支付汽车的首付款和部分购置车款。当合同期限结束时，客户可有三种选择：一是按协议价值将汽车返还给租赁商；二是按残值价支付剩余款项；三是贷款支付残值余额。这样对于客户来讲，每月分期付款的额度低，有很高的灵活性；此外，也可促进销售，扩大和客户的联系。

3. 丰田金融服务公司参与市场竞争

2000年日本丰田汽车公司出台一项租车计划，该计划中租车者省去了买车的钱，也不用承担昂贵的汽车保险费及其他费用，只需要在租车时付费。丰田公司在这项计划中推出的是一种两座位小型电力驱动汽车，最初的停放场地建立在大都市的市中心、旅游区和火车站等人口密集地区。租车者在使用时，无须担心丢失汽车钥匙，因为这种车使用智能卡打开车门和起动发动机；汽车行驶的里程和使用时间也将通过智能卡记录在客户的账号上；汽车上还配有卫星定位系统，汽车公司可以随时监控汽车的位置。每个客户用完车后，汽车都会自动充电，以备下一位客户使用。为了使该计划顺利实施，丰田公司准备在全日本建立一个计算机系统，利用这一系统租车者可以通过互联网，预订他们上班或外出购物所需的车。而这些车可以在附近停车场找到；客户在用完车之后，可以就近将其停放在指定的停车场。

丰田金融服务公司计划发行"新丰田信用卡"，为客户提供汽车贷款的结算服务，除了将现有的"积分现金折扣服务"和"路上服务"等进一步完善以外，正准备加入一些新的项目，将更加广泛完善的服务内容编制到消费信贷中，进一步扩大汽车的销售业务。

4. 福特汽车信贷公司的"红地毯方案"

福特汽车信贷公司成立于 1959 年 8 月，目前是全球最大的汽车融资公司，在 36 个国家设有 290 家子公司，为 900 多万客户服务。公司在全世界的总资产高达 1600 亿美元。福特汽车公司通过融资方式销售汽车的比例在美国为销售总量的 70%，日本为 50%，英国为 73%，德国、法国为 60%。1993 年，福特汽车信贷公司依托福特汽车（中国）有限公司在北京设立了代表处。在 1996 年，福特汽车信贷率先在北京成立了办事机构，积极支持和参与中国汽车信贷业务的调研。"红地毯方案"是福特汽车信贷公司在推行汽车消费信贷时采用的方式，它给客户提供了充分的选择空间，消费者可以用分期付款的方式买下自己看中的东西，也可以租赁，也可以先租后买，也可随时更换车辆等，其销售方式就是把客户作为贵宾来对待，铺上红地毯，欢迎前来贷款购车。

第三节　我国的汽车消费贷款

我国汽车消费贷款是指贷款人向申请购买汽车自用或租赁经营的借款人发放的人民币贷款。它实行"部分自筹、有效担保、专款专用、按期偿还"的原则。借贷双方根据此原则依法签订借款合同。汽车消费贷款只能用于购买由贷款人确认的经销商销售的指定品牌国产汽车。贷款人、借款人、汽车经销商、保险人和担保人应在同一城市，贷款不得异地发放。

一、贷款条件

1. 个人申请汽车消费贷款必须符合的条件

1）具有完全民事行为能力的自然人。年满 18 周岁，具有完全民事行为能力的中国公民，重点是具有较高稳定收入的消费者群体。

2）有当地常住户口或有效居住身份，有固定的住所。

3）有正当职业和稳定的收入来源，具备按期偿还贷款本息的能力。这里强调具有稳定的职业和经济收入或易于变现的资产，其中易于变现的资产指有价证券、金融债券、重点建设债券、银行个人存单等。

4）持有与贷款人指定经销商签订的指定品牌汽车的购买协议或合同。

5）提供贷款人认可的财产抵押、质押或第三方保证；保证人应为贷款人认可的具有代偿能力的个人或单位，并承担连带责任。

6）购车人为夫妻双方或家庭共有成员，必须共同到场申请；一方因故不能到场，应填写委托授权书，并签字盖章。

7）在贷款人指定的银行存有不低于首期付款金额的购车款。

2. 法人申请汽车消费贷款必须符合的条件

1）在当地注册登记，具有法人资格的企业、事业单位，出租汽车公司或汽车租赁公司应具有营运许可证。

2）在工商银行开立账户，并存有一定比例的首期购车款。

3）信用良好，收入来源稳定，能够按期偿还贷款本息。

4）提供贷款人认可的财产抵押、质押或第三方保证。

二、贷款的最高比例

汽车消费贷款额度最高不得超过购车款的80%，具体按以下情况区别掌握：

1）借款人以贷款人认可的质押方式（国库券、金融债券、国家重点建设债券、银行出具的个人存单）申请贷款，或以银行、保险公司提供连带责任保证的贷款，要求借款人存入银行的首期款不得低于20%，借款最高限额为购车价款的80%。保险公司提供分期还款保证保险的，可视同提供连带责任保证。

2）借款人以所购车辆、房屋、其他地上定着物或依法取得的国有土地使用权作为抵押的，存入银行的首期款不得少于30%，借款最高限额为购车价款的70%。

3）借款人提供第三方连带责任保证方式的（银行、保险公司除外），存入银行的首期款不得少于40%；借款最高限额为购车价款的60%。借款人不能充当第三方担保人。

三、贷款期限

贷款期限一般为 3 年，最长不超过 5 年（含 5 年），并根据借款人性质分别掌握。所购车辆用于出租营运、汽车租赁、客货运输等经营用途的，最长期限不得超过 3 年（含 3 年）；对其他企业、事业单位贷款期限原则上不超过 2 年（含 2 年）；对个人贷款期限一般为 3 年。

四、贷款利率

汽车消费贷款利率按照中国人民银行规定的同期贷款利率执行。贷款期限在 1 年以内的，按合同利率计息，遇法定利率调整利率不分段；贷款期限在 1 年以上的，遇法定利率调整，于下年初开始，按相应利率档次执行新的利率水平。

五、贷款担保方式

分为抵押、质押和第三方保证。

1. 车辆抵押

以借款人所购车辆作为抵押的，应以其价值全额作为抵押。

2. 其他抵押质押

以贷款人认可的其他抵押物作为担保的，其价值必须大于贷款金额的 150%；以无争议、未做挂失、且能为贷款人依法实施有效支付的权利作为质押的，其价值必须大于贷款金额的 110%。

3. 第三方保证

以第三方保证作为担保的，保证人应具备以下条件：

1）若为具有完全民事行为能力的自然人，应有当地常住户口或有效居住身份、固定住所、稳定职业和较高的收入并符合贷款人规定的其他条件。

2）若为除银行、保险公司以外的企（事）业法人，应具备法人资格，且资信状况良好、基期或即期企业信用等级 A 级（含 A 级）以上，有代借款人偿还贷款本息的能力并符合贷款人规定的其他条件。

3）若为保险公司，须持有贷款人指定的保险公司提供的履约担保的保险单据，且担保金额原则上须大于贷款本息。

六、借款人需要提供的资料

1. 对自然人需要提供的资料

1）"汽车消费贷款申请书"（自然人）。

2）个人及配偶的身份证、结婚证、户口簿或其他有效居留证件原件。

3）贷款人认可的部门出具的借款人职业和经济收入的证明。

4）与贷款人指定的经销商签订的购车协议或合同。

5）不低于首期付款的银行存款凭证。

6）以财产抵押或质押的，应提供抵押物或质押物清单、权属证明及有权处分人（包括财产共有人）同意抵押或质押的证明，有权部门出具的抵押物估价证明；由第三方提供保证的，应出具保证人同意担保的书面文件，有关资信证明材料及一定比例的保证金；以所购买车辆作为抵押物的，应提供在合法抵押登记和有关保险手续办妥之前，贷款人指定经销商出具的书面贷款推荐担保函。

2. 对法人需要提供的资料

1）"汽车消费贷款申请书"（法人）。

2）营业执照、法人代码证、法定代表人证明文件、身份证复印件、"贷款证"。

3）经审计的上一年度及上一个月的资产负债表、损益表和现金流量表或财务状况变动表。

4）经办行会计部门开出的购车首期款存款证明。

5）与银行指定特约经销商签订的"购车合同"。

6）如果采用抵押或质押方式，需提供抵押物及质押物清单和有处分权人同意的抵押、质押的证明文件，对抵押物还需提交所有权或使用证权书及估价、保险文件；对质押物还需提供权利凭证。

七、贷款程序

1）借款人与银行指定特约经销商签订"购车合同"，凭此"购车合同"到银行指定经办行填写"汽车消费贷款申请书"，同时提交有关资料。

2）银行经办行按内部审批程序审批，同意发放的，借款人应按经办行要求办理借款手续，经办行向经销商出具"汽车消费贷款通知书"。

3）特约经销商在收到"汽车消费贷款通知书"后，借款人即可在经销商处办理缴税费及领取牌照等手续，并在"汽车消费贷款通知书"所规定的时限内，将所有购车发票、各种税费原件及行驶证复印件等凭证直接交予经办行。

4）经办行在收到购车发票等凭证后，通知借款人办理支用手续。贷款连同首期款一起转到经销商账户上。

八、贷款偿还方式

借款人应按借款合同约定的还款日期、计划、还款方式偿还贷款本息。如借款人提前偿还全部贷款，应提前15日向贷款人提出书面申请，征得同意后方可办理有关手续。

贷款本息按月（季）偿还，每次偿还本息额为

$$贷款本金 \div 还本付息次数 + （贷款本金$$
$$-已归还本金累计数）\times 月（季）利率$$

附：上海大众汽车办理抵押贷款的简要介绍

上海大众汽车公司为了开展销售业务，推出用车辆进行抵押的汽车消费贷款方式。它的贷款条件更为宽松，运作方式更加灵活。下面进行简要介绍：

（1）客户到当地上海大众汽车公司授权的销售公司咨询并提供有关材料。然后，下订单将订单复印件提交银行。

（2）银行对提供的材料进行审核和批准（三天内完成）。

（3）银行对审批合格的客户，发出"同意汽车消费贷款通知书"。

（4）客户接到银行通知书后与银行签订合同，并办理保险公证手续。客户所在保险公司向银行提供放款日到抵押登记办妥前这段时间的期间担保。

（5）销售公司向客户收取款项（定金等），银行接到付款收据的复印件及公证书后放款，并同时通知销售公司。全款到位后，销售公司帮助客户办理提车手续，开出购车发票，给出车架号、发动机号，客户将两个号码提供给保险公司，开出保单，并办理上牌。

（6）销售公司将购车发票、车辆合格证、保险单及行驶证复印件移交银行，由银行办理抵押手续。

（7）银行办妥抵押登记，客户到银行领取有关权证。

（8）办理购车贷款所需的有关材料：

个人：

1）身份证复印件、户口簿、结婚证。

2）收入证明。

3）所得税单。

4）水、电、燃气、手机账单（三个月）。

5）购车订单复印件。

6）个人汽车消费贷款申请书。

7）信用卡。

8）其他材料。

私营企业主还必须提供：

1）营业执照。

2）法人代码证。

3）公司章程。

4）上年经审计的报表。

法人：

1）营业执照、法人代码证、公司章程。

2）贷款证、上年审计的财务报告。

3）法定代表人身份证复印件、法人代表资格证明。

4）近三个月的财务报表。

5）购车订单复印件。

6）法人汽车消费贷款申请书。

7）董事会决议。

8）购车计划。

9）其他材料。

第四节　我国汽车信贷市场存在的问题

20 世纪 90 年代以后，随着我国汽车工业的不断发展，尤其是各大乘用生产基地生产能力的相继形成，汽车年产量增长较快，我国汽车市场迅速完成了由卖方市场向买方市场的转变。由于种种主客观的因素，一直在我国的汽车消费市场中占据主导地位的社会集团消费需求，却没能实现与汽车工业的同步快速增长，于是需求持续扩张的个人购车就成了支撑汽车市场稳定增长的重要力量。为了推动个人购车的消费行为，不少汽车生产厂家自行推出了购车贷款业务。但汽车消费信贷还存在不少问题：

一、消费观念急待转变

由于受传统消费观念的影响，在生产企业的销售活动中，对汽车消费信贷的作用认识不足，仍然使用原来老一套的营销方式，在心理上又怕冒风险，又怕赔本，无法适应变化中的轿车市场。再者，对消费者而言，还需要转变传统消费观念，善于运用汽车消费信贷来达到有效地利用资金为自己服务的目的。

二、有关法律法规尚需完善

汽车消费信贷制度的建立，其实质是在经济生活中形成新的法律关系，建立与此相适应的一套较为完整的法律法规，使各方当事人的利益受到保护。目前我国在此方面正在积极努力，2004年我国施行的汽车消费贷款政策。其要点如下：

1）按照以前的贷款政策，银行只能向购买国产车的消费者发放贷款，贷款人不能是外国人，而且汽车消费贷款业务只在国有商业银行试点。新政策只要求贷款人是我国的长期居民，有稳定收入，无论是中国人还是外国人都可以。开办汽车消费贷款的金融机构也将增多，各家商业银行和城乡信用社都可以开办这项业务；其他非银行金融机构要开办汽车消费贷款需要经过有关部门批准。消费者无论是购买国产车还是进口车，甚至是购买二手车，都可以申请贷款。

2）贷款期限的问题。从2001年以前各家银行发放的汽车消费贷款来看，贷款期限基本上都是3年。现在一辆汽车用了5年，其价值就会减少很多，因此贷款期限还是维持在现行的5年比较合适。

3）贷款利率问题。有人提出应该把允许浮动的范围再扩大，这一点在我国利率市场化的进程中是肯定的。

4）首付款的比例。有人提出要将首付款的比例降低到10%，但如果将所有汽车消费贷款的首付比例全部降低到10%，这不利于防范风险。因为有的汽车一次降价就降了10%。可见首付款的比例还是应该维持在20%以上。

5）汽车经销商的资质。银行应该对汽车经销商的资质进行严格审查，必须要求汽车经销商拥有自有资本从事经营。

三、缺乏个人信用制度

每个人都在抱怨银行要求的身份证明、收入证明等繁琐手续。但由于我国没有建立完善的个人信用制度，而银行必须要有审批制度，并且对许多人的收入无法做出正确判断，对个人信用记录无法综合评价。比如说，一个人在建行开了账户，又在工商行开了账户，但是，没有任何一家公司或某个社会部门能够掌握这个人在两家银行的综合信用状况，因此，很难得出一个正确信用评价。我国尚未建立起个人信用体系，对个人资信评估缺乏统一客观标准，从而影响了银行对贷款申请人信用的调查评定，迫使银行在放贷时只能靠不断提高"门槛"来防范风险，从而造成手续繁杂、条件苛刻的现状。

四、担保条件过于苛刻，手续太过繁琐

在整个汽车消费信贷的操作中，担保仍是阻碍业务发展的瓶颈。目前汽车消费信贷所采取的三种担保方式是质押、抵押和第三方担保。目前的这些担保方式要么不具备普遍性和可操作性，要么由于手续过于繁杂，条件过于苛刻而导致适应面很窄。由于银行贷款手续繁琐，在一定程度上抑制了消费需求。

尽快建立我国的诚信体系，完善金融法律和银行内部的规章制度，实现银行经营的规范化、市场化和国际化，是我国金融业加快与国际接轨、提高金融运行透明度最基础的改革手段，同时，银行经营也要逐步由管制型金融市场转化为自由化的金融市场，实现利率市场化、汇率浮动化和业务发展自由化，中央银行的宏观调控向法制化和市场化过渡。

总之，我国汽车信贷市场面临机遇与挑战，发展前景是光明的。

附：

中国人民银行

中国银行业监督管理委员会令〔2004〕
第 2 号

《汽车贷款管理办法》已于 2004 年 3 月 22 日中国人民银行第 5 次行长办公会议和 2004 年 8 月 9 日中国银行业监督管理委员会主席会议审议通过，现予公布，自 2004 年 10 月 1 日起施行。

行长：周小川

主席：刘明康

二〇〇四年八月十六日

汽车贷款管理办法

第一章　总　　则

第一条　为规范汽车贷款业务管理，防范汽车贷款风险，促进汽车贷款业务健康发展，根据《中华人民共和国中国人民银行法》《中华人民共和国商业银行法》《中华人民共和国银行业监督管理法》等法律规定，制定本办法。

第二条　本办法所称汽车贷款是指贷款人向借款人发放的用于购买汽车（含二手车）的贷款，包括个人汽车贷款、经销商汽车贷款和机构汽车贷款。

第三条　本办法所称贷款人是指在中华人民共和国境内依法设立的、经中国银行业监督管理委员会及其派出机构批准经营人民币贷款业务的商业银行、城乡信用社及获准经营汽车贷款业务的非银行金融机构。

第四条　本办法所称自用车是指借款人通过汽车贷款购买的、不以营利为目的的汽车；商用车是指借款人通过汽车贷款购买的、以营利为目的的汽车；二手车是指从办理完机动车注册登记手续到规定报废年限一年之前进行所有权变更并依法办理过户手续的汽车。

第五条　汽车贷款利率按照中国人民银行公布的贷款利率规定执行，计、结息办法由借款人和贷款人协商确定。

第六条　汽车贷款的贷款期限（含展期）不得超过5年，其中，二手车贷款的贷款期限（含展期）不得超过3年，经销商汽车贷款的贷款期限不得超过1年。

第七条　借贷双方应当遵循平等、自愿、诚实、守信的原则。

第二章　个人汽车贷款

第八条　本办法所称个人汽车贷款，是指贷款人向个人借款人发放的用于购买汽车的贷款。

第九条　借款人申请个人汽车贷款，应当同时符合以下条件：

（一）是中华人民共和国公民，或在中华人民共和国境内连续居住一年以上（含一年）的港、澳、台居民及外国人；

（二）具有有效身份证明、固定和详细住址且具有完全民事行为能力；

（三）具有稳定的合法收入或足够偿还贷款本息的个人合法资产；

（四）个人信用良好；

（五）能够支付本办法规定的首期付款；

（六）贷款人要求的其他条件。

第十条 贷款人发放个人汽车贷款，应综合考虑以下因素，确定贷款金额、期限、利率和还本付息方式等贷款条件：

（一）贷款人对借款人的资信评级情况；

（二）贷款担保情况；

（三）所购汽车的性能及用途；

（四）汽车行业发展和汽车市场供求情况。

第十一条 贷款人应当建立借款人信贷档案。借款人信贷档案应载明以下内容：

（一）借款人姓名、住址、有效身份证明及有效联系方式；

（二）借款人的收入水平及资信状况证明；

（三）所购汽车的购车协议、汽车型号、发动机号、车架号、价格与购车用途；

（四）贷款的金额、期限、利率、还款方式和担保情况；

（五）贷款催收记录；

（六）防范贷款风险所需的其他资料。

第十二条 贷款人发放个人商用车贷款，除本办法第十一条规定的内容外，应在借款人信贷档案中增加商用车运营资格证年检情况、商用车折旧、保险情况等内容。

第三章 经销商汽车贷款

第十三条 本办法所称经销商汽车贷款，是指贷款人向汽车经销商发放的用于采购车辆和（或）零配件的贷款。

第十四条 借款人申请经销商汽车贷款，应当同时符合以下条件：

（一）具有工商行政主管部门核发的企业法人营业执照及年检证明；

（二）具有汽车生产商出具的代理销售汽车证明；

（三）资产负债率不超过80%；

（四）具有稳定的合法收入或足够偿还贷款本息的合法资产；

（五）经销商、经销商高级管理人员及经销商代为受理贷款申请的客户无重大违约行为或信用不良记录；

（六）贷款人要求的其他条件。

第十五条 贷款人应为每个经销商借款人建立独立的信贷档案，并及时更新。经销商信贷档案应载明以下内容：

（一）经销商的名称、法定代表人及营业地址；

（二）各类营业证照复印件；

（三）经销商购买保险、商业信用及财务状况；

（四）中国人民银行核发的贷款卡（号）；

（五）所购汽车及零部件的型号、价格及用途；

（六）贷款担保状况；

（七）防范贷款风险所需的其他资料。

第十六条 贷款人对经销商采购车辆和（或）零配件贷款的贷款金额应以经销商一段期间的平均存货为依据，具体期间应视经销商存货周转情况而定。

第十七条 贷款人应通过定期清点经销商汽车和（或）零配件存货、分析经销商财务报表等方式，定期对经销商进行信用审查，并视审查结果调整经销商资信级别和清点存货的频率。

第四章 机构汽车贷款

第十八条 本办法所称机构汽车贷款，是指贷款人对除经销商以外的法人、其他经济组织（以下简称机构借款人）发放的用于购买汽车的贷款。

第十九条 借款人申请机构汽车贷款，必须同时符合以下条件：

（一）具有企业或事业单位登记管理机关核发的企业法人营业执照或事业单位法人证书等证明借款人具有法人资格的法定文件；

（二）具有合法、稳定的收入或足够偿还贷款本息的合法资产；

（三）能够支付本办法规定的首期付款；

（四）无重大违约行为或信用不良记录；

（五）贷款人要求的其他条件。

第二十条 贷款人应参照本办法第十五条之规定为每个机构借款人建立独立的信贷档案，加强信贷风险跟踪监测。

第二十一条 贷款人对从事汽车租赁业务的机构发放机构商用车贷款，应监测借款人对残值的估算方式，防范残值估计过高给贷款人带来的风险。

第五章 风 险 管 理

第二十二条 贷款人发放自用车贷款的金额不得超过借款人所购汽车价格的80%；发放商用车贷款的金额不得超过借款人所购汽车价格的70%；发放二手车贷款的金额不得超过借款人所购汽车价格的50%。

前款所称汽车价格，对新车是指汽车实际成交价格（不含各类附加税、费及保费等）与汽车生产商公布的价格的较低者，对二手车是指汽车实际成交价格（不含各类附加税、费及保费等）与贷款人评估价格的较低者。

第二十三条 贷款人应建立借款人资信评级系统，审慎确定借款人的资信级别。对个人借款人，应根据其职业、收入状况、还款能力、信用记录等因素确定资信级别；对经销商及机构借款人，应根据其信贷档案所反映的情况、高级管理人员的资信情况、财务状况、信用记录等因素确定资信级别。

第二十四条　贷款人发放汽车贷款，应要求借款人提供所购汽车抵押或其他有效担保。

第二十五条　贷款人应直接或委托指定经销商受理汽车贷款申请，完善审贷分离制度，加强贷前审查和贷后跟踪催收工作。

第二十六条　贷款人应建立二手车市场信息数据库和二手车残值估算体系。

第二十七条　贷款人应根据贷款金额、贷款地区分布、借款人财务状况、汽车品牌、抵押担保等因素建立汽车贷款分类监控系统，对不同类别的汽车贷款风险进行定期检查、评估。根据检查评估结果，及时调整各类汽车贷款的风险级别。

第二十八条　贷款人应建立汽车贷款预警监测分析系统，制定预警标准；超过预警标准后应采取重新评价贷款审批制度等措施。

第二十九条　贷款人应建立不良贷款分类处理制度和审慎的贷款损失准备制度，计提相应的风险准备。

第三十条　贷款人发放抵押贷款，应审慎评估抵押物价值，充分考虑抵押物减值风险，设定抵押率上限。

第三十一条　贷款人应将汽车贷款的有关信息及时录入信贷登记咨询系统，并建立与其他贷款人的信息交流制度。

第六章　附　　则

第三十二条　贷款人在从事汽车贷款业务时有违反本办法规定之行为的，中国银行业监督管理委员会及其派出机构有权依据《中华人民共和国银行业监督管理法》等法律规定对该贷款人及其相关人员进行处罚。中国人民银行及其分支机构可以建议中国银行业监督管理委员会及其派出机构对从事汽车贷款业务的贷款人违规行为进行监督检查。

第三十三条　贷款人对借款人发放的用于购买推土机、挖掘机、搅拌机、泵机等工程车辆的贷款，比照本办法执行。

第三十四条　本办法由中国人民银行和中国银行业监督管理委员会共同负责解释。

第三十五条　本办法自2004年10月1日起施行，中国人民银行1998年颁布的《汽车消费贷款管理办法》自本办法施行之日起废止。

第三章

购车代理服务

汽车作为一种特殊的商品，其购买及落户程序比较复杂。虽然各地的规定不同，但基本程序相差无几。有以下步骤：

1）汇集各种车型资料进行对比，初步确定车型。

2）试车。

3）工商验证。

4）缴纳车辆购置税。

5）办理车辆保险。

6）办理车辆移动证。

7）验车。

8）车辆拍照。

9）新车备案。

10）领取牌照。

11）办理车辆行驶证和车辆登记证书。

12）建立档案。

13）缴纳车船使用税。

第一节　新车初检

新车购买后，应携带身份证、购车发票、车辆合格证等，开车到购车当地车管所指定的车检部门去检验，并缴纳验车费。事先，车主应给新车加油加水，做好行车前的检查，确保新车能够正常行驶，同时注意按磨合期的要求行驶，不可高速行驶。

一、检前准备

1. 备齐汽车参检所需的文件

包括使用说明书、产品合格证、发动机和底盘（车架）编号的拓印件。发现不相符时，应通过该车销售部门更正后再进行检测。

2. 清洁车容

清洁车辆表面灰尘，检查汽车有无漏油、漏水现象。发现渗漏时，需修复后再进行汽车检测。

3. 检查灯光

检查全车各种照明灯、指示灯是否齐全有效；有故障时，应排除后再进行汽车的检测。

4. 检测制动系统

以 30km/h 车速在平坦的路面上行驶，踩下制动踏板，看汽车是否制动有效，有否出现跑偏等现象。不符合要求时调整后检测。

5. 加装安全护网

货车要求在驾驶室至后轮之间加装安全护网。规格是到地面距离 400mm，离驾驶室、后轮翼子板各为 100mm。护网材料为金属框架内镶拉板网，喷涂红白相间的漆条。专用汽车的安全护网尺寸可因车而定。

6. 附加装置齐全

附加装置包括灭火器、三角形警告标志牌。可分别向消防器材商店和交警队购买。初检时必须配齐。

二、填写车辆检测表

车辆检测表上一般需填写牌照号码（新车为车辆移动证号码）、发动机号码、底盘号码、车型、厂牌型号、受检次数、编号、检测日期、检测时间等项目，检测数据包括侧滑、前后制动和驻车制动、速度表、前照灯远近光、发动机废气、喇叭等。

三、上线检测

1）将做好准备工作的汽车，开至机动车检测站。

2）将汽车使用说明书、汽车产品合格证、购车原始发票、汽车编号拓印件等办理审核、制表和登记。

3）将拓印好的编号拓印件贴在《机动车登记表》相应的栏内，并填写车主单位（姓名）及住址。若汽车拓印件尺寸过大，应剪齐整，并在粘贴时纸条不能压住编号栏的中间框线。

4）持填好的《机动车登记表》进行汽车初检。汽车初检时，由检验人员核对汽车车型、编号、颜色等项目，并在《机动车登记表》内填写相应内容。初检合格的车辆，车主向初检人员领取上线检测工作通知单，缴纳汽车检测费用和办理检测登记。

5）将汽车开至检测线入口，将《机动车登记表》和检测通知单送至微机控制室录入，取回上述两种表格后，由检验员驾车上线检测。

6）车主到微机控制室领取检测数据单，有不合格项目经调试后再检测（单项），若全部合格可进行灯光调整等下一个项目。

7）持汽车相关文件和检测结果单，请总检师审核并签署意见。

8）持上述所有文件，请驻检测站交警审核并在《机动车登记表》上签字盖章。

第二节　缴纳车辆购置税

一、车辆购置税征收的标准

车辆购置税实行从价定率的办法计算应纳税额，税率为10%。
计算公式：

$$应纳税额 = 计税价格 \times 税率$$

计税价格，根据不同情况确定。

1. 按应税车辆全部价款确定的计税依据

1）购买自用车辆，为纳税人支付给销售者的全部价款和价外费用，不包括增值税税款。（价外费用是指，销售方价外向购买方收取的基金、集资费、返还利润、补贴、违约金和手续费、包装费、储存费、优质费、运输装卸费、保管费、代收款项、代垫款项以及其他各种性质的价外收费。）

2）进口自用车辆，为组合计税价格。

$$计税价格 = 关税完税价格 + 关税 + 消费税$$

2. 按核定计税价格确定的计税依据

1）自产、受赠、获奖或者以其他方式取得并自用车辆，计税依据由主管税务机关参照国家税务总局核定的最低计税价格核定。

2）购买自用或者进口自用车辆，纳税人申报的计税价格低于同类型应税车辆的最低计税价格，又无正当理由的，计税依据为最低计税价格。

3. 按特殊规定确定的计税依据

1）底盘（车架）发生更换的车辆，计税依据为最新核发的同类型车辆最低计税价格的70%。

2）免税条件消失的车辆，自初次办理纳税申报之日起，使用年限未满10年的，计税依据为最新核发的同类型车辆最低计税价格按每满1年扣减10%；超过10年的，计税依据为零。

3）对于国家税务总局未核定最低计税价格的车辆，计税依据为已核定的同类型车辆最低计税价格。同类型车辆是指：同国别、同排量、同车长、同吨位、配置近似等。

4）进口旧车、因不可抗力因素导致受损的车辆、库存超过三年的车辆、行驶8万km以上的试验车辆、国家税务总局规定的其他车辆，计税依据为纳税人提供的《机动车销售统一发票》或有效凭证注明的计税价格和有效证明。

二、申报缴纳车辆购置税应提供的资料

1）纳税人填写的《车辆购置税纳税申报表》。

2）纳税人身份证明。

① 个人车辆提供纳税人身份证及复印件；香港、澳门特别行政区居民、台湾地区居民及外国人，提供其入境的身份证明和居留证明，纳税人是外国人的，提供中文姓名翻译证明。

② 单位车辆提供组织机构代码证书及复印件，经办人身份证及复印件。

③ 如纳税人委托代理人代为申报纳税的，应出示代理人身份证明。

3）车辆价格证明。

① 境内购置车辆，提供《机动车销售统一发票》（发票联原件及复印件、报税联原件）或有效凭证。

② 进口自用车辆，提供《海关关税专用缴款书》原件及复印件、《海关代征消费税专用缴款书》原件及复印件。

4）车辆合格证明。

① 国产车辆整车出厂合格证原件及复印件。

② 进口新车合格证明《中华人民共和国海关货物进口证明书》，进口旧车合格证明《中华人民共和国海关监管车辆进（出）境领（销）牌照

通知书》，海关罚没车辆合格证明《没收走私汽车、摩托车证明书》。

5）税务机关要求的其他资料。

三、办理缴纳车辆购置税

主管税务机关对纳税申报资料进行审核，确定计税依据，征收税款，核发《车辆购置税完税证明》。征税车辆在完税证明征税栏加盖车辆购置税征税专用章，免税车辆在完税证明免税栏加盖车辆购置税征税专用章。

完税证明分正本和副本，按车核发、每车一证。正本由纳税人保管以备查验，副本用于办理车辆登记注册。

第三节　机动车登记

依据公安部 2012 年 9 月 12 日发布施行的《机动车登记规定》（公安部令第 124 号），机动车登记分为注册登记、变更登记、转移登记、抵押登记和注销登记。

一、注册登记

初次申领机动车号牌、行驶证的，机动车所有人应当向住所地的车辆管理所申请注册登记。

1. 安全技术检验

机动车所有人应当到机动车安全技术检验机构对机动车进行安全技术检验，取得机动车安全技术检验合格证明后申请注册登记。但经海关进口的机动车和国务院机动车产品主管部门认定免予安全技术检验的机动车除外。

免予安全技术检验的机动车有下列情形之一的，应当进行安全技术检验：

1）国产机动车出厂后两年内未申请注册登记的。

2）经海关进口的机动车进口后两年内未申请注册登记的。

3）申请注册登记前发生交通事故的。

专用校车办理注册登记前，应当按照专用校车国家安全技术标准进行安全技术检验。

2. 注册登记的办理

申请注册登记的，机动车所有人应当填写申请表，交验机动车，并提交以下证明、凭证：

1）机动车所有人的身份证明。

2）购车发票等机动车来历证明。

3）机动车整车出厂合格证明或者进口机动车进口凭证。

4）车辆购置税完税证明或者免税凭证。

5）机动车交通事故责任强制保险凭证。

6）车船税纳税或者免税证明。

7）法律、行政法规规定应当在机动车注册登记时提交的其他证明、凭证。

不属于经海关进口的机动车和国务院机动车产品主管部门规定免予安全技术检验的机动车，还应当提交机动车安全技术检验合格证明。

车辆管理所应当自受理申请之日起二日内，确认机动车，核对车辆识别代号拓印膜，审查提交的证明、凭证，核发机动车登记证书、号牌、行驶证和检验合格标志。

3. 不予办理注册登记的情形

有下列情形之一的，不予办理注册登记：

1）机动车所有人提交的证明、凭证无效的。

2）机动车来历证明被涂改或者机动车来历证明记载的机动车所有人与身份证明不符的。

3）机动车所有人提交的证明、凭证与机动车不符的。

4）机动车未经国务院机动车产品主管部门许可生产或者未经国家进口机动车主管部门许可进口的。

5）机动车的有关技术数据与国务院机动车产品主管部门公告的数据不符的。

6）机动车的型号、发动机号码、车辆识别代号或者有关技术数据不符合国家安全技术标准的。

7）机动车达到国家规定的强制报废标准的。

8）机动车被人民法院、人民检察院、行政执法部门依法查封、扣押的。

9）机动车属于被盗抢的。

10）其他不符合法律、行政法规规定的情形。

二、变更登记

1. 申请变更登记

已注册登记的机动车有下列情形之一的，机动车所有人应当向登记地车辆管理所申请变更登记：

1）改变车身颜色的。

2）更换发动机的。

3）更换车身或者车架的。

4）因质量问题更换整车的。

5）营运机动车改为非营运机动车或者非营运机动车改为营运机动车等使用性质改变的。

6）机动车所有人的住所迁出或者迁入车辆管理所管辖区域的。

机动车所有人为两人以上，需要将登记的所有人姓名变更为其他所有人姓名的，可以向登记地车辆管理所申请变更登记。

属于上述第1）项、第2）项和第3）项规定的变更事项的，机动车所有人应当在变更后十日内向车辆管理所申请变更登记；属于上述第6）项规定的变更事项的，机动车所有人申请转出前，应当将涉及该车的道路交通安全违法行为和交通事故处理完毕。

2. 变更登记的办理

申请变更登记的，机动车所有人应当填写申请表，交验机动车，并提交以下证明、凭证：

1）机动车所有人的身份证明。

2）机动车登记证书。

3）机动车行驶证。

4）属于更换发动机、车身或者车架的，还应当提交机动车安全技术检验合格证明。

5）属于因质量问题更换整车的，还应当提交机动车安全技术检验合格证明，但经海关进口的机动车和国务院机动车产品主管部门认定免予安全技术检验的机动车除外。

车辆管理所应当自受理之日起一日内，确认机动车，审查提交的证明、凭证，在机动车登记证书上签注变更事项，收回行驶证，重新核发行驶证。

3. 不予办理变更登记的情形

有下列情形之一的，不予办理变更登记：

1）改变机动车的品牌、型号和发动机型号的，但经国务院机动车产品主管部门许可选装的发动机除外。

2）改变已登记的机动车外形和有关技术数据的，但法律、法规和国家强制性标准另有规定的除外。

3）机动车所有人提交的证明、凭证无效的。

4）机动车达到国家规定的强制报废标准的。

5）机动车被人民法院、人民检察院、行政执法部门依法查封、扣押的。

6）机动车属于被盗抢的。

4. 不需办理变更登记的情形

有下列情形之一，在不影响安全和识别号牌的情况下，机动车所有人不需要办理变更登记：

1）小型、微型载客汽车加装前后防撞装置。

2）货运机动车加装防风罩、水箱、工具箱、备胎架等。

3）增加机动车车内装饰。

5. 应当向登记地车辆管理所备案的情形

已注册登记的机动车，机动车所有人住所在车辆管理所管辖区域内迁移或者机动车所有人姓名（单位名称）、联系方式变更的，应当向登记地车辆管理所备案。

1）机动车所有人住所在车辆管理所管辖区域内迁移、机动车所有人姓名（单位名称）变更的，机动车所有人应当提交身份证明、机动车登记证书、行驶证和相关变更证明。车辆管理所应当自受理之日起一日内，在机动车登记证书上签注备案事项，重新核发行驶证。

2）机动车所有人联系方式变更的，机动车所有人应当提交身份证明和行驶证。车辆管理所应当自受理之日起一日内办理备案。

机动车所有人的身份证明名称或者号码变更的，可以向登记地车辆管理所申请备案。机动车所有人应当提交身份证明、机动车登记证书。车辆管理所应当自受理之日起一日内，在机动车登记证书上签注备案事项。

发动机号码、车辆识别代号因磨损、锈蚀、事故等原因辨认不清或者损坏的，可以向登记地车辆管理所申请备案。机动车所有人应当提交身份证明、机动车登记证书、行驶证。车辆管理所应当自受理之日起一日内，在发动机、车身或者车架上打刻原发动机号码或者原车辆识别代号，在机动车登记证书上签注备案事项。

三、转移登记

已注册登记的机动车所有权发生转移的，现机动车所有人应当自机动车交付之日起 30 日内向登记地车辆管理所申请转移登记。

机动车所有人申请转移登记前，应当将涉及该车的道路交通安全违法行为和交通事故处理完毕。

1. 转移登记的办理

申请转移登记的，现机动车所有人应当填写申请表，交验机动车，并提交以下证明、凭证：

1）现机动车所有人的身份证明。

2）机动车所有权转移的证明、凭证。

3）机动车登记证书。

4）机动车行驶证。

5）属于海关监管的机动车，还应当提交《中华人民共和国海关监管车辆解除监管证明书》或者海关批准的转让证明。

6）属于超过检验有效期的机动车，还应当提交机动车安全技术检验合格证明和交通事故责任强制保险凭证。

现机动车所有人住所在车辆管理所管辖区域内的，车辆管理所应当自受理申请之日起一日内，确认机动车，核对车辆识别代号拓印膜，审查提交的证明、凭证，收回号牌、行驶证，确定新的机动车号牌号码，在机动车登记证书上签注转移事项，重新核发号牌、行驶证和检验合格标志。

2. 不予办理转移登记的情形

有下列情形之一的，不予办理转移登记：

1）机动车与该车档案记载内容不一致的。

2）属于海关监管的机动车，海关未解除监管或者批准转让的。

3）机动车在抵押登记、质押备案期间的。

4）机动车所有人提交的证明、凭证无效的。

5）机动车来历证明被涂改或者机动车来历证明记载的机动车所有人与身份证明不符的。

6）机动车达到国家规定的强制报废标准的。

7）机动车被人民法院、人民检察院、行政执法部门依法查封、扣押的。

8）机动车属于被盗抢的。

四、抵押登记

机动车所有人将机动车作为抵押物抵押的，应当向登记地车辆管理所申请抵押登记；抵押权消灭的，应当向登记地车辆管理所申请解除抵押登记。

1. 抵押登记的办理

申请抵押登记的，机动车所有人应当填写申请表，由机动车所有人和抵押权人共同申请，并提交下列证明、凭证：

1）机动车所有人和抵押权人的身份证明。

2）机动车登记证书。

3）机动车所有人和抵押权人依法订立的主合同和抵押合同。

车辆管理所应当自受理之日起一日内，审查提交的证明、凭证，在机动车登记证书上签注抵押登记的内容和日期。

2. 抵押登记的解除

申请解除抵押登记的，机动车所有人应当填写申请表，由机动车所有人和抵押权人共同申请，并提交下列证明、凭证：

1）机动车所有人和抵押权人的身份证明。

2）机动车登记证书。

人民法院调解、裁定、判决解除抵押的，机动车所有人或者抵押权人应当填写申请表，提交机动车登记证书、人民法院出具的已经生效的《调解书》《裁定书》或者《判决书》，以及相应的《协助执行通知书》。

车辆管理所应当自受理之日起一日内，审查提交的证明、凭证，在机动车登记证书上签注解除抵押登记的内容和日期。

3. 不予办理抵押登记的情形

有以下情形之一的不予办理抵押登记：

1）机动车所有人提交的证明、凭证无效的。

2）机动车达到国家规定的强制报废标准的。

3）机动车被人民法院、人民检察院、行政执法部门依法查封、扣押的。

4）机动车属于被盗抢的。

5）属于海关监管的机动车，海关未解除监管或者批准转让的。

4. 不予办理解除抵押登记的情形

对机动车所有人提交的证明、凭证无效，或者机动车被人民法院、人民检察院、行政执法部门依法查封、扣押的，不予办理解除抵押登记。

五、注销登记

1. 申请注销登记

机动车有下列情形之一的，机动车所有人应当向登记地车辆管理所申请注销登记：

　　1）已达到国家强制报废标准的机动车。

　　2）机动车灭失的。

　　3）机动车因故不在我国境内使用的。

　　4）因质量问题退车的。

　　属于第3）项和第4）项规定情形之一的，机动车所有人申请注销登记前，应当将涉及该车的道路交通安全违法行为和交通事故处理完毕。

　　2. 注销登记的办理

　　已达到国家强制报废标准的机动车，机动车所有人申请注销登记的，应当填写申请表，并提交以下证明、凭证：

　　1）机动车登记证书。

　　2）机动车行驶证。

　　3）属于机动车灭失的，还应当提交机动车所有人的身份证明和机动车灭失证明。

　　4）属于机动车因故不在我国境内使用的，还应当提交机动车所有人的身份证明和出境证明，其中属于海关监管的机动车，还应当提交海关出具的《中华人民共和国海关监管车辆进（出）境领（销）牌照通知书》。

　　5）属于因质量问题退车的，还应当提交机动车所有人的身份证明和机动车制造厂或者经销商出具的退车证明。

　　车辆管理所应当自受理之日起一日内，审查提交的证明、凭证，收回机动车登记证书、号牌、行驶证，出具注销证明。

　　3. 不予办理注销登记的情形

　　有以下情形之一的，不予办理注销登记：

　　1）机动车所有人提交的证明、凭证无效的。

　　2）机动车被人民法院、人民检察院、行政执法部门依法查封、扣押的。

　　3）机动车属于被盗抢的。

　　4）机动车与该车档案记载内容不一致的。

　　5）机动车在抵押登记、质押备案期间的。

第四章

汽车保险服务

第一节　汽车保险概述

一、汽车保险的含义

汽车保险就是保险人通过收取保险费的形式建立保险基金，并将它用于补偿因自然灾害或意外事故所造成的车辆的经济损失，或在人身保险事故发生时赔偿损失，负担责任赔偿的一种经济补偿制度。

汽车保险包括几层含义：

1）汽车保险是一种商业行为。保险人按照等价交换关系建立的汽车保险以盈利为目的。

2）汽车保险是一种法律合同行为。投保人与保险人要以各类汽车及其责任为保险标的，签订书面的具有法律效力的保险合同。

3）汽车保险是一种权利义务行为。在投保人与保险人所共同签订的保险合同（如汽车保险单）中，明确规定了双方的权利和义务，并确定了违约责任，要求双方在履行合同时共同遵守。

4）汽车保险是一种以合同约定的、以保险事故发生为条件的损失补偿或保险金给付的保险行为。正是这种损失补偿或保险金给付行为，体现了汽车保险保障经济生活安定的互助共济的特点。

二、汽车保险的参与者

1. 汽车保险人

汽车保险人（又称汽车承保人）是经营汽车保险业务收取保险费和保险事故发生后负责赔偿损失的机构法人，通常为保险公司。保险公司的设立必须符合法律法规的规定。在我国，申请设立保险公司必须符合《中华人民共和国保险法》和《中华人民共和国公司法》的要求。

2. 汽车投保人

汽车投保人是指对于汽车保险标的具有可保利益，并且与汽车保险人订立保险合同，按保险合同负有支付保险费义务的人。自然人和法人都可以成为汽车投保人。当投保人为自己的利益投保，且保险人接受其投保时，投保人就变成了被保险人。

3. 被保险人

被保险人是指其车辆等财产或者人身受保险合同保障，享有保险赔偿请求权的人。被保险人有一定的范围。因为对保险汽车的使用可能是被保险人本人，也可能是被保险人以外的其他人，所以机动车辆第三者责任险中所承保的被保险人，除了被保险人本人，即保险单中所载明的被保险人外，还包括被保险人允许的合格驾驶人员。

4. 汽车保险中介人

汽车保险中介人是指介于保险人与投保人之间，专门从事汽车保险业务咨询与招揽、风险管理与安排、价值衡量与评估、损失鉴定与理赔等中介服务活动，并从中获取手续费或佣金的单位或个人。

保险中介是随着保险市场的不断发展而产生并逐步被人们所接受的产物，它是保险市场细分化带来的结果。汽车保险中介人的产生使汽车保险供需双方能够更加迅速、合理地沟通，方便投保人的投保，满足被保险人的需求，降低保险公司的经营成本，使保险公司提高工作效率和工作质量。保险中介人的出现，扩大了保险供给和需求的途径。保险中介的规范运作，越来越受到保险交易双方的认可，保险中介本身也得到了进一步的发展。

三、汽车保险的职能及作用

1. 汽车保险的职能

汽车保险的基本职能主要是补偿损失的职能。所谓补偿损失职能，即汽车保险通过组织分散的保险费建立保险基金，用来对因自然灾害和意外事故造成车辆的损毁给予经济上的补偿，以保障社会生产的持续进行，安定人民生活，提高人民的物质福利。这种赔付原则使已经存在的社会财富，即车辆因灾害事故所导致的实际损失在价值上得到了补偿，在使用价值上得以恢复，从而使集体或个人的再生产得以持续进行。

汽车保险的补偿这种基本职能可以概括为：

1）补偿由于自然灾害和意外事故所导致保险车辆的经济损失。

2）对被保险人在保险期内发生的与车祸相关的人身伤亡事故给予经济赔偿。

3）承担被保险人因车辆事故对受害人所担负的经济赔偿的民事责任。

4）商业信用和银行信用的履约责任。

2. 汽车保险的作用

汽车保险的作用主要是指汽车保险对单位、集体、家庭和个人所起的保障作用，是通过风险管理的财务处理手段所产生的经济效应。

（1）汽车保险有助于被保险人及时恢复营运

车祸的发生是不可避免的，这是一条自然规律。但在什么时候、什么地点发生，涉及面有多广，车辆受损程度如何，人员伤亡情况怎样，这些都是偶然的。保险补偿有合适、及时和有效的特点。投保企业或个人一旦遭受损失，就能够按照合同约定的条件及时得到保险补偿，以至重新购置车辆，恢复生产经营。同时，汽车保险赔付能够及时恢复被保险人的生产营运，还可减少受灾单位或个人的间接经济损失。

（2）汽车保险有助于企业加强经济核算

汽车保险作为企业或个人风险管理的财务手段，能够把不确定的巨额灾害损失化为固定的、少量的保险费支出，并均摊入企业或个人的营运成本或流通费用之中，是完全符合经济核算制的。因为通过交付保险费，把风险转嫁给保险公司，不仅不会因车辆受损或人员伤亡而影响企业生产成本的均衡，而且也保证了企业财务成果的稳定。如果不参加保险，为了不因车辆出事故而导致生产营运中断或萎缩，就需另外准备一个风险准备金。这种完全自保型的风险财务手段，对整个企业来说既不经济也不可能。

（3）汽车保险有助于促进企业和个人加强车辆安全管理

汽车保险补偿固然可以在短时间内迅速消除车祸的影响因素，但是就物质净损失而言，仍旧是一种损失；而人员的伤亡更是无法真正用金钱来补偿的，被保险企业和个人也不可能从中获得额外的利益，因此，防范车祸于未然是企业、个人和保险公司利益一致的行为。保险公司常年与各种车祸事故打交道，积累了丰富的管理经验，不仅可以为企业和个人提供各种防范车祸的管理经验，而且通过承保时对车祸的调查分析，承保期内对保险车辆的检查监督等活动，尽可能消除危险的潜在因素，达到降低车辆事故发生率的目的。此外，保险公司还可以通过保险费率这一价格杠杆（如保险期内连续出险对免赔率的增加）推动企业和个人预防车祸的积极性，共同搞好安全行车的管理工作。

（4）汽车保险有助于安定人民的生活

家庭是劳动力再生产的基本要素，家庭生活的安定是人们参加生产劳动、学习、休息和社会活动的根本保证。但是，没有人可以断言车祸对于个人和家庭来说是完全可以避免的。这种偶然的恶性事故落在谁身上都是灾难和不幸，所以参加汽车保险也是个人和家庭风险管理的有效手段。汽车保险可以帮助受害家庭恢复原来的物质生活条件。当家庭成员因车祸出现伤残时，可以通过保险金的补偿，对家庭的正常生活起保障作用；如果不幸死亡，其家属也可以通过保险金的补偿，得到精神安慰和获得生活保证。尤其在车祸中，难免发生民事赔偿责任造成的第三者人身伤亡或财产损失，通过责任保险可以保障受害人的经济利益。可见，汽车保险对于安定人们的家庭生活所发挥的作用，是不可低估的。

四、我国汽车保险业的发展概况

1865 年 5 月 25 日上海义和公司保险行的成立，标志着中国民族保险公司的诞生。在新中国成立之前，汽车保险作为财产保险的一部分就已经存在，并逐渐出现了汽车公众责任险，与现在的第三者责任险类似。1949年 10 月，新中国中央人民政府政务财经委员会批准，中国人民保险公司成立。当时的汽车保险主要承保地方国营交通运输部门和国营厂矿的汽车。私营工商业投保的汽车起初占 30% 以上，以后随着资本主义工商业的社会主义改造，其比重逐年降低，并于 1954 年停办了汽车公众责任险。1959 年 1 月中国人民保险总公司召开"停办国内保险工作会议"，从 1959 年 5 月起，除极个别城市外，停止了全部国内保险业务。将近 20 年保险业务的停止，是我国保险业落后于世界水平的主要原因。

1980 年，中国恢复保险业务。1980 年，在中国人民保险公司投保的汽车数量只有 7922 辆，保险金额 49951 万元，全年所交的保险费只有 728 万元。改革开放以后，我国的汽车工业以及与之相关的汽车保险业才得到了迅速发展。当前，我国主要的保险公司包括中国人民保险公司、中国太平洋保险（集团）股份有限公司、中国平安保险（集团）股份有限公司等保险公司。

中国人民保险公司成立于1949年10月20日，总部设在北京，是目前国内最大的财产保险公司，注册资本77亿元人民币。2000年其全年保费收入达470亿元人民币，占全国财产险市场份额的80%。中国人民保险公司已发展成为一个实力雄厚、人才济济、网点众多、服务一流的大型现代化商业保险公司。截至1999年底，中国人民保险公司已积累各项准备金256亿元人民币，具有雄厚的偿付能力。全系统现有正式员工8万余人，已初步形成一支素质较高的员工队伍。中国人民保险公司机构网点遍布全国31个省、市、区，共有营业机构4000余个。

中国太平洋保险公司成立于1991年4月26日，总部设在上海。当时全年的车险保费仅有5200万元。从5200万元起步，经过十几年的发展，中国太平洋保险公司的车险从市场的风风雨雨中成长起来，截至2001年底，仅在车险业务方面其规模已达到了52.38亿元。

中国平安保险公司成立于1988年3月21日，同年5月27日正式对外营业，总部设在深圳。公司经营区域为全国及设有分支机构的海外地区和城市，可经营一切险种（含各种法定保险）及国际再保险业务。中国平安保险公司是中国首家股份制保险公司，也是中国第一家有外资参股的全国性保险公司，目前已形成以保险为主，集证券、信托、投资和海外业务于一体的紧密、高效、多元业务架构。从整个车险市场上看，截至2002年底，人保、太保、平保占有90%以上的市场份额，形成"三足鼎立"的局面。

除以上三家以外，经营车险的我国保险公司还有总部设在北京的中国保险（控股）股份有限公司，总部设在新疆乌鲁木齐的中华联合财产保险公司，总部设在北京的华泰财产保险股份有限公司，总部设在上海的天安保险股份有限公司，总部设在上海的大众保险股份有限公司，总部设在深圳的华安财产保险股份有限公司，总部设在西安的永安财产保险股份有限公司，总部设在深圳的太平保险有限公司等。

自2001年12月11日中国正式加入WTO以来，我国保险市场对外开放步入了一个新的历史发展阶段。中国保险业积极有序地开放保险市场，不断加大开放的广度和深度，进一步促进了我国保险业的发展。加入WTO以来，我国已先后批准6家外国保险公司进入市场筹建保险营业机构；批准15家外资保险营业机构开业。截至2002年底，共有来自12个国家和地区的34个保险公司在我国设有54个营业性机构，如AIA美亚保险公司、日本东京海上火灾保险公司、瑞士丰泰保险公司等。当前的中国车险市场，呈现出蓬勃发展的态势。

第二节　机动车交通事故责任强制保险

我国的汽车保险分为强制保险和商业保险两大类，强制保险是法律规定的必须投保的汽车保险。

根据《机动车交通事故责任强制保险条例》的规定，在中华人民共和国境内道路上行驶的机动车的所有人或者管理人都应当投保机动车交通事故责任强制保险（以下简称"交强险"），机动车所有人、管理人未按照规定投保交强险的，将由公安机关交通管理部门扣留机动车，通知机动车所有人、管理人依照规定投保，并处应缴纳保险费的两倍罚款。

一、交强险责任限额

交强险责任限额是指被保险机动车发生道路交通事故，保险公司对每次保险事故所有受害人的人身伤亡和财产损失所承担的最高赔偿金额。根据中国保监会 2008 年 1 月 11 日公布的责任限额标准，全国统一定为 12.2 万元，如果被保险机动车发生交通事故后被认定有责任，死亡伤残最高赔偿 11 万元，医疗费赔偿 1 万元，财产损失赔偿 2000 元。如果被保险车辆在交通事故中被认定无责任，死亡伤残最高赔偿 1.1 万元，医疗费最高赔偿 1000 元，财产损失最高赔偿 100 元。交强险限额见表 4-1。

表 4-1　交强险限额　　　　　　　　　　（单位：元）

被保险车辆	死亡伤残赔偿限额	医疗费用赔偿限额	财产损失赔偿限额
在交通事故中有责任	11 万	1 万	2000
在交通事故中无责任	1.1 万	1000	100

二、交强险费率

1. 基础费率

交强险的基础费率是指首次投保交强险时应缴纳的保险费的金额。交强险基础费率全国实行统一的标准，按照车辆类型和使用性质确定缴纳保险费的金额。交强险的基础费率见表 4-2。

表 4-2　交强险的基础费率　　　　　　　　　　（单位：元）

车辆大类	序号	车辆明细分类	保费
一、家庭自用车	1	家庭自用汽车 6 座以下	950
	2	家庭自用汽车 6 座及以上	1100
二、非营业客车	3	企业非营业汽车 6 座以下	1000
	4	企业非营业汽车 6~10 座	1130
	5	企业非营业汽车 10~20 座	1220
	6	企业非营业汽车 20 座以上	1270
	7	机关非营业汽车 6 座以下	950
	8	机关非营业汽车 6~10 座	1070
	9	机关非营业汽车 10~20 座	1140
	10	机关非营业汽车 20 座以上	1320
三、营业客车	11	营业出租租赁 6 座以下	1800
	12	营业出租租赁 6~10 座	2360
	13	营业出租租赁 10~20 座	2400
	14	营业出租租赁 20~36 座	2560
	15	营业出租租赁 36 座以上	3530
	16	营业城市公交 6~10 座	2250
	17	营业城市公交 10~20 座	2520
	18	营业城市公交 20~36 座	3020
	19	营业城市公交 36 座以上	3140
	20	营业公路客运 6~10 座	2350
	21	营业公路客运 10~20 座	2620
	22	营业公路客运 20~36 座	3420
	23	营业公路客运 36 座以上	4690
四、非营业货车	24	非营业货车 2t 以下	1200
	25	非营业货车 2~5t	1470
	26	非营业货车 5~10t	1650
	27	非营业货车 10t 以上	2220
五、营业货车	28	营业货车 2t 以下	1850
	29	营业货车 2~5t	3070
	30	营业货车 5~10t	3450
	31	营业货车 10t 以上	4480
六、特种车	32	特种车一	3710
	33	特种车二	2430
	34	特种车三	1080
	35	特种车四	3980

（续）

车辆大类	序　号	车辆明细分类	保　费
七、摩托车	36	摩托车 50mL 及以下	80
	37	摩托车 50～250mL（含）	120
	38	摩托车 250mL 以上及侧三轮	400
八、拖拉机	39	兼用型拖拉机 14.7kW 及以下	按保监产险〔2007〕53 号实行地区差别费率
	40	兼用型拖拉机 14.7kW 以上	
	41	运输型拖拉机 14.7kW 及以下	
	42	运输型拖拉机 14.7kW 以上	

1）座位和吨位的分类都按照"含起点不含终点"的原则来解释。

2）特种车。

① 特种车一：油罐车、气罐车、液罐车。

② 特种车二：专用净水车、特种车一以外的罐式货车，以及用于清障、清扫清洁、起重、装卸、升降、搅拌、挖掘、推土、冷藏、保温等的各种专用机动车。

③ 特种车三：装有固定专用仪器设备从事专业工作的监测、消防、运钞、医疗、电视转播等的各种专用机动车。

④ 特种车四：集装箱拖头。

3）挂车根据实际的使用性质并按照对应吨位货车的 30% 计算。

4）低速载货汽车参照运输型拖拉机 14.7kW 以上的费率执行。

2. 浮动费率

投保人首次办理交强险的按照基础费率缴纳保险费，一年后实行浮动费率。

1）浮动比率。浮动费率与被保险人发生的交通事故和交通安全违法行为挂钩，二者之和的费率浮动为 −30%～+60%，见表 4-3。

表 4-3　交强险浮动费率

浮 动 因 素		浮动档次	浮动比率（%）
交通事故	上一个年度未发生有责任道路交通事故	A1	−10
	上两个年度未发生有责任道路交通事故	A2	−20
	上三个及以上年度未发生有责任道路交通事故	A3	−30
	上一个年度发生一次有责任不涉及死亡的道路交通事故	A4	0
	上一个年度发生两次及两次以上有责任道路交通事故	A5	10
	上一个年度发生有责任道路交通死亡事故	A6	30
交通安全违法	饮酒后驾驶机动车	B1	10～15
	醉酒后驾驶机动车	B3	20～30

2）交强险最终保险费计算方法。计算公式：

交强险最终保险费 = 交强险基础保险费 ×

（1 + 与浮动因素相联系的浮动比率）

3）浮动因素计算区间。浮动因素计算区间为上期保单出单日至本期保单出单日之间。机动车上一期交强险保单满期后未及时续保的，浮动因素计算区间仍为上期保单出单日至本期保单出单日之间。

4）不浮动的情形。

① 首次投保交强险的机动车费率不浮动。

② 在保险期限内，被保险机动车所有权转移，应当办理交强险合同变更手续，且交强险费率不浮动。

③ 机动车临时上道路行驶或境外机动车临时入境投保短期交强险的，交强险费率不浮动。

④ 被保险机动车经公安机关证实丢失后追回的，根据投保人提供的公安机关证明，在丢失期间发生道路交通事故的，交强险费率不向上浮动。

三、交强险的投保

1. 交强险的投保份额及保险期间

每辆机动车只需投保一份交强险。投保人需要获得更高的责任保障，可以选择购买不同责任限额的商业三者险。交强险的保险期间为 1 年。有以下四种情形，投保人可以投保 1 年以内的短期交强险：

1）境外机动车临时入境的。

2）机动车临时上道路行驶的。

3）机动车距规定的报废期限不足 1 年的。

4）保监会规定的其他情形。

2. 投保人购买交强险的注意事项

1）投保时，投保人应当如实填写投保单，向保险公司如实告知重要事项，并提供被保险机动车的行驶证和驾驶证复印件。

2）签订交强险合同时，投保人应当一次支付全部保险费。不得在保险条款和保险费率之外，向保险公司提出附加其他条件的要求。

3）应当在被保险机动车上放置保险标志。

4）在保险合同有效期内，被保险机动车因改装、加装、使用性质改变等导致危险程度增加的，被保险人应当及时通知保险公司，并办理批改手续。

5）交强险合同期满，投保人应当及时续保，并提供上一年度的保险单。

6）被保险机动车发生交通事故，被保险人应当及时采取合理、必要的施救和保护措施，并在事故发生后及时通知保险公司。同时，被保险人应当积极协助保险公司进行现场查勘和事故调查。发生与保险赔偿有关的仲裁或者诉讼时，被保险人应当及时书面通知保险公司。

四、交强险的理赔

申请理赔程序涉及第三者伤亡或财产损失的道路交通事故，被保险人应联系120急救电话（如有人身伤亡），拨打110或122报警电话，并拨打保险公司的客户服务电话报案，配合保险公司查勘现场，可以根据情况要求保险公司支付或垫付抢救费。

保险公司应自收到赔偿申请之日起1天内，书面告知需要提供的与赔偿有关的证明和资料；保险公司应自收到证明和资料之日起5日内，对是否属于保险责任做出核定，并将结果通知被保险人。对不属于保险责任的，应当书面说明理由。对属于保险责任的，在与被保险人达成赔偿保险金的协议后10日内，赔付保险金。

办理交强险理赔需提交的证明材料：

1）交强险的保险单。

2）被保险人出具的索赔申请书。

3）被保险人和受害人的有效身份证明、被保险机动车行驶证和驾驶人的驾驶证。

4）公安机关交通管理部门出具的事故证明，或者人民法院等机构出具的有关法律文书及其他证明。

5）被保险人根据有关法律法规规定选择自行协商方式处理交通事故的，应当提供依照《交通事故处理程序规定》规定的记录交通事故情况的协议书。

6）受害人财产损失程度证明、人身伤残程度证明、相关医疗证明以及有关损失清单和费用单据。

7）其他与确认保险事故的性质、原因、损失程度等有关的证明和资料。

第三节　汽车商业保险

在我国的汽车保险中，交强险以外的其他险种称为汽车商业险。汽车商业险包括主险（基本险）和附加险，主险是指可以单独购买的险种，附加险是指在购买了主险以后可以自由选择的险种。主险有机动车损失保险（简称车损险）、机动车第三者责任保险（简称三者险），有些保险公司把机动车全车盗抢险也列为主险。附加险的种类较多，有些附加险是购买了车损险以后才能购买的，有些附加险是购买了三者险以后才能购买的，还有些附加险是同时购买了以上两种主险以后才能购买的。商业险的常见险种见表4-4。

表4-4　商业险的常见险种

主　险	附　加　险	主　险	附　加　险
车损险	机动车全车盗抢险 玻璃单独破碎险 自燃损失险 新增加设备损失险 发动机特别损失险 不计免赔率特约条款	三者险	机动车车上人员责任险 车上货物责任险 不计免赔率特约条款
		车损险 + 三者险	油污污染责任险 附加机动车出境险 异地出险住宿费特约条款

一、汽车商业保险的主险

1. 车辆损失险

保险期间内，被保险人或其允许的合法驾驶人在使用被保险机动车过程中，因保险合同规定的原因造成被保险机动车的损失，保险人依照保险合同的约定负责赔偿的保险称为车辆损失险，简称车损险。

（1）车辆损失险的赔偿范围

因下列原因造成被保险机动车的损失，保险人依照保险合同的约定负责赔偿：

1）碰撞、倾覆、坠落。

2）火灾、爆炸。

3）外界物体坠落、倒塌。

4）暴风、龙卷风。

5）雷击、雹灾、暴雨、洪水、海啸。

6）地陷、冰陷、崖崩、雪崩、泥石流、滑坡。

7）载运被保险机动车的渡船遭受自然灾害（只限于驾驶人随船的情形）。

发生保险事故时，被保险人为防止或者减少被保险机动车的损失所支付的必要的、合理的施救费用，由保险人承担，最高不超过保险金额的数额。

（2）车辆损失险的免赔

1）以下非交通违法导致的车损，车损险不予赔偿：

① 地震。

② 战争、军事冲突、恐怖活动、暴乱，扣押、收缴、没收、政府征用。

③ 竞赛、测试，在营业性维修、养护场所修理、养护期间导致的车损。

④ 应当由机动车交通事故责任强制保险赔偿的金额。

⑤ 非被保险人允许的驾驶人使用被保险机动车。

⑥ 被保险机动车转让他人，未向保险人办理批改手续。

2）以下交通违法导致的车损，车损险不予赔偿：

① 驾驶人饮酒。吸食或注射毒品、被药物麻醉后使用被保险机动车。

② 事故发生后，被保险人或其允许的驾驶人在未依法采取措施的情况下驾驶被保险机动车或者遗弃被保险机动车逃离事故现场，或故意破坏、伪造现场、毁灭证据。

③ 人工直接供油造成的损失。

④ 无驾驶证或驾驶证有效期已届满，驾驶的被保险机动车与驾驶证载明的准驾车型不符。

⑤ 持未按规定审验的驾驶证，以及在暂扣、扣留、吊销、注销驾驶证期间驾驶被保险机动车。

⑥ 依照法律法规或公安机关交通管理部门有关规定不允许驾驶被保险机动车的其他情况下驾车。

⑦ 除另有约定外，发生保险事故时被保险机动车无公安机关交通管理部门核发的行驶证和号牌，或未按规定检验或检验不合格。

⑧ 被保险人或驾驶人的故意行为造成的损失。

⑨ 利用被保险机动车从事违法活动。

3）以下自然因素和意外原因造成的车损，车损险不予赔偿：

① 自然磨损、朽蚀、腐蚀、故障。

② 玻璃单独破碎，车轮单独损坏，无明显碰撞痕迹的车身划痕。

③ 高温烘烤造成的损失，自燃以及不明原因火灾造成的损失。

④ 遭受保险责任范围内的损失后，未经必要修理继续使用被保险机动车，致使损失扩大的部分。

⑤ 市场价格变动造成的贬值、修理后价值降低引起的损失。

⑥ 标准配置以外新增设备的损失。

⑦ 发动机进水后导致的发动机损坏。

⑧ 被盗窃、抢劫、抢夺，以及因被盗窃、抢劫、抢夺受到损坏或车上零部件、附属设备丢失。

⑨ 被保险机动车所载货物坠落、倒塌、撞击、泄漏造成的损失。

2. 机动车第三者责任险

机动车第三者责任险简称三者险，是指被保险人或其允许的合法驾驶人在使用被保险机动车过程中发生意外事故，致使第三者遭受人身伤亡或财产直接损毁，依法应当由被保险人承担的损害赔偿责任，保险人依照保险合同的约定，对于超过机动车交通事故责任强制保险各分项赔偿限额以上的部分负责赔偿。但因事故产生的善后工作由投保人负责处理。

第三者责任险中的"第三者"是指因被保险机动车发生意外事故遭受人身伤亡或者财产损失的人，但不包括本车事故发生时被保险机动车本车上人员（含驾驶人员及其家庭成员）、投保人、被保险人（含其家庭成员）和保险人。

（1）第三者责任险的投保金额

第三者责任险按照营业性车辆和非营业性车辆采取定额投保方式，费用额由保险公司根据车辆种类、交通事故率综合确定。以 6 座以下的私家车为例，第三者责任险保费按保额分为 5 万元、10 万元、15 万元、20 万元、30 万元、50 万元和 100 万元 7 个档次，被保险人可以自愿选择投保。

（2）三者险赔偿金额的计算

第三者责任险采取按责赔付，机动车责任多就多赔，责任少就少赔，没有责任就不赔。赔偿金额依据被保险机动车驾驶人在事故中所负的事故责任比例及免赔率来计算。

1）事故责任比例：

① 被保险机动车驾驶人负主要事故责任的，事故责任比例为 70%。

② 被保险机动车驾驶人负同等事故责任的，事故责任比例为 50%。

③ 被保险机动车驾驶人负次要事故责任的，事故责任比例为 30%。

2）免赔率。

① 负次要事故责任的免赔率为 5%，负同等事故责任的免赔率为 10%，负主要事故责任的免赔率为 15%，负全部事故责任的免赔率为 20%。

② 违反安全装载规定的，增加免赔率 10%。

③ 投保时指定驾驶人，保险事故发生时为非指定驾驶人使用被保险机动车的，增加免赔率 10%。

④ 投保时约定行驶区域，保险事故发生在约定行驶区域以外的，增加免赔率 10%。

（3）三者险的免赔

1）下列情况下，不论任何原因造成的对第三者的损害赔偿责任，保险人均不负责赔偿：

① 地震、战争、军事冲突、恐怖活动、暴乱、扣押、收缴、没收、政府征用。

② 竞赛、测试、教练，在营业性维修、养护场所修理、养护期间。

③ 被保险机动车拖带未投保机动车交通事故责任强制保险的机动车（含挂车）或被未投保机动车交通事故责任强制保险的其他机动车拖带。

④ 被保险机动车转让他人，未向保险人办理批改手续。

⑤ 非被保险人允许的驾驶人使用被保险机动车。

2）以下交通违法导致的损害三者险不予赔偿：

① 驾驶人饮酒、吸食或注射毒品、被药物麻醉后使用被保险机动车。

② 事故发生后，被保险人或其允许的驾驶人在未依法采取措施的情况下驾驶被保险机动车或者遗弃被保险机动车逃离事故现场，或故意破坏、伪造现场、毁灭证据。

③ 无驾驶证或驾驶证有效期已届满，或驾驶的被保险机动车与驾驶证载明的准驾车型不符。

④ 实习期内驾驶公共汽车、营运客车或者载有爆炸物品、易燃易爆化学物品、剧毒或者放射性等危险物品的被保险机动车，实习期内驾驶的被保险机动车牵引挂车。

⑤ 持未按规定审验的驾驶证，以及在暂扣、扣留、吊销、注销驾驶证期间驾驶被保险机动车。

⑥ 依照法律法规或公安机关交通管理部门有关规定不允许驾驶被保险机动车的其他情况下驾车。

⑦ 发生保险事故时被保险机动车无公安机关交通管理部门核发的行驶证和号牌，或未按规定检验或检验不合格。

⑧ 利用被保险机动车从事违法活动。

二、汽车商业保险的附加险

汽车商业保险的附加险种类繁多，表4-5列出了常见的附加险的赔偿责任。

表4-5 常见的附加险的赔偿责任

序号	险种	赔偿范围
1	机动车全车盗抢险	① 保险车辆被盗抢、抢劫、抢夺，经出险当地县级以上公安刑侦部门立案证明，满60天未查明下落的全车损失 ② 保险车辆全车被盗抢、抢劫、抢夺后，受到损坏或车上零部件、附属设备丢失需要修复的合理费用 ③ 保险车辆在被盗抢、抢劫、抢夺过程中，受到损坏需要修复的合理费用
2	玻璃单独破碎险	保险车辆风窗玻璃或车窗玻璃的单独破碎
3	自燃损失险	① 因保险车辆电器、线路、供油系统发生故障或所载货物自身原因起火燃烧造成本车的损失 ② 发生保险事故时，被保险人为防止或者减少保险机动车的损失所支付的必要的、合理的施救费用
4	新增加设备损失险	保险车辆发生保险事故，造成车上新增加设备的直接损毁，保险人在保险单载明的保险金额内，按照实际损失赔偿
5	发动机特别损失险	① 保险车辆在积水路面涉水行驶 ② 保险车辆在水中起动 ③ 发生上述事故时，对保险车辆采取施救、保护所支出的合理费用
6	机动车车上人员责任险	保险车辆发生意外事故，导致车上的驾乘人员伤亡造成的费用损失，以及为减少损失而支付的必要合理的施救、保护费用
7	车上货物责任险	发生意外事故，致使保险车辆所载货物遭受直接损毁
8	油污污染责任险	保险车辆发生意外事故，保险车辆或第三方车辆自身油料或所载油料泄漏造成道路的污染损失及清理费用

（续）

序　号	险　　　种	赔　偿　范　围
9	附加机动车出境险	已承保车损险、三者险的保险责任扩展至我国的香港、澳门地区或与我国接壤的其他国家和地区，扩展半径按合同约定计算
10	异地出险住宿费特约条款	保险车辆在保险合同签订地以外区域发生保险事故，被保险人或其受托人在事故地发生的必要的、合理的住宿费
11	不计免赔率特约条款	保险事故发生后，应由被保险人自行承担的免赔金额，由保险人承担

三、汽车商业保险的索赔

1）向保险公司索赔时，被保险人应提供以下凭证：

① 保险单正本及其复印件、保费付款票据、车辆驾驶证及行驶证。

② 公安交警部门的交通事故认定书。

2）事故造成车辆、货物和第三者财产损失的，还应提供：

① 车辆修理估价单、修理发票。如果车辆在外地出险，需经购保地保险公司委托当地保险公司处理，如果有条件的话，车主最好能对损坏车辆进行拍照或录像。

② 第三者财产损失、货物损失，应经当地保险公司检验，并附照片及原始发票。

③ 车辆失盗需提供公安刑警部门证明、购车发票、货物进口（海关）检验单、授权书，以及该车的各种证件材料。

3）事故造成人员伤残或死亡的，还应该提供：

① 医院证明（包括伤者病情鉴定、住院天数、病假天数、护理人员及护理天数），伤者转院证明，残疾程度鉴定证明或死亡证明。

② 伤者医药费收据。

③ 伤者及护理人员有固定工资收入的，需本人所属单位的工资证明。

④ 死者生前供养关系情况证明，经当地派出所证实。

⑤ 营养费、护理费、误工费、补偿费等有关收据，经交警部门盖章证实。

四、投保的注意事项

1. 车辆合法

保险车辆必须有交通管理部门核发的行驶证和牌照，并经检验合格，否则保险单无效。

2. 如实相告

车主应将车辆现状及所属权益如实告知保险公司。

3. 仔细核对

车主拿到保单正本后，应立即核对所列项目，如车牌号、发动机号、承保义务等，如有错漏应立即提出并要求更正。

4. 随车带卡

保险卡应随车携带。一旦出险，车主应立即通知保险公司并向交通管理部门报案。

5. 按时续保

在保险截止日期前办理续保可使车主得到连续保障。

五、汽车保险的误区

1. 重复投保

有人误认为汽车保险买得越多，可以多得赔款。但财产保险标的是财产，是有确定的保险金额的。如一辆汽车的价值是 10 万元，如果已在一家保险公司足额投保了 10 万元，那么，这车即使全部损失，最高也只能赔偿 10 万元，这一张保险单承担的风险责任已可满足车辆的最大损失。即使在另一家保险公司再保同样金额的保险，保险单也再无价值，因为作为同一辆汽车已得到足额赔付。如果如上述那样同时在两个保险公司共投保了 20 万元，那么，当汽车出险时，每个保险公司最多是各给付损失的 50%。

2. 不足额投保

由于汽车保险费的费率是固定的，缴费多少取决于汽车自身保险金额的高低。正确的选择是足额投保，也就是说车辆价值多少就保多少，日后万一损毁、失窃，可以得到足额赔付。可有的人为了省点保险费，不愿足额投保。明明价值 40 万元的轿车，只保 20 万元，保险费确实是省了点，但万一发生事故，就不能得到足额赔付。

3. 超额投保

这种情况与不足额投保刚好相反。有的人明明手中是一辆旧车，其真实价值不过 4 万～5 万元，但自作聪明，偏偏要超额投保，保它 10 多万元。认为自己多花钱就可以在车辆出险后获得高额赔偿。实际上这是一厢情愿而已。等到保险车辆出险以后，保险公司确定损失时，是按汽车出险时的车辆实际损失赔钱，不是保额高就可多得到赔款。

4. 险种没保全

汽车保险有车辆损失险、第三者责任险以及各种附加险等险种。选择哪些险种（强制性险种除外）是个人自由，不能强行摊派，但像车辆损失险、第三者责任险、车辆盗抢险、驾驶人意外伤害险以及乘客意外伤害险等，对个人权益至关重要，应尽量考虑保全。

5. 不按时续保

有的人看到自己汽车投保一年没出事，就抱着一种侥幸心理，放松警惕，不按期续保。但事故往往是不以人的意志为转移的，随时都可能发生。这样，即使是仅仅脱保几天，一旦出事保险公司也照样不赔偿。

第四节 欧、美、日、韩等国汽车保险的概况

一、美国汽车保险的概况

美国的汽车保险是随着汽车工业和保险业的发展而发展起来的。1898年，美国旅行家（Travelers）保险公司签发了第一张汽车体伤责任保险单，1899年汽车碰撞损失险保单（Auto Collision Policy）问世。1902年，第一张汽车损失险保单（Auto Property Damage Policy）出现。从此，美国汽车保险迅速发展，在短短的近百年的时间内，美国汽车保险业务量已居世界第一。

在汽车保险出现的初期，美国各保险公司出售的汽车保险保单内容差别较大，投保人为购买具有完整保障的汽车保险，必须同时与不同的保险人洽谈。这样，在投保时，投保人往往感到很不方便。为了便于投保人购买保险，20世纪20年代，美国大部分保险公司呼吁设计和销售标准化的汽车保险单。根据保险市场的这一要求，1935～1959年，美国相继出现了5种标准化保险单，即基本汽车保单（Basic Auto Policy，BAP）、家庭汽车保单（Family Auto Policy，FAP）、综合汽车保单（Comprehensive Auto Policy，CAP）、特惠汽车保单（Special Package Auto Policy，SPAP/SAP）及车行责任保单（Garage Liability Auto Policy，GLAP）。

从20世纪70年代起，美国消费者消费意识逐渐抬头，大部分被保险人认为汽车保险单的内容可读性较差，并经常对此提出批评。为了改善保

险单内容的可读性，便于被保险人阅读和理解保险单内容，许多州纷纷立法要求保险合同内容通俗化。根据各州立法的要求，保险公司逐步改进了保险单内容，力求使保险单反映时代的特点和被保险人的要求。1977 年，保险服务社（Insurance Service Office）对美国使用了多年的标准化保单进行修正并做了重大的调整。如将原家庭汽车保单、基本汽车保单与特惠汽车保单合并为个人汽车保单（Personal Auto Policy），原综合汽车保单及基本汽车保单合并为商用汽车保单（Business Auto Policy），原车行责任保单内容经过口语化处理以崭新面貌出现。此外，根据保险市场发展的需要，保险公司增加了商用的货车运送人保单（Trucker Policy）。目前，美国汽车保险业主要使用上述几类保单。

二、英国汽车保险的概况

1894 年，第一辆汽车在英国出现。1896 年英国制定了汽车公路法，当时汽车只是少数人的生活奢侈品。这一时期，汽车保险并不是强制保险，但自愿参加的汽车保险已经在保险市场上出现。

第一次世界大战期间，随着机动车运输量的增加，汽车数量激增。战后，因大量生产及分期付款购车方式的引进，机动车辆数量迅速增加。随着机动车辆的增加，大量的意外伤害事故随之出现。为了保护受害人的利益，1930 年英国颁布了《道路交通法》，首次强制实施第三者责任强制保险。

20 世纪 60 年代以后，汽车进入家庭，同时商用汽车也大量增加。汽车的增加，产生了大量的保险需求。与其他发达国家相同，英国汽车保险的社会功能受到了普遍重视。

英国汽车保险各项承保项目及其组合，因保险公司不同而各异，主要分为下列几种。

1. 责任保险

英国汽车责任保险将对人身和财产的损害赔偿责任一并予以承保。虽然同样承保对人身的赔偿责任，但其承保范围却较强制保险广。对受害财产损失的赔偿，如果被保险汽车为自用客车，保险公司通常不设定补偿限额；除非被保险人有不良的驾驶习惯或过高的肇事记录等情况。

2. 附加火灾、盗窃险

夜间停在路上的汽车因盗窃危险非常高，保险公司承保此类汽车时通

常均予以加成的保险费率。

3. 综合保险

英国汽车综合保险是指赔偿保险加保车辆全部险，保险公司通常也另外承保汽车驾驶人伤害险或个人行李损失险。此外，另有保险公司在受损汽车修复期间提供被保险人代用车或给付代用车费用。英国汽车保险有1/2以上属于此一类型。

4. 车商保单

针对车商车辆转换迅速与其行业的特殊要求，保险公司开发了一种不同于一般汽车保险的车商保险。基本上分为下列三项：

（1）道路保险

承保投保车商所有或管理的车辆在离开车商建筑物时发生的危险。

（2）内部保险

承保车商建筑物内发生的危险，其内容较公众责任保险类广。

（3）道路及汽车间综合保险

承保除综合保险两种保单的承保内容外的危险。

三、德国汽车保险的概况

目前，德国汽车损失保险的内容因保险公司不同而不同，一般有以下4种基本类型。

1. 责任保险

责任保险主要承担对人身的赔偿责任和对财产的赔偿责任，其内容与一般任意责任保险大同小异。特别之处在于被保险人必须同时投保二者，不得选择性地投保其中的一种责任保险。

2. 汽车损失保险

德国汽车损失保险分为汽车全部保险与汽车部分保险两种。汽车全部保险与其他各国一般汽车保险相同，属于承保各种意外事故的综合性保险。汽车部分保险仅承保火灾、爆炸、盗窃、雷击与野生动物碰撞等危险，对一般的交通事故所造成的损失不予承保。

在投保的比率方面，德国约有75%的投保人购买汽车部分保险，而购买汽车全部保险者不超过10%，主要原因在于前者保险费支出少于后者。在投保人购买汽车全部保险时，可以选择适当的自负额以减轻保险费负担。

德国汽车保险在任何情况下均依实际现金价值方式制订契约，因此，无约定保险金额的必要。

3. 乘客伤害保险

乘客伤害保险主要承保汽车乘客因意外交通事故所造成的死亡或身体伤害等损失。此类保险的提供使得德国汽车保险的保障范围更为完备。

4. 行李保险与诉讼保险

保险公司在招揽保险时，通常将责任保险、汽车保险及乘客伤害保险外加诉讼费用保险组合为一套装保单，以鼓励投保人投保。

由于德国社会法律意识健全，因拥有或使用汽车而发生交通事故或其他事由导致民事诉讼或刑事诉讼的可能性相当大，德国保险公司开发了"诉讼费用保险"，约定凡应由被保险人实际支出的诉讼费用，由保险人按保险合同承担。

四、法国汽车保险的概况

法国是欧洲第二大汽车生产国，无论从其汽车的生产或是从其汽车保险业务来看，法国均呈现高度的普及率。另外，由于民族性的原因，在法国处处可见其独特的制度，有关汽车保险也是如此。

法国汽车保险内容因保险公司不同而各异，主要内容如下。

1. 责任保险

责任保险过去曾被分为以行驶中的赔偿责任为对象的义务保险和以行驶以外的赔偿责任为对象的任意保险。1986 年以后，行驶以外的赔偿责任也成为义务保险的承保范围。由于义务保险属法定保险，各公司的承保内容均一致。

2. 汽车保险

除上述责任保险外，投保人可选择投保下列汽车保险。

（1）一切事故损害保险

该保险承保因汽车与其他物体的碰撞、翻车（非因碰撞所引起者）或自然力的作为（地震、海啸等）所引起的损害，但不包括火灾、爆炸及盗窃。

（2）碰撞事故损害保险

承保所有者已被确认的车辆、行人或自然力的作用所引起的损害。

（3）火灾或爆炸引起的损害保险

承保火灾、爆炸及雷击所引起的损害。对火灾、爆炸所引起的损害，系由第三人破坏行为（恐怖行为、破坏行为、暴动、骚扰）所致者，也在承保范围之内。

（4）盗窃所引起的损害保险

承保车辆或车辆零件被窃或盗窃未遂所致的损害。

（5）玻璃损害保险

承保车辆的前、后、侧面车窗及前灯光学配件的损失。

（6）自然灾害保险

发生自然灾害后，经该主管单位发布共同命令确认后，依法定条件承保该自然灾害所致的损害。

3. 其他

驾驶人身体损害保险。

五、日本汽车保险的概况

日本的汽车保险始创于 1914 年。从 1947 年起，各保险公司使用统一的普通保险条款和保险费率。1948 年，日本成立了损害保险费率确定会，1955 年制定机动车损害赔偿保障法，1964 年成立机动车辆保险费率确定协会。1996 年 12 月，日美达成保险协议后，从 1997 年 9 月起，日本采用风险细分型机动车辆保险；1998 年 7 月起实行多样化费率。从此，日本进入了保险产品和保险费率多样化的竞争时代。1997 年，日本机动车辆保险保费收入为 3666 亿日元，占财产保险费的 51%。

日本汽车保险的承保项目：

1）伤残死亡损失责任保险。

2）汽车驾驶人伤害保险。

3）无保险汽车伤害保险。

4）财产损失责任保险。

5）汽车损失保险。

6）乘客伤害保险。

六、韩国汽车保险的概况

随着韩国经济的高速发展，其汽车拥有量以平均每年 100 万辆的速度增长。1989 年末，韩国国内共拥有汽车 266 万辆；到了 1999 年末，达到了 1100 万辆，相当于每 4.3 个居民拥有 1 辆汽车。

随着汽车大众化趋势的发展，韩国汽车保险业也取得了长足发展。1989 年，汽车保险的保费收入仅为 3354 亿韩元，而到 1999 年则达到了 55367 亿韩元，增加了 16 倍，占全部财产保险市场的 38.3%。特别是近几年，大量居民纷纷购买汽车保险，政府越来越重视保护受害者和投保人的社会保障功能，并采取措施降低交通事故的发生，汽车和国民生活有了越来越密切的关系。

第 五 章

汽车保修索赔

汽车产品的生产是一个相当严密的过程，各工序都有严格的检验关卡。但是由于无法预计的原因，产品质量缺陷是不可避免的，因此汽车制造厂为汽车产品（包括整车和配件）提供了有条件的保修索赔。做好保修索赔工作，就可以避免这些质量缺陷给客户带来的不便。同时，出色的保修索赔工作也是树立品牌形象，为营销和售后服务赢得市场的重要手段。

汽车特约销售服务站是汽车制造厂面向客户的窗口，客户的保修索赔工作由特约销售服务站来完成。汽车制造厂为各特约销售服务站提供了便捷的保修索赔工作环境，特约销售服务站也应该严格按照汽车制造厂的保修索赔政策，为每一位客户做好保修索赔服务。

第一节　保修索赔期和保修索赔范围

各汽车制造厂保修索赔的具体规定尽管有些不同，但原则上没有大的区别。整车、配件的保修索赔期和保修索赔范围一般包括以下内容。

一、保修索赔期

1. 整车保修索赔期

1）整车保修索赔期从车辆开具购车发票之日起的 24 个月内，或车辆行驶累计里程 4 万 km 内，两条件以先达到的为准。超出以上两范围之一者，该车就超出保修索赔期。

2）整车保修索赔期内，特殊零部件依照特殊零部件保修索赔期的规定执行。特殊零部件保修索赔期的规定见表 5-1。

表 5-1　特殊零部件保修索赔期

序号	零部件名称	保修索赔期	序号	零部件名称	保修索赔期
1	控制臂球头销	12 个月或者 4 万 km	7	防尘套（横拉杆、万向节）	12 个月或者 4 万 km
2	前减振器、后减振器	12 个月或者 4 万 km	8	各类轴承	12 个月或者 4 万 km
3	等速万向节	12 个月或者 4 万 km	9	橡胶件	12 个月或者 4 万 km
4	喇叭	12 个月或者 4 万 km	10	喷油器	12 个月或者 4 万 km
5	蓄电池	12 个月或者 4 万 km	11	三元催化转换器	12 个月或者 4 万 km
6	氧传感器	12 个月或者 4 万 km			

2. 配件保修索赔期

1）在整车保修索赔期内，由特约销售服务站免费更换安装的配件，其保修索赔期为整车保修索赔期的剩余部分，即随整车保修索赔期结束而结束。

2）由客户付费并由特约销售服务站更换和安装的配件，从车辆修竣客户验收合格日和里程数算起，其保修索赔期为 12 个月或 4 万 km（两条件以先达到为准）。在此期间，因为保修而免费更换的同一配件的保修索赔期为其付费配件保修索赔期的剩余部分，即随付费配件的保修索赔期结束而结束。

二、保修索赔的前提条件

1）必须是在规定的保修索赔期内。

2）客户必须遵守《保修维护手册》的规定，正确驾驶、维护、存放车辆。

3）所有保修服务工作必须由汽车制造厂设在各地的特约销售服务站实施。

4）必须是由特约销售服务站售出并安装或原车装在车辆上的配件，方可申请保修。

三、保修索赔范围

1）在保修索赔期内，车辆正常使用情况下整车或配件发生质量故障，修复故障所花费的材料费、工时费属于保修索赔范围。

2）在保修索赔期内，车辆发生故障无法行驶，需要特约销售服务站外出抢修，特约销售服务站在抢修中的交通、住宿等费用属于保修索赔范围。

3）汽车制造厂为每一辆车提供两次在汽车特约销售服务站进行免费维护，两次免费维护的费用属于保修索赔范围。

2000km 免费维护项目：

① 更换机油及机油滤清器。

② 检查传动带。

③ 检查空调暖风系统软管和接头。

④ 检查冷却液。

⑤ 检查冷却系统软管及卡箍。

⑥ 检查通风软管和接头。

⑦ 清洗空气滤清器滤芯。

⑧ 检查加油口盖、油管、软管和接头。

⑨ 检查制动液和软管。

⑩ 检查、调整驻车制动器。

⑪ 检查轮胎和充气压力。

⑫ 检查灯、喇叭、刮水器和洗涤器。

6000km 免费维护项目：

① 更换机油及机油滤清器。

② 检查冷却液。

③ 检查冷却系统软管及卡箍。

④ 检查通风软管和接头。

⑤ 清洗空气滤清器滤芯。

⑥ 检查加油口盖、油管、软管和接头。

⑦ 检查排气管和安装支座。

⑧ 检查变速器油、差速器油。

⑨ 检查制动液和软管，必要时添加制动液。

⑩ 检查、调整驻车制动器。

⑪ 检查、调整前后悬架。

⑫ 检查、调整底盘和车身的螺栓和螺母。

⑬ 检查动力转向液，必要时添加。

⑭ 检查轮胎和充气压力。

⑮ 检查灯、喇叭、刮水器和洗涤器。

⑯ 检查空调/暖风。

⑰ 检查空调滤清器。

四、不属于保修索赔的范围

1）在汽车制造厂特许经销商处购买的每一辆汽车都随车配有一本保修维护手册，该保修维护手册须盖有售出该车的特许经销商的印章，以及购车客户签名后方可生效。不具有该保修维护手册，保修维护手册上印章不全或发现擅自涂改保修维护手册情况的，汽车特约销售服务站有权拒绝客户的保修索赔申请。

2）车辆正常例行维护和车辆正常使用中的损耗件不属于保修索赔范围，如：

① 润滑油、机油和各类滤清器。

② 火花塞。

③ 制动片、离合器片。

④ 清洁剂和上光剂等。

⑤ 灯泡。

⑥ 轮胎。

⑦ 刮水片。

3）因不正常维护造成的车辆故障不属于保修索赔范围。汽车制造厂的每一位客户应该根据《保修维护手册》上规定的维护规范，按时到汽车特约销售服务站对车辆进行维护。如果车辆因为缺少维护或未按规定的维护项目进行维护而造成的车辆故障，不属于保修索赔范围。例如，未按规定更换变速器油，而造成变速器故障，特约销售服务站有权拒绝客户的索赔申请。同时汽车特约销售服务站有义务在为客户每次做完维护后记录下维护情况（记录在客户的《保修维护手册》规定位置，盖章），并提醒客户下次维护的时间和内容。

4）车辆不是在汽车制造厂授权服务站维修，或者车辆安装了未经汽车制造厂售后服务部门许可的配件不属于保修索赔范围。

5）客户私自拆卸更换里程表，或更改里程表读数的车辆（不包括汽车特约销售服务站对车辆故障诊断维修的正常操作）不属于保修索赔范围。

6）因为环境、自然灾害、意外事件造成的车辆故障不属于保修索赔范围，如酸雨、树胶、沥青、地震、冰雹、水灾、火灾、车祸等。

7）因为客户使用不当，滥用车辆（如用作赛车）或未经汽车制造厂售后服务部门许可改装车辆而引起的车辆故障不属于保修索赔范围。

8）间接损失不属于保修索赔范围。因车辆故障引起的经济、时间损失（如租赁其他车辆或在外过夜等）不属于保修索赔范围。

9）由于特约销售服务站操作不当，造成的损坏不在保修索赔范围。同时，特约销售服务站应当承担责任并进行修复。

10）在保修索赔期内，客户车辆出现故障后未经汽车制造厂（或汽车特约销售服务站）同意继续使用而造成进一步损坏，汽车制造厂只对原有故障损失（须证实属产品质量问题）负责，其余损失责任由客户承担。

11）车辆发生严重事故时，客户应保护现场，并应保管好损坏零件，但不能自行拆卸故障车。经汽车制造厂和有关方面（如保险公司等）鉴定事故原因后，如属产品质量问题，汽车制造厂将按规定支付全部保修及车辆拖运费用。如未保护现场或因丢失损坏零件导致无法判明事故原因，汽车制造厂不承担保修索赔费用。

五、其他保修索赔事宜

1. 库存待售成品车辆的保修

由汽车制造厂派出的技术服务代表定期（至少每3个月1次）对中转库和代理商（经销商）展场的车辆进行检查，各地特约销售服务站配合。对车辆因放置时间较长出现油漆变（褪）色、锈蚀、车厢底板翘曲变形等外观缺陷，由汽车制造厂索赔管理部批准后可以保修。保修工作由汽车制造厂设在各地的特约销售服务站完成。

2. 保修索赔期满后出现的问题

对于超过保修索赔期的车辆，原则上不予保修索赔。如确属耐用件存在质量问题，则由汽车制造厂技术服务代表和汽车特约销售服务站共同对故障原因进行鉴定，在征求汽车制造厂索赔管理部同意后可以按保修处理。因维护、使用不当造成的损坏或是易损件的损失不能保修。

3. 更换仪表

因仪表有质量问题而更换仪表总成的，汽车特约销售服务站应在客户《保修维护手册》上注明旧仪表上的里程数及更换日期。

4. 故障原因和责任难以判断的问题

对于故障原因和责任难以判断的情况，如客户确实按《使用说明书》规定使用和维护车辆且能出示有关证据，如维护记录、询问驾驶人对车辆性能和使用的熟悉程度，须报汽车制造厂索赔管理部同意后可以保修。

第二节 保修索赔工作机构

一、保修索赔工作机构的组成

保修索赔工作机构由汽车制造厂索赔管理部和汽车特约销售服务站索赔员组成。

1. 汽车制造厂索赔管理部

汽车制造厂索赔管理部隶属汽车制造厂的售后服务机构。售后服务机构负责售后业务，主要部门有售后服务部、配件供应部、索赔管理部。售后服务部主要负责售后服务设备、培训、技术支持、资料手册编辑、特约销售服务站服务工作的协调监督等业务；配件供应部主要负责配件筹集、定单处理、库存管理、配件运送协调、配件价格体系制订、特约销售服务站配件工作协调及监督等业务；索赔管理部主要负责整车、配件保修索赔期内的保修索赔以及再索赔工作，主要有索赔工时、故障代码的制订和校核，索赔单据的审核和结算，产品质量信息的收集与反馈，再索赔结算及协调等业务。

汽车制造厂在全国选建符合 4S 标准（集整车销售、汽车维修、配件供应、信息反馈为一体）的汽车特约销售服务站。汽车制造厂为特约销售服务站提供全面的技术支持，如信息系统的建设支持和运费的补偿。同时，汽车制造厂建立培训中心，为特约销售服务站进行技术、管理培训。成立应答中心（Call Centre），及时提供信息咨询和意见反馈。

2. 汽车特约销售服务站索赔员

（1）对索赔员的具体要求

要求每个特约销售服务站必须配备一名专职索赔员，专职索赔员的主要工作是保修索赔、免费维护和质量信息反馈。根据索赔的工作性质，对专职索赔员提出了以下具体要求：

1）具有与本职工作相适应的文化程度和专业技能。

2）具有丰富的现场维修经验，有对汽车故障进行检查和判断的能力。

3）有较强的语言表达能力，善于沟通。

4）为人正直，工作仔细认真。

5）具有计算机基本应用能力。

6）通过汽车制造厂的专职索赔员培训，考核合格并授予上岗证书。

（2）索赔员的工作职责

每一位专职索赔员都是汽车制造厂保修索赔工作的代表，其工作职责如下：

1）充分理解保修索赔政策，熟悉汽车制造厂保修索赔工作的业务知识。

2）对待客户要热情礼貌、不卑不亢，认真听取客户有关车的质量意见，实事求是做好每一辆提出索赔申请故障车的政策审核和质量鉴定工作。

3）严格按照保修索赔政策为客户办理索赔申请。

4）准确、及时地填报汽车制造厂规定的各类索赔表单和质量情况报告，完整地保管和运送索赔旧件。

5）积极向客户宣传和解释保修索赔政策。

6）积极协助客户做好每一次免费维护和例行维护。

7）在客户的保修维护手册上，记录好每一次保修和维护情况。

8）严格、细致地做好售前检查。

9）及时准确地向汽车制造厂索赔管理部提交质量信息报告。重大质量问题及时填写《重大故障报告单》，传真至汽车制造厂索赔管理部。

二、各机构工作职责

1. 汽车制造厂的工作职责

1）建立汽车特约销售服务站，对特约销售服务站的人员进行培训，帮助特约销售服务站提高技术水平和管理水平。

2）向各区域派出汽车制造厂的技术服务代表，检查各特约销售服务站保修索赔的执行情况，评估各特约销售服务站索赔员的业务能力。

3）遇到疑难问题，汽车制造厂将通过函电指导或派代表及技术人员现场提供技术支持。

4）特约销售服务站在保修索赔服务中如被发现有欺骗行为（如伪造

索赔单等），汽车制造厂将拒付索赔费，并视情节给予罚款处理，直至取消其索赔资格。如造成了严重的社会影响，将追究其责任。

2. 汽车特约销售服务站工作职责

1）特约销售服务站是被授权对汽车产品进行保修索赔服务的企业。特约销售服务站有责任向所有符合保修索赔条件的客户提供满意的保修索赔服务，不得以任何形式与理由拒绝客户提出的正当合理的保修索赔要求。

2）特约销售服务站必须按汽车制造厂的规定配置相关的硬件（专用质量鉴定设备、索赔申请提交设备、专职人员、专用仓库等）和软件（电脑管理软件、专业培训、专业鉴定技术等）。

3）贯彻汽车制造厂保修索赔政策，实事求是为客户提供保修索赔服务，既不可推脱责任，也不可为客户提交虚假的索赔申请。

4）特约销售服务站在进行保修索赔工作中，有效的调整和维修是首选的措施，当调整和维修无法达到应有的技术要求时可以更换必要的零件或总成。

5）特约销售服务站有责任配合汽车制造厂处理好客户的质量投诉，特约销售服务站作为汽车制造厂的代表之一，不可推卸客户对质量投诉的责任。

6）为了提高产品质量，特约销售服务站应按规定向汽车制造厂索赔管理部提供有效的质量情况反馈。

7）妥善保管在索赔服务中更换的零配件，严格执行汽车制造厂的索赔旧件管理制度。

3. 汽车经销商工作职责

1）执行汽车制造厂的新车交付验收标准，出现疑问，及时向汽车制造厂反映。

2）执行汽车制造厂新车仓库管理制度，按规定做好新车维护。

3）及时向汽车制造厂技术服务代表或汽车制造厂索赔管理部反馈车辆库存中的质量信息，避免因延误处理而产生不应有的质量损失。

4）如果因车辆移动造成事故，或者因保管不善造成零部件丢失或损坏，经销商应负责将车辆恢复到符合技术标准的状态，不得向客户出售不合要求的车辆。

5）及时向汽车制造厂反映客户的意见或要求，协助汽车制造厂处理市场反馈的产品质量信息。

6）帮助汽车制造厂建立与客户的联络渠道，共同提高对客户的服务能力和水平。

第三节　保修索赔工作流程

一、工作流程

1）客户至特约销售服务站报修。

2）业务员根据客户报修情况、车辆状况及车辆维护记录，预审客户的报修内容是否符合保修索赔条件（特别要检查里程表的工作状态），如不符合请客户自行付费修理。

3）把初步符合保修索赔条件的车辆送至保修工位，索赔员协同维修技师确认故障点及引起故障的原因，并制定相应的维修方案和审核是否符合保修索赔条件。如不符合保修索赔条件通知业务员，请客户自行付费修理。

4）索赔员在确认客户车辆符合保修索赔条件后，根据情况登记车辆相关数据，为客户分类提交索赔申请。特殊索赔需事先得到汽车制造厂索赔管理部审批通过，然后及时给予客户车辆保修索赔。

5）保修结束后，在索赔件挂上《索赔旧件悬挂标签》，送入索赔旧件仓库统一保管。

6）索赔员每天把当天的索赔申请进行统计，填写《索赔申请表》。

7）每月一次在规定时间内向汽车制造厂索赔管理部提交《索赔申请表》。

8）索赔员每月一次按规定时间，把索赔旧件按规定包装（见索赔旧件处理规定），由第三方物流负责运回汽车制造厂索赔管理部。

9）经汽车制造厂索赔管理部初步审核不符合条件的索赔申请将予以返回，索赔员根据返回原因立即修改，下次提交索赔申请时一起提交，以待再次审核。

10）汽车制造厂索赔管理部对符合条件的索赔申请审核完成后，将索赔申请结算单返给各特约销售服务站，特约销售服务站根据结算单金额向汽车制造厂索赔管理部进行结算。

二、售前索赔

通过汽车制造厂检验的车辆，还要经过第三方物流、特许经销商、最终客户的各道接车检查，之间可能会检查出一些厂方检验遗漏的质量问题，这些质量缺陷的保修属于售前索赔。为了规范新车交接各方检验的程序，分清新车受损的责任方，一般有以下规定：

1）物流商承接新车时，装车前必须认真做好新车交接检验程序，特别注意油漆、玻璃、外装饰件、内饰、轮胎及其外装饰、随车附件工具资料等。如发现问题，及时请汽车制造厂销售公司解决。检验合格经双方签字确认后，物流商将负责运输全程新车的完好，运输途中造成的一切损失将由物流商承担。

2）经销商承接新车时，必须认真做好新车交接检验程序，特别注意油漆、玻璃、外装饰、内饰、轮胎及其外装饰、随车附件、工具资料等，检验合格后经双方签字确认。

3）检验中，发现新车存在制造质量问题，记录在新车交接单上，经双方签字确认。其中发生的维修费用，由经销商提交售前索赔申请，经汽车制造厂索赔管理部审定后予以结算。

4）检验中发现新车存在非制造质量问题，例如，人为损坏、碰撞、异物污染、酸碱浸蚀、附件遗失等，如属物流商责任，由经销商负责修复，维修费用由物流商当场支付，维修费用按索赔标准结算。交接双方如存在分歧，由当地区域销售经理和区域服务经理现场核定。如区域销售经理和区域服务经理无法及时到达现场，在新车交接单上记录下问题（必要时拍摄照片），并双方签字确认，事后由经销商提交给索赔管理部审定。

5）检验中，发现新车存在不明原因的问题，在新车交接单上记录下问题（必要时拍摄照片）并经双方签字确认，事后由经销商提交给索赔管理部审定。

三、配件索赔

客户自行付费且在服务站更换的零部件或总成，在保修索赔范围内出现质量故障，这类索赔情况属于配件索赔。提出这类配件索赔，必须在索赔申请表后附带购件发票的复印件。换件修复后还需要在更换配件的付费发票备注栏内，如实写明当时车辆已经行驶的里程数。

第四节　索赔旧件的管理

一、索赔旧件处理规定

1) 更换下来的索赔旧件的所有权归汽车制造厂所有,各特约销售服务站必须在规定时间内按指定的方式将其运回汽车制造厂索赔管理部。

2) 更换下来的索赔旧件应挂上《索赔旧件悬挂标签》,保证粘贴牢固并按规定填写好标签,零件故障处需要详细填写,相关故障代码和故障数据也须填写完整。《索赔旧件悬挂标签》由汽车制造厂索赔管理部统一印制,特约销售服务站可以向索赔管理部申领。

3) 故障件的缺陷、破损部位一定要用红色或黑色不易脱落的颜料或记号笔做出明显标记。

4) 应尽可能保持索赔旧件拆卸下来后的原始故障状态,一些规定不可分解的零件不可擅自分解,否则将视作该零件的故障为拆卸不当所致,不予索赔。

5) 旧机油、变速器油、制动液、转向助力液、润滑油脂、冷却液等不便运输的索赔旧件无特殊要求不必运回,按当地有关部门规定自行处理(应注意环保)。

6) 在规定时间内将索赔旧件运回。回运前索赔员需要填写《索赔件回运清单》,注明各索赔旧件的装箱编号。索赔旧件必须统一装箱,箱子外部按规定贴上《索赔旧件回运装箱单》并把箱子封装牢固。

7) 汽车制造厂索赔管理部对回运的索赔旧件进行检验后,对存在问题的索赔申请将返回或取消。

8) 被取消索赔申请的旧件,各特约销售服务站有权索回,但须承担相应运输费用。

二、《索赔旧件悬挂标签》的填写与悬挂要求

1) 应在悬挂标签上如实填写所有内容,保证字迹清晰和不易褪色。

2) 如果遇到特殊索赔,在悬挂标签备注栏内一定要填写授权号。

3) 所有标签应该由索赔员填写并加盖专用章。

4) 保证一物一签,物和签要对应。

5）悬挂标签一定要固定牢固。如果无法悬挂，则用透明胶布将标签牢固粘贴在索赔件上，同时保证标签正面朝外。

三、索赔件的清洁和装运要求

1）发动机、变速器、转向机、制动液罐等内部的油液全部放干净，外表保持清洁。

更换下来的索赔旧件必须统一装箱，即相同索赔件集中装在同一包装箱内，并且在每个包装箱外牢固贴上该箱索赔件的《索赔旧件回运装箱单》，注明装箱号与索赔件的零件号、零件名称和零件数量，在规定时间由物流公司返运到汽车制造厂索赔管理部。

2）各个装箱清单上的索赔件种类和数量之和必须与《索赔件回运清单》上汇总的完全一致。

3）《索赔件回运清单》一式三联，经物流公司承运人签收后，第一联由特约销售服务站保存，第二联由物流公司保存，第三联由物流公司承运人交索赔管理部。

第五节　质量情况反馈的规定

特约销售服务站直接面对客户，最了解客户的需求，掌握着第一手的客户信息、质量信息以及客户对汽车制造厂质量、服务评价的信息。所以特约销售服务站反馈的信息是汽车制造厂提高产品质量、调整服务政策的重要依据。

每一个特约销售服务站都应该组织一个质量检查小组，由经理带领，会同索赔员、服务顾问、备件管理、车间主任和技术骨干，对进入特约销售服务站维修的所有车辆的质量信息进行汇总研究、技术分析、排除故障试验，并向汽车制造厂索赔管理部定期做出反馈。汽车制造厂售后服务部门将为提高汽车产品的质量，提高各特约销售服务站的维修水平定期发布技术通信和召开质量、技术研讨会。同时汽车制造厂索赔管理部将把质量情况反馈工作作为对特约销售服务站年终考核的一项标准，并对此项工作做得出色的站点加以嘉奖。

为了让各特约销售服务站的质量研究工作统一有序地进行，各特约销售服务站应做好以下工作：

1. 重大故障报告

各特约销售服务站在日常工作中如遇到重大的车辆故障，必须及时、准确、详尽地填写《重大故障报告单》，立即传真至汽车制造厂索赔管理部，以便汽车制造厂各部门能及时做出反应。重大故障包括：影响汽车正常行驶的，如动力系统、转向系统、制动系统的故障；影响乘客安全的，如主动安全系统故障、被动安全系统故障、轮胎问题、车门锁止故障等；影响环保的故障，如排放超标、油液污染等。

2. 常见故障报告和常见故障避除意见

各特约销售服务站应坚持在每月底，对当月进厂维护的所有车辆产生的各种故障进行汇总，统计出出现频率最高的十项故障点或故障零件，并对其故障原因进行分析，提出相应的故障排除意见。各站需在每月初，向汽车制造厂索赔管理部提交上月的常见故障报告和常见故障避除意见。

3. 客户质量抱怨反馈表

各特约销售服务站应在客户进站维修、电话跟踪等与客户交流过程中，积极听取客户对汽车制造厂的意见，并做相应记录。意见包括某处使用不便、某处结构不合理、某零件使用寿命过短、可以添加些某配备、某处不够美观等。各站需以季度为周期，在每季度末提交客户情况反馈表。

第六节　缺陷汽车产品召回制度

缺陷汽车产品召回，是指由缺陷汽车产品制造商进行的消除其产品可能引起人身伤害、财产损失的缺陷的过程，包括通知、修理、更换、收回等具体措施。2004 年 3 月 15 日，国家质检总局等四部门正式发布了《缺陷汽车产品召回管理规定》（以下简称《管理规定》），2004 年 10 月 1 日起开始实施，这是我国以缺陷汽车产品为试点首次实施召回制度。《管理规定》的实施，对保证汽车产品使用安全，促使生产者高度重视和不断提高汽车产品质量发挥了重要作用。同时，从实践中看，《管理规定》在召回程序、监管措施等方面还需要进一步完善，尤其是《管理规定》作为部门规章，受立法层级低的限制，对隐瞒汽车产品缺陷、不实施召回等违法行为的处罚过低，威慑力明显不足，影响召回制度的有效实施。

为了进一步加强和完善我国缺陷汽车产品召回管理，保障汽车产品的使用安全，2012 年 10 月 22 日，经国务院常务会议通过的《缺陷汽车产品召回管理条例》（以下简称《条例》）予以公布，并自 2013 年 1 月 1 日起施行。《条例》获得通过并公布，对中国汽车行业影响深远，对生产厂家销售有缺陷汽车产品的行为给予更严厉的管控手段。而且从原来的部门规章上升为行政法规，使其具有更高的法律效力和更强的约束力。

一、《条例》对缺陷汽车产品召回明确召回责任

批量性汽车产品存在缺陷是汽车产品召回的法定原因，所谓缺陷，是指由于设计、制造、标识等原因导致的在同一批次、型号或者类别的汽车产品中普遍存在的不符合保障人身、财产安全的国家标准、行业标准的情形或者其他危及人身、财产安全的不合理的危险。生产者对其制造的汽车产品质量负责。具体而言，对在中国境内制造、出售的汽车产品存在缺陷的，由生产者负责召回，进口汽车产品存在缺陷的，由进口商负责召回。

对"缺陷"以外的汽车产品质量问题，由生产者、销售者依照产品质量法、消费者权益保护法等法律、行政法规和国家有关规定以及合同约定，承担修理、更换、退货、赔偿损失等相应的法律责任。

二、《条例》对缺陷汽车产品召回程序做出的规定

1. 明确了召回启动程序

生产者获知汽车产品可能存在缺陷的，应当立即组织调查分析，确认汽车产品存在缺陷的，应当立即停止生产、销售、进口缺陷汽车产品，并实施召回；国务院产品质量监督部门经缺陷调查认为汽车产品存在缺陷的，也应当通知生产者实施召回。生产者认为其汽车产品不存在缺陷的，可以在规定期限内向国务院产品质量监督部门提出异议，国务院产品质量监督部门应当组织有关专家进行论证、技术检测或者鉴定。生产者既不按照通知实施召回又不在规定期限内提出异议的，或者经国务院产品质量监督部门组织论证、技术检测或者鉴定确认汽车产品存在缺陷的，国务院产品质量监督部门应当责令生产者实施召回，生产者应当立即停止生产、销售、进口缺陷汽车产品，并实施召回。

2. 规定了召回实施程序

生产者实施召回，应当按照国务院产品质量监督部门的规定制定召回计划，并按照召回计划实施召回。对实施召回的缺陷汽车产品，生产者应

当及时采取修正或者补充标识、修理、更换、退货等措施消除缺陷。国务院产品质量监督部门应当对召回实施情况进行监督，并组织与生产者无利害关系的专家对生产者消除缺陷的效果进行评估。

3. 规定了召回报告程序

生产者应当按照国务院产品质量监督部门的规定提交召回阶段性报告和召回总结报告。

三、《条例》对违法行为规定了处罚措施

针对生产者召回缺陷汽车产品存在的违法行为，《条例》设定了严格的法律责任，在提高罚款额度的同时，增加了吊销行政许可等处罚措施。特别是针对生产者未停止生产、销售或者进口缺陷汽车产品，隐瞒缺陷情况，拒不召回等严重违法行为，《条例》规定对生产者处以缺陷汽车产品货值金额 1% 以上 10% 以下的罚款；有违法所得的，并处没收违法所得；情节严重的，由许可机关吊销有关许可。这样规定，可以有效促使生产者履行缺陷汽车产品的召回责任。

四、《条例》加强对消费者保护

《条例》规定任何单位和个人有权向产品质量监督部门投诉汽车产品可能存在的缺陷，国务院产品质量监督部门应当以便于公众知晓的方式向社会公布受理投诉的电话、电子邮箱和通信地址。国务院产品质量监督部门应当建立缺陷汽车产品召回信息管理系统，收集汇总、分析处理有关缺陷汽车产品信息。《条例》为消费者投诉作为召回依据提供了保障。经过对消费者投诉的汇总分析，一些有规律性的问题就会被发现。

自 2004 年 3 月发布《缺陷汽车产品召回管理规定》，我国开始实行缺陷汽车产品召回制度，截至 2011 年底，共实施召回 419 次，累计召回缺陷汽车产品 621.1 万辆，截至 2012 年 10 月《缺陷汽车产品召回管理条例》获得通过并公布，累计召回缺陷汽车产品 898.6 万辆。缺陷汽车产品召回制度彰显公共安全至上，宗旨是加强对缺陷汽车产品召回事项的管理，消除缺陷汽车产品对使用者及公众人身、财产安全造成的危险，维护公共安全、公众利益和社会经济秩序。有理由相信，缺陷汽车产品召回制度的成功实施将为消费者编织一张安全网，为企业打造一块诚信牌，为政府形象增添一抹新亮色。

附：

缺陷汽车产品召回管理条例

第一条 为了规范缺陷汽车产品召回，加强监督管理，保障人身、财产安全，制定本条例。

第二条 在中国境内生产、销售的汽车和汽车挂车（以下统称汽车产品）的召回及其监督管理，适用本条例。

第三条 本条例所称缺陷，是指由于设计、制造、标识等原因导致的在同一批次、型号或者类别的汽车产品中普遍存在的不符合保障人身、财产安全的国家标准、行业标准的情形或者其他危及人身、财产安全的不合理的危险。

本条例所称召回，是指汽车产品生产者对其已售出的汽车产品采取措施消除缺陷的活动。

第四条 国务院产品质量监督部门负责全国缺陷汽车产品召回的监督管理工作。

国务院有关部门在各自职责范围内负责缺陷汽车产品召回的相关监督管理工作。

第五条 国务院产品质量监督部门根据工作需要，可以委托省、自治区、直辖市人民政府产品质量监督部门、进出口商品检验机构负责缺陷汽车产品召回监督管理的部分工作。

国务院产品质量监督部门缺陷产品召回技术机构按照国务院产品质量监督部门的规定，承担缺陷汽车产品召回的具体技术工作。

第六条 任何单位和个人有权向产品质量监督部门投诉汽车产品可能存在的缺陷，国务院产品质量监督部门应当以便于公众知晓的方式向社会公布受理投诉的电话、电子邮箱和通信地址。

国务院产品质量监督部门应当建立缺陷汽车产品召回信息管理系统，收集汇总、分析处理有关缺陷汽车产品信息。

产品质量监督部门、汽车产品主管部门、商务主管部门、海关、公安机关交通管理部门、交通运输主管部门、工商行政管理部门等有关部门应当建立汽车产品的生产、销售、进口、登记检验、维修、消费者投诉、召回等信息的共享机制。

第七条 产品质量监督部门和有关部门、机构及其工作人员对履行本条例规定职责所知悉的商业秘密和个人信息,不得泄露。

第八条 对缺陷汽车产品,生产者应当依照本条例全部召回;生产者未实施召回的,国务院产品质量监督部门应当依照本条例责令其召回。

本条例所称生产者,是指在中国境内依法设立的生产汽车产品并以其名义颁发产品合格证的企业。

从中国境外进口汽车产品到境内销售的企业,视为前款所称的生产者。

第九条 生产者应当建立并保存汽车产品设计、制造、标识、检验等方面的信息记录以及汽车产品初次销售的车主信息记录,保存期不得少于10年。

第十条 生产者应当将下列信息报国务院产品质量监督部门备案:

(一) 生产者基本信息;

(二) 汽车产品技术参数和汽车产品初次销售的车主信息;

(三) 因汽车产品存在危及人身、财产安全的故障而发生修理、更换、退货的信息;

(四) 汽车产品在中国境外实施召回的信息;

(五) 国务院产品质量监督部门要求备案的其他信息。

第十一条 销售、租赁、维修汽车产品的经营者(以下统称经营者)应当按照国务院产品质量监督部门的规定建立并保存汽车产品相关信息记录,保存期不得少于5年。

经营者获知汽车产品存在缺陷的,应当立即停止销售、租赁、使用缺陷汽车产品,并协助生产者实施召回。

经营者应当向国务院产品质量监督部门报告和向生产者通报所获知的汽车产品可能存在缺陷的相关信息。

第十二条 生产者获知汽车产品可能存在缺陷的,应当立即组织调查分析,并如实向国务院产品质量监督部门报告调查分析结果。

生产者确认汽车产品存在缺陷的,应当立即停止生产、销售、进口缺陷汽车产品,并实施召回。

第十三条 国务院产品质量监督部门获知汽车产品可能存在缺陷的,应当立即通知生产者开展调查分析;生产者未按照通知开展调查分析的,国务院产品质量监督部门应当开展缺陷调查。

国务院产品质量监督部门认为汽车产品可能存在会造成严重后果的缺陷的，可以直接开展缺陷调查。

第十四条 国务院产品质量监督部门开展缺陷调查，可以进入生产者、经营者的生产经营场所进行现场调查，查阅、复制相关资料和记录，向相关单位和个人了解汽车产品可能存在缺陷的情况。

生产者应当配合缺陷调查，提供调查需要的有关资料、产品和专用设备。经营者应当配合缺陷调查，提供调查需要的有关资料。

国务院产品质量监督部门不得将生产者、经营者提供的资料、产品和专用设备用于缺陷调查所需的技术检测和鉴定以外的用途。

第十五条 国务院产品质量监督部门调查认为汽车产品存在缺陷的，应当通知生产者实施召回。

生产者认为其汽车产品不存在缺陷的，可以自收到通知之日起15个工作日内向国务院产品质量监督部门提出异议，并提供证明材料。国务院产品质量监督部门应当组织与生产者无利害关系的专家对证明材料进行论证，必要时对汽车产品进行技术检测或者鉴定。

生产者既不按照通知实施召回又不在本条第二款规定期限内提出异议的，或者经国务院产品质量监督部门依照本条第二款规定组织论证、技术检测、鉴定确认汽车产品存在缺陷的，国务院产品质量监督部门应当责令生产者实施召回；生产者应当立即停止生产、销售、进口缺陷汽车产品，并实施召回。

第十六条 生产者实施召回，应当按照国务院产品质量监督部门的规定制定召回计划，并报国务院产品质量监督部门备案。修改已备案的召回计划应当重新备案。

生产者应当按照召回计划实施召回。

第十七条 生产者应当将报国务院产品质量监督部门备案的召回计划同时通报销售者，销售者应当停止销售缺陷汽车产品。

第十八条 生产者实施召回，应当以便于公众知晓的方式发布信息，告知车主汽车产品存在的缺陷、避免损害发生的应急处置方法和生产者消除缺陷的措施等事项。

国务院产品质量监督部门应当及时向社会公布已经确认的缺陷汽车产品信息以及生产者实施召回的相关信息。

车主应当配合生产者实施召回。

第十九条　对实施召回的缺陷汽车产品，生产者应当及时采取修正或者补充标识、修理、更换、退货等措施消除缺陷。

生产者应当承担消除缺陷的费用和必要的运送缺陷汽车产品的费用。

第二十条　生产者应当按照国务院产品质量监督部门的规定提交召回阶段性报告和召回总结报告。

第二十一条　国务院产品质量监督部门应当对召回实施情况进行监督，并组织与生产者无利害关系的专家对生产者消除缺陷的效果进行评估。

第二十二条　生产者违反本条例规定，有下列情形之一的，由产品质量监督部门责令改正；拒不改正的，处5万元以上20万元以下的罚款：

（一）未按照规定保存有关汽车产品、车主的信息记录；

（二）未按照规定备案有关信息、召回计划；

（三）未按照规定提交有关召回报告。

第二十三条　违反本条例规定，有下列情形之一的，由产品质量监督部门责令改正；拒不改正的，处50万元以上100万元以下的罚款；有违法所得的，并处没收违法所得；情节严重的，由许可机关吊销有关许可：

（一）生产者、经营者不配合产品质量监督部门缺陷调查；

（二）生产者未按照已备案的召回计划实施召回；

（三）生产者未将召回计划通报销售者。

第二十四条　生产者违反本条例规定，有下列情形之一的，由产品质量监督部门责令改正，处缺陷汽车产品货值金额1%以上10%以下的罚款；有违法所得的，并处没收违法所得；情节严重的，由许可机关吊销有关许可：

（一）未停止生产、销售或者进口缺陷汽车产品；

（二）隐瞒缺陷情况；

（三）经责令召回拒不召回。

第二十五条　违反本条例规定，从事缺陷汽车产品召回监督管理工作的人员有下列行为之一的，依法给予处分：

（一）将生产者、经营者提供的资料、产品和专用设备用于缺陷调查所需的技术检测和鉴定以外的用途；

（二）泄露当事人商业秘密或者个人信息；

（三）其他玩忽职守、徇私舞弊、滥用职权行为。

第二十六条 违反本条例规定，构成犯罪的，依法追究刑事责任。

第二十七条 汽车产品出厂时未随车装备的轮胎存在缺陷的，由轮胎的生产者负责召回。具体办法由国务院产品质量监督部门参照本条例制定。

第二十八条 生产者依照本条例召回缺陷汽车产品，不免除其依法应当承担的责任。

汽车产品存在本条例规定的缺陷以外的质量问题的，车主有权依照产品质量法、消费者权益保护法等法律、行政法规和国家有关规定以及合同约定，要求生产者、销售者承担修理、更换、退货、赔偿损失等相应的法律责任。

第二十九条 本条例自 2013 年 1 月 1 日起施行。

第六章

汽车维护与汽车检测

第一节　汽车维护的级别

一、汽车维护的基本原则

"预防为主，强制维护"是汽车维护的基本原则。汽车维护工作是保持汽车正常技术状态的基础，维护的作业内容是依照汽车技术状况变化规律来安排的。实践证明，定期按维护间隔里程和作业项目对汽车进行强制维护，及时发现和消除故障隐患，可以有效地延长汽车的使用寿命，防止汽车早期损坏。

二、汽车维护级别的划分

根据汽车不同时期使用的特点，汽车维护可分为常规性维护、季节性维护、走合期维护。

常规性维护分为日常维护、一级维护、二级维护三种级别。各级维护的间隔里程或使用时间间隔以汽车生产厂家规定为准。桑塔纳轿车的维护规定为：日常维护、7500km（或6个月）首次维护、1.5万km（或12个月）常规维护三种级别。捷达轿车维护规定为：日常维护、1500～2500km首次维护、1.5万km维护、3万km维护四种级别。

三、汽车维护的主要工作

汽车维护的主要工作是清洁、检查、紧固、调整、润滑、补给等内容。

1）清洁。工作内容包括对燃料、机油、空气滤清器滤芯的清洁，汽车外表的养护和对有关总成、零部件内外部的清洁。

2）检查。工作内容是检查汽车各总成和机件的外表、工作情况和连接螺栓的紧度等。

3）紧固。紧固工作是为了使各部机件连接可靠，防止机件松动。重点应放在负荷重且经常变化的各部机件的连接部位上，以及对各连接螺栓进行紧固和配换。

4）调整。工作内容是按技术要求，恢复总成机件的正常配合间隙及工作性能。

5）润滑。其工作内容包括对发动机润滑系统部件更换或添加润滑油；对传动系统及行驶系统各润滑点加注润滑油或润滑脂。

6）补给。对汽车的燃油、润滑油料及特殊工作液进行加注补充，对蓄电池进行补充充电，对轮胎进行补气等。

第二节 汽车维护的作业内容

一、日常维护

1. 日常维护的作业内容

日常维护是保持汽车正常技术状况的基础，由驾驶人负责完成。其主要作业内容是：坚持"三检"，即出车前、行车中、收车后检视车辆的安全机构及各部件连接的紧固情况；保持"四清"，即保持机油滤清器、空气滤清器、燃油滤清器和蓄电池的清洁；防止"四漏"，即防止漏水、漏油、漏气和漏电，保持车容整洁。日常维护基本作业项目见表 6-1。

表 6-1 日常维护基本作业项目

出车前	（1）清洁汽车外表面及驾驶室 （2）检查散热器存水量、燃油箱存油量、曲轴箱机油存油量，加足油、水，观察有无泄漏现象 （3）检查散热器盖、加油口盖、加机油口盖是否齐全完整 （4）刮水器、室内外后视镜、门锁、门窗玻璃及升降手摇柄是否齐全有效 （5）喇叭、灯光仪表、汽车牌照和行车执照是否齐全、完好、有效 （6）各电路导线有无松脱现象 （7）各部油管、水管、气管及接头是否漏油、漏水、漏气 （8）轮胎气压是否符合规定，消除胎纹间杂物 （9）检查钢板弹簧、U形螺栓、轴头螺母是否松动，节气门、离合器、转向机构、制动系统等连接传动部位是否牢靠 （10）起动发动机，查听有无异响，各部仪表工作是否正常

（续）

行车中	（1）检查各部仪表工作状况 （2）检查各种操纵机构是否灵活有效 （3）发动机、底盘有无异响和异味
途中停车	（1）检查转向机构及其他操纵机构等各连接部位是否牢靠 （2）检查有无漏油、漏水、漏气现象 （3）检查轮胎外表及气压，清除轮胎胎纹间杂物 （4）检查制动器有无拖滞和发热现象
收车后	（1）清洁汽车外表及驾驶室 （2）检查钢板弹簧总成情况 （3）检查轮胎气压状况和两轮间是否有杂物 （4）检查有无漏油、漏水、漏气现象，并补充燃油、润滑剂和制动液 （5）检查冷却系统，夏季定期换水以防堵塞，冬季未加防冻液的水应放干净

2. 日常维护作业的工艺流程（图6-1）

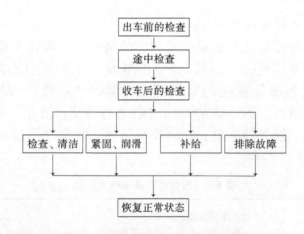

图6-1　日常维护作业的工艺流程

二、一级维护

一级维护由专业维修工负责执行。

1. 一级维护的作业内容

一级维护的作业内容除日常维护的作业内容外，以清洗、润滑、紧固、补给为主，并检查有关制动、操纵等安全部件。主要内容是：检查、紧固汽车外露部位松动的螺钉和螺母，按规定对润滑部位加注润滑脂，检查总成内润滑油面，加注润滑油，清洗空气滤清器、燃油滤清器、机油滤清器。

一级维护基本作业项目见表6-2。

表6-2 一级维护基本作业项目

分　类	作业内容
发动机	（1）检查润滑、冷却、排气系统及燃油系统是否渗漏或损坏 （2）更换发动机机油及机油滤清器滤芯 （3）检查冷却系统液面高度及防冻能力，必要时添加冷却液或调整冷却液浓度 （4）清洗空气滤清器，必要时更换滤芯 （5）检查清洁火花塞，必要时更换火花塞 （6）检查 V 带状况及张紧度，视情况调整张紧度或更换 V 带 （7）检查调整点火正时、急速转速及一氧化碳含量
底盘	（1）检查离合器踏板行程 （2）检查变速器是否渗漏或损坏 （3）检查等速万向节防尘套是否损坏 （4）清洗空气滤清器，必要时更换滤芯 （5）检查制动系统是否渗漏或损坏 （6）检查制动液液面高度，必要时添加制动液 （7）检查制动摩擦衬片或衬块的厚度 （8）检查调整驻车制动装置 （9）检查轮胎气压、磨损及损坏情况 （10）检查车轮螺栓拧紧力矩 （11）检查轮胎花纹深度
车身	（1）润滑发动机舱盖及行李箱盖铰链 （2）润滑车门铰链及车门限位拉条 （3）检查车身底板密封保护层有无损坏
电气系统及空调	（1）检查照明灯、警告灯、转向信号灯及喇叭的工作状况 （2）检查调整前照灯光束 （3）检查风窗玻璃刮水器及清洗装置，必要时添加风窗玻璃清洗液 （4）检查蓄电池液面高度，必要时添加蒸馏水 （5）检查空调系统是否泄漏 （6）检查清洗空调新鲜空气滤清器
路试	检测整车各部性能

2. 一级维护作业的工艺流程（图6-2）

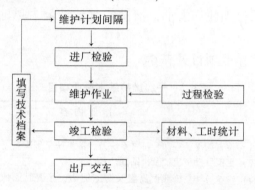

图6-2 一级维护作业的工艺流程

3. 一级维护竣工标准

1）发动机前后悬挂、进排气歧管、散热器、轮胎、传动轴、车身、附件支架等外露螺栓、螺母齐全、紧固、无裂纹。

2）转向臂、转向拉杆、制动操纵机构工作可靠，锁销齐全有效，转向杆球头、转向传动十字轴承、传动轴十字轴承无松旷。

3）转向器、变速器、驱动桥的润滑油面符合规定要求，通风孔畅通；变速器、减速器凸缘螺母紧固可靠。

4）各润滑脂油嘴齐全有效，安装位置正确；所有润滑点均已润滑，无遗漏。

5）空气滤清器滤芯清洁可靠。

6）轮胎气压符合充气规定，胎面无嵌石及其他硬物。

7）离合器踏板和制动踏板自由行程符合技术规定。

8）灯光、仪表、喇叭、信号齐全有效。

9）蓄电池电解液液面符合规定，通气孔畅通，接头牢固。

10）车轮轮毂轴承无松旷。

11）路试。发动机、底盘运行正常，无异响；各操纵部位符合技术要求；转向、制动系统灵敏可靠；各部紧固无松动。试车后，检视各部无漏水、漏油、漏气和漏电现象。

三、二级维护

二级维护由专业维修工负责执行。

1. 二级维护的作业内容

二级维护的作业内容除一级维护作业内容外，以检查调整为主：检查调整发电机及电气设备的工作状况，清洗油底壳和滤清器，检查制动机构，检查离合器及其他总成的工作状况并视需要进行调整。拆检轮胎，进行轮胎换位。

汽车二级维护前应进行检测诊断和技术评定，根据检测评定结果，确定附加作业或小修项目，结合二级维护基本作业项目一并进行。

二级维护前进行检测诊断的项目见表6-3。

表6-3　汽车二级维护前应进行的检测诊断项目

分类	序号	测试种类	检测项目
检测部分	1	点火系统参数	触点闭合角、分电器重叠角、点火电压、点火提前角
	2	发动机动力性	无负荷功率、各缸功率平衡
	3	起动系统参数	起动电流、起动电压
	4	气缸密封情况	气缸压力、曲轴箱窜气、气缸漏气、真空度
	5	配气相位	进排气门开启、关闭角度
	6	发动机异响	曲轴轴承、连杆轴承、活塞、活塞销、配气机构
	7	气缸表面状况	气缸拉痕、活塞顶烧蚀、积炭、活塞偏磨
	8	机油化验分析	斑痕污染指数、水分、闪点、酸值、运动黏度、含铁量
检查部分	1	发动机	发动机机油、水密封，曲轴前后油封漏油，散热器、水泵水封、水套漏水，曲轴窜动量，异响
	2	转向系统	转向盘自由行程，转向机工作状况及油封密封状态，路试转向稳定性
	3	传动系统	离合器工作情况，变速器、减速器壳油封密封状态及壳体表面状况，路试变速器、传动轴各轴承、主减速器、差速器异响，变速器、差速器壳体温度
	4	行驶系统	轮胎偏磨、钢板弹簧座、销、套磨损状况；车架裂伤、各部铆接状况
	5	仪表信号	仪表信号、机油压力、冷却液温度、发动机充放电指示
	6	其他	车身、驾驶室各钣金件开裂、锈蚀、变形、脱漆，锁止机构状况，牵引机构状况

二级维护基本作业项目，见表6-4。

表6-4　二级维护基本作业项目

分类	维 护 项 目
发动机及离合器	(1) 检查润滑系统、燃油系统和冷却系统是否有渗漏 (2) 检查排气系统是否泄漏或损坏 (3) 更换发动机机油及机油滤清器 (4) 检查冷却液液面高度及其防冻能力，必要时添加冷却液或调整冷却液浓度 (5) 检查V带张紧度及其状况，必要时调整张紧度，如有损坏，更换之 (6) 更换V带 (7) 清洁空气滤清器，必要时更换滤芯 (8) 检查清洁火花塞，必要时更换火花塞 (9) 更换火花塞 (10) 更换燃油滤清器 (11) 检查调整急速转速、一氧化碳含量及点火正时 (12) 检查离合器踏板自由行程，必要时调整自由行程
传动系统	(1) 检查变速器是否有泄漏现象 (2) 检查传动轴及等速万向节防尘套是否损坏
转向系统	检查转向横拉杆球头固定情况、间隙以及防尘套是否损坏
制动系统及车轮	(1) 检查制动系统是否有泄漏或损坏 (2) 检查制动液液面高度，必要时添加制动液 (3) 检查制动摩擦衬片或衬块的厚度，必要时更换 (4) 检查调整驻车制动装置 (5) 检查轮胎气压 (6) 检查轮胎花纹深度及损坏情况 (7) 检查车轮螺栓拧紧力矩 (8) 润滑发动机舱盖铰链及锁舌 (9) 润滑车门铰链及车门限位拉条 (10) 检查车身底部密封保护层是否损坏
电气系统及空调系统	(1) 检查照明灯、警告灯、转向信号灯及喇叭的工作状况 (2) 检查调整前照灯光束 (3) 检查风窗玻璃刮水器及清洗装置的工作状况 (4) 检查风窗玻璃清洗液液面高度，必要时添加清洗液 (5) 检查蓄电池电解液液面高度，必要时添加蒸馏水 (6) 检查空调系统是否泄漏 (7) 检查清洗空调空气滤清器
路试	检查车速表、行车制动器、换档机构、转向机构及空调的工作状况
其他	每两年更换一次制动液

2. 二级维护作业的工艺流程 （图6-3）

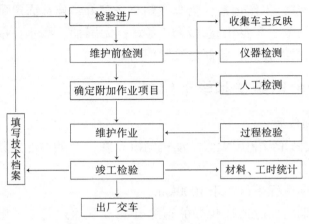

图6-3 二级维护作业的工艺流程

3. 二级维护作业竣工标准

1）发动机的"三滤"（指空气滤清器、燃油滤清器和机油滤清器三种滤清器）清洁，起动容易、运转均匀、排烟正常，冷却液温度、机油压力符合要求，转速升高或降低灵敏，无异常响声，各传动带齐全、张紧度适度、无异常磨损。

2）离合器踏板自由行程符合要求；离合器操纵轻便，分离彻底，接合平稳、可靠，无异常响声；液压操纵系统管路密封良好无泄漏，储油箱内存油量合适，油质无混浊胶粘现象。

3）变速器、驱动桥以及万向传动装置等，应润滑良好，连接可靠；无异常响声和过热现象；无跳档、换档困难现象；外部清洁，无漏油现象。

4）转向盘自由行程和前轮前束符合要求；转向轻便、灵活、可靠，行驶时前轮无左右摆头和偏向一边的现象。

5）制动踏板自由行程和制动器间隙符合要求；行车制动、驻车制动作用良好，无制动跑偏和制动拖滞的现象；制动系统无漏油、漏气现象，制动液无变质现象且储液量适当。

6）轮胎气压正常，装配合理；悬架减振系统整洁完好，固定可靠；轮毂轴承紧度适当，润滑良好。

7）蓄电池清洁良好，固定可靠；液面高度、电解液相对密度和负荷电压符合要求。

8）发电机、起动机、仪表、照明、信号、按钮、开关以及其他附属设备齐全、完整，工作正常；全车线路整齐完好，连接固定可靠。

9）全车清洁，车身正直，漆层完好；无漏油、漏水、漏气和漏电现象。各润滑点润滑充分，各部连接紧固可靠。

四、走合期维护和季节维护

1. 走合期维护

新车、大修车及装用大修发动机的汽车在走合期内必须执行一些特殊规定。

1）走合期里程不得少于 1000km。

2）走合期内，应选择较好的道路并减载限速运行，一般汽车按载质量标准减载 20%~25%，并禁止拖带挂车。

3）走合期内，必须严格执行驾驶操作规程，保持发动机正常工作温度。走合期内严禁拆除发动机限速装置。

4）走合期内认真做好汽车日常维护工作，经常检查、紧固各部外露螺栓、螺母，注意各总成在运行中的声响和温度变化，及时进行调整。

5）走合期满后，应进行一次走合维护。其作业项目和深度，按汽车制造厂家的要求进行。

2. 季节维护

冬、夏季使用的汽车，因气候不同，在使用与维护上也各有差异。为提高车辆技术状况，延长使用寿命，保证行车安全，应做好季节维护，可参照表 6-5 所列季节维护的作业项目进行。同时，汽车在不同季节使用中，还应采取以下维护措施。

（1）冬季

汽车在低温条件下使用时，应采取以下措施：

1）各总成和轮毂轴承换用冬季润滑油（脂），制动系统换用冬季制动液，柴油发动机使用低凝点柴油。

2）调整发电机调节器，增大发电机充电电流，注意保持蓄电池电解液的合适密度和蓄电池的保温。

3）调整化油器，并将预热阀调至"冬"的位置。

4）检查百叶窗是否关闭灵活，装上保温套。在寒冬气温较低地区，应调整散热器防冻液浓度。

5）汽车在冬季低温条件下使用，还需采取一些必要措施，如汽车在低温下停放，应注意防冻、保温，使用前应预热；在冰雪道路上行驶时，应采取有效的防滑措施。

（2）夏季

汽车在高温下使用时，应采取以下维护措施：

1）各总成和轮毂轴承换用夏季润滑油（脂），制动系统换用夏季制动液。

2）调整发电机调节器，减小发动机充电电流。检查调整蓄电池电解液密度，保持液面高度和通气孔畅通。

3）调整化油器，将预热阀调至"夏"的位置。

4）检查百叶窗是否开闭灵活。拆检清洗冷却系统，清除水垢，保持良好的冷却效果。

5）在夏季使用中，还需注意对汽油发动机供给系采取隔热、降温等有效措施，防止气阻；汽车行驶途中应注意经常检查轮胎温度和气压，不得采取放气或用冷却水浇泼的方法降低轮胎的气压和温度。

表 6-5   季节维护作业项目

夏季	更换发动机润滑系统的润滑油 更换变速器、分动器、后桥和转向机内齿轮油 拆检、清洗冷却系统 检查百叶窗是否开闭灵活，拆除保温套 调整化油器，将进排气歧管的预热阀调在"夏"字位置 调整发电机调节器，适当降低充电电流和电压 调整蓄电池电解液密度
冬季	更换发动机润滑系统的润滑油 更换变速器、分动器、后桥和转向机内齿轮油 拆检清洗冷却系统 检查百叶窗，装上保温套。在寒冬地区散热器应加注防冻液 调整化油器，将预热阀调在"冬"字位置 调整发电机调节器，适当增加充电电流和电压 调整蓄电池电解液密度

第三节   I/M 检测维护制度简介

探讨我国汽车维护和环境污染的治理措施时，必须介绍国外先进国家目前正在实施的用车 I/M 检测维护制度。

一、I/M 制度及其内容

I/M 制度是英语 Inspection Maintenance Program 的缩写，意思是通过对在用车的检测，确定其尾气排放污染严重的原因，然后有针对性地采取维护措施，使在用车最大限度地发挥自身的尾气排放净化潜力。

I/M 制度是一套十分严格而完整的制度，通常一个完整的 I/M 制度包括以下内容：

1）立法和政策。

2）基本规范参数。

3）测试程序和有关政策。

4）测试设备。

5）质量控制和保证。

6）维修技术及人员设备的鉴定。

7）信息、认识和关系。

I/M 制度起初适用于汽油轿车和轻型货车，后来将此扩大到重型货车和摩托车。测试频率一般为 1 次/年或 2 次/年。I/M 制度分基本型和加强型两种：基本型 I/M 项目包括怠速试验、加油口盖/压力检查和目测检查 3 部分；加强型 I/M 项目最多包括 5 项，即目测检查、台架排放试验、挥发吹清气流试验、挥发完整性（泄漏）试验和对 1996 年及以后车型车载诊断系统的检查。

I/M 制度的法规是针对在用车特点和各地具体情况，加以选择和补充的专项法规。该法规的立法目的是指导地方运输部门和环保管理部门治理在用车的排放。I/M 制度中推荐的基本参数和测试规程，是从各种相关工艺的规程中筛选出一些可以使汽车尾气排放和蒸发排放大大减少的项目，同时还对随机检测技术程序和方法做了论述，提出了一些选择的方案。

在 I/M 制度中，要求建立大量的专门检测站与检测网络，并规定检测站的功能、设备、体制和日常运行必须符合 I/M 制度的要求。

二、在用车尾气排放与在用车维护的关系

任何汽车的发动机本身都具有一定的尾气净化能力，但是随着行驶里程的增加，尾气排放净化能力会逐渐下降，其主要原因是：

1）某些调整参数改变，如气缸压力减小、气门间隙变化、怠速调节螺钉位置变化、白金间隙不正常、点火正时变化或调整不当、火花塞间隙不正常等。

2）某些部件磨损或性能劣化，如气门与摇臂之间磨损不均匀造成气门在工作中间隙变化、化油器量孔磨损、化油器漏气、白金烧蚀或漏电、点火高压不够、分电器凸轮磨损等。

3）与尾气排放有关的某些零部件污染或积炭，如火花塞积炭、化油器量孔阻塞、气门及气门座积炭、活塞环及活塞顶积炭、气缸盖上的燃烧室积炭等。由于上述原因会影响发动机的燃烧质量，造成汽车尾气排放恶化，而且排放中有害物往往是成几倍、十几倍甚至几十倍增加。

而实施 I/M 制度，对车辆定期进行排放检测和相关部位的维护、调整，可将上述绝大多数问题加以解决，使在用车恢复到接近新车的排放水平。

三、汽车排放污染治理的过程

1. 汽车有害排放物质的成因

汽车尾气中有害排放物的生成机理复杂，必须用高科技的手段，包括使用高质量的燃油和润滑油，才能使整体排放水平达到要求。

1）汽油车尾气排放中 CO 的生成原因主要有：缺氧（$a < 1$）、CO_2 和 H_2O 的高温离解反应；在内燃机燃烧过程中，化学动力学浓度冻结现象对 CO 消失的反应限制。

2）汽油车尾气排放中 HC 的生成原因有：缸壁的激冷效应和缝隙效应；燃料不完全燃烧；进排气扫气过程中燃料的逃逸作用。

3）汽油车尾气排放中 NO_x 的生成原因主要是高温下空气中的 N_2 和 O_2 化学反应的结果。

4）柴油车尾气排放中，除有少量 CO 和 HC 外，有大量的 NO_x 和炭烟，其生成机理更为复杂。

2. 汽车排放的来源及控制

汽车排放的污染源有三大部分：发动机曲轴箱排放、燃油箱的燃油蒸发排放、汽车尾气排放。

汽车发展至今，曲轴箱排放采用曲轴箱强制通风装置，即通常所说的 PCV 阀来解决；而汽车尾气排放则采用闭环电子控制燃油喷射发动机加三元催化系统来治理，同时采用废气再循环（EGR）来减少 NO_x 的排放。对在用汽油车而言，必须保证这三大排放治理系统正常工作，才能使在用车的整体排放水平达标。

3. 严格执行 I/M 制度是治理在用车排放污染最有效的途径

（1）汽油车尾气的治理

在闭环电子控制燃油喷射加三效催化系统出现以前，为达到日益严格的排放限制，首先从机械上大力提高加工精度和采用优良的材料及结构设计，把内燃机的曲轴箱窜气减少到最小，同时开发新的低污染燃烧系统，改进化油器，采用电子点火系统等。在初期还出现过减小最大输出功率，降低压缩比和推迟点火时间等暂时措施。同时还出现过许多净化装置，如磁化装置、补气装置、高能点火装置等，但由于都无法满足日益严格的排放限制，尤其是对 NO_x 的严格限制，未能广泛使用。

随着欧、Ⅳ欧Ⅴ号标准的出台，以及世界各国跟着美国加州排放标准，逐步加大对尾气排放的限制，目前只有采用高科技的闭环电子控制燃油喷射加三元催化系统才能满足要求。近来日本又出现气缸内直接喷射技术，使尾气排放控制达到了更高的水平。

（2）柴油机尾气中 NO_x 及炭烟的控制

从某种意义上讲柴油机尾气中 NO_x 及炭烟的控制难度更大，通常的措施包括：保证精密的加工精度以保证柴油机良好的压缩压力；设计优良的燃烧系统；采用超高压、小孔径的喷油器；采用高水平的喷油泵；采用增压及中冷技术；采用电控燃油喷射系统对供油量及喷油时刻进行精确控制等。

由于采用了上述现代高科技技术，使目前的汽油汽车、柴油汽车的曲轴箱排放及燃油箱蒸发排放得到有效的控制，尾气排放控制也达到了相当高的水平。

回顾汽车排放治理的过程，试图采用一种简单的所谓净化装置去治理在用车的排放是不现实的。I/M 制度并不强求在车上安装新型净化装置，而是对排放净化系统进行故障检测与排除，减少机动车尾气排放和蒸发排放。严格执行 I/M 制度是治理在用车排放污染最有效的途径。

四、国外的 I/M 制度

国外的 I/M 制度是对在用车排放污染控制的检测和维护制度，它针对在用车燃油蒸发排放控制系统、曲轴箱排放控制系统以及尾气排放控制系统工作是否正常，排放是否超标进入 I 站（检测站）进行检测。检测内容包括燃油蒸发排放、曲轴箱通风系统及尾气排放，确定上述三个系统工作是否正常，不正常是由什么原因造成的。根据检测结果确定车辆进入 M 站（维修站）维修，最后回到 I 站（检测站）复测排放是否达标，全部达标后方可上路行驶。

在国外，I/M 制度已是成熟的制度，许多发达国家都在依靠执行严格的 I/M 制度来控制在用车尾气排放污染，并取得了良好的效果。

1. 美国的 I/M 制度

尽管美国环保局在 1992 年才以立法形式，确立 I/M 制度为治理轻型车排放超标的法规，但 I/M 制度却在 1976 年就已经开始实施，只不过各地执行 I/M 制度的形式和目的各有不同，而未能统一。因此，美国环保局在 1992 年要求加大力度，采取集中检测方法，由专门进行排放检测的检测站来检测，并对 I/M 制度进行立法，即 1992 年 11 月 5 日公布的《美国高级 I/M 制度检测工艺排放指标限值、质量控制和仪器设备标准》（I/M 240）。

此标准提出的 I/M 240 方法体现了目前该领域最先进的测试技术。文件中测试程序和相关设备是以文字和公式方式阐述的，对检测设备方面未做出明确规定。在此文件中，列出了较为宽松的检测维护企业的开办标准，作为高级 I/M 制度前两年使用，主要考虑汽车维修企业对不合格车辆的稳态测试能力。I/M 240 中标准工艺包括在用车测试、附加遥感装置及加强型车载诊断系统（OBD）检测等；辅助规定中，有旧车报废制度，建立更多的检视机构等。法规中供选择的项目有检测方法与形式等，如检测任务特别繁重的地区，可采用分散执行 I/M 制度的检测项目、程序和形式或混合型检测与维护共存形式，还可以把几个测试点组合起来，形成一个完整的 I/M 240 检测系统。

文件规定在检测与维护未做出规划和授权的地方，有关机构的权限主要是防止排放净化系统损坏。组织教育公众的活动，针对公众与汽车服务及维修有关的企业，增强他们对 I/M 制度的了解和认识。宣传定期维护对车主是十分有利的，反之由于维护不及时或质量低劣，甚至不进行维护，造成车辆排放净化系统损坏、性能恶化，将对环境造成极为不利的影响。

2. 加拿大的 I/M 制度

加拿大的 I/M 制度与美国大致类似，其立法内容包括标准项目必须不折不扣地执行，并在执行后进行严格检测，不合格要进行维修，维修操作时要求成本低、对车辆运行业务干扰最小，使 I/M 制度能最大降低机动车排放。

为保证 I/M 制度的车辆检测，加拿大政府在 I/M 制度立法中明确规定，要求执行 I/M 制度的地区全部车辆都要检测，然后发给合格车辆运行许可证。立法还包括具有法律效力的处罚。

（1）制止损坏的立法

将拆除排放控制系统及部件的行为、拆去有关铅封又自行重封的行为以及对排放净化系统不利和损坏的任何行为都视为非法。

（2）替代燃料问题

改换了燃料的车辆应当保持原有的一切排放控制装置和系统，还应当满足尾气排放指标达到与使用汽油时至少相同。

（3）汽车配件市场零部件选用问题

管理部门应当允许车主安装，由汽车配件市场销售的催化转换器等排放净化产品，但这些产品必须经过环保和有关部门的鉴定和认可，产品上应有鉴定标签。但应当优先选用原装的原厂产品。

（4）在原车上加装净化、节油器附加装置的政策

管理部门不允许推荐净化、节油产品，但应当通过立法来限制那些无效果的产品，以避免产生纠纷。

五、我国的 I/M 制度

我国现行的在用车维护与检测制度仍然是沿用以前的规范，即"定期检测、强制维护、视情修理"的原则，以维护在用车的行驶安全性、经济性、动力性、寿命和可靠性为主要目的。至于尾气排放仅在《二级维护竣工检验和技术要求》中的"其他"一栏中，提出汽车尾气排放检测及技术要求，而整个维护工艺中没有考虑如何保证尾气排放达标的问题，这与我国汽车工业发展的阶段性有关。

为此，交通运输部根据我国对在用车尾气排放控制力度大大加强以及车辆技术的发展，出台《汽车维护、检测、诊断技术规范》。该技术规范的汽车二级维护前检测项目及技术要求中规定了尾气排放内容，并规定排放物浓度须满足有关国家标准要求。在二级维护附加作业项目，即检测不合格项目的补充作业中，规定在尾气排放不合格时，应附加检修点火系统

和供油系统、检查三元催化转化器及 EGR 阀等作业项目。该技术规范二级维护基本作业中，规定了燃油蒸发控制系统、曲轴箱通风系统、三元催化转化器、电子控制系统等作为必须进行的维护项目，并规定了技术要求。显然，上述技术规范已经考虑到把在用车维护检测与在用车排放控制结合起来。

从总体上讲，上述技术规范仍然是以在用车行驶的安全性、动力性、经济性、可靠性和技术寿命为主体，同时考虑了在用车排放控制，而不是专门以在用车排放控制为唯一目的而制定的在用车检测和维护的技术规范。因此它所规定的日常维护、一级维护和二级维护周期也与排放控制检测维护周期不同，维护项目比 I/M 制度的项目更多。同时维护和检测的内容比 I/M 制度广泛得多，但是其中很多内容与控制汽车污染的维护内容基本要求是一致的。

第四节　汽车检测概述

汽车检测不同于汽车诊断，汽车检测的对象范围是对汽车进行的性能测试。按检测目的分为两种：一种是汽车安全、环保检测；另一种是汽车综合性能检测。

汽车安全、环保检测是对汽车实行定期和不定期安全、环保检测，目的是在不解体情况下建立安全和公害监控体系，确保运行车辆具有符合要求的外观容貌、良好的安全性能和规定范围内的环境污染，在安全、高效下运行。

汽车综合性能检测，是对汽车实行定期和不定期的综合性能检测，目的是在不解体情况下，对运行车辆确定其工作能力和技术状况，查明故障或隐患的部位和原因；对维修车辆实行技术监督，建立质量监控体系，确保车辆在安全性、可靠性、动力性、经济性、噪声和废气排放等方面具有良好的技术状态，以创造更大的经济效益和社会效益。同时，对车辆实行定期的综合性能检测，又是实行"视情修理"制度的前提和保证。

一、汽车检测技术的发展概况

汽车检测技术的沿革，大体经历了三个阶段。

1. 人工经验检测诊断阶段

汽车由若干零部件、总成组成，是一个复杂的技术系统，各元器件之间相互作用的物理量称为汽车的结构参数。当某一部分结构参数达到损坏极限，表现为局部或全部丧失工作能力，即汽车有了故障。在汽车发展的早期，主要是通过有经验的维修人员采取问、看、嗅、触、试等方法，发现汽车的故障，对故障进行粗略的定性分析，并做有针对性的修理，即过去人们常讲的"望（眼看）""闻（耳听）""切（手摸）"方式，这就是人工经验检测诊断。这种检测诊断方法是试探性的，它不需要仪器设备，全凭诊断者的经验和技术水平，虽然经济、方便，但具有很大的盲目性。

2. 仪器设备检测诊断阶段

汽车检测技术是从无到有逐步发展起来的，早在 20 世纪 50 年代一些工业发达国家，就形成以故障诊断和性能调试为主的单项检测技术和生产单项检测设备。20 世纪 60 年代初期进入我国的汽车检测设备有美国的发动机分析仪、英国的发动机点火系统故障诊断仪和汽车道路试验速度分析仪等，这些都是国外早期发展的汽车检测设备。20 世纪 60 年代后期，随着汽车技术的进步，国外汽车检测技术发展很快，并且大量应用了声学、光学、电子技术、理化与机械相结合的检测技术。例如，非接触式车速仪、前照灯检测仪、车轮定位仪、废气分析仪等都是光机电、理化机电一体化的检测设备。进入 20 世纪 70 年代以来，随着计算机技术的发展，出现了集汽车检测诊断、数据采集处理自动化、检测结果直接打印等功能于一体的汽车性能检测仪器和设备。在此基础上，为了加强汽车管理，各工业发达国家相继建立汽车检测站和检测线，使汽车检测制度化。我国从 20 世纪 60 年代开始研究汽车检测技术。为满足汽车维修需要，当时交通部主持进行了发动机气缸漏气量检测仪、点火正时灯等检测仪器的研究、开发。20 世纪 70 年代，我国大力发展的汽车检测技术—汽车不解体检测技术及其设备—被列为国家科委的开发应用项目。由交通部主持研制开发了反力式汽车制动试验台、惯性式汽车制动试验台、发动机综合检测仪、汽车性能综合检验台（具有制动性检测、底盘测功、速度测试等功能）。进入 80 年代后，随着我国国民经济的发展和科学技术的进步，机动车保有量迅速增加，随之而来的是交通安全和环境保护等成了人们关注的社会问题。如何保证车辆快速、经济、灵活，并尽可能不造成社会公害等问题，已逐渐被提到政府有关部门的议事日程，因而促进了汽车诊断与检测技术的发展。交通部主持研制开发了汽车制动试验台、侧滑试验台、轴（轮）重仪、速度试验台、灯光检测仪、发动机综合分析仪、底盘测功机等。国家在"六五"期间重点推广了汽车检测与诊断技术。

3. 现代智能化检测诊断阶段

随着汽车技术的发展，普通仪器设备检测诊断暴露出很大的局限性。为了适应汽车电控系统的检测诊断，人们开始了对传感器和微型计算机应用等方面的研究。随着现代科学技术的进步，特别是计算机技术的进步，汽车检测技术也飞速发展。目前人们能依靠各种先进的仪器设备，对汽车进行不解体检测，而且安全、迅速、可靠。传感器就是能够感知并检查出被观测对象信息的装置，汽车电子控制系统结构的复杂性，要求其自身必须建立可靠的故障自诊断系统。1979 年美国通用公司首次在汽车上运用电子控制装置（ECU）自诊断系统，该系统由存储于 ECU 中的软件及相应的硬件构成。当汽车运行时，ECU 不断监控系统中各部分的工作情况，如果发生故障，ECU 根据故障的性质和程度，首先进入失效安全模式（也称安全回家模式），使汽车有可能行驶到附近的维修点排除故障。同时，将故障信息以故障码的形式存储，汽车维修时，利用专门的仪具和方法提取故障码，据此排除故障后再将其清除。这种汽车自身诊断系统又称为OBD。世界各汽车制造厂商都自行设计了 OBD 的诊断插座，并且定义了各车型的故障码。OBD、OBD-Ⅰ、OBD-Ⅱ是汽车电控诊断的三大系统，1994 年世界 20% 的汽车制造厂商采用OBD-Ⅱ标准，1995 年增加到 40%，1996 年全面执行了该标准。OBD-Ⅱ系统具有标准相同的 16 脚诊断座，统一了各车型的故障码及其含义，具有行车记录器功能和数值分析资料的传输功能。其资料传输线有两个标准，即欧洲标准 ISO 和美国统一标准SAE。1996 年后，许多美国生产的汽车在配备普通的 OBD-Ⅱ系统的同时，又增设了加强的 Enhanced OBD-Ⅱ诊断系统，它在很大程度上提高了通信速度，而且增加了对自动变速器、ABS 和 SRS 系统的诊断。

近年来，迅速发展起来的汽车检测线，可对车辆的四轮定位、侧滑、制动、照明及废气排放等安全、环保性能进行全面检查。随着科学技术的进步，汽车检测设备在智能化、自动化、精密化、综合化方面都有新的发展，应用新技术开拓新的检测领域，研制新的检测设备。随着电子计算机技术的发展，出现了汽车检测诊断、控制自动化、数据采集自动化、检测结果直接打印等功能的现代综合性能检测技术和设备。例如，汽车制动检测仪、全自动前照灯检测仪、发动机分析仪、发动机诊断仪、计算机四轮定位仪等检测设备，都具有较先进的全自动功能。随着计算机技术在汽车检测领域的应用向深度和广度发展，已出现集检测工艺、操作、数据采集和打印、存储、显示等功能于一体的系统软件，使汽车检测线实现了智能化。

二、我国的汽车检测制度

我国于 1987 年颁布了国家标准 GB 7258—1987《机动车运行安全技术条件》，1997 年和 2004 年先后对此标准进行了修订。2012 年对此标准再次进行了修订。该标准规定了机动车的整车及发动机、转向系统、制动系统、照明与信号装置、行驶系统、传动系统、车身、安全防护装置等有关运行安全和污染物排放控制、车内噪声和驾驶人耳旁噪声控制的基本技术要求及检验方法。

根据该标准，在全国相应建立了安全环保检测站，负责对在我国道路上行驶的机动车进行定期的安全环保检测。检查的项目主要有外观、侧滑、制动、车速表、灯光、废气排放和噪声，并对检测的项目、要求、标准、设备及方法进行了统一的规范。安全环保检测站由公安部门管理，检测结果作为发放或吊扣车辆行驶证的依据。

三、汽车检测参数

汽车检测参数是供汽车检测用的，表征汽车、总成及机构技术状况的量。汽车检测参数包括工作过程参数、伴随过程参数和几何尺寸参数。

1. 工作过程参数

工作过程参数是汽车、总成、机构工作过程中输出的一些可供测量的物理量和化学量。例如，发动机功率、驱动车轮输出功率或驱动力、汽车燃料消耗量、制动距离或制动力或制动减速度、滑行距离等，这些参数能表征检测对象总的技术状况，适合于总体检测。

2. 伴随过程参数

伴随过程参数是伴随工作过程输出的一些可测量的参数，如振动、噪声、异响、过热等。这些参数可提供检测对象的局部信息，常用于复杂系统的深入检测。

3. 几何尺寸参数

几何尺寸参数可提供总成、机构中配合零件之间或独立零件的技术状况。例如，配合间隙、自由行程、圆度、圆柱度、轴向圆跳动、径向圆跳动等，这些参数能表征检测对象的具体状态。汽车常用检测参数见表 6-6。

表 6-6　汽车常用检测参数

检 测 对 象	检 测 参 数
汽车总体	最高车速（km/h） 最大爬坡度（°） 0~100km 加速时间（s） 驱动车轮输出功率（kW） 驱动车轮驱动力（kN） 汽车燃油消耗量（L/km） 侧倾稳定角（°）
发动机总体	额定转速（r/min） 急速转速（r/min） 发动机功率（kW） 发动机燃料消耗量（L/h） 单缸断火（油）转速下降值（r/min） 汽油车怠速排放 CO 的体积分数（%） 汽油车怠速排放 HC 的体积分数（%） 柴油车自由加速烟度（FSN） 排气温度（℃） 异响
曲柄连杆机构	气缸压力（MPa） 曲轴箱窜气量（L/min） 气缸漏气量（kPa） 气缸漏气率（%） 进气管真空度（kPa）
配气机构	气门间隙（mm） 配气相位（°）
汽油机供给系统	汽油泵出口关闭压力（kPa） 化油器浮子室液面高度（mm） 空燃比或燃空比 过量空气系数 α 电喷发动机喷油器的喷油量（mL） 电喷发动机各缸喷油不均匀度（%）
柴油机供给系统	输油泵输油压力（kPa） 喷油泵高压油管最高压力（kPa） 喷油泵高压油管残余压力（kPa） 喷油器针阀开启压力（kPa） 喷油器针阀关闭压力（kPa） 喷油器针阀升程（mm） 各缸供油不均匀度（%） 供油提前角（°） 各缸供油间隔（°） 各缸喷油器的喷油量（mL）

（续）

检 测 对 象	检 测 参 数
点火系统	蓄电池电压（V） 一次电路电压（V） 断电器触点间隙（mm） 断电器触点闭合角（°） 各缸点火波形重叠角（°） 点火提前角（°） 各缸点火电压值（kV） 各缸点火电压短路值（kV） 点火系统最高电压值（kV） 火花塞加速特性值（kV） 电容器容量（F）
冷却系统	冷却液温度（℃） 冷却液液面高度 散热器冷却液入口和出口温度（℃） 风扇传动带张力［N/（10～15mm）］
润滑系统	机油压力（kPa） 机油池液面高度（mm） 机油温度（℃） 理化性能指标变化量 清净性系数 K 的变化量 介电常数的变化量 金属微粒的体积分数（%） 机油消耗量（kg）
传动系统	传动系统游动角度（°） 传动系统机械传动效率 传动系统功率损失（kW） 振动 异响 总成工作温度（℃）
制动系统	制动距离（m） 制动力（N） 制动阻滞力（N） 驻车制动力（N） 制动减速度（m/s^2） 制动系统协调时间（s） 制动完全释放时间（s）

（续）

检 测 对 象	检 测 参 数
转向桥与转向系统	车轮侧滑量（m/km） 车轮前束（mm） 车轮外倾角（°） 主销后倾角（°） 主销内倾角（°） 转向轮最大转向角（°） 最小转弯直径（m） 转向盘最大自由转动量（°） 转向盘外缘最大切向力（N）
行驶系统	车轮静不平衡量（g） 车轮动不平衡量（g） 车轮轴向圆跳动量（mm） 车轮径向圆跳动量（mm） 轮胎胎冠花纹深度（mm）
其他	前照灯发光强度（cd） 前照灯光束照射位置（mm） 车速表允许误差范围（%） 喇叭声级（dB，A声级） 客车车内噪声级（dB，A声级） 驾驶人耳旁噪声级（dB，A声级）

第五节 汽车检测站

一、汽车检测站的类型

检测站可分为安全环保检测站和汽车综合性能检测站。

1. 汽车安全环保检测站

它是一种专门从事定期检查运行车辆是否符合有关安全技术标准和防止公害等法规的规定，执行监督任务的检测站，由公安部门管理。为贯彻国家标准《机动车运行安全技术条件》，机动车安全环保检测站设置的检测项目应具有：

1）外观检查（包括车底检查）。

2）前照灯光束及配光检查。

3）前轮侧滑量检测。

4）车速表校验。

5）制动性能检查。

6）废气排放检测（汽油机主要检查排放的 CO 与 HC 的含量，柴油机主要检查排放的烟度）。

7）噪声大小和喇叭音量检测。

2. 汽车综合性能检测站

它既能担负车辆动力性、经济性、可靠性和安全环保管理等方面的检测，又能担负车辆维修质量的检测以及在用车辆技术状况的检测评定，还能承担科研、教学方面的性能试验和参数测试，能为汽车使用、维修、教学、设计、制造等部门提供可靠技术数据。

汽车综合性能检测站一般由两条检测线组成：一条是安全环保检测线；另一条是综合性能检测线。检测项目既保留了安全环保的检测项目，又增加了汽车动力性、经济性、可靠性等内容，同时还加入了一些诊断功能，如发动机故障诊断、前轮定位故障诊断等。

二、汽车检测站的工艺布局

汽车综合性能检测站的功能包含了汽车的安全环保、动力性、经济性和可靠性等的检测，其工艺设计布局通常可分为双线综合式、单线综合式和工位综合式三种。

1. 双线综合式

即安全环保检测项目设计布置为一条线；而汽车的动力性、经济性、可靠性检测项目设计布置成另一条线。两条并列的检测线工艺布局特点是：安全环保项目检测可单独进入一条线检测。采用这种布局所检项目比较单一，工位停留时间较短，各工位的连接及工艺节拍性好，有较好的工艺调整和组合能力。

2. 单线综合式

即综合性能检测的所有项目及设备均布局在一条直线的各个工位上，各个工位检测项目与设备布局的组合是多种形式的。单线综合式因检测项目的不同或设备功能的不同，而使工位停留时间长短不一，这是单线综合式工艺布局的一大困难。

3. 工位综合式

即把各检测项目及设备，按几个组合工位进行排列的工艺布局方式。例如，分为检测诊断两大部分进行工艺布置。在大型综合性能检测站的工艺布局中，也有按车间布置综合式的方案，即安全环保检测车间，动力性、经济性检测车间，可靠性检测车间等。这种按检测项目划分检测车间的布局可并行排列，也可以 U 形排列。

汽车综合性能检测站的工艺布局与检测站规模大小、检测设备的功能多少等因素有很直接的关系，在实际工作中可根据具体要求进行布局。

首先尽可能采用直通、顺序检测方式。车辆排放检测在车间入口，排污较大的检测项目靠近大门，并在主风向的下风位，减少车间内部污染。前照灯检测布置于车间中央，避免阳光照射引起的检测误差。第二方面，应考虑每个工位的检测等时性，即各工位检测时间大体上相等，后面工位比前面工位检测的时间短一些，以保证检测线上车辆顺畅。第三方面，在空间布置上要合理，保证绝大部分车型不会发生空间上的干涉，占地面积小。

总之，任何一种工艺布局，都应遵循工艺布局合理、科学、适用的原则，从而达到满足汽车综合性能检测工作的需要。

第六节　汽车检测的应用与发展前景

一、汽车年度安全检测（汽车年检）

1. 汽车年检的必要性

汽车的主要安全部件是否完备、结构是否可靠、汽车使用性能是否良好，将直接影响行车安全。

2. 汽车年度安全检测内容

汽车年度安全检测的内容包括核对或核发行车执照，检测汽车的安全技术状态。

（1）核发行驶证

汽车行驶证主要说明该汽车的归属单位和汽车主要特征。为了便于使用管理，各国机动车均采用核发行驶证的方法，确定汽车的主要使用特征，区分车主所属地区和部门。通过核发行驶牌照，对车辆的使用进行管理。

汽车行驶证的核发由车主所在地区的车辆管理所负责。车主购买的汽车应该是符合国家政策、由合法制造商生产、经审核允许销售，并且符合《机动车运行安全技术条件》的车辆。新注册登记（上牌）的汽车车主必须持车主单位证明或车主身份证、购车发货票、汽车合格证、车辆购置批准和税费缴纳证明，到车辆管理所注册登记。行驶证内容包括：

写明车辆的类型、车身颜色、使用燃料、生产厂家、发动机及车架号码（或车辆识别代号 VIN）、驾驶室准乘人数、车辆总质量、空车质量、核定载货或乘客数量；车辆的长、宽、高，驱动形式，轴数及轮数、轴距、轮距和轮胎规格。由车辆管理所检核合格后，确定车主和车主地址，发给行驶证和相应的车牌。每次进行汽车年检时，首先必须检查行驶证所列诸项目是否与被检车辆一致，否则不予年检检测。

（2）汽车运行安全技术情况的检查

汽车进行年度检查项目，根据各地区具体情况可以做相应规定，但首先必须执行《机动车运行安全技术条件》的有关规定。车辆管理部门目前对汽车技术状况的检查项目包括两大部分：一部分是目测定性检查或采用简单仪器检查为主的车身、附件装置完备性、可靠性和外观检查；另一部分是经过专用试验检测所得的技术数据，主要有轴重、制动、侧滑、噪声、车速、废气或烟度、前照灯的发光强度等。

二、发动机综合性能检测

发动机结构复杂，工作条件不稳定，转速与负荷多变，某些机件还处于高温、高压等苛刻条件下工作。因此，随着汽车使用时间和运行里程的增加，发动机的机件磨损、点火、供油、冷却、润滑、起动等系统工作性能变差都将引起技术状况变坏，影响发动机的动力性、经济性、工作可靠性。

发动机技术状况变坏的原因是由多方面的因素造成的。为恢复发动机良好的使用性能，须对发动机进行有针对性的维修作业，对此，首先要对发动机技术状况做出确切诊断，为维修提供正确依据。

1. 发动机综合性能检测的目的

1）掌握被检发动机的技术状况。

2）为维修作业提供依据。

3）发现故障，及时排除。

4）保证发动机技术状况良好，确保汽车的正常运行。

2. 发动机综合性能检测的主要内容

1）起动系统检测（起动电流、起动电压、起动转速、相对缸压、绝对缸压）。

2）点火系统检测：

① 全面项目检测（转速、闭合角、重叠角、点火高压、单缸动力性、下降转速）。

② 断电器触点检测（转速、闭合角、重叠角、点火波形显示）。

③ 点火高压检测。

④ 提前角测量。

3）动力系统检测。

4）发动机异响（曲轴主轴承、连杆轴承、活塞销、敲缸）。

5）配气相位检测。

6）充电系统检测（充电电流、电压）。

7）供油系统检测。

3. 部分参数的含义

1）相对缸压。表示各缸压力相对比较值的大小，用百分比表示。

相对缸压＝单缸压力值/平均压力值×100%。某缸相对缸压小，说明该缸密封性差。

2）重叠角。汽油发动机各缸点火时间差异的分电器凸轮转角度数。

3）单缸动力性。单缸动力性是衡量发动机各缸工作好坏的重要指标，用转速下降比表示各缸断火时对发动机的影响，百分比越大，说明该缸做功越少。

转速下降比＝断火后转速/断火前转速×100%

4）下降转速。表示某缸断火时，发动机转速比正常转速时下降了多少转。下降转速越多，该缸工作越好。

5）点火高压。表示各缸点火高压的最大值。

4. 发动机综合性能检测设备

评价发动机技术状况的参数有很多，因而发动机性能检测设备也很多。目前在一般运输、维修和交通监理部门中应用较多的检测设备有：用于发动机功率检测的无负荷测功仪；用于气缸密封性检测的气缸压力表、气缸漏气量检验仪、真空表等；用于点火系统工作质量检测的发动机点火示波器；用于燃料消耗量检测的车用油耗计；用于柴油机燃料系统检测的高压泵试验台；用于机油品质变化检测的机油分析仪；能对汽油发动机、柴油发动机诸多参数进行检测的发动机综合检测仪等。

发动机综合检测仪由于可检测项目多，检测结果准确度高，并可进行故障诊断等特点，在发动机性能检测中被广泛使用。计算机技术在该仪器上的应用，使其功能更全面，准确度更高，检测速度大大提高，是许多维修企业必备的检测设备。微机发动机综合检测仪能在发动机不解体情况下，对各种型号的柴、汽油发动机性能进行全面的自动检测和故障诊断，并将检测结果按需存储、重显、打印或数据输出，还能根据标准数据自动显示合格或不合格项目检修部位。下面以国产 QFC-5C 型微机发动机综合检测仪为例，介绍该仪器的主要功能、组成结构及工作原理。

（1）主要功能

1）汽油发动机起动系统检测，包括起动电压、起动电流、起动转速。

2）柴、汽油发动机气缸压力测量。

3）汽油发动机点火系统检测，包括点火提前角、分电器重叠角、断电触点闭合角、点火初级/次级波形观测及点火高压测量。

4）柴油发动机供油系统检测，包括供油提前角、供油压力测量、供油均匀性、供油压力波形观测及喷油状况判断。

5）汽油机单缸动力性检测。

6）柴、汽油发动机的动力性检测，即加速时间、减速时间与功率测量。

7）柴、汽油发动机的充电系统检测，包括充电电压、充电电流与转速测量。

8）柴、汽油发动机配气相位测量。

9）柴、汽油发动机异响分析。

（2）组成结构

微机发动机综合检测仪是以计算机为核心的测量和数据处理系统，由以下四部分组成：

1）计算机部分。包括主机、显示器、键盘、打印机等。

2）信号接收部分。配备有接收信号的点火、标准缸、高压、电流、电压、缸压、异响、油压等传感器。

3）信号处理部分。信号处理器。

4）辅助电源及工作台。

（3）工作原理

该仪器通过各种传感器，从发动机各相应部位采集得到多种信号，经过放大和处理后输入计算机，并在相应的软件支持下，通过键盘操作完成发动机各种参数测量和故障判断，检测结果可由屏幕显示，还可由打印机打印输出。

（4）传感器种类及功能

1）点火传感器。将鱼夹夹在点火线圈"－"接柱，它向主机提供点火脉冲信号并控制点火，检测发动机转速。

2）标准缸（第1缸）传感器。卡在第1缸高压分线上，分辨主机采集的点火脉冲中哪一个是第1缸脉冲，作为波形、数据的定位。

3）高压传感器。它串接在点火线圈和分电器之间，检测火花塞点火高压。

4）电流传感器。夹在蓄电池输出线上（正负极线均可），传感器上的"＋"符号必须与蓄电池电流流向保持一致（箭头指向负极），用以检测起动电流、充电电流、相对缸压。

5）电压传感器。正极接蓄电池正极，负极接蓄电池负极或搭铁上，进行起动系统测量和充电系统测量时，向主机提供蓄电池电压信号。

6）缸压传感器。将火花塞拆下（柴油机则是喷油器），把传感器旋入火花塞孔内，检测缸压数据。

7）异响传感器。将发动机的异响振动信号转换成电信号，向主机传送，检测发动机异响及部位，显示异响波形。

8）外卡传感器。卡在柴油机某缸喷油器的高压油管上，显示单缸喷油的定性波形和发动机转速。

9）油压传感器。串接在喷油器和油管之间，将油压信号转换成电信号，向主机传送，检测最大喷油压力、残余压力、针阀开启压力、针阀关闭压力、发动机转速，显示单缸喷油的全过程波形。

三、汽车制动性检测

汽车制动性检测分为台试检测和路试检测。

1. 台试检验制动性能

（1）制动性能台试检测的主要项目

1）制动力。

2）制动力平衡要求。

3）车轮阻滞力。

4）制动协调时间。

（2）台试制动性能检验方法

台试法检验制动性能不受外界条件的限制，重复性较好，能定量测得各轮的制动全过程。有利于分析前、后轴制动力的分配及每轴制动力的平衡状态、制动协调时间等参数，给故障诊断提供可靠依据。台试法已成为汽车诊断与检验的发展方向，得到广泛应用。

用反力式滚筒制动试验台、惯性式滚筒制动试验台、平板制动试验台检测车辆各轮的制动力、每轴左右轮在制动力增长全过程中的制动力差、制动协调时间、车轮阻滞力和驻车制动力等参数值，并记录车轮是否抱死。

（3）制动性能台试检验的技术要求

1）制动性能台试检验车轴制动力的要求见表6-7。

表6-7　台试检验制动力的要求

车辆类型	制动力总和与整车质量的百分比（%）		前轴制动力与轴荷的百分比（%）
	空载	满载	
汽车、汽车列车	≥60	≥50	≥60①

① 空、满载状态下调试均应满足此要求。

2）制动力平衡要求。在制动力增长全过程中，左、右轮制动力差与该轴左、右轮中制动力大者之比，对前轴不得大于20%，对后轴不得大于24%。

3）车轮阻滞力。汽车和无轨电车车轮阻滞力均不得大于该轴轴荷的5%。

4）驻车制动性能检验。当采用制动试验台检验车辆驻车制动的制动力时，车辆空载，乘坐一名驾驶人，使用驻车制动装置，驻车制动力的总和，应不小于该车在测试状态下整车质量的20%；对总质量为整备质量1.2倍以下的车辆，此值为15%。

5）制动释放时间限值。机动车制动完全释放时间（从松开制动踏板到制动消除所需要的时间），对单车不得大于0.8s。

2. 路试检验制动性能

（1）制动性能路试检验的主要项目

1）制动距离。

2）充分发出的平均减速度。

3）触动稳定性。

4）制动协调时间。

5）驻车制动坡度。

（2）路试制动性能检验方法

试验路面应为平坦（坡度不超过1%）、干燥和清洁的混凝土或沥青路面。轮胎与路面之间的附着系数不小于0.7，风速不大于5m/s。在试验路面上应画出标准中规定的制动稳定性要求相应宽度的试车道边线。被测车辆沿着试验车道的中线行驶至高于规定的初速度后，置变速器于空档。当滑行到规定的初速度时急踩制动踏板，使车辆停住。

用速度计、第五轮仪或用其他测试方法测量车辆的制动距离。

用速度计、制动减速度仪或用其他测试方法测量车辆充分发出的平均减速度（MFDD）与制动协调时间。充分发出的平均减速度应在测得公式中相关参数后计算确定。

（3）制动性能路试检测项目的技术要求

汽车、汽车列车路试行车制动性能应符合表6-8～表6-14的规定。

表6-8　制动距离和制动稳定性要求

车 辆 类 型	制动初速度 / （km/h）	满载检验制动距离要求/m	空载检验制动距离要求/m	制动稳定性要求，车辆任何部位不得超出的试车道宽度/m
座位数≤9 的载客汽车	50	≤20	≤19	2.5
其他总质量≤4.5t	50	≤22	≤21	2.5[①]
其他汽车、汽车列车及无轨电车	30	≤10	≤9	3.0
四轮农用运输车	30	≤9	≤8	2.5

① 对总质量大于3.5t并小于或等于4.5t的汽车，试车道宽度为3m。

表6-9　制动减速度和制动稳定性要求

车辆类型	制动初速度 / （km/h）	满载检验充分发出的平均减速度/ （m/s²）	空载检验充分发出的平均减速度/ （m/s²）	制动稳定性要求，车辆任何部位不得超出的试车道宽度/m
座位数≤9 的载客汽车	50	≥5.9	≥6.2	2.5
其他总质量≤4.5t 的汽车	50	≥5.4	≥5.8	2.5[①]
其他汽车、汽车列车及无轨电车	30	≥5.0	≥5.4	3.0

① 对总质量大于3.5t并小于或等于4.5t的汽车，试车道宽度为3m。

表6-10　制动性能检验时制动踏板力或制动气压要求

气压制动系统气压表指示气压/kPa		空　载	满　载
		≤600	≤额定工作气压
液压制动系统踏板力/N	座位数≤9的载客汽车	≤400	≤500
	其他汽车	≤450	≤700

表6-11　空载状态驻车制动性能要求

车辆类型	轮胎与路面间附着系数 ψ	停驻坡道坡度（车辆正反向）（%）	保持时间/min
总质量/整备质量<1.2	≥0.7	15	≥5
其他车辆	≥0.7	20	≥5

表6-12　驻车制动性能检验时的操纵力

车　辆　类　型	手操纵时操纵力/N	脚操纵时操纵力/N
座位数≥9的载客汽车	≤400	≤500
其他车辆	≤600	≤700

表6-13　应急制动性能要求

车辆类型	制动初速度/（km/h）	制动距离/m	充分发出的平均减速度/（m/s²）	手操纵力/N	脚操纵力/N
座位数≤9的载客汽车	50	≤38	≥2.9	≤400	≤500
其他载客汽车	30	≤18	≥2.5	≤600	≤700
其他车辆	30	≤20	≥2.2	≤600	≤700

表6-14　制动协调时间　　　　　　（单位：s）

单　车	0.6
汽车列车	0.8

四、汽车前照灯检测

1. 前照灯检测的目的

前照灯在长期的使用过程中，灯泡会逐渐老化，发光效率降低，反射镜面也会渐渐变黑，聚焦性能变差，使发光强度达不到规定要求。行车过程中，前照灯随汽车在路面上颠簸振动，有可能导致前照灯的安装位置发生变动，前照灯的光轴就会发生变化，改变了正确的照射方向。上述因素会影响驾驶人的正确判断，有可能导致交通事故。因此，汽车前照灯的发光强度和照射方向必须符合国标的要求，在汽车检测中被列为必检项目。

2. 前照灯检测的要求

（1）前照灯光束照射位置要求

1）机动车在检验前照灯的近光光束照射位置时，前照灯在距离屏幕10m处，光束明暗截止线转角或中点的高度应为 $0.6H \sim 0.8H$（H 为前照灯基准中心高度，下同），其水平方向位置向左向右偏差均不得超过 100mm。

2）四灯制前照灯其远光单光束灯的调整，要求在屏幕上光束中心离地高度为 $0.85H \sim 1.90H$，水平位置要求左灯向左偏不得大于 100mm，向右偏不得大于 170mm；右灯向左或向右偏均不得大于 170mm。

3）机动车装用远光和近光双光束灯时，以调整近光光束为主。对于只能调整远光单光束的灯，调整远光单光束。

（2）前照灯发光强度要求

1）对于两灯制的车辆，新车每只灯的发光强度应为 15000cd 以上，在用车每只灯的发光强度应为 12000cd 以上。

2）对于四灯制的车辆，新车每只灯的发光强度应为 12000cd 以上，在用车每只灯的发光强度应为 10000cd 以上。

3）对于四灯制的车辆，其中两只对称的灯，达到两灯制的要求也视为合格。

3. 前照灯检测仪的类型

前照灯检测仪按其结构特征和测量方法可分为聚光式、屏幕式、投影式和自动追踪光轴式等几种类型。

（1）聚光式前照灯检测仪

检测仪放在前照灯前方 1m 距离处，将前照灯的散射光束用受光器的聚光透镜聚合起来，根据聚合光束对光电池的照射，来检测前照灯的发光强度和光轴偏斜量。根据不同的检测方法，又可以分成移动反射镜式、移动光电池式、移动透镜式。

（2）屏幕式前照灯检测仪

检测仪放在前照灯前方 3m 的检测距离处，把前照灯的光束照射到屏幕上来检测光轴偏斜量和发光强度。

（3）投影式前照灯检测仪

检测仪放在前照灯前方 3m 的检测距离处，将前照灯光束的影像映射到投影屏上，从而检测出发光强度和光轴偏斜量。

（4）自动追踪光轴式前照灯检测仪

自动追踪光轴式前照灯检测仪，是在受光器的面板上聚光透镜上下和左右装有四个光电池，受光器的内部也装有四个光电池，分别构成主、副受光器。另外还有由两组光电池电流差所控制的能使受光器沿上下和水平方向移动的驱动和传动装置。通过这些装置自动追踪光轴，追踪时受光器的位移由光轴偏斜指示计指示，发光强度由光度计指示。

4. 非全自动前照灯检测仪的一般使用方法

（1）检测仪的准备

1）切断光轴光度转换开关（相当于不受光状态），检测各指示计的机械零点，若有偏差应调整。

2）检查各镜面有无污垢，若有则清除。

3）检查水准器有无气泡或气泡位置，若无或位置不准，则应进行修理或调整。

4）检查支柱、升降台和导轨，看动作是否自如或有无脏物，否则应进行修理或清除。

（2）车辆的准备

1）清除前照灯上的污垢。

2）检查并调整轮胎气压。

3）蓄电池应处于充足电状态。

（3）检测方法

1）将被检车辆垂直屏幕或导轨方向驶近检测仪，并按规定要求的测量距离停好车辆。

2）用车辆摆正找准器使检测仪与被检汽车对正。

3）开亮前照灯进行检测。

4）根据光轴刻度盘、指示计或屏幕刻度以及光度计，即可得出光轴偏斜量和发光强度。

5. 全自动检测仪的使用方法

（1）仪器与被检车辆的对准

将被检车辆垂直对准仪器的光接收箱，一般在检测场地上画出行驶标志线（安装时已保证仪器的光接收箱正面与行驶标志线垂直）。如车辆停放时其纵向中心线与行驶标志线平行，则可认为已对准，否则应进行如下对准工作：

1）在被检车的纵向中心线（或其平行线）上设定前后距离不小于1m的两个标志点（物）。

2）通过仪器的瞄准器进行瞄准和调整。

（2）检测距离的确认

检测距离指光接收箱正面与被检前照灯基准中心之间的距离，利用光接收箱下部附装的钢卷尺，检查此距离是否符合要求。

（3）手动控制和自动测定方式

被检车应在空载，坐一名驾驶人的条件下进行检测。

被检车开亮前照灯后，通过操纵控制开关，使仪器的光接收箱进入照射范围，然后按下"测定"开关，"测定"指示灯亮，仪器进入测定工作状态。在此状态下，仪器将自动测定发光强度和光轴偏移量，并通过各显示表将结果直接显示出来，检测完后按控制开关将使仪器退出测定工作状态。

（4）全自动测定方式

全自动测定方式操作比较简单，用户将计算机板上的拨码开关拨到所需的测单灯或测双灯位置，从左边或右边进入测定。设置好之后，将仪器移到导轨一侧，检测箱移到最低位置（初始位置）。然后按下仪器的进入键，即可进行自动检测。检测结果可由检测线上的计算机通过串行口读取。检测完毕，仪器将自动返回初始位置。

五、汽车尾气（废气）检测

1. 汽车尾气检测的目的

随着汽车工业的发展，汽车的数量越来越多，它对人们的健康、社会和环境的危害越来越大。汽车的危害主要包括三个方面：排放对大气的污染；噪声对环境的危害；电气设备对无线电广播及电视电波的干扰。由于汽车的排放危害最大，排气净化问题已成为当今汽车工业发展中起决定性作用的因素之一，因此对排放的控制越来越受到人们的重视。用废气分析仪和烟度计测定排气污染物的浓度，目的是控制排气污染物的扩散，使其

限定在被允许的范围内，以达到保护生态环境的目的。

2. 汽车尾气检测

汽油车排放污染物的检测，依据国家标准 GB 7258—2012《机动车运行安全技术条件》的规定，主要测量汽油机在怠速工况下排气中的 CO、HC 的浓度。选择怠速工况进行检测，是因为怠速运转时，节气门开度小，发动机转速低，残余废气量相对增大和燃烧温度低等，使 CO 和 HC 的浓度明显增多的缘故。

测量仪器采用不分光红外线 CO 和 HC 气体分析仪。

（1）不分光红外线 CO 和 HC 气体分析仪的检测原理

汽油车排放废气中的 CO、HC 气体，具有能吸收一定波长范围红外线的性质，且红外线被吸收程度与废气浓度之间有一个正比的关系。该仪器就是利用这一原理来检测废气中 CO 和 HC 的浓度。在各种气体混合的情况下，测量值仍不受影响。

（2）不分光红外线 CO 和 HC 气体分析仪的组成

不分光红外线 CO 和 HC 气体分析仪是一种能够从汽车排气管中，采集气体进行连续测量的仪器，它由废气取样装置、废气分析装置、废气浓度指示装置和标准装置等组成。

3. 汽车排气污染物排放限值

国家标准 GB 18285—2005 对汽车排气污染物排放限值的规定如下：

（1）新生产汽车排气污染物排放限值

装用点燃式发动机的新生产汽车，排气污染物排放限值见表6-15。

表 6-15　新生产汽车排气污染物排放限值（体积分数）

车　型	类　别			
	怠　速		高怠速	
	CO（%）	HC/10^{-6}	CO（%）	HC/10^{-6}
2005 年 7 月 1 日起新生产的第一类轻型汽车	0.5	100	0.3	100
2005 年 7 月 1 日起新生产的第二类轻型汽车	0.8	150	0.5	150
2005 年 7 月 1 日起新生产的重型汽车	1.0	200	0.7	200

（2）在用汽车排气污染物排放限值

装用点燃式发动机的在用汽车，排气污染物排放限值见表 6-16。

表 6-16　在用汽车排气污染物排放限值（体积分数）

车　　型	类　　别			
	怠　速		高怠速	
	CO（%）	HC/10⁻⁶	CO（%）	HC/10⁻⁶
1995 年 7 月 1 日前生产的轻型汽车	4.5	1200	3.0	900
1995 年 7 月 1 日起生产的轻型汽车①	4.5	900	3.0	900
2000 年 7 月 1 日起生产的第一类轻型汽车	0.8	150	0.3	100
2001 年 10 月 1 日起生产的第二类轻型汽车	1.0	200	0.5	150
1995 年 7 月 1 日前生产的重型汽车	5.0	2000	3.5	1200
1995 年 7 月 1 日起生产的重型汽车	4.5	1200	3.0	900
2004 年 9 月 1 日起生产的重型汽车	1.5	250	0.7	200

① 对于 2001 年 5 月 31 日以后生产的 5 座以下（含 5 座）的微型面包车，执行此类在用车排放限值。

（3）过量空气系数（λ）的要求

对于使用闭环控制电子燃油喷射系统和三元催化转化器技术的汽车，进行过量空气系数（λ）的测定。发动机转速为高怠速转速时，λ 应在 1.00 ± 0.03 或制造厂规定的范围内。进行 λ 测试前，应按照制造厂使用说明书的规定预热发动机。

（4）说明

1）怠速工况指发动机无负载运转状态，即离合器处于接合位置、变速器处于空档位置（对于自动变速器的车应处于"停车"或"P"档位）；采用化油器供油系统的车，阻风门应处于全开位置；加速踏板处于完全松开位置。

高怠速工况指满足上述（除最后一项）条件，用加速踏板将发动机转速稳定控制在 50% 额定转速或制造厂技术文件中规定的高怠速转速时的工况。本标准中将轻型汽车的高怠速转速规定为（2500 ± 100）r/min，重型车的高怠速转速规定为（1800 ± 100）r/min；如有特殊规定的，按照制造厂技术文件中规定的高怠速转速。

2）过量空气系数（λ）是指燃烧 1kg 燃料的实际空气量与理论上所需空气量之质量比。

六、汽车噪声检测

根据国家标准 GB 7258—2012《机动车运行安全技术条件》的规定，

汽车噪声应使用声级计进行测量。声级计是一种能把工业噪声、生活噪声等按人耳听觉特性近似地测定其噪声级的仪器。按其测量的精度可分为普通声级计和精密声级计。检测方法分车外检测法和车内检测法。

1. 车外噪声检测的方法

测量应在平坦而空旷的场地进行。测试的跑道应是平直、干燥的沥青或混凝土路面，其长度不少于20m，声级计位于20m跑道中心点的两侧，距中心线7.5m，距地面高度1.2m，周围的噪声应比所测车辆的噪声至少低10dB。

车外噪声的测量又分为加速噪声测量法和匀速噪声测量法。

（1）加速行驶噪声测量方法

1）车辆按下列规定稳定地行驶到始端线：4档以上汽车挂3档，4档以下汽车挂2档，自动档汽车用在试验区加速最快的档位，但最高车速不超过50km/h；发动机转速为其标定的3/4。

2）当汽车行驶到始端线时立即全加速行驶，当车辆后端达到终端线时，立即停止加速。

3）读取车辆行驶时的声级计最大读数。

4）同样的测量往返进行一次，取两次测量中的最大值，但两次测量的误差不应大于2dB。

（2）匀速行驶噪声测量方法

1）汽车以50km/h的速度匀速通过测量区域。

2）读取车辆行驶时的声级计最大读数。

3）同样的测量往返进行一次，取两次测量中的最大值，但两次测量的误差不应大于2dB。

2. 车内噪声检测的方法

测试应在足够长度的平直、干燥的沥青或混凝土路面上进行，测量时车辆的门窗应关闭，周围的噪声应比所测车辆的噪声至少低10dB。车内噪声检测的方法为：

1）车辆以常用档位50km/h以上不同车速匀速行驶，分别进行测量。

2）分别读取声级计最大读数，计算其平均值。

七、汽车检测技术的发展前景

随着科学技术的发展，汽车检测技术的发展前景是自动寻找故障和实现诊断。主要体现在以下几个方面。

1. 实现汽车的自我诊断

在汽车上装备自检、储存数据、自动报警指示装置及汽车黑盒记载系统，更准、更快、更及时地显示技术状况和故障报警，为汽车使用、维修提供依据。

2. 检测手段趋向微机化

计算机技术在检测设备上的应用，将使人工操作检测设备的检测方式，向由计算机控制的全自动式检测线方向发展，实现全过程的完全自动化检测。由于减少了人工判断检测，避免人为造成的失误，将大大提高检测数据的准确性及公正性，同时检测过程更加方便、快捷，提高检测线的检测效率。

3. 移动式检测车广泛应用

在大力发展固定式检测线的同时，移动式汽车检测车已开始使用。该检测车是将检测设备连同微机、打印机一起安装在一部汽车上，形成移动式检测线。它克服了建造大型检测场地而带来的投资大的困难，且灵活机动，方便了偏远山区、乡镇的车辆检测，节省了大量的劳力和能源。

4. 全自动汽车检测系统

全自动汽车检测系统，又称为计算机管理系统，它由硬件和软件两部分组成。硬件部分由计算机和辅助设备组成，计算机又分为申报机、工位测控机、主控机等；辅助设备有显示屏、稳压电源、程序提示显示器、光电开关、模拟转换等设备。软件部分则有检测程序，数据采集程序，数据库打印、存储、检索程序，设备标定程序，检测标准设备及判定程序，系统自检及诊断程序等。系统软件功能还可根据具体需要而增加，如互联网及通信软件等。

5. 计算机控制管理

计算机控制管理主要体现在下列两个方面：一是对汽车制造商、车主身份的确认，核对汽车的规格型号、生产序号（发动机和底盘号码，或车辆识别代号 VIN）及汽车主要结构特征；二是对影响汽车行驶安全的主要部件完整性、功能有效性及性能参数，进行检测，判定是否符合运行安全标准。

上述两方面的信息，不论由人工直接输入计算机，还是通过电子信息传输，都可以将检测设备传感器测得的量值信号送入计算机，计算机最终将这些电子信息记录并进行分析评价。利用计算机进行检测，可以实现检测自动化，提高检测效率，减少人工观察误差，保证检测评价结果的客观性。运用计算机管理汽车安全检测数据，便于实现通过网络通信，有利于在较大区域，以至全国范围实现对汽车使用管理，保证其能安全使用。

6. 汽车管理数据电子化

我国对汽车的生产销售实行许可证制度，未获许可资格的制造商不允许生产汽车，国内汽车允许销售的目录每年以光盘的形式公布，通过计算机就能方便准确地确定车主所购买的汽车是否为合法产品，缩短了汽车登记领牌的审核时间，提高办证效率。

随着我国加入 WTO，汽车产业必须与国际接轨，大量的国际技术标准、质量管理标准和管理方法的采用，如果没有计算机就无法获得并使用这些资料。同样，我国汽车运行安全的检测管理工作，也有一个与国际接轨的问题，加入 WTO 后国际间的汽车过境使用更加频繁，只有汽车安全检测计算机化，才能便于与国际接轨。

第 七 章

汽车配件供应

第一节　汽车配件供应服务的经典范例

　　下面是一份介绍日本丰田汽车零部件配送系统的资料，这份资料所描述的是一宗汽车配件供应服务极为成功的经典范例。

澳大利亚的丰田汽车零部件配送系统

（一）

　　20世纪80年代，日本丰田汽车公司（Toyota Motor Corp）就把大批生产线发展到国外，其中包括澳大利亚，丰田汽车公司一半以上成品是在国外生产的。由于澳大利亚政府从1987年起就降低关税，迄今已经降低35%，澳大利亚已经成为丰田汽车公司产品的主要销售和出口地。

　　在过去的十余年时间里，丰田汽车公司一直在澳大利亚发展全方位的汽车零部件配送系统和物流链管理服务。如果现在有一辆汽车在澳大利亚的草原或者荒漠中抛锚，无论是丰田的还是其他什么品牌，只要把求助信息发到丰田汽车备件公司所属配送中心，不需等候多久，附近的丰田汽车零部件销售商就会以最快的速度把急需的汽车零部件送到出事地点。如果必要的话，随行的专业技术人员会帮助把汽车修好，收费非常合理。丰田汽车备件公司在澳大利亚的物流服务已经成为日本其他汽车厂商在全球各个角落发展经营交易的典范。

　　丰田汽车公司把零部件物流服务看成是"售后"市场的主体，其意义与制造和销售汽车同样重要。因为公司知道，对于广大消费者来讲，最容易损害某种品牌汽车信誉的莫过于到处买不到这种汽车的关键零部件。现在出售一辆新汽车的利润并不高，因此汽车产品能否吸引广大消费者已经成为汽车厂商加快促销、减少库存、降低成本、增加效益的最关键的一招。以前丰田

123

汽车公司并不热门的汽车零部件物流服务，现在竟然成为汽车制造厂商长期生存战略的关键行业。1997年，丰田汽车公司仅在澳大利亚经营的汽车零部件的交易营业额就达到2.52亿美元，而1998年的营业额是2.7亿美元，到2001年汽车零部件的全部营业额收益已经超过4亿美元。精于市场动态调查的丰田汽车公司早就发现，消费者一旦享受到某种品牌汽车的汽车厂商提供的最佳售后服务，就会对自己购置的该品牌的汽车赞不绝口，在客观上为汽车厂商大做义务广告，于是买这种品牌汽车的消费者就会接踵而来。丰田汽车公司又发现，大约有86%的消费者在购置某品牌汽车的第一年内，会回头向该品牌的汽车厂商购买汽车零部件，但是五年以后回头购买该品牌汽车零部件的消费者骤降到20%。也就是说，新车使用期一年内，也就是汽车零部件需求量最低的时候，购买零部件的"回头"消费者的保留量是最高的，当汽车使用期超过五年以上，特别是在七八年以上，这正是修理维护汽车需要零部件最多的时候，到汽车零部件特许专卖店购买这种品牌汽车零部件的"回头"消费者总量大幅度降低。显而易见，这些本来应该继续是"回头"的消费者因为种种原因转身到其他汽车零部件商店购买他们需要的汽车备件了。如果让这种倾向继续发展下去，丰田汽车公司必将在日益激烈的汽车备件批发销售市场的竞争中严重失利。

（二）

从20世纪90年代初起，为了把大部分消费者变成"回头客"，丰田汽车公司及时变换经营理念，调整机制，给企业和产品重新定位，于是下决心改革陈旧的汽车零部件的经营方式，开始在澳大利亚市场开拓和重新组合丰田汽车零部件销售服务渠道。

万事开头难，丰田汽车零部件销售服务方式的改革道路走得又漫长而艰辛，类似参加一场跨栏越障赛跑的体育比赛。为了在激烈的市场竞争中不输给其他竞争对手，丰田汽车公司必须顺利跨越的第一个"栏架"，就是每一位公司职员都必须坚决而又彻底地改变已经变得非常陈旧落伍的汽车零部件交易经营观念。首先费了很大的力气才让公司大多数高级管理人员确信，汽车售后服务、汽车零部件销售和快速递送以及汽车备件物流链管理都是公司的利润中心之一。汽车产品的销售，或者新型汽车产品的销售虽然需要竞争，但是新汽车需要的零部件不多。各种品牌汽车厂商之间最激烈的竞争往往不是在汽车本身，而是在售后服务以及可以互相替代使用的零部件销售额上。只要消费者"回头"到丰田汽车零部件特许专卖商店的人数在逐年减少，丰田汽车公司的整体销售额就会下跌，成本相应会上升，公司经济效益必然下滑。这是丰田汽车公司任何一位员工都不愿意接受的现象，因为那是吃败仗，公司一倒闭，大家都没有饭吃。

接着丰田汽车公司开始全面调查零部件销售情况后发现，汽车售后服务管理人员缺乏敬业精神，官僚主义严重，销售渠道不畅，销售方式单一，缺乏灵活变通，不贴近市场，把消费者看成是麻烦制造者等。按照所谓传统的销售方式，凡是需要汽车备件者必须预订，汽车零部件大多是预先堆放在某地一个预配中心的仓库里。于是产生的后果是，汽车的零部件在仓库里堆积如山，而消费者或者客户却为一时买不到丰田汽车某项备件而干着急。这时候往往其他品牌可以替代的备件供应商就会乘虚而入。正因为当初丰田汽车公司缺乏汽车零部件的整体物流链管理和周详的服务规划，多少年许多业务发展机会和大批潜在的丰田汽车消费者从丰田汽车公司面前一晃而过。大家痛定思痛后，统一思想，立即行动，首先开发丰田汽车零部件销售新系统、新方式、新部署，以更低的成本、更高的服务水准和质量，向广大消费者推销汽车零部件和昼夜提供售后服务。此外，丰田公司经常主动拜访客户和广大消费者，有偿聘用独立咨询专家为丰田汽车产品质量和售后服务毫不留情地提供评论，不仅要表扬，更需要批评和提出建议。由此组成的丰田汽车质量标准售后服务水平评估和今后的发展设计蓝图，就具备广泛的社会基础和最现实的市场规范。

（三）

由于澳大利亚幅员辽阔，地形复杂，丰田汽车公司根据汽车客户的数量和销售商的经营情况，把澳大利亚分成六大丰田汽车零部件配送中心和六大物流链管理区。当然这绝不是一成不变的，将随时根据市场需求，及时进行调整，其唯一动力就是千方百计满足客户的要求和尽可能逐步提高公司的经济效益。丰田汽车公司自己在忙着"改革"的同时，还不忘盯着与自己竞争的"劲敌"：美国的福特汽车公司和通用汽车公司。他们发现，这两家汽车公司几乎一成不变，在澳大利亚仍然各自只有一个汽车备件中心，并继续由该中心分别承担向澳大利亚全国提供售后服务的责任。在具体操作上是由这两家汽车公司委托或者依靠分布在澳大利亚各地的当地汽配供应商向福特汽车和通用汽车用户或者消费者履行汽车零部件配送的义务，其效率之低可想而知。但是丰田汽车公司没有放慢脚步，更没有停顿，而是放手实施丰田汽车售后服务和全面落实零部件物流链管理的各项措施，因为他们听说过"龟兔赛跑"的故事，在汽车零部件物流链管理和汽车售后服务上决不犯"兔子的错误"，这是丰田汽车公司上下全体员工的共识。

现在丰田汽车公司在澳大利亚规模最大的两个零部件配送中心已经在悉尼和墨尔本建成，两者加起来的总面积是 30 万平方英尺。这两个汽车零部件的配送设施主要负责澳大利亚东北海岸人口稠密地区的旅行车的需要。在澳大利亚西北海岸的丰田汽车公司零部件配送站设施规模较小，但是麻雀虽小，五脏俱全，应有尽有。设立在澳大利亚布里斯班的昆士兰市和汤斯维尔市，还有设立在澳大利亚中部地区的达尔文市的丰田汽车零部件物流链管理中心和配送站主要负责澳大利亚的矿产、天然气田等工业用车和商业用车的重型车辆备件，当然必须兼顾满足消费者或者客户提出和急需的其他汽车售后服务项目。丰田汽车公司在澳大利亚各地设立汽车零部件配送中心和售后服务点，即使在人烟稀少的荒漠地区和原始山林地区，在 700～3000 英里距离内必有丰田汽车零部件特许专卖点，专门为客户提供紧急援助。

总而言之，经过十年来的不懈努力和拼搏，丰田汽车公司在澳大利亚的零部件配送中心站和物流链管理中心区经营总共 16.5 万种汽车备件，其中包括其他品牌汽车的备件，售后服务和汽车零部件的物流供应链的送达效率已经是路人皆知，其营业范围已经在澳大利亚达到无孔不入，无微不至的地步。人们一定听到过"车到山前自有路，有路就有丰田车"这句富有特色的广告词，据说就是丰田汽车的忠实客户，一位澳大利亚华裔客户首先说出来的。一向善于从细微处捕捉商机的日本人及时将这句话转换成与市场需求和广大消费者同频共振的"广告电波"。这是近年来丰田汽车在澳大利亚市场的销售量不断上升，已经远远超过其他竞争者的真正秘密所在。

（四）

丰田汽车公司规模最大的零部件中心位于悉尼，该中心同时又是建立公司仓储管理系统的测试场。首先，公司起草出一份悉尼汽车备件一条龙经营的重组改革计划，该计划包括缩短汽车备件和各种零部件产品从设计到成品最后到消费者之间的时间，减少成本，向管理要经济效益，通过一系列的改革措施，没过几年，汽车备件的库存减少 10%，销售商收益增加 0.5%，仓库收益增加 7%，而车辆紧急修理和车辆路边抛锚救助时间与以往同比缩短 20%。汽车零部件的物流链服务不仅促动售后服务的大幅度改善，而且又鼓励丰田汽车公司上层及时做出决策，采取各种切实措施降低包装、物流链各个环节之间的连接点以及维护检修的成本。因为任何一家大型企业和其他企业的竞争焦点最后还是集中在经营成本上。此外在物流零部件的供应链上普遍采用电子贸易方式，提高工作效率，减员增效。公司总裁要求全体员工对于澳大利亚丰田公司零部件物流供应链的一切改革和发展计划提出批评和建议，畅所欲言，接着公司用了13个月充分考虑，详尽修改，形成决议后，公司上下每一位员工立即厉行贯彻。事实上，澳大利亚丰田公司的物流链改革和发展不是一帆风顺的，一路上遇到的困难不少，如由于种种原因导致的工人罢工、工会抵制、技术人员跳槽、技术培训不顺利、物流链和信息系统工程技术合同的签订和实际效能一时不到位等，最后都是一步一个脚印走过来的。

在IBM（国际商用机器公司）的帮助下，以AS/400和射频技术为基础的丰田澳大利亚汽车零部件物流链网络新系统终于建立起来。该系统每时每刻全面跟踪物流链上每一个配送站操作的每一项业务，其中包括接受汽车零部件的订货指令，盘存开列零部件库存目录、进货目录和发货指令。丰田汽车公司生产的成千上万种零部件信息和造型图片在物流链电子信息网络系统上应有尽有，每一种零部件均有精确的库存方位编号，库存数量非常精确，搜索方便灵活。凡是零部件订货、进货和出货，全部使用手操射频扫描仪进行无纸化管理，网上随手可取，自动化程度高，管理人员数量降低到最低点。物流链网络新系统昼夜不间断工作，只要收到任何车辆故障和有关不测事件的求助信息，紧急车辆路边抢修服务必须在2小时内赶到出事地点，实施抢修。

为了进一步提高物流链配送服务的精确性，提高其成品库存部位的管理效率和计划制定的速度，丰田汽车悉尼零部件物流链中心把自己的库容巨大的网络系统各种数据信息全部转换到CAD软件上。这项技术明显改善了员工在日常业务工作中的技术培训的质量，促使管理人员更好地分析库存零部件的库存动态，提出建设性的应变计划，坚决避免备件脱空的事故发生。这一切进步已经超过丰田公司原来的设想。现在库存量下降25%，而向消费者和客户提供的服务量提高4%左右，仓库营业额提高20%，车辆路边紧急求助量下降50%。今天的丰田悉尼零部件中心与澳大利亚全国98%的汽配商店都有配送业务和批发业务联系。

（五）

配送中心的总经理指出："如果消费者或者客户要求的各种汽车备件中，有2%的零部件无法从配送中心的备件目录中找到，或者无法及时送到他们手中，那么消费者或者客户就会对丰田公司不满意，就会坦率地不愿听取我们在另外98%的汽车零部件物流链服务上工作做得如何出色"。他指出，尽管悉尼丰田零部件配送中心的工作效率和速度比谁都快，但是遇到客户提出不常用的"冷门"货订单还是会有的，但是这个配送中心没有这个备件，说不定在另外一个中心或者供应商会有。在网络新系统建立之前，为了帮助客户从一个一个配送中心或者汽配供应商那里寻找"冷门"备件，一般至少要5天时间。现在通过物流链的网络向各个中心和汽配供应商发出指令，通常在一天内就能收到回音，最多不到两天就能解决问题。备件从丰田墨尔本零部件配送中心运送到悉尼一天就能到达。使用射频扫描仪迅速打开集装箱卸货，把急需的备件立即装到送货货车上。由此节约下来的时间必然令客户满意，因为客户可以比通常修车时间至少提前三天以上收到汽车备件。丰田汽车零部件配送中心称之为"交叉进坞"服务方式，因为备件配送中心与船坞一样有大小之分，大船进大坞，小船进小坞，各有各的作用，配送中心也同样如此，凡是有冷门货备件的，不管是谁，都可以出来供应备件，通过网络信息的传递，补充大型备件中心的不足。丰田汽车的交叉"进坞"服务网主要为稀罕、非常用、冷门备件，这些备件的业务量小，但是影响大。为了把老掉牙的丰田车修好，有些客户往往是不惜重金也要得到这种备件，一旦得到满足，"老爷"汽车又能发动起来上路，他们就会高喊："丰田车，了不起!"目前，丰田汽车零部件配送中心准备把交叉"进坞"服务网扩大使用到重大件和高价值部件上。

交叉"进坞"服务网大幅度缩短了汽车备件从配送中心通过供应商最后抵达消费者的时间，极大提高了配送中心之间的合作，不仅没有增加成本，反而提高了丰田汽车配送中心的服务质量。

丰田澳大利亚汽车零部件公司的规模还在扩大，迄今在日本的名古屋，以及安大略、布鲁塞尔和新加坡分别建立专门经营零部件批发零售业务的四个采购中心，中心总部设立在新加坡。它们的汽车配件来自于世界各地，其中65%来自日本，大约7%是从美国进口的，其余从当地进货。每一天的业务交往，如定货单、送货单、提货指令、包装指令、封箱指令一律都是电子信息网络进行传送。大多数汽车备件是用集装箱船根据指令分别运送到澳大利亚的悉尼、布里斯班或者墨尔本港口。丰田汽车备件公司雇佣澳大利亚的TOLL物流多式联运公司经办一系列的汽车备件运送业务。正常的备件定购是要预订的。紧急定购则是随到随办，通过空运，快件递送。尽量减少配送环节，简化手续，把备件直接送到客户手中。

由于澳大利亚出口关税只有本来并不高的进口税的一半，丰田澳大利亚汽车零部件公司很有可能在不久的将来，发展成为亚太地区最大的汽车备件供应公司和汽车备件物流服务的领头羊。

第二节 汽车配件采购

一、汽车配件采购的原则

1）坚持数量、质量、规格、型号、价格综合考虑的购进原则，合理组织货源，保证配件适合用户的需要。

2）坚持依质论价，优质优价，不抬价，不压价，合理确定配件采购价格的原则；坚持按需进货，以销定购的原则；坚持"钱出去，货进来，钱货两清"的原则。

3）购进的配件必须加强质量的监督和检查，防止假冒伪劣配件进入企业，流入市场。在配件采购中，不能只重数量而忽视质量，只强调工厂"三包"而忽视产品质量的检查，对不符合质量标准的配件应拒绝购进。

4）购进的配件必须有产品合格证及商标。实行生产认证制的产品，购进时必须附有生产许可证、产品技术标准和使用说明。

5）购进的配件必须有完整的内、外包装，外包装必须有厂名、厂址、产品名称、规格型号、数量、出厂日期等标志。

6）要求供货单位按合同规定按时发货，以防应季不到或过季到货，造成配件缺货或积压。

二、汽车配件采购的方式

1. 集中进货

企业设置专门机构或专门采购人员统一进货，然后分配给各销售部门（销售组、分公司）销售。集中进货可以避免人力、物力的分散，还可以加大进货量，受到供货方重视，并可根据批量差价降低进货价格，也可节省其他进货费用。

2. 分散进货

由企业内部的配件经营部门（销售组、分公司）自设进货人员，在核定的资金范围内自行进货。

3. 集中进货与分散进货相结合

一般是外埠采购以及非固定进货关系的采取一次性进货，办法是由各销售部门（销售组、分公司）提出采购计划，由业务部门汇总审核后集中

采购；本地采购以及固定进货关系的则采取分散进货。

4. 联购合销

有几个配件零售企业联合派出人员，统一向生产企业或批发企业进货，然后由这些零售企业分销。此类型多适合小型零售企业之间，或中型零售企业代小型零售企业联合组织进货。这样能够相互协作，节省人力，凑零为整，拆整分销，并有利于组织运输，降低进货费用。

上述几种进货方式各有所长，企业应根据实际情况扬长避短，选择自己的进货方式。

三、汽车配件质量的鉴别

汽车配件涉及的车型多，品种规格复杂，仅一种车型的配件品种就不下数千种。汽车维修企业和配件经营企业一般没有完备的检测手段，但只要熟悉汽车结构以及制造工艺和材质等方面的知识，正确运用检验标准，凭借积累的经验和一些简单的检测方法，也能识别配件的优劣。

下面介绍一些常用的方法以供参考。这些方法归纳为"五看""四法"。

1. "五看"

（1）看商标

要认真查看商标，上面的厂名、厂址、等级和防伪标记是否真实。因为对有短期行为的仿冒制假者来说，防伪标志的制作不是一件容易的事，需要一笔不小的支出。另外在商品制作上，正规的厂商在零配件表面有硬印和化学印记，注明了零件的编号、型号、出厂日期，一般采用自动打印，字母排列整齐，字迹清楚，小厂和小作坊一般是做不到的。

（2）看包装

汽车零配件互换性很强，精度很高，为了能较长时间存放不变质、不锈蚀，需在产品出厂前用低度酸性油脂涂抹。正规的生产厂家，对包装盒的要求也十分严格，要求无酸性物质，不产生化学反应，有的采用硬型透明塑料抽真空包装。考究的包装能提高产品的附加值和身价，箱、盒大都采用防伪标记，常用的有激光、条码、暗印等。在采购配件时，这些很重要。

（3）看文件资料

首先要查看汽车配件的产品说明书，产品说明书是生产厂进一步向用户宣传产品，为用户做某些提示，帮助用户正确使用产品的资料。通过产品说明书可增强用户对产品的信任感。一般来说，每个配件都应配一份产品说明书（有的厂家配用户须知）。如果交易量相当大，还必须查询技术鉴定资料。进口配件还要查询海关进口报关资料。国家规定，进口商品应配有中文说明，一些假冒进口配件一般没有中文说明，且包装上的外文，有的文法不通，甚至写错单词，一看便能分辨真伪。

（4）看表面处理

鉴别金属机械配件，可以查看表面处理。所谓表面处理，即电镀工艺、油漆工艺、电焊工艺、高频热处理工艺。汽车配件的表面处理是配件生产的后道工艺，商品的后道工艺，尤其是表面处理涉及很多现代科学技术。国际和国内的名牌大厂在利用先进工艺上投入的资金是很大的，特别对后道工艺更为重视，投入资金少则几百万元，多则上千万元。一些制造假冒伪劣产品的小工厂和手工作坊有一个共同特点，就是采取低投入掠夺式的短期经营行为，很少在产品的后道工艺上投入技术和资金，而且也没有这样的资金投入能力。

看表面处理具体有以下几个方面：

1）镀锌技术和电镀工艺。汽车配件的表面处理，镀锌工艺占的比重较大，一般铸铁件、铸钢件、冷热板材冲压件等大都采用表面镀锌。质量不过关的镀锌，表面一致性很差；镀锌工艺过关的，表面一致性好，而且批量之间一致性也没有变化，有持续稳定性。明眼人一看，就能分辨真伪优劣。电镀的其他方面，如镀黑、镀黄等，大工厂在镀前处理的除锈酸洗工艺比较严格，清酸比较彻底，这些工艺要看其是否有泛底现象。镀钼、镀铬、镀镍可看其镀层、镀量和镀面是否均匀，以此来分辨真伪优劣。

2）油漆工艺。现在一般都采用电浸漆、静电喷漆，有的还采用真空手段和高等级静电漆房喷漆。采用先进工艺生产的零部件表面，与采用陈旧落后工艺生产出的零部件表面有很大差异。目测时可以看出，前者表面细腻、有光泽、色质鲜明；后者则色泽暗淡、无光亮，表面有气泡和"拖鼻涕"现象，用手抚摸有砂粒感觉，相比之下，真假非常分明。

3）电焊工艺。在汽车配件中，减振器、钢圈、前后桥、大梁、车身等均有电焊焊接工序。汽车厂专业化程度很高的配套厂，它们的电焊工艺技术大都采用自动化焊接，能定量、定温、定速，有的还使用低温焊接法等先进工艺。产品焊缝整齐、厚度均匀，表面无波纹形、直线性好，即使是点焊，焊点、焊距也很规则，这一点哪怕再好的手工操作也无法做到。

4）高频热处理工艺。汽车配件产品经过精加工以后才进行高频淬火处理，因此淬火后各种颜色都原封不动地留在产品上。如汽车万向节内、外球笼经淬火后，就有明显的黑色、青色、黄色和白色，其中白色面是受摩擦面，也是硬度最高的面。目测时，凡是全黑色和无色的，肯定不是高频淬火。工厂要配备一套高频淬火成套设备，其中包括硬度、金相分析测试仪器和仪表的配套，它的难度高，投入资金多，还要具备供、输、变电设备条件，供电电源在3万V以上。小工厂、手工作坊是不具备这些设备条件的。

（5）看非使用面的表面伤痕

从汽车配件非使用面的伤痕，也可以分辨是正规厂生产的产品，还是非正规厂生产的产品。表面伤痕是在中间工艺环节，由于产品相互碰撞留下的。优质的产品是靠先进科学的管理和先进的工艺技术制造出来的。生产一个零件要经过几十道甚至上百道工序，而每道工序都要配备工艺装备，其中包括工序运输设备和工序安放的工位器具。高质量的产品由很高的工艺装备系数做保障，所以高水平工厂的产品是不可能在中间工艺过程中互相碰撞的。以此推断，凡在产品不接触面留下伤痕的产品，肯定是小厂、小作坊生产的劣质品。

2."四法"

（1）检视法

1）表面硬度是否达标。配件表面硬度都有规定的要求，在征得厂家同意后，可用钢锯条的断茬去试划（注意试划时不要划伤工作面）。划时打滑无划痕的，说明硬度高；划后稍有浅痕的说明硬度较高；划后有明显划痕的说明硬度低。

2）接合部位是否平整。零配件在搬运、存放过程中，由于振动、磕碰，常会在接合部位产生毛刺、压痕、破损，影响零件使用，选购和检验时要特别注意。

3）几何尺寸有无变形。有些零件因制造、运输、存放不当，易产生变形。检查时，可将轴类零件沿玻璃板滚动一圈，看零件与玻璃板贴合处有无漏光来判断是否弯曲。选购离合器从动盘钢片或摩擦片时，可将钢片、摩擦片举在眼前观察其是否翘曲。选购油封时，带骨架的油封端面应呈正圆形，能与平板玻璃贴合无挠曲；无骨架油封外缘应端正，用手握使其变形，松手后应能恢复原状。选购各类衬垫时，也应注意检查其几何尺寸及形状。

4）总成部件有无缺件。正规的总成部件必须齐全完好，才能保证顺利装配和正常运行。一些总成件上的个别小零件若漏装，将使总成部件无法工作，甚至报废。

5）转动部件是否灵活。在检验机油泵等转动部件时，用手转动泵轴，应感到灵活无卡滞。检验滚动轴承时，一手支撑轴承内环，另一手打转外环，外环应能快速自如转动，然后逐渐停转。若转动零件发卡、转动不灵，说明内部锈蚀或产生变形。

6）装配记号是否清晰。为保证配合件的装配关系符合技术要求，有一些零件，如正时齿轮表面均刻有装配记号。若无记号或记号模糊无法辨认，将给装配带来很大的困难，甚至装错。

7）接合零件有无松动。由两个或两个以上的零件组合成的配件，零件之间是通过压装、胶接或焊接的，它们之间不允许有松动现象。如油泵柱塞与调节臂是通过压装组合的；离合器从动毂与钢片是铆接接合的；摩擦片与钢片是铆接或胶接的；纸质滤清器滤芯骨架与滤纸是胶接而成的；电气设备是焊接而成的。检验时，若发现松动应予以调换。

8）配合表面有无磨损。若配合零件表面有磨损痕迹，或涂漆配件拨开表面油漆后发现旧漆，则多为旧件翻新。当表面磨损、烧蚀，橡胶材料变质时在目测看不清的情况下，可借助放大镜观察。

（2）敲击法

判定部分壳体和盘形零件是否有裂纹、用铆钉连接的零件有无松动以及轴承合金与钢片的接合是否良好时，可用小锤轻轻敲击并听其声音。如发出清脆的金属声音，说明零件状况良好；如果发出的声音沙哑，可以判定零件有裂纹、松动或接合不良。

浸油锤击是一种探测零件隐蔽裂纹最简便的方法。检查时，先将零件浸入煤油或柴油中片刻，取出后将表面擦干，撒上一层白粉（滑石粉或石灰），然后用小锤轻轻敲击零件的非工作面，如果零件有裂纹，通过振动会使浸入裂纹的油渍溅出，裂纹处的白粉呈现黄色油迹，便可看出裂纹所在。

（3）比较法

用标准零件与被检零件做比较，从中鉴别被检零件的技术状况。例如，气门弹簧、离合器弹簧、制动主缸弹簧和轮缸弹簧等，可以用被检弹簧与同型号的标准弹簧（最好用纯正部品，即正厂件）比较长短，即可判断被检弹簧是否符合要求。

（4）测量法

1）检查接合平面的翘曲。例如，检查气缸盖与气缸体接合平面的翘曲，可采用平板或钢直尺作为基准，将其放置在工作面上，然后用塞尺测量被测件与基准面之间的间隙。检查时应按照纵向、横向、斜向等各方向测量，以确定变形量。

2）检查轴类零件。例如，检查轴类零件的弯曲，可将轴两端用 V 形铁水平支承，用百分表触针抵在中间轴颈上，转动轴一周，表针摆差的最大值反映了轴弯曲程度（摆差的 1/2 即为实际弯曲度）。

测量轴类零件实际尺寸与公称尺寸的误差，一般用外径千分尺测量。除检查外径，还需检查其圆度和圆柱度。测量时，先在轴颈油孔两侧测量，然后转 90°再测量。轴颈同一横断面上差数最大值的 1/2 为圆度值；轴颈不同纵断面上差数最大值的 1/2 为圆柱度值。

3）检验滚动轴承。检验轴向间隙：将轴承外座圈放置在两垫块上，并使内座圈悬空，再在内座圈上放一块小平板，将百分表触针抵在平板的中央，然后上下推动内座圈，百分表指示的最大值与最小值之差，即是它的轴向间隙。轴向间隙的最大允许值为0.20～0.25mm。

检验径向间隙：将轴承放在一个平面上，使百分表的触针抵住轴承外座圈，然后一手压紧轴承内圈，另一手往复推动轴承外圈，表针所摆动的数字即为轴承径向间隙。径向间隙的最大允许值为0.10～0.15mm。

4）检验螺旋弹簧。汽车上应用的压缩弹簧，如气门弹簧、离合器弹簧、制动主缸弹簧和轮缸弹簧；拉伸弹簧，如制动蹄片复位弹簧等。弹簧的自由长度可用钢直尺或游标卡尺测量，弹力的大小可用弹簧试验器检测。弹簧歪斜可用直角尺检查，歪斜不得超过 2°。

四、汽车配件采购程序

汽车配件采购程序包括拟定采购计划、选择供货商、选择供货方式、选择采购形式、订立采购合同、配件检验接收等环节。

1. 拟定采购计划

采购计划是否合适，对资金周转和经济效益起着关键性的作用。采购计划做得好，不仅可加快资金周转，提高经济效益，而且可以减少库存积压。

采购计划的制订，一般可从三个方面考虑：

1）根据前期销售的情况进行统计分析，拟出本期应该进货的品种、名称、型号、规格和数量。

2）参照库存量，库存多的可少进。如果资金充裕，销路好的产品也可适当多进。

3）根据当前市场行情，进行一些适当调整。

2. 选择供货商

对供货商的选择主要从价格和费用、产品质量、交付情况、服务水平四个方面来考虑：

1）价格和费用。价格和费用的高低是选择供货商的一个重要标准。我国市场中存在固定价格、浮动价格和议价，要做到货比三家，价比三家，择优选购。在选择供货商时不仅要考虑价格因素，同时还要考虑运输费用因素。价格和费用低可以降低成本，增加企业利润，但不是唯一标准。

2）产品质量。价格和费用虽低，但如果供应的配件质量较差而影响修车质量，反而会给客户和企业信誉带来损失，所以选购配件时，要选购名牌产品或配件质量符合规定要求的产品。

3）交付的标准。供货商能否按合同要求的交货期限和交货条件履行合同，一般用合同兑现率来表示。交货及时、信誉好、合同兑现率高的供货商，当然是选择的重点。

4）服务的标准。要考虑供货商可能提供的服务，如服务态度、方便客户措施和服务项目等。

另外，在选择供货商时，要注意就近选择。这样可以带来许多优点，如能加强同供货单位的联系和协作、能得到更好的服务、交货迅速、临时求援方便、节省运输费用和其他费用、降低库存水平等。同时也要考虑其他供货商的特点，比较各供货商的生产技术能力、管理组织水平等，然后再做出全面的评价。

为了做出恰当的评价，可以根据有日常业务往来的单位及市场各种广告资料，编制各类配件供货商一览表。然后按表内所列的项目逐项登记，逐步积累，将发生的每一笔采购业务都填写补充到该表中去，在此基础上进行综合评价。

3. 选择供货方式

1）对于需求量大、产品定型、任务稳定的主要配件，应当选择定点供应直达供货的方式。

2）对需求量大，但任务不稳定或一次性需要的配件应当采用与生产厂签订合同直达供货的方式，以减少中转环节，加速配件周转。

3）对需求量少，如一个月或一个季度需求量在订货限额或发货限额以下的配件，宜采取由配件供销企业的门市部直接供货的方式，以减少库存积压。

4）对需求量少，但又属于附近厂家生产的配件，也可由产需双方建立供需关系，由生产厂家按协议供货。

4. 选择采购形式

1）现货与期货。现货购买灵活性大，能适应需要的变化情况，有利于加速资金周转。但是，对需求量较大而且消耗规律明显的配件，宜采用期货形式，签订期货合同。

2）一家采购与多家采购。一家采购指对某种配件的购买集中于一个供应单位，它有利于采购配件质量稳定、规格对路、费用低，但无法与他家比较，机动性小。多家采购是将同一订购配件分别从两个以上的供应者订购，通过比较可以有较大的选择余地。

3）向生产厂购买与向供销企业购买。这是对同一种配件既有生产厂自产自销又有供销企业经营的情况所做的选择。一般情况下，向生产厂购买时价格较为便宜，费用较省，产需直接挂钩可满足特殊要求。供销企业因网点分布广，有利于就近及时供应，机动性强，尤其是外地区进货和小量零星用料，向配件门市部购买更为合适。

5. 签订采购合同

采购合同是供需双方的法律依据，必须按合同法规定的要求拟定，合同的内容要简明，文字要清晰，字意要确切。品种、型号、规格、单价、数量、交货时间、交货地点、交货方式、质量要求、验收条件、双方职责、权利都要明确规定。签订进口配件合同时，更要注意这方面的问题，特别是配件的型号、规格、生产年代、零件编码等不能有一字差别。此外，在价格上也要标明何种价，如离岸价、到岸价等，否则会导致不必要的损失。

6. 配件检验接收

汽车配件采购员在确定了进货渠道及货源，并签订了进货合同之后，必须在约定的时间、地点，对配件的名称、规格、型号、数量、质量检验无误后，方可接收。

（1）对配件品种的检验

按合同规定的要求，对配件的名称、规格、型号等认真查验。如果发现产品品种不符合合同规定的要求，应一方面妥善保管，另一方面在规定的时间内向供方提出异议。

（2）对配件数量的检验

对照进货发票，先点收大件，再检查包装及其标识是否与发票相符。整箱配件，一般先点件数，后抽查细数；零星散装配件需点验细数；贵重配件应逐一点数；对原包装配件有异议的，应开箱开包点验细数。验收时应注意查验配件分批交货数量和配件的总货量。

无论是自提还是供方送货，均应在交货时当面点清。供方代办托运的应按托运单上所列数量点清，超过国家规定合理损耗范围的应向有关单位索赔。如果实际交货数量与合同规定交货数量之间的差额不超过有关部门规定的，双方互不退补；超过规定范围的要按照国家规定计算多交或少交的数量。双方对验收有争议的，应在规定的期限内提出异议，超过规定期限的，视为履行合同无误。

（3）对配件质量的检验

1）采用国家规定质量标准的，按国家规定的质量标准验收；采用双方协商标准的，按照封存的样品或样品详细记录下来的标准验收。接收方对配件的质量提出异议的应在规定的期限内提出，否则视为验收无误。当双方在检验或试验中对质量发生争议时，按照《中华人民共和国标准化管理条例》规定，由标准化部门的质量监督机构执行仲裁检验。

2）在数量庞大、品种规格极其繁杂的汽车配件的生产、销售中，发现不合格品、数量短少或损坏等，有时是难以避免的。如果在提货时发现上述问题，应当场联系解决。如果货到后发现，验收人员应分析原因，判明责任，做好记录。一般问题填写《运输损益单》《汽车配件销售查询单》，问题严重或牵涉数量较多、金额较大时，可要求对方派人来查看处理。

（4）责任划分的原则

汽车配件从产地到销地，要经过发货单位、收货单位（或中转单位）和承运单位三方共同协作来完成，所以必须划清三方面的责任范围，责任划分的一般原则是：

1）汽车配件在铁路、公路交通运输部门承运前发生的损失和由于发货单位工作差错，处理不当发生的损失，由发货单位负责。

2）从接收中转汽车配件起，到交付铁路、公路交通运输部门运转时止，所发生的损失和由于中转单位工作处理不善造成的损失，由中转单位负责。

3）汽车配件到达收货地，并与铁路公路交通运输部门办好交接手续后，发生的损失和由于收货单位工作的问题发生的损失，由收货单位负责。

4）自承运汽车配件起（承运前保管的车站、港口从接收汽车配件时起）至汽车配件交付收货单位或依照规定移交其他单位时止发生的损失，由承运单位负责。但由于自然灾害，汽车配件本身性质和发、收、中转单位的责任造成的损失，承运单位不负责任。

第三节　汽车配件仓库管理

在社会化大生产和社会分工的条件下，物资在从生产领域向消费领域转移的过程中，一般都有储存阶段。仓库是用来储存和保管物资的场所，仓库管理就是对储存物资的合理保管和科学管理。

一、配件仓库管理的要求

仓库管理就是搞好汽车配件的进库、保管和出库，在具体工作中，要求做到保质、保量、及时、低耗、安全地完成仓库工作的各项任务，并节省保管费用。

1. 保质

就是要保持库存配件原有的使用价值，为此，必须加强仓库的科学管理。在配件入库和出库的过程中，要严格把关，凡是质量问题或其包装不合规定的，一律不准入库和出库；对库存配件，要进行定期检查和抽查，凡是需要进行维护的配件，一定要及时进行维护，以保证库存配件的质量随时都处于良好状态。

2. 保量

指仓库保管按照科学的储存原则，实现最大的库存量。在汽车配件保管过程中，变动因素较多，比如配件的型号、规格、品种繁多，批次不同，数量不一，长短不齐，包装有好有坏，进出频繁且不均衡，性能不同的配件的保管要求不一致等，要按不同的方法分类存放，既要保证配件方便进出库，又要保证仓库的储量，这就要求仓库管理员进行科学合理的规划，充分利用有限的空间，提高仓库容量的利用率。

同时要加强对配件的动态管理，配件在入库和出库过程中，要严格执行交接点验制度，不但要保证其质量好，而且要保证数量准确无误。对库存配件一定要坚持"有动必对，日清月结"，定期盘存，认真查实，随时做到库存配件账、卡、物三相符。

3. 及时

在保证工作质量的前提下，汽车配件在入库和出库的各个环节中，都要体现一个"快"字。验收入库过程中，要加快接货、验收、入库的速度；保管过程中，要安排好便于配件进出库的场地和空间，规划好货位和垛形，为快进快出提供便利条件；出库过程中，组织足够的备货力量，安排好转运装卸设备，为出库创造有利条件。对一切繁琐的，可要可不要的手续要尽量简化，要千方百计压缩配件和单据在库的停留时间，加快资金周转，提高经济效益。

4. 低耗

指配件在保管期间的损耗降到最低限度。配件在入库前，因为制造或运输、中转单位的原因，可能会发生损耗或短缺，所以应严格进行验收入库把关，剔除残次品，发现短缺数量，并做好验收记录，明确损耗或短缺责任，以便为降低保管期间的配件损耗或短缺创造条件。配件入库后，要采取有效措施，如装卸搬运作业时，要防止野蛮装卸，爱护包装，包装损坏了要尽量维修或者更换；正确堆码苫垫，合理选择垛形及堆码高度，防止压力不均倒垛或挤压坏产品及包装。对上架产品，要正确选择货架及货位。散失产品能回收尽量回收，以减少损失，千方百计降低库存损耗。同时要制定各种产品保管损耗定额，限制超定额损耗，把保管期间的损耗减低到最低限度。

5. 安全

指做好防火、防盗、防霉变残损以及防工伤事故，防自然灾害等工作，确保配件、设备和人身安全。

6. 节省费用

指节省配件的进库费、保管费、出库费等成本。为达到这些目的，必须加强仓库的科学管理，挖掘现有仓库和设备的潜力，提高劳动生产率，把仓库的一切费用成本降到最低水平。

二、配件仓库的规划

1. 汽车配件仓库规划的基本要求

1）仓库工作区应有明显的标牌，如"配件销售出货口""车间领料出货口"等。

2）发料室、备货区、危险品仓库等应有足够的进货、发货通道和配件周转区域。

3）货架的摆放要整齐划一，仓库的每一过道要有明显的标示，货架应标有位置码，货位要有配件号和配件名称。

4）不宜将配件堆放在地上，为避免配件锈蚀及磕碰必须保持完好的原包装。

5）易燃易爆物品应与其他配件严格分开管理，存放时要考虑防火、通风等问题。

6）库房内应有明显的防火标志和齐备的消防设施。

7）非仓库人员不得随便进入仓库内，仓库内不得摆放私人物品。

8）索赔件必须单独存放。

2. 汽车配件的分区分类

配件分区分类的确定，要贯彻"安全、方便、节约"的原则，在配件性质、养护措施、消防措施基本一致的前提下进行统一规划。汽车配件分区分类，大体有以下两种情况：

1）按品种系列分类，集中存放。例如，存储发动机配件的叫发动机仓库（区）；存储通用汽车配件的叫通用件仓库（区）。

2）按车型系列分库存放。例如，国产汽车配件仓库（区）、进口汽车配件仓库（区）等。

3. 分区分类应注意的事项

1）按汽车配件性质和仓库设备条件安排分区分类。

2）性质相近和有消费连带关系的汽车配件，要尽量安排在一起存储。

3）互有影响，不易混存的汽车配件，一定要隔离存放。

4）出入库频繁的汽车配件，要放在靠近库门处；粗重长大的汽车配件，不易放在库房深处；易碎配件要注意存放处的安全。

5）消防灭火方法不同的汽车配件不得一起存储。

4. 配件仓库的基本设施

1）配备专用的配件运输设施。

2）配备一定数量的货架、货筐。

3）配备必要的通风、照明，及防火设备器材。

4）最好采用可调式货架，便于调整和节约空间。货架颜色也应该统一。

5）大、中货架和专用货架必须采用钢质材料，小货架可以不限制制作材料，但必须保证安全耐用。

三、汽车配件的验收入库

1. 验收入库的依据

1）根据入库凭证（含产品入库单、收料单、调拨单、退货通知单）规定的型号、品名、规格、产地、数量等各项内容进行验收。

2）参照技术检验开箱的比例，结合实际情况，确定开箱验收的数量。

3）根据国家对产品质量要求的标准，进行验收。

2. 验收入库的要求

1）及时。验收要及时，以便尽快建卡、立账、销售，这样就可以减少配件在库停留时间，缩短流转周期，加速资金周转，提高企业经济效益。

2）准确。配件入库应根据入库单所列内容与实物逐项核对，对配件外观和包装认真检查，以保证入库配件数量准确，防止以少报多或张冠李戴的配件混进仓库。如发现有霉变、腐败、渗漏、虫蛀、鼠咬、变色、沾污和包装潮湿等异状的汽车配件，要查清原因，做好记录，及时处理，以免扩大损失。要严格实行一货一单制，按单收货、单货同行，防止无单进仓。

3. 验收入库的程序

验收入库，包括数量和质量两个方面的验收。数量验收是整个验收入库工作中的重要组成部分，是搞好保管工作的前提。库存配件的数量是否准确，在一定程度上是与验收入库的准确程序分不开的。配件在流转的各个环节，都存在质量验收问题。入库的质量验收，就是保管员利用自己掌握的技术和在实践中总结出来的经验，对入库配件的质量进行检查验收。验收入库的程序如下：

1）点收大件。仓库保管员接到进货员、技术检验人员或工厂送货人员送来的配件后，根据入库单所列的收货单位、品名、规格、型号、等级、产地、单价、数量等各项内容，逐项进行认真查对、验收，并根据入库配件的数量、性能、特点、形状、体积，安排适当货位，确定堆码方式。

2）核对包装。在点清大件的基础上，对包装物上的商品标志，与入库单进行核对。只有在实物、标志与入库凭证相符时，方能入库。同时，对包装物是否合乎保管、运输的要求要进行检查验收，经过核对检查，如果发现票物不符或包装破损异状时，应将其单独存放，并协助有关人员查明情况，妥善处理。

3）开箱点验。凡是出厂原包装的产品，一般开箱点验的数量为5%～10%。如果发现包装含量不符或外观质量有明显问题时，可以不受上述比例的限制，适当增加开箱检验的比例，直至全部开箱。新产品入库，亦不受比例限制。对数量不多而且价值很高的汽车配件、非生产厂原包装的或拼箱的汽车配件、国外进口汽车配件、包装损坏或异状的汽车配件等，必须全部开箱点验，并按入库单所列内容进行核对验收，同时还要查验合格证。经全部查验无误后，才能入库。

4）过磅称重。凡是需要称重的物资，一律全部过磅称重，并要记好质量，以便计算、核对。

5）归堆建卡。配件归堆，要根据性能特点，安排适当货位。归堆时，一般按五五堆码原则（即五五成行、五五成垛、五五成层、五五成串、五五成捆）的要求，排好垛底，并与前、后、左、右的垛堆保持适当的距离。批量大的，可以另设垛堆，但必须整数存放，标明数量，以便查对。建卡时，注明分堆寄存位置和数量，同时在分堆处建立分卡。

6）上账退单。仓库账务管理人员，根据进货单和仓库保管员安排的库、架、排、号以及签收的实收数量，逐笔逐项与财务部门核对，作为业务部门登录商品账和财务部门冲账的依据。

4. 验收入库中发现问题的处理

1）在验收大件时，发现少件或者多出件，应及时与有关负责部门人员联系，在得到他们同意后，方可按实收数签收入库。

2）凡是质量有问题，或者品名、规格出错，证件不全，包装不合乎保管、运输要求的，一律不能入库，应将其退回有关部门处理。

3）零星小件的数量误差在2%以内，易损件的损耗在3%以内的，可以按规定自行处理，超过上述比例，应报请有关部门处理。

4）凡是因为开箱点验被打开的包装，一律要恢复原状，不得随意损坏或者丢失。

四、汽车配件的保管

1. 实行配件的条理化管理

实行配件的条理化管理，必须对配件存储进行分类统一。配件存储分类统一的管理办法有以下几种。

（1）按品种系列分库

这就是所有配件，不分车型，一律按部、系、品种顺序，分系列集中存放。例如，储存发动机配件的库叫作发动机库；储存通用工具和通用电器的库叫作通用电器库。凡是品名相同的配件，不管是什么车型，都放在一个库内，这种管理方式的优点是仓容利用率高，而且比较美观，便于根据仓库的结构适当安排储存品种。缺点是客户提货不太方便，特别是零星客户提少量几件货，也要跑几个库。再就是保管员在收发货时，容易发生差错。

（2）按车型系列分库

就是按所属的不同车型分库存放配件，如东风、解放、桑塔纳、捷达等车型的配件，分别设东风牌汽车配件库、解放牌汽车配件库、桑塔纳汽车配件库、捷达汽车配件库等。这样存放，客户提货比较方便，又可以减少保管员收发货的差错。缺点是仓容利用率较低，对保管员的业务技术水平也要求较高。

（3）按经营单位分库

在一个库区内同时储存属两个以上经营单位的配件时，也可以按经营单位设专库储存。

以上几种配件存储分类统一的管理办法，采取哪一种办法为好，要根据各个单位保管员的专业知识水平、仓库设备、库存配件流量等具体情况适当选择。但是，不管选择哪一种管理办法，当仓库储存的物资和保管员的配备一经确定，就要相对稳定，一般不宜随意变更，以便仓库根据储存物资的性能、特点，配备必要的专用设备（含专用货架、格架、开箱工具、吊装设备等），以适应仓库生产作业的需要。

不论是按部、系、品种系列还是按车型系列，还是按单位设专库储存，统统都要建卡和立账，要与存货单位的分类建账结合起来，这样便于工作联系和清仓盘存，也有利于提高工作效率。而且在建账立卡时，还要和业务部门的商品账结合，实行对口管理，以便核对、盘存和相互间沟通。

分库储存中，凡是大件重件（含驾驶室、车身、发动机、前后桥、大梁等）都要统一集中储存，以便充分发挥仓库各种专用设备，特别是机械吊装设备的作用。这样不仅可以提高仓容利用率，而且还可以减轻装卸搬运工人的劳动强度，提高劳动效率。

2. 安全合理堆码

仓库里的配件堆码，必须贯彻"安全第一"的原则，不论在任何情况下，都要保证仓库、配件和人身的安全。同时还要做到文明生产，配件的陈列堆码，一定要讲究美观整齐。

（1）合理堆码的要求

汽车配件堆码指的是仓储汽车配件堆存的形式和方法，又称堆垛。汽车配件进入仓库存储，应按一定的要求存放，不准随意平摊或堆叠。汽车配件堆码必须根据汽车配件的性能、数量、包装、形状以及仓库的条件，按照季节变化的要求，采用适当的方式、方法，将汽车配件堆放稳固、整齐。堆码必须做到安全、方便、节约。具体要求包括：

1）要保证人身、汽车配件与仓库的安全。堆码严禁超载，不许货垛质量超过仓库地面或货架的设计负重。货垛不宜过高，垛顶与库房梁、灯要保持安全距离。货垛与墙、柱和固定设备之间，以及货垛与货垛之间都应有一定的间隔距离，以适应汽车配件检查、操作和消防安全的需要。

2）要便于汽车配件出入库操作。为考虑汽车配件先进先出、快进快出的要求，货垛不可阻塞通道，或堆成死垛。货垛的位置应统筹安排，货垛之间、货垛与设备之间的距离以及走道的设置要合理，以切实保证收、发货和配件检查养护等作业的方便。

（2）堆码的方法

常见的堆码方法有以下几种：

1）重叠法。按入库汽车配件批量，视地坪负荷能力与可利用高度，确定堆高层数，摆定底层汽车配件的件数，然后逐层重叠加高。上一层每件汽车配件直接置于下一层每件汽车配件之上并对齐。硬质整齐的汽车配件包装、长方形的包装和占用面积较大的钢板等采用此法，垛体整齐、稳固，操作比较容易。但不能堆太高，尤其是孤立货垛以单间为底，如直叠过高易倒垛。

2）压缝法。针对长方形汽车配件包装的长度与宽度成一定比例，汽车配件每层压缝堆码。即上一层汽车配件跨压下一层两件以上的汽车配件，下纵上横或上纵下横，货垛四边对齐，逐层堆高。用此法每层汽车配件互相压缝，堆身稳固，整齐美观，又可按小组出货，操作方便易于腾出整块可用空仓。每层和每小组等量，便于层批标量，易于核点数量。

3）牵制法。汽车配件包装不够平整，高低不一，堆码不整齐，可在上下层汽车配件间加垫，并加放木板条，使层层持平有牵引，防止倒垛。此法可与重叠法、压缝法配合使用。

4）通风法。为便于汽车配件通风散潮，有的汽车配件的件与件不能紧靠，要前后左右都留一点空隙，宜采用堆通风垛的方法。其堆码方法多种多样，常见的有"井"字形、"非"字形、"示"字形、旋涡形等。需要通风散热、散潮，或必须防霉及怕霉的汽车配件，常用此法。

桶装、听装的液体汽车配件，排列成前后两行，行与行、桶与桶间都留空隙；堆高上层对下层可压缝，即上一件跨压在下两件"肩"部，以便于检查有无渗漏。

5）行列法。零星小批量汽车配件，不能混进堆垛，就按行排列，不同汽车配件背靠背成两行，前后都面对走道，形成行列式堆码，可以避免堆"死垛"（堆放垛中无通道，存取不便）。

6）轮胎货架。为防止轮胎受压变形，也需要专门货架保管，这种货架有固定的，也有可以拆装的。

3. 仓容利用经济合理

根据库区的实际情况，结合配件的性能特点，对仓容的利用应做出合理布局，要充分发挥人员、库房、设备的潜力，做到人尽其能、库尽其用，以最小的代价，取得最大的效益。

（1）合理使用库房

各种配件体积和质量相差很大，形状各异，要把这些不同大小、不同质量、不同形状的配件安排适当，以求得最大限度地提高仓容利用率，如前后桥、发动机、驾驶室等重件、大件，可以将它们放在地坪耐压力强、空间高、有起吊设备的库房。此外，还要根据配件的性能、特点和外形，配备一定数量的专用货架和格架等设备。

（2）提高单位面积利用率

仓库的建筑面积是不可变的，但单位面积利用率是可变的，如设高层货架或在普通货架区的货架最上面一层铺盖楼板，用以储存轻泡配件（如汽车灯泡、灯罩、仪表等）。同时，随时清理现场，也可以提高单位面积利用率。

4. 防尘、防潮、防高温、防照射的措施

汽车配件品种繁多，由于使用的材料和制造方法的不同而各具特点，有的怕潮、有的怕热、有的怕阳光照射、有的怕压等，在储存中受自然因素的影响会发生变化，因此需要采取防尘、防潮、防高温、防照射等措施，以免影响到这些配件的品质。

防范的措施主要有：

（1）严格配件进出库制度和配件维护制度

库存配件应严格执行先进先出的原则，尽量缩短配件的在库时间，使库存不断更新。同时应严格执行配件维护制度，经常对库存配件进行必要的清理和维护。

（2）安排适当的库房和货位

各种配件的性能不同，对储存保管的要求也不一样，所以，在安排库房和配件进库后具体安排货位时，应把不同类型、不同性质的配件，根据其对储存条件的要求，分别安排到适当的仓库和货位上去。

汽车配件，在同一车型系列中，可能有几种不同性能的配件，对于忌潮的金属配件，就应该集中放在通风、向阳的位置；对于忌高温的配件，就应该放在能避阳光的位置；对于防尘、防潮、防高温要求高的配件，应设专柜储存、专人保管，这样安排就比较合理。对于高档的或已开箱配件，如仪器仪表、轴承等，在条件具备的情况下，可设密封室或专用储存柜储存。

（3）要重视各种配件的储存期限

各类汽车配件出厂时，都规定了保证产品质量的储存日期，但在进货及仓库保管中常被忽视。如各类金属配件在正常保管条件下，自出厂之日起，生产厂保证在 12 个月内不锈蚀。橡胶制品也规定在一年内保证其使用性能符合标准要求。制动片，包括离合器片也规定在一年内保证其质量。蓄电池的储存期限在 2 年内应具有干荷电的性能，2～3 年内应具有一般电池的性能。制动皮碗从出厂之日起，在正常条件下可保管 3 年以上仍保持表面光亮，不呈灰白色。但通过试验看出，3 年以上时体积膨胀大大超过标准规定，虽能使用，但寿命下降。

据有关资料介绍，黑色金属配件在相对湿度 100%，温度 42℃以上时，只需 2～3h 产品即会生锈。因此，重视产品储存期限，并在期限内尽快销售是十分重要的。

（4）配件加垫

汽车配件绝大部分都是金属制品，属忌潮物资，一般都应加垫，以防锈蚀。至于垫的高度，要从实际需要出发，一般应为 10～30cm。加垫的作用就是隔潮、通风。

（5）加强库区温、湿度控制

可采取自然通风、机械通风或使用吸潮剂等措施，以控制库内温、湿度。具体说，就是根据不同季节、不同的自然条件，采取必要的通风、降潮、降温措施。当库区湿度大于库外湿度时，可将门窗适当打开。当库区湿度降到与库外湿度基本平衡时，就将门窗关闭。如果库外湿度大于库内湿度时，窗户不要打开。收货、发货必须开门时，作业完毕后，一定及时关门。有条件的仓库，除了上述自然通风之外，还可以采取机械通风办法，在库房的上部装置排风扇，下部装置送风扇，这样可以加速库内空气流通，起到降温、降潮作用。

还可以采取库内降潮办法，在雷雨季节或其他阴雨天气时，库内和库外湿度都很高时，唯一的办法就是用吸潮剂吸潮。吸潮剂一般有生石灰、氯化钙、氯化锂，一般汽车配件采用氯化钙为宜。在使用吸潮剂吸潮时，必须关闭门窗和通风孔洞，才能保证吸潮效果。

（6）保证汽车配件包装完好无损

凡是有包装的配件，一定要保持其内外包装的完好，这对于仓库保管员来说是一项重要的纪律，必须严格遵守。如果损坏了包装，在某种意义上讲，就等于破坏了配件的品质，因为包装本身就是为了防潮、防尘、防磕碰，保护配件品质的。

（7）搞好库内外清洁卫生

搞好库内外清洁卫生，做到库房内外无垃圾，无杂草、杂物，加强环境绿化，以防尘土、脏物和虫害的滋生。经常检查库房内的孔洞、缝隙、配件包装、建筑的木质结构等，发现虫害，及时采取措施捕灭。

5. 特殊汽车配件的分类存放

（1）不能沾油的汽车配件的存放

轮胎、水管接头、V带等橡胶制品，怕沾柴油、润滑脂，尤其怕沾汽油，若常与这些油类接触，就会使上述橡胶配件质地膨胀，很快老化，加速损坏报废。

干式纸质空气滤清器滤芯不能沾油。否则灰尘、砂土粘附在上面，会将滤芯糊住，这样会增大气缸进气阻力，使气缸充气不足，影响发动机功率的发挥。

发电机、电动机的电刷和转子沾上润滑脂、机油，会造成电路断路，使之工作不正常，甚至使汽车不能起动。

风扇传动带、发电机传动带沾上油，就会引起打滑，影响冷却和发电。

干式离合器的各个摩擦片应保持清洁干燥，若沾上油就会打滑。同样，制动器的制动蹄片如沾上油，则会影响制动效果。

散热器沾上机油、润滑脂后，尘砂粘附其上，不易脱落，会影响散热效果。

（2）发动机总成的维护

发动机总成的储存期如超过半年，则必须对其进行维护。方法是将火花塞（汽油机）或喷油器（柴油机）从气缸盖上拆下，螺孔中注入车用机油少许，以保持气缸中摩擦副零件有良好的润滑油膜，防止长期缺油生锈。如超过1年，除应做上述维护外，还应在气缸壁上涂敷得更彻底和均匀，然后旋上火花塞和喷油器。

（3）蓄电池的储存

对于蓄电池的储存，应防止重叠过多和碰撞，防止电极及盖因重压受损，而且应注意加注电解液塞的密封，防止潮湿空气进入。至于极板的储存，则应保持仓间干燥，储存期一般规定为6个月，必须严格控制。

（4）爆燃传感器的存放

爆燃传感器受到重击或从高处跌落会损坏，为防止取件时失手跌落从而损坏，这类配件不应放在货架或货柜的上层，而应放在底层，且应分格存放，每格一个，下面还应铺上海绵等软物。

（5）减振器的存放

减振器在车上是承受垂直载荷的，若长时间水平旋转，会使减振器失效。因此，在存放减振器时，要将其竖直放置。水平放置的减振器，在装上汽车之前，要在垂直方向上进行手动抽吸。

（6）橡胶制品的存放

对于橡胶制品，特别是火补胶，应在能保持环境温度不超过25℃的专仓内储存，以防老化，保证安全。

（7）电器配件、橡胶制品配件、玻璃制品配件的存放

由于这些配件自重小，属轻抛物资，不能碰撞和重压，否则将促使这些配件的工作性能失准，发生变形或破碎，故应设立专仓储存，而且在堆垛时应十分注意配件的安全。

另外对于软木纸、毛毡制油封及丝绒或呢制门窗嵌条一类超过储存期半年以上的配件，除应保持储存场地干燥外，在毛毡油封或呢制嵌条的包装箱内，应放置樟脑丸，以防止霉变及虫蛀。

6. 卡物相符、服务便利

卡物相符的程度如何，是考核仓库保管员工作质量的一项具体内容。卡物相符率高，就证明保管员的工作质量好，反之，就证明其工作质量差。提高卡物相符率的关键是认真执行"五五堆码"和"有动必对"的原则。其中，最重要的是"有动必对"，这是保证卡物相符的有力措施，每当发完一批货，必须当时就将卡片的结存数量与库存实物结存数量进行核对，一定要保持卡片的结存数与仓库的实物结存数相符。如果发现卡片结存数与库存实物不符，必须在配件出库之前查清楚，并进行妥善处理，否则不准出库。另外要把好"盘存关"，每月、每季或每半年一次的定期盘存，一定要盘彻底、点清楚。平时，应加强动态管理，常动的配件，要经常进行查对，发现问题，及时与业务部门联系，查明原因，及时处理，以保证卡物随时相符。

服务便利的基础工作是配件堆码要讲究科学性，不仅要把不同车型、品名、规格、单价、产地和含量的配件，分别归堆，商品标志一律朝外，堆与堆之间要保持一定距离，而且一定要遵循"五五堆码"的原则。大批量的配件，可以设分堆，库存便于做到过目成数，使发货、核对方便。

五、汽车配件的盘存

汽车配件的盘存是指仓库定期对库存汽车配件的数量进行核对，清点实存数，查对账面数。不仅要清查库存账与实存数是否相符，有无溢缺或规格互串，还要查明在库汽车配件有无变质、失效、残损和销售呆滞等情况。通过盘存，彻底查清库存数量已有或隐蔽、潜在的差错事故，发现在库汽车配件的异状，及时抢救、减少和避免损失。

仓库保管员应定期或不定期盘查库存配件的库存状况，一般每月一次，盘查的内容主要是数量、质量、保质期等，并做好相应记录。

1. 盘存的目的

及时掌握库存配件的变化情况，避免配件的短缺丢失或超储积压，保证配件库存存货的位置和数量的正确性。及时了解库存的数量、品质，为采购计划的制订、评价内部管理水平以及了解工作人员责任心等提供充分的依据。

2. 盘存的内容

（1）盘存数量

对计件汽车配件，应全部清点，对货垛层次不清的汽车配件，应进行必要的翻垛整理，逐批盘存。

（2）盘存重量

对计重汽车配件，可会同业务部门据实逐批抽件过秤。

（3）核对账与货

根据盘存汽车配件实数来核对汽车配件保管账所列结存数，逐笔核对。查明实际库存量与账、卡上的数字是否相符；检查收发有无差错；查明有无超储积压、损坏、变质等。

（4）账与账核对

仓库汽车配件保管账应定期，或在必要时，与业务部门的汽车配件账核对。

3. 盘存的方法

（1）日常盘存

这种盘存不定期，是一种局部性的盘存。一是动态复核，即对每天发货的货垛，发货后随即查点结存数，这种核对花时少，发现差错快，可以有效地提高账货相符率。二是巡回复核，即在日常翻仓整垛、移仓、过户分垛后，对新组合的货垛，或零散的货垛，安排巡回核对点数。

（2）定期盘存

一般在月末、季末、年末进行。盘存时，按批清点库存数量，以实存数对卡、对账，核完做好已盘标记。

（3）重点盘存

指根据工作需要，为某种特定目而对仓库物资进行的盘存和检查，如工作调动、意外事故、搬迁移库等进行的盘存。

定期盘存和重点盘存时均应有财务人员负责监盘，监督保管人员进行实物清点、确认，同时检查各财产物资堆放是否合理，库存是否适宜，有无过期、损坏情况存在，盘存情况登记于相应的《材料物资盘存明细表》上。盘存结束以后，编写《盘存报告》，填写处理意见并上报。

4. 盘存结果的验收及总结

对于盘存后出现的盈亏、损耗、规格串混、丢失等情况，应组织复查落实、分析产生的原因，及时处理。

（1）储耗

对易挥发、潮解、溶化、散失、风化等物资，允许有一定的储耗。凡在合理储耗标准以内的，由保管员填报《合理储耗单》，经批准后，即可转财务部门核销。储耗的计算，一般一个季度进行一次，计算公式如下：

$$合理储耗量 = 保管期平均库存量 \times 合理储耗率$$
$$实际储耗量 = 账存数量 - 实存数量$$
$$储耗量 = 保管期内实际储耗量 / 保管期内平均库存量 \times 100\%$$

实际储耗量超过合理储耗部分作为盘亏处理，凡因人为的原因造成物资丢失或损坏，不得计入储耗内。

（2）盈亏和调整

在盘存中发生盘盈或盘亏时，应反复落实，查明原因，明确责任。由保管员填制《库存物资盘盈盘亏报告单》，经仓库负责人审签后，按规定报经审批。

（3）报废和削价

由于保管不善，造成霉烂、变质、锈蚀等的配件；在收发、保管过程中已损坏并已失去部分或全部使用价值的；因技术淘汰需要报废的；经有关方面鉴定，确认不能使用的，由保管员填制《物资报废单》报经审批。

由于上述原因需要削价处理的，经技术鉴定，由保管员填制《物资削价报告单》，按规定报上级审批。

（4）事故

由于被盗、火灾、水灾、地震等原因及仓库有关人员失职，使配件数量和质量受到损失的，应作为事故向有关部门报告。

在盘存过程中，还应清查有无本企业多余或暂时不需用的配件，以便及时把这些配件调剂给其他需用单位。

第四节　汽车配件销售

一、汽车配件销售的特点

1. 较强的专业技术性

现代汽车是融合了多种高新技术的集合体，其每一个零部件都具有严格的型号、规格、工况标准。要在不同型号汽车的成千上万个零件品种中，为客户精确、快速地查找出所需的配件，就必须有高度专业化的人员，并由计算机管理系统作为保障。从业人员既要掌握商品营销知识，又要掌握汽车配件专业知识、汽车材料知识、机械识图知识，学会识别各种汽车配件的车型、规格、性能、用途以及配件的商品检验知识。

2. 经营品种多样化

一辆汽车在整个运行周期中，约有 3000 种零部件存在损坏和更换的可能，所以经营某一个车型的零配件就要涉及许多品种规格的配件。即使同一品种规格的配件，由于国内有许多厂在生产，其质量、价格差别很大；甚至还存在假冒伪劣产品，因此要为客户推荐货真价实的配件，也不是一件很容易的事。

3. 经营必须有相当数量的库存支持

由于汽车配件经营品种多样化以及汽车故障发生的随机性，经营者要将大部分资金用于库存储备和商品在途资金储备。

4. 经营必须有服务相配套

汽车是许多高新技术和常规技术的载体，经营必须有服务相配套，特别是技术服务至关重要。相对于一般生活用品而言，经营配件更强调售后的技术服务。

5. 配件销售有一定的季节性

一年四季，春夏秋冬这一不以人们意志为转移的自然规律，给汽车配件销售市场带来不同季节的需求。在春雨绵绵的季节里，为适应车辆在雨季行驶，需要车上的雨布、各种风窗玻璃、车窗升降器、电气刮水器、刮水臂及刮水片、挡泥板、驾驶室等部件就特别多。炎热的夏季，因为气温高，发动机机件磨损大，火花塞、气缸垫、进排气门、风扇传动带及冷却系部件等的需求特别多。寒冷的冬季，气温低，发动机难起动，需要的蓄电池、预热塞、起动机齿轮、飞轮齿环、防冻液、百叶窗、各种密封件等配件就增多。由此可见，自然规律给汽车配件市场带来非常明显的季节需求。调查资料显示，这种趋势所带来的销售额，占总销售额的30%~40%。

6. 配件销售有一定的地域性

我国国土辽阔，有山地、高原、平原、乡村、城镇，并且不少地区海拔悬殊。这种地理环境，也给汽配销售市场带来地域性的不同需求。在城镇，特别是大、中城市，因人口稠密、物资较多、运输繁忙，汽车起动和停车次数较频繁，机件磨损较大，其所需起动、离合、制动、电气设备等部件的数量就较多。在山地高原，因山路多、弯道急、坡度大、颠簸频繁，汽车钢板弹簧就易断、易失去弹性；减振器部件也易坏；变速部件、传动部件易损耗，需要更换总成件也较多。由此可见，地理环境给汽配销售市场带来非常明显的影响。

二、汽车配件市场细分

汽车配件市场细分，是指在调查研究的基础上，根据客户的需要以及不同的购买行为与购买习惯等各种差异，把市场划分成若干有意义的客户群，每个客户群，可以说是一个细分市场。在各个不同的细分市场之间，客户的需求存在比较明显的区别；而在每个细分市场之内，客户需求的差别就比较细微。企业根据自身的条件，选择适当的细分市场为目标，拟定自己最优的经营方案和策略。

1. 汽车配件市场细分的标准

市场细分没有统一的标准，不同的商品、不同的环境，需要应用不同

的标准。企业应根据自身的实际情况，确定适合自身需要的标准。汽车配件市场细分大体上有以下划分标准。

（1）按车型比例划分

哪些地区什么样的车型比重大，就重点提供这一类车型的配件。

（2）按客户购买力大小划分

把客户划分为大客户、中客户和小客户市场，对不同种类的客户采取相应的供货策略。

（3）按地理特点划分

可分为平原地区的用户群和山区的用户群。在分析了解这两个不同地理特点的条件下，分析出汽车在此两种情况下，各自易损坏什么样的配件。在一般情况下，在山区运行的汽车易损坏制动片、制动鼓；变速器1、2或3档齿轮；差速器的盆齿；后半轴等配件。这样，就可以重点向山区提供这类配件。

（4）按经济发达程度划分

可划分为经济发达地区、经济比较发达地区和经济欠发达地区。可以从经济发达程度确定其客（含轿车）、货车拥有量，客货运量及周转量。凡客货车拥有量大、客货运量及周转量大的地区，其汽车配件需求量就大，从而确定目标市场。

（5）按对配件价格的反应程度划分

有的客户着重要求配件品质，有的客户主要看重配件价格的高低。那么，对看重品质的客户，配件销售人员应着重介绍配件性能、品质状况；对看重配件价格的客户，着重介绍配件价格。

2. 进行市场细分的策略

一般情况下，有三种可供选择的策略：

1）无差异性市场策略。指企业认为整个市场上所有客户对某种配件的需要都是一致的，没有比较明显的差别。因此，大家可以采用相同的市场策略。

2）差异性市场策略。指企业认为各个细分市场对配件有不同的需求，因此，提供不同的配件加以适应，以便适合各细分市场上不同客户群的需要。

3）密集性市场策略。指企业不以整个市场为占领目标，而是集中力量于一个或几个细分市场上，以便在这些细分市场上达到较高的市场占有率。

3. 细分市场必须具备的条件

1）这种市场是能够占领的，就是说，企业的人力、物力和销售因素组合是可以达到的。否则，即使选择了合适的目标市场，若企业无力占领，致使半途而废，势必将造成损失。

2）细分市场的规模必须足以使企业有利可图，而且有相当发展潜力。如果市场十分窄小，或潜在客户很少、购买力较差，不足以使企业盈利，就不值得选为目标市场而下功夫去占领。

3）细分市场必须是竞争对手未控制的市场。如果细分市场已有相当强的竞争对手控制，尽管细分市场其他方面条件较好，也不应轻易选为目标市场，因为在这种情况下，取得市场占有优势是非常困难的，成功的把握不大。

4）细分市场必须在一定时期内比较稳定。只有这样才能成为企业制订较长时期的市场营销策略的依据，如果市场变化太快，会给企业带来风险。

三、配件销售管理

配件销售的主要方式是门市销售。无论是批发经营，还是零售经营，门市销售都是最基本、最直接的流通渠道。一般称门市销售部门为门市部、营业部、商店，也有的称销售部、销售中心或销售公司。配件销售管理的重点是门市销售的管理。

1. 门市销售的柜组分工

门市销售内部各柜组的分工，一般有按品种系列分柜组和按车型分柜组这两种方式。

（1）按品种系列分柜组

经营的所有配件，不分车型，而是按部、系、品名分柜组经营，如经营发动机配件的，叫发动机柜组；经营工具的，叫工具柜组；经营通用电器的，叫通用电器柜组。

这种柜组分工方式的优点是：

1）比较适合专业化分工的要求。因为汽车配件的分类是按照配件在一部整车的几个构成部分来划分的，如发动机系统、离合器、变速器系统、传动轴系统等，比较能够结合商品的本质特点。再如金属机械配件归为一类、化杂件归为一类、电器产品归为一类等，也有利于经营人员深入了解商品的性能特点、材质、工艺等商品知识。

2）汽车配件品种繁多，对于经营人员来说，学会他本人经营的那部分配件品种的商品知识，比学会某一车型全部配件的商品知识要容易得多，这样能较快地掌握所经营品种的品名、质量价格及通用互换常识。尤其是进口维修配件的经营，由于车型繁杂，而每种车型的保有量又不太多，按品种系列分柜组比较好。

3）某些配件的通用互换比，哪些品种可以与国产车型的配件通用，往往需要用户提供，有的则需要从实物的对比中得出结论。如果不按品种系列，而按车型经营，遇到上述情况，就有许多不便。

（2）按车型分柜组

按不同车型分柜组，如分成桑塔纳、富康、捷达、奥迪、东风、解放柜组等。每个柜组经营一个或两个车型的全部品种。

这种柜组分工方式的优点是：

1）一些专业运输单位及厂矿企业拥有的车型种类不多，中小型企业及个体客户，大多也只拥有一种或几种车型。目前的汽车配件客户，又以中小型客户为主。这些中小型客户的配件采购计划，往往是按车型划分的。所以一份采购单，只要在一个柜组便可全部备齐，甚至只集中到一个柜组的一两个柜台，便可解决全部需要。

2）按车型分工还可与整车厂编印的配件目录相一致，当向整车厂提出要货时，经营企业可以很便利地编制以车型划分的进货计划。

3）按车型分柜组，也有利于进行经济核算和管理，而孤立地经营不同车型的部分品种，难以考核经济效益。按车型分工经营，根据社会车型保有量统计数据，把进货、销量、库存、资金占用、费用、资金周转几项经济指标落实到柜组，有利于企业管理的规范化。

但这种方法也有缺点，那就是每个柜组经营品种繁多，对经营人员的要求高，他们需要熟悉所经营车型的每种商品的性能、特点、材质、价格及产地，这不是一件很容易的事，而且当一种配件可以通用几个车型时，往往容易造成重复进货和重复经营。

柜组分工方式可根据企业的具体条件确定。一个较大的汽车配件经营企业，往往在一个地区设立几个门市部，或跨地区、跨市设立门市部。在门市内部，相互间的分工至关重要，有的按车型分工，如经营解放、东风或桑塔纳、捷达、奥迪配件等；有的不分车型，按品种系列综合经营；也有的二者兼有，既以综合经营为基础，各自又有几个特色车型。

2. 门市橱窗陈列和柜台货架的摆放

对汽车配件门市部来讲，陈列商品十分重要。通过陈列样品，可以加深客户对配件的了解，以便选购。尤其对一些新产品和通用产品，更能通过样品陈列起到极大的宣传作用。

（1）商品陈列的方式

商品陈列的方式有橱窗商品陈列、柜台货架商品陈列、架顶陈列、壁挂陈列和平地陈列等。

1）橱窗商品陈列，是利用商店临街的橱窗专门展示样品，是商业广告的一种主要形式。橱窗陈列商品一要有代表性，体现出企业的特色，如主营汽车轮胎的商店，要将不同规格、不同形状的轮胎巧妙地摆出来；二要美观大方，引人注目。

2）柜台、货架商品陈列，也称为商品摆布，它有既陈列又销售，更换频繁的特点。柜台、货架陈列是经营人员的经常性工作，也是商店中最主要的陈列。汽车配件中的小件商品，如火花塞、皮碗、修理包、各类油封等，适合此类陈列方式。

3）架顶陈列是在货架的顶部陈列商品，特点是占用上部空间位置，架顶商品陈列的视野范围较高，客户容易观看，这种方式一般适合相关产品，如机油、美容清洗剂等商品的陈列。

4）壁挂陈列一般是在墙壁上设置悬挂陈列架来陈列商品，适用于质量较轻的配件，如轮辋、传动带等。

5）平地陈列是将一些大而笨重、无法摆上货架或柜台的商品，在营业场地的地面上陈列，如蓄电池、发动机总成、离合器总成等。

（2）商品陈列应注意的事项

1）易于客户辨认，满足客户要求。要将商品摆得成行成列、整齐、有条理、多而不乱、易于辨认。

2）库有柜有、明码标价。陈列的商品要明码标价，有货有价。商品随销随补，不断档、不空架，把所有待销售的商品展示在客户面前。

3）定位定量摆放。摆放商品要定位定量，不要随便移动，以利于经营人员取放、盘点，提高工作效率。

4）分类、分等摆放。应按商品的品种、系列、质量等级等有规律地

摆放，以便客户挑选。

5）连带商品摆放。把使用上有联系的商品，摆放在一起陈列，这样能引起客户的联想，具有销售上的连带效应。

3. 营业前的准备

1）整理好店容和卫生，整理好个人仪容仪表。

2）检查柜台、柜顶、壁挂、平地商品摆放，检查商品摆放的位置、数量。不要让客户感到杂乱无序。平地摆放的商品要留出通道。要让客户感到醒目、整齐、有序。

3）备好售货用账目、票据，以及要找给客户的零用钱和收款登记。

4）营业前全员上岗。

4. 门市销售应注意的问题

（1）门市销售不等于坐等客户

当前汽车配件市场供大于求，市场竞争十分激烈，门市销售除了日常的接待客户外，还应通过走访、邀请、电话、信函等交流手段熟悉客户，与购货比较集中的单位，如公交公司、搬运或储运公司、出租车公司、厂矿车队、汽车运输公司、部队后勤保障部门、修理厂等，加强联系，要熟悉其主管人员、主办人员，以及其车数、车型保有情况，建立用户档案，根据汽车配件的消耗规律判断其进货计划，使销售工作有的放矢。

（2）对客户货款结算应持谨慎态度，避免拖欠和造成重大损失

货款结算方式有现金收讫、转账支票、托收承付、担保延期付款等方式。但目前社会上"三角债"愈演愈烈，因此，除关系密切、信誉好的客户外，宁可薄利，也应及时回笼货款。

（3）研究制定合理的销售价格体系

销售中如何发挥价格杠杆作用，根据市场需求变化、进货成本，在不违背国家有关规定的前提下，灵活定价。根据市场行情变化，适当调高畅销品、名优产品价格，但是凡代理销售生产厂家产品的企业应征求厂家意见；适当调低滞销商品价格，必要时，为加速资金周转，可亏本或保本出售。对批发价商品要根据购买数量、成本进行核算，薄利多销，在整个销售中有赔有赚，以盈补亏。这样可以消化呆滞积压配件造成的经济损失，给企业的发展注入活力，但应防止采取低价倾销的不正当竞争行为。

（4）对优质服务要有全面认识

门市销售不单单是面带微笑、热情待客，更重要的是练好"内功"。每个客户，特别是大客户购买配件时，总是希望在一个公司能满足其所需的全部配件，且质好价宜。因此，门市销售就必须在品种、质量、价格上下功夫。经营人员必须根据汽车配件车型多、品种繁、专用性强的特点，不但要懂得所经销配件的通用互换情况，而且还要了解同一车型、不同代产品的配件。不然，就会造成本来可以通用互换的不同车型的配件，不能实现销售，降低了客户的满足率，同时还会造成因不知道同一车型、不同代产品不能通用的知识所带来的销售错误。所以经营人员必须学会识别各种配件的车型、名称、规格、用途，掌握汽车配件基本知识。只有这样才能为客户提供满意的咨询导向和售后服务，与客户建立起牢固的感情纽带。

（5）进销关系要理顺

进货与销货不能脱节，必须按汽车配件消耗规律、门市销售情况、库存数量及各品种销售走向安排进货，一旦预见到将会发生品种短缺，立即联系进货，保证常规易损易耗配件的充足供应，最大限度满足客户需求。今后的发展趋势是门市销售记账实现办公现代化，利用微机准确快捷地统计出各品种销售情况，可更好地理顺进销关系，提高工作效率。

（6）对门市销售业务要考核经济效益和社会效益

一般对考核经济效益比较重视，主要指标是考核"纯利润"，对配件商品供应率（即客户购品满足率）却不太重视。配件商品供应率是一项反映企业在当地市场上销售品种对客户的满足程度，尤其是对本企业所经营的、当地保有量大的车型配件的满足程度。考核办法是，在一段时间内抽取有代表性的老客户采购单，把采购单上的品种总数作为分母，把本企业所能满足的品种总数作为分子得出的数据再乘以100%。这个百分数越大越说明本企业的品种覆盖率高，社会效益好，同时也扩大了销售，促进了经济效益的提高。

（7）接待并处理好客户退换货业务

客户退换商品一般有两种情况：一是因商品质量不合乎要求而退换；二是由于所购商品不适合应用而退换。不论对于哪一种情况，都应给予妥善处理。

遇到第一种情况，首先必须验明是否确属本企业售出的商品，并经证明质量状况是否符合标准，然后由商店按规定处理。

遇到第二种情况，也要首先验明是否确属本企业售出的商品，再查验商品有无损坏，并在规定退换期内，报请商店负责人按规定退换。对于不符合退换规定的，应耐心解释。

（8）完整地向客户介绍汽车配件及其质量保修规定

客户在购买汽车配件时，有时并不十分清楚所购配件在使用时的注意事项，经营人员应详细向客户介绍该配件的功能、性能特点及使用方法。有时还需示范或让客户亲自试用，有条件的话，可向客户分发产品使用说明书。

客户购买汽车配件，一般对汽车配件质量有一定要求，因此，经营人员应对汽车配件的产地、质量、特点等有较深的了解，积极如实地向客户介绍。同时，对有些配件还应介绍其质量保修规定，这也是客户十分关心的问题，如保修年限、承保范围、费用分担等问题，并向客户发送质量保修卡。

四、配件售后服务

1. 售后服务的作用

售后服务是经营人员在配件售出，到达客户手里后，继续提供的各项服务。良好的售后服务，不仅可以巩固已争取到的客户，还可以通过这些客户的宣传，树立良好的企业形象，争取到新的客户，开拓新的市场。售后服务主要包括下列内容：

1）汽车配件经营企业为客户提供及时、周到、可靠的服务，可以保证客户所购汽车配件的正常使用，最大限度地发挥汽车配件的使用价值。

2）争取客户，增强企业的竞争力。除了产品性能、质量、价格外，优质的售后服务可以增加客户对产品的好感，增加产品的口碑，从而提高了企业的声誉，迎来更多的客户，增强企业的竞争能力。

3）收集客户和市场的反馈信息，为企业正确决策提供依据。售后服务不仅可以使企业掌握客户的信息资料，还可以广泛收集客户意见和市场需求信息，为企业经营决策提供依据，使企业能按照客户意见和市场需求的变化进行决策，从而提高决策的科学性、正确性，减少风险和失误。

无论对于汽车配件经营企业还是对于客户，售后服务都是很重要的。汽车配件经营企业也大都认识到，汽车配件卖出去以后，不是销售的结束，而是占领市场的开始。

2. 售后服务的内容

（1）建立客户档案

客户的档案管理是对客户的有关材料以及其他技术资料加以收集、整理、保管和对变动情况进行记载的一项专门工作。建立客户档案直接关系到售后服务的正确组织和实施。

档案管理必须做到以下几点：

1）档案内容必须完整、准确。

2）档案内容的变动必须及时。

3）档案的查阅、改动必须遵循有关规章制度。

4）要确保某些档案及资料的保密性。

客户档案可采用卡片的形式，主要内容包括客户名称、详细地址、邮政编码、联系电话、法定代表人姓名、注册资金、生产经营范围、经营状况、信用状况、供销联系人、银行账号何时与其建立交易关系、历年交易记录、联系记录、配件消耗、配件来源情况等。

（2）对客户进行分类

在建立客户档案，并对客户进行调查分析的基础上，对客户进行分类。

A 类客户：资信状况好，经营作风好，经济实力强，长期往来成交次数多，成交额较大，关系比较牢固的基本往来户。

B 类客户：资信状况好，经济实力不太强，但也能进行一般的交易，完成一定购买额的一般往来户。

C 类客户：资信状况一般，业务成交量较少，可作为普通联系户。

对于不同类别的客户，要采取不同的经营策略，优先与 A 类客户成交，在资源分配和定价上适当优惠；对 B 类客户要"保持"和"培养"；对 C 类客户则应积极争取，加强联系。

（3）保持与客户的联系

建立客户档案和客户分类的目的在于及时与客户联系，了解客户的要求，并对客户的要求做出答复。应经常查阅最近的客户档案，了解客户汽车配件的使用情况以及存在的问题。与客户进行联系时应遵循以下准则：

1）了解客户的需求。应了解客户的汽车配件在使用中有什么问题，或者客户还有哪些需求。

2）专心听取客户的要求并做出答复。

3）多提问题，确保完全理解客户的要求。

4）总结客户的要求。在完全理解了客户的要求以后，还要归纳一下，填写"汽车配件客户满意度调查表"。

5）对于 A、B 两类客户，可定期或不定期召开客户座谈会或邀请他们参加本企业的一些庆典或文化娱乐活动，加深与他们的感情。

（4）送货上门和质量"三包"

送货服务大大方便了客户，目前在汽配经营行业应用较为普遍。对售出的配件实行质量"三包"（包退、包换、包修），维护了客户的权益，降低了客户的风险，而且也提高了企业的信誉，从而可以刺激经营。

（5）主动向客户了解配件使用信息，并指导客户合理储备配件

要积极主动向大客户，如汽车修理企业、汽车运输公司、租赁公司、出租公司的修理厂等，了解车辆状况，按配件消耗规律，找出客户的需求规律性，以便及时协助客户合理储备配件。

1）了解客户车辆状况。主要了解客户拥有的车型、车数、购买时间和使用状况。

2）找出客户配件消耗的规律。配件消耗是以不同使用时期的不同消耗为重点的动态增减规律，它反映了配件消耗规律的普遍性，这是一种函数关系，是符合车辆使用寿命周期规律的。配件储备定额应与上述函数关系建立对应关系，加上一定的安全储备量，这就是动态储备定额。按这个定额储备配件，就能满足车辆在不同使用时期配件消耗的需要。这样既保证了维修车辆配件消耗的需要，又相对节省了储备资金，同时避免配件积压和报废损失。

3）协助客户合理储备配件。配件储备要建立在消耗的基础上，以耗定存，加强分析配件的消耗规律，为制订维修配件储存计划提供依据。与此同时，要根据车辆技术性能和使用条件，制订车辆在整个使用寿命周期内配件消耗分期，确定不同时期配件消耗重点，进而确定库存量和库存结构。

五、市场需求的预测

在实际工作中，汽车配件经营企业经常要对市场需求进行预测。市场需求预测根据收集到的统计资料、会计资料或观察值，利用数学表达式或

者建立数学模型，反映需求与各种变量之间的关系，对市场需求进行预测。市场需求预测的方法主要有算术平均法、移动平均法、指数平滑法、一元线性回归法等。

算术平均法和移动平均法虽然预测精度不是很高，但因其简便实用，所以实际工作中经常采用。下面简要介绍算术平均法和移动平均法。

1. 算术平均法

算术平均法是通过一组已知的统计资料或观察值求取平均数来进行预测的方法。

其计算公式为

$$Y'_{n+1} = \frac{\sum_{i=1}^{n} Y_i}{n} = \frac{Y_1 + Y_2 + \cdots + Y_n}{n}$$

式中　Y'_{n+1}——第 $n+1$ 期销售量的预测值；

　　　Y_i——第 i 期的实际销售量；

　　　n——所选期数。

下面举一个实例：

×××汽车配件商店前 10 个月离合器片的销售量依次为 56、68、49、58、61、72、58、64、57、67 件。利用算术平均法预测第 11 个月销售量为

$$Y_{11} = \frac{56 + 68 + 49 + 58 + 61 + 72 + 58 + 64 + 57 + 67}{10} \text{件} = \frac{610}{10} \text{件} = 61 \text{件}$$

由上述计算可知，该汽车配件商店第 11 个月的离合器片销售量预计为 61 件。

2. 移动平均法

移动平均法是根据已有的时间序列统计数据加以平均化，以此推断未来发展趋势的方法。所谓移动平均，就是将已有的时间序列数据分段平均、逐期移动，经移动平均后就能消除由于周期性变动或突然事件的影响因素。这种方法一般只适用于变化不大的短期预测对象。

移动平均法可分为一次移动平均法、二次移动平均法和加权移动平均法三种形式。

（1）一次移动平均法

一次移动平均法是通过一次移动平均进行预测，它按选定段的大小，对已有的时间序列数据逐段平均，每次移动一个时段。具体做法就是把最

后一期的移动平均值作为下一期的预测值。其计算公式为

$$Y'_{n+1} = \frac{1}{k} \sum_{i=n-k+1}^{n} Y_i$$

式中　Y'_{n+1}——$n+1$ 期的一次移动平均预测值；

　　　Y_i——第 i 期的实际值；

　　　k——移动跨期。

下面举一个实例。

×××汽车配件商店前 11 个月销售额见表 7-1。

表 7-1　×××汽车配件商店销售额与预测值

期数	实际销售额/万元	五期移动平均值（$k=5$）	七期移动平均值（$k=7$）	期数	实际销售额/万元	五期移动平均值（$k=5$）	七期移动平均值（$k=7$）
1	46			7	48	50.8	
2	52			8	51	50	49.71
3	50			9	57	50.2	50.14
4	47			10	55	52.2	50.85
5	53			11	58	52.6	51.57
6	52	49.6		12		53.8	53.14

现分别以 5 个月和 7 个月作为移动跨期，预测第 12 个月的销售额。计算结果列于上表。

那么，当 $k=5$ 时，则第 12 个月的预测值为

$$Y_{11} = \frac{1}{5}(48+51+57+55+58) = 53.8$$

当 $k=7$ 时，则第 12 个月的预测值为

$$Y_{11} = \frac{1}{7}(53+52+48+51+57+55+58) = 53.14$$

应用一次移动平均法时要注意的问题是移动跨期 k 的取值，k 取值不同，移动平均值也不同。k 取值大，预测值的趋势性比较平稳，但落后于可能发展的趋势；k 取值小，移动平均值反映实际趋势较敏感，但预测值的趋势性起伏比较大。k 的取值到底多大，应视具体情况而定。

（2）二次移动平均法

二次移动平均法是在一次移动平均法的基础上，为得到时间序列数据的明显线性趋势，采用相同的 k 值，对一次移动平均值再进行一次平均

移动。

二次移动平均值的计算公式如下：

$$Y''_{n+1} = \frac{1}{k} \sum_{i=n-k+2}^{n+1} Y'_i$$

式中　Y''_{n+1}——$n+1$ 期的二次移动平均值；

　　　Y'_i——i 期的一次移动平均值；

　　　k——移动跨期。

仍以表 7-1 的数据为例，设 $k=3$，用二次移动平均法预测结果见表 7-2。

表 7-2　二次移动平均法预测结果

期数	实际销售额/万元	一次移动平均值（$k=3$）	二次移动平均值（$k=3$）	期数	实际销售额/万元	二次移动平均值（$k=3$）	二次移动平均值（$k=3$）
1	46			7	48	50.6	49.6
2	52			8	51	51	50.07
3	50			9	57	50.3	50.53
4	47	49.3		10	55	51.3	50.70
5	53	49.6		11	58	54.3	50.87
6	52	50		12		56.7	51.97

从表 7-2 中可以看出，用一次移动平均法预测的数值有起伏，而二次移动平均法预测的数值没有什么起伏，呈明显的线性趋势。

（3）加权移动平均法

加权移动平均法就是根据同一个移动段内不同时间的数据对预测值的影响程度，分别给予不同的权数，然后再进行平均移动以预测未来值。加权移动平均法不像简单平均移动法那样，在计算平均值时对移动期内的数据同等看待，而是根据愈是近期数据对预测值影响愈大这一特点，不同地对待移动期内的各个数据。对近期数据给予较大的权数，对较远的数据给予较小的权数，这样来弥补简单移动平均法的不足。

加权移动平均法的计算公式如下：

$$\hat{Y}_{n+1} = \sum_{i=n-k+1}^{n+1} Y_i x_i$$

式中　$\hat{Y}_{n+1}$——第 $n+1$ 期加权平均值；

　　　Y_i——第 i 期实际值；

x_i——第 i 期的权数（权数的和等于1）；

n——本期数；

k——移动跨期。

仍以表7-2的数据为例，用加权移动平均法求预测值。

设 $k = 5$，$x_7 = 0.1$，$x_8 = 0.1$，$x_9 = 0.2$，$x_{10} = 0.2$，$x_{11} = 0.4$，那么第12月的预测值为

$$\hat{Y} = 48 \times 0.1 + 51 \times 0.1 + 57 \times 0.2 + 55 \times 0.2 + 58 \times 0.4$$
$$= 4.8 + 5.1 + 11 + 11.6 + 23.2$$
$$= 55.7$$

用加权移动平均法求预测值，对近期的趋势反映较敏感，但如果一组数据有明显的季节性影响时，用加权移动平均法所得到的预测值可能会出现偏差。因此，有明显的季节性变化因素存在时，最好不要加权。

第五节　汽车配件物流

从整车制造企业的角度看，汽车物流一般可分为进口 SKD（半散装件）及 CKD（全散装件）的入厂物流、国产零部件的入厂物流、厂内物流、厂际物流、整车分销物流、汽车配件物流、国际采购出口零部件物流，以及相关逆向物流等方面。我国以汽车生产为主导的三大板块物流业务中，汽车零部件物流和汽车整车物流已日趋成熟，而汽车配件物流正处于起步阶段，是汽车物流大市场中的最后一块"蛋糕"。

一、汽车配件物流的高市场价值

汽车配件物流具有较高的市场价值，主要原因在于：

1）汽车配件市场量与汽车保有量关系密切，相应的物流市场容量会随着汽车保有量的上升不断增长。2010年底我国汽车保有量已经达到8000万辆，预计2020年后我国汽车保有量将超过2亿辆。由此可见，汽车配件物流是汽车物流行业今后最具发展潜力的一环，具有广阔的发展空间。

2）汽车配件的高利润决定了其物流业务属高价值物流资源。有关专家做过统计，目前我国4S店所获利润中，整车销售占29%，维修占14%，配件占57%。而在汽车产业较成熟的发达国家，整个汽车产业链中超过

70%的利润来自于售后服务。因此，汽车售后服务又被称作"黄金产业"。

二、汽车配件物流的特点

1）品种多、批量小、地域分布广、个性化要求高是汽车配件物流的基本特点。

汽车配件按需求通常分为常用配件、定期维护件、重要部件、易损件、非易损件等。配件物流的基本特点主要体现在配件品种多、运输批量小、实效要求高；需求地域分布广泛，且地区分布不均匀、不稳定；要求个性化、专业化的装卸及运输方式，紧急状况下还需快速反应并提供及时的服务。同时，不同的配件产品规格、包装要求、标准化程度、供应商交付需求等均不相同。因此，物流规划要充分了解汽车配件的特性、更换周期和使用寿命、销售频率等综合因素，运用价值分析、需求预测等手段，对不同的配件做出相应的需求规划方案。

2）技术含量高、运作难度大、物流成本高是汽车配件物流的突出特点。

作为汽车物流的一个细分领域，配件物流同样具有技术含量高、运作难度大的特点。同时，由于汽车配件面对的是千家万户的汽车使用者，决定了配件物流是由单点，即设在整车厂的配件中心库向整个市场发散的特点。其物流业务具有国际国内跨区域运作、网点分布广且数量众多、终端需求量小、品种繁多、包装复杂等特点，这对物流公司的服务能力提出了极高的要求。

一辆轿车的零部件数量一般在 7000～9000 种，换型车需要的零部件在 3000 种左右。部分汽车配件存在易碎、怕高温、怕水等特点，增加了配件在仓储、包装、运输过程中的作业难度。同时，不同品牌、不同车型所需配件品种也存在较大差异。因此，各区域的配件需求量少且批次多，无法形成稳定的运输线路，无疑会加大物流运作成本。

3）进口车配件物流和已经停产下市车配件物流的鲜明特点。

进口车通常不在中国市场设置配件库存，配件到货周期比较长。目前，进口车的配件物流通常和整车物流一起运作，或者引进国外的物流合作伙伴，比如捷豹、路虎与优尼派特的合作。

整车厂对停产下市车辆的配件服务是有承诺的，各国的标准不一样，我国规定的是 10 年。也就是说，整车厂通常要对其生产的车型准备停产后 10 年的配件量，加上汽车本身的生命周期，汽车配件的生命周期最短在 15 年左右。而在这一过程中，车型的变更、零部件厂的关停并转、召回制度的启用等，无疑也会增加此类配件物流的管理难度。

三、汽车配件物流主要运作模式

汽车配件物流按运作主体分为三类模式：整车厂自营、外包给第三方物流公司经营、零部件供应商自营。

1. 整车厂自营

这是目前汽车配件物流的主要运作模式。整车厂自己负责配件的采购、订单处理、配件仓储等核心环节，而将运输、配送等环节外包。整车厂通常建立 1~3 个中心库，并在销售比较集中的地区设立若干个中转库，使配件物流网络总体呈现伞状布局。

2. 外包给第三方物流公司经营

一些整车厂采取外包方式，整车厂只负责配件采购，将配件的订单处理、仓储、运输、配送等环节部分或全部交给专业的第三方物流公司管理与运作。目前，国内知名的汽车配件物流服务商有安吉天地、一汽物流、广州风神等。随着专业分工越来越细以及物流公司能力的不断提高，配件物流外包将成为趋势。

3. 零部件供应商自营

很多零部件厂商也开始涉足配件物流市场，并建立起自己的物流体系。与整车厂相比，零部件厂商的物流相对简单。零部件厂商不用管理一辆汽车上需要的所有配件，可以针对某一种或几种零部件，覆盖众多车型，其管理难度和成本相对较低。

四、汽车配件物流的运作环节

汽车配件物流的运作环节主要包括采购、调拨以及运输配送。

1. 采购

基于各种配件的使用寿命、更换频次与数量等信息，整车厂对配件的采购频率和数量进行预测，制定采购计划。由于汽车配件的采购量往往会超过整车装配的零部件数量，整车厂大多采用将零部件物流与汽车配件物流分开运作，汽车配件物流独立进行的模式。也有部分整车厂对零部件物流和汽车配件物流划分不是很细，统一由一个部门负责，在采购零部件的同时也一起完成汽车配件的采购。

2. 调拨

汽车配件物流的终端大多为 4S 店或维修站，它们通过信息系统向整车厂发出订单。订单由整车厂审核处理完毕后，发给中心库由其负责进行配件的统一调配。整车厂按照不同配件的特点，采取常规订单和紧急订单两种运作模式。中转库并不能保证每笔订单都有相应的备货，这时就需要从中心库调拨，再按照订单发货。由于整车厂可以根据详细的销售信息，估算出某个大区所需配件的大体数量，从整体来看，配件物流能够进行得有条不紊。

3. 运输配送

整车厂通常将配件的运输配送外包给第三方物流商。整车厂与第三方物流合作，利用第三方物流的信息网络和结点网络，有助于加快对客户订货的反应能力，缩短从订货到交货的时间。目前常规订单的配送成本由整车厂承担，紧急订单（主要是为了满足特定车主的需求）的配送成本则由 4S 店承担。

五、汽车配件物流发展的几个关键问题

1. 汽车生产企业应积极将配件物流业务外包

整车厂应将主要精力集中在核心竞争力的建设上，可将部分或全部配件物流外包给第三方物流企业，以降低营运成本和固定资产投入，使生产效率获得最大化提高。需要强调的是，外包的同时更要加强管理和运营的监控。

2. 多方加强合作，形成战略联盟

整车厂、物流商、中转库、4S 经销商要彼此之间结成战略联盟，通过合作以整体优势参与竞争，实现互惠互利。同时，各企业要积极开拓市场，参与市场竞争，提高客户服务水平，降低物流成本，增强竞争力。

3. 规避网点重复建设，多家共享物流资源

目前，汽车配件领域的第三方物流发展滞后。经过多年的发展，各整车厂已在全国范围内设立了独立的中转库，但彼此之间没有共享配件物流的资源。物流商之间缺少合作，导致网点、线路重复建设，资源浪费，因而应多方企业合作，以共享物流资源。

4. 规范行业发展，逐步创建和完善行业标准

由于我国汽车物流业尚处于发展阶段，各企业的物流水平参差不齐，

直接造成配件物流的发展滞后。配件物流具有跨地区、跨企业的运作特点，标准化程度的高低不仅关系到各种功能、要素之间的有效衔接和协调发展，也在很大程度上影响着配件物流效率的提高。同时缺乏完整的行业规范，客户需求得不到满足，阻碍了企业的下一步发展。因此，应规范行业发展，逐步创建和完善行业标准。

5. 加强信息化建设

一是物流企业要加强信息化建设。在配件物流运作中，供应商、物流商、配件中转库、4S经销商形成了一个完整的供应链。物流企业应建立完善的信息系统，与供应商的信息系统实现对接，并以信息技术为纽带，实现产业链上各企业业务流程的整合和运行，以满足配件物流及时快捷的服务要求。

二是加强公共信息平台建设。汽车物流行业公共信息平台建设滞后，配件信息分散，资源不能有效整合，形成了大大小小的"信息孤岛"。要做好汽车配件物流业务，各物流企业应当加强信息资源整合，大力推进公共信息平台建设，实现物流资源共享，降低物流成本，提高物流效率。

6. 与逆向物流及汽车装饰和美容用品等物流市场联动发展

由于替换下来的汽车配件需返回供应商，汽车配件物流企业在发展正向物流的同时，也应积极发展逆向物流。同时随着汽车加快更新换代，很多老旧汽车的配件将来源于同车型的报废车，因而企业也要关注报废车的可使用零配件回收物流业务，形成全方位资源整合，以拓展业务，增强竞争力。汽车装饰和美容用品与汽车配件物流处于共同的市场，因而也会成为汽车配件物流最直接的增量资源，市场前景值得关注。

六、汽车配件物流可供借鉴的现代物流模式

1. 供应商"即时供货"模式

即时供货（JIT）即"在客户需要的时候，按需要的量送达所需的产品，以达到降低库存的目的"。

传统模式中，零部件的流转通常按照"供应商→总库→分中心→维修站"的方式进行。传统模式要求安全库存保持较高水平，而且运作环节多、周转速度慢、出入库操作频繁，增加了日常仓储的工作量，也增加了物流成本，无法满足现代物流的需求。"即时供货"模式由供货商通过大量的订单数据分析将零部件品种纳入了JIT项目，改变业务流转模式和订

单频次，取消中转仓库，运用现代物流中"CROSS DOCK"（越库配送）概念和方式进行分拣、装车和配送，直接由第三方物流公司安排运输将售后产品送到客户的各个经销商处，减少了零部件上下架和出入库等重复操作和"总库→分中心"的仓储和运输环节，从而提高了售后物流供应链的运作水平，实现"拉动"式的即时供货。"即时供货JIT"模式节约了中转仓库和中转运输费用，大大提高了过程能力、产品质量和客户满意度。

"即时供货JIT"模式对零部件供应商提出以下要求：

（1）及时准确的信息沟通

即时供货（JIT）模式要求信息及时准确。特别是生产计划是整个生产和物流系统的"核心拉动力"，取消库存后，生产计划信息的错误和拖延都将导致延误给客户的供货。为此，一方面要与物料供应商建立需求信息沟通机制，确定信息传递、反馈及保障方法，建立物料供应现场服务人员信息反馈制度，及时了解物料供应的情况。另一方面指定专人负责客户的信息收集和反馈，建立有效信息途径，如对讲机、电话、传真等，使用各类看板（如物料库存看板、生产节拍看板、生产计划看板）来及时传递各类信息，并建立生产、物流等应急预案。

（2）及时稳定的物料供应

即时供货（JIT）过程中"客户需求"拉动生产过程，也拉动了物料的需求。为保证及时生产和即时供货，及时、稳定、经济的物料供应是根本。零部件供应商使用企业资源管理（ERP）系统中的MRP物料管理系统来执行物料需求计划的制订、发放和跟踪，严格控制库存，及时补充现场物料。按照客户的需求信息，在MRP系统中根据制造BOM表自动产生所有相关零部件的滚动物料计划，这些计划包括年度、月度和每周计划。对于国外供应商基本采用4~8周的采购周期，国内一般为3~5天，有的还执行当天即时供货。

（3）跟踪物料计划的执行

由于国外采购周期较长，灵活性较差，必须对国外物料供应的整个环节严密控制。将制订的物料需求计划与国外供应商的"每周发货单"和"前期发运通知"（ASN）进行比较，全面了解国外供应商物料发运的数量、品种、时间、在途情况，及时发现并纠正物料的欠发、多发、错发、迟发。在紧急情况下实行对发运港口、在途日期和到港、报关、运输等环节的细致追踪，保证物料能准时到达。

（4）控制库存

零部件的库存对于非即时供货的企业来说虽然能提高应对突发事件的能力，但也造成了库存积压和增大仓库费用，必须严格控制。应根据需求的变化规律和趋势，结合以往实践经验，使用颜色标签来执行"先进先出追溯"，并对主要零部件设立最高和最低安全库存。同时，在保证生产用料的前提下根据使用情况，及时更新在库数量，切实控制原材料存量。

（5）全面推进信息化进程

随着市场竞争的深化，需求变化的多样性和快速性日渐明显。为了能满足客户的需求，应"紧跟市场脚步"，依据客户要求不多不少，及时地提供产品。这需要有足够的应变能力，能够随时了解客户需求的变化，快速调整生产。零部件供应商在原有快速生产、即时供货的前提下，建立更加可靠、顺畅、严谨和完善的生产运作管理模式，提高自身的生产管理能力和市场应变能力，满足客户需求。应全面推进信息化进程，借助网络技术、电子信息平台、企业数据库等先进的信息技术，对客户需求跟踪系统、内部制造系统和物料供应需求系统进行信息化改造。

2. "循环取货"模式

"循环取货"模式是制造商用同一货运车辆从多个供给处取零配件的一种操作模式。具体运作方式是每天固定的时刻，货车从制造企业或者集货配送中心出发，到第一个供应商处装上预备发运的原材料，然后按事先设计好的路线到第二家、第三家，以此类推，直到装完所有安排好的材料再返回。这样做省去了所有供应商空车返回的费用，同时使物料能够及时供给。发运货物少的供应商不必等到货物积满一货车再发运，可保持较低的库存，最大程度实现了 JIT 供给。

"循环取货"最初是汽车制造企业（东风、上海通用）使用的一种物料集货模式。这种模式不是由供应商自己将配件运送到客户工厂，而是由签订合同的物流公司根据客户工厂的物料需求计划，按最优的集货运输方案到供应商处取货，再集中送到客户工厂。这样可以提高车辆装载率，使返回空车的数量和行驶距离大大减少，能有效降低供应商送货成本，提高物料供给的灵敏性和柔韧性。

循环取货的模式适用于几个供应商彼此之间距离很近，每个供应商的供货量较小且都不足以实现货车满载运输的情况。循环取货是由运输商根据各家供应商的发货量和零部件特点预先设计取货路线和行车拼箱方案，然后按照计划依次到供应商处取货,同时将上次装货的空箱卸下,经过所有供应商后再回到集散点。

这一模式成功的关键在于按照一个规范的流程运行。循环取货流程如图 7-1 所示。

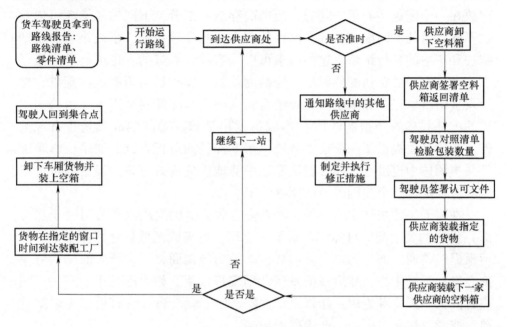

图 7-1 循环取货流程

循环取货是一种优化的物流系统,是闭环拉动式取货,其优点是:

1)有利于空箱周转。

2)有利于标准化作业,同一种零件、同一条路线、同一时间可以按小时计取货。

3)有利于运输效率及容积率的提高。在相同运量下,运输总里程将大大下降,容积率可以事先计划和在实施中尽量提高,从而使运输成本大大下降。

4)循环取货有利于准时供货,使取货、到货时间计划更合理,零部件库存更少、更合理。

5)循环取货是由整车厂委托专业物流运输承包商进行运作的,运输车辆的状态、驾驶员的素质和专业要求以及培训等因素得到保证,从而使安全供货得到保证。

173

3. 美国通用汽车公司的"联合库存管理"

美国通用汽车公司（土星分部）采用"联合库存管理"的方法，与经销商和零售商一起分担库存的风险，来推动汽车配件在供应链上的流动。这种方法考虑汽车配件消耗的概率特点，公司将所有的汽车配件集中存放在一个配送中心里。同时，经销商存放一部分，不同的经销商可以存放不同数量的不同配件。汽车配件的需求来自车辆维修、事故维修、定期维护和车主的自行维修，这些需求可以是事前计划好的，也可能是突发需求。在确定需要哪些配件以后，经销商就在仓库查找是否有这些配件，然后发货给维修点。如果缺货，经销商就会向汽车配件共享团体（由公司组织的配件共享的经销商团体）的成员发出请求，看其他成员是否有该配件。为此公司提供了一套信息系统，帮助经销商进行查询。如果在汽车配件共享团体中也没有，那么就从配送中心或供应商处订货，经销商也可以实时查询配件在全美国各地的库存情况。

在每天工作快结束的时候，经销商会收到美国通用汽车公司（土星分部）发来的关于配件目标库存水平的建议，调高或调低目标库存水平，然后根据经销商反馈的结果，公司会自动地为经销商补货。所有的补货订单都会发到配送中心，然后根据发运计划安排发货。如果配送中心有货，响应时间为 3 天或者更短；如果缺货，配送中心就会将补货订单设为未结订单，或者直接从工厂的生产库存中采购。

美国通用汽车公司（土星分部）配件供应链的一个重要特点是"基于目标库存的拉动系统"。由于公司采用的是一对一的补库策略（在目标库存水平上，经销商用掉一个，公司就补充一个），公司并不会根据需求预测值来安排库存。除了上述业务流程以外，公司还提供了一套专门的财务制度，包括给那些将自己的配件拿出来共享的经销商以合理的补偿，并且公司会在 3 天内或者更少的时间内自动补货。对于经销商根据公司的建议购入的配件，如果在 9 个月内没有卖掉，公司负责将这些配件取回并退款。每一家经销商的库存系统都直接与公司的管理系统相连，经销商当天的配件交易会传送给公司的中央系统。根据每天晚上收到的记录，公司的中央系统就可以立即做出配件库存决策，确定对每一个库存单元需要补库的数量。

通过联合库存管理，美国通用汽车公司（土星分部）显著地提高了库存管理水平并确保能够在非常短的时间内为每一家经销商进行供货。此种订货和库存管理方法迅速在美国通用汽车公司的各品牌分部推广开来。

第 八 章

汽 车 美 容

第一节 汽车美容及其作业项目

一、汽车美容概述

汽车美容，指对汽车的美化与维护。回顾汽车美容业的历史，西方发达国家的汽车美容业几乎是与高档轿车同步出现的。美、英等国于20世纪20年代末率先产生汽车美容业，到40年代汽车美容业已逐步壮大并形成规模，70年代后期，汽车美容业发展迅猛并开始走向亚洲，80年代已在全球发展成为一支不可忽视的产业大军。据不完全统计，1994年美国汽车美容业年产值达到1170亿美元，1999年的年产值已超过2647亿美元。由此可见，汽车美容业蕴含着巨大的社会效益和经济效益，蕴藏着极大的商机。由于我国汽车工业尤其是轿车工业的发展长期滞后于国外发达国家，也使得汽车美容业处于落后状况。直到20世纪90年代初，现代汽车美容业才在我国出现。进入90年代中期，国外一些汽车美容公司纷纷在我国登场，办起了汽车美容连锁店，各种品牌的美容用品也蜂拥而至，并造就了一支汽车美容的产业大军，汽车美容业出现了一片繁荣景象。随着我国汽车工业的快速发展以及汽车文化的日益深入，汽车美容已被越来越多的人所接受并成为时尚，汽车美容业作为一种新兴产业也必将成为我国21世纪的朝阳产业和黄金产业。

二、汽车美容的作用

1. 保护汽车

汽车外表的漆膜是汽车金属等物体表面的保护层，它使汽车表面与空气、水分、阳光以及外界腐蚀物相隔离，起着保护的作用，从而延长金属等物体的使用寿命。汽车在使用过程中，由于自然侵蚀和环境污染的影响，表面漆膜会出现失光、变色、粉化、起泡、龟裂、脱落等现象。另外，交通事故、机械损伤也会造成漆膜损伤，使得汽车失去外层的保护，从而侵蚀内部物体。汽车美容起到维护汽车表面漆膜和保护汽车金属等物体的有效作用。

2. 装饰汽车

对于一些中、高档轿车，已不仅是一种交通工具，而且是一种身份的象征。车主既要求汽车具有优良的性能，而且对汽车的装饰也提出了更高的要求。汽车的装饰性不仅取决于车型的外观设计，而且取决于汽车表面的色彩、光泽，通过汽车美容作业，可以使汽车涂层平整、色泽鲜艳光亮，保持汽车美丽的容颜。

3. 美化环境

道路上行驶的各种种类的汽车，装扮着城市，形成一条条靓丽的风景线。靓丽的汽车，对城市和道路环境起着美化的作用，这些成果的得来也与汽车美容的发展是分不开的。可以设想，如果没有汽车美容，道路上行驶的汽车灰尘污垢堆积，漆面单调暗淡，甚至锈迹斑斑，这样将与美丽的城市环境极不协调。因此美化城市环境也离不开汽车美容。

三、汽车美容的作业项目

现代汽车美容不只是简单的汽车清洗、吸尘、除渍、除臭及打蜡等常规性作业，还包括利用专业美容用品及高科技设备，采用特殊的工艺和方法，对汽车进行漆面抛光、增光、深浅划痕处理及全车翻新等一系列养护作业。汽车美容的作业项目按作业性质不同分为护理性美容和修复性美容。护理性美容是指保持车身漆面和内室件表面靓丽而进行的美容作业。修复性美容是车身漆面或内室件表面出现缺陷后所进行的恢复性美容作业。

1. 护理性美容作业项目

（1）新车开蜡

汽车总装的最后一道工序是在检查合格后，对整车进行喷蜡处理，即在车身外表面涂装封漆蜡，其目的是为了防止汽车在储运过程中漆膜受损，确保汽车到客户手中漆膜完好如新。封漆蜡只起储运中的保护作用，没有光泽，严重影响汽车美观，因此，客户购车后必须除掉封装蜡，俗称

"开蜡"。

（2）清洗

汽车清洗是汽车美容的首要环节，同时也是一项基础性的经常护理项目。按汽车部位不同，清洗作业可分为车身外表面清洗、内室清洗和行走部分的清洗。车身外表面主要有车身漆面、车门窗、外部灯具、装饰、附件等；内室主要有篷壁、地板、地毯、座椅、仪表板、操纵件及内部装饰附件等；行走部分主要指汽车底盘有关总成壳体表面。

（3）漆面研磨

漆面研磨是去除漆膜表面氧化层、轻微划痕等缺陷所进行的作业。它与后面的抛光、还原是三道连续的作业工序，研磨是漆面轻微缺陷修复的第一道工序。漆面研磨需要使用专用的研磨剂，通过研磨抛光机进行作业。

（4）漆面抛光

漆面抛光是紧接着研磨的第二道工序。车漆表面经研磨后会留下细微的打磨痕迹，漆面抛光就是为了去除这些痕迹。漆面抛光需要使用专用抛光剂，通过研磨/抛光机进行作业。

（5）漆面还原

漆面还原是研磨、抛光后进行的第三道工序。它通过还原剂将车漆表面还原到新车般的状况。还原剂也称"密封剂"，它对车漆起密封作用，以避免空气中污染物直接侵蚀车漆。

（6）打蜡

打蜡是在车漆表面涂上一层蜡质保护层，并将蜡抛出光泽。打蜡的目的：

1）改善车身表面的光亮程度，增添靓丽光彩。

2）防止腐蚀性物质的侵蚀，对车漆进行保护。

3）消除或减小静电影响，使车身保持整洁。

4）降低紫外线和高温对车漆的侵害，防止和减缓漆膜老化。

汽车打蜡可通过人工或打蜡机进行作业。

（7）内室护理

内室护理是对汽车控制台、操纵件、座椅、顶篷、地毯、脚垫等部件进行清洁、上光等作业，它还包括对汽车内室定期进行杀菌、除臭等净化空气的作业。

2. 修复性美容作业项目

（1）漆膜病态处理

漆膜病态是指漆膜质量与规定的技术指标相比所存在的缺陷。漆膜病态的种类很多，按病态产生的原因不同可分为涂装中出现的病态和使用中出现的病态两大类。对于各种不同的漆膜病态，应分析原因，分类处理。

（2）漆面划伤的处理

漆面划伤是因刮擦、碰撞等原因造成的漆膜损伤。当漆膜出现划痕时，应根据划痕的深度，采取不同的工艺方法进行修复。

（3）漆面斑点处理

漆面斑点是指漆面接触了沥青、焦油、鸟粪等污物，在漆面上留下的污迹。对斑点的处理应根据斑点在漆膜中渗透的程度，采取不同的工艺方法进行。

（4）汽车涂层局部修补

汽车涂层局部修补是汽车漆面出现局部失光、变色、粉化、起泡、龟裂、脱落等严重老化现象，或交通事故导致涂层局部破损而进行的局部修补涂装作业。

（5）汽车涂层整体翻修

汽车涂层整体翻修是当漆膜出现严重老化时，所进行的全车翻新涂装作业。主要有清除旧漆膜、金属表面除锈、底漆和腻子施工、面漆喷涂、补漆装饰及抛光上蜡等。

第二节　汽车美容用品

一、汽车清洗剂

1. 汽车清洗剂的除垢机理

除垢机理包括润湿、吸附、增溶、悬浮、去垢五个过程。

（1）润湿

当清洗剂与汽车表面上的污垢质点接触后，由于清洗剂溶液对污垢质点有很强润湿力，使被清洁的表面很容易由清洗剂溶液所润湿，并促进它们之间充分接触。溶液不仅能润湿污垢质点表面，而且能深入聚集体的细小空隙中，使污垢与被清洗表面的结合力减弱、松动。

（2）吸附

清洗剂中的电解质形成的无机离子吸附在污垢质点上，能改变对污垢质点的静电吸引力，并可防止污垢再沉积。清洗汽车外表时，既有物理吸附（分子间相互吸引），又有化学吸附（类似化学键的力相互吸引）。

（3）增溶

使污垢溶解在清洗剂溶液中。

（4）悬浮

清洗剂的基本结构，在其分子内有两部分：一部分是由长的碳氢链组成，它在油中溶解而在水中不溶解；另一部分是水溶性基因，它使整个分子在水中能够溶解而发生表面活性作用。分子中油溶性部分称为亲油基或憎水基，水溶性部分称为亲水基或憎油基。表面活性物质分子与污垢质点接触后，其憎水的一端会吸附在污垢质点上，而亲水的一端与水结合在一起，这样吸附在污垢质点周围的很多定向排列的分子就起到了桥梁的作用，使污垢质点和周围的水溶液牢固地连接在一起，使得憎水性污垢具有亲水性质。表面上的污垢脱落后，就悬浮于清洗剂中。

（5）去垢

通过射流冲击力将污垢清除。这种润湿—吸附—增溶—悬浮—去垢的过程，不断循环，将汽车表面上的污垢清除。

2. 汽车清洗剂的种类

（1）水溶性清洗剂

水溶性清洗剂适用于清洗水溶性污垢，一般由多种表面活性剂配制而成，具有很强的浸润和分散能力，且配方中基本不含碱性盐类，不仅能有效地清除一般性污垢，而且对漆面原有光泽具有保护作用。

（2）有机清洗剂

有机清洗剂适用于清洗水不溶性油污，其主要成分是有机溶剂，目前使用较多的有汽油、煤油、甲苯、二甲苯、三氯乙烯、四氯乙烯等。有机溶剂在使用中应尽量避免接触塑料、橡胶部件，以免造成老化。所以这类清洗剂主要用于去除车身表面的油脂类污垢。

（3）油脂清洗剂

油脂清洗剂又称去油剂，它具有极强的去油功能，主要用于清洗发动机、轮毂等油污较重的部件。油脂清洗剂大致有三类：

1）水质去油剂。安全、无害、成本适中，但去油能力有限。

2）石化溶剂型去油剂。去油能力强、成本低，但易燃、有害。

3）天然溶剂型去油剂。去油能力强且无害，但成本较高。

下面以龟博士系列去油剂为例，介绍其主要产品的性能，见表8-1。

表8-1　龟博士系列去油剂产品

序号	品　　名	代　号	特　　性	备　　注
1	发动机外部清洗剂	P-430	以煤油为基础材料，属生物不可降解型，去油功能强，但易燃，且对环境有害	发动机冷却后使用，用后的废液应妥善保管
		P-156	以天然植物提取的原料为基础材料，属生物降解型，去油功能强，且对漆面、橡胶及塑料无腐蚀	
2	轮毂去油剂	P-420	不含酸性物质，且清洗功能极强，将其喷到轮毂表面后，油泥水自动下流，只需用布轻擦干即可恢复金属或塑料的原有光泽	
3	玻璃清洗剂	P-330	该产品属柔和型水质去油去垢剂。主要用于清除玻璃上积淀的白色雾状膜（即各种内室清洗剂、清新剂以及烟等造成的静电油脂），也可有效地去除油污、尘土等。该产品含挥发剂，用后很快风干	属易燃液体，应存放在阴凉处
4	轮胎强力去污剂	P-410	该产品属强碱型清洗剂，可清除轮胎上的油污及其他污渍	属腐蚀性液体，使用时注意劳动保护
5	水质去油剂	P-431	该产品是最具灵活性的去油剂，可用来直接清洗发动机表面，也可稀释后用于清洗车身、内室、皮革等。特点是去油功能较强，属于生物降解型，不易燃、不腐蚀，比较安全	碱性较强，清洗时应有保护措施

（4）溶解清洗剂

溶解清洗剂简称为"溶剂"，具有很强的溶解能力，不仅能清除车身上的焦油、沥青、鸟粪、树胶、漆斑等水不溶性污垢，而且可用于"开蜡"。以龟博士系列为例，主要产品见表8-2。

表8-2　龟博士系列溶剂产品

序号	品名	代号	特　　性	备　　注
1	污垢软化剂	P-470	该产品属于柔和性溶剂，主要用于车身、玻璃等部位的清洗。另外对于较硬的运输蜡，可用此产品进行开蜡。使用时将此产品喷在车身上，浸泡5min后用布将蜡擦除，再用清水冲净即可	碱性较强，废水应妥善安置，操作时应注意劳动保护
2	蜡质开蜡水	P-460	该产品属于生物降解型溶剂，它的主要原料由橙皮提炼。该产品不易燃、对环境无污染。使用时一般不需稀释，若蜡不厚，可按1∶1的比例稀释	

（续）

序号	品名	代号	特　性	备　注
3	树脂开蜡水	P-461	该产品含有一种树脂聚合物的溶解元素，能溶解树脂蜡，且不含腐蚀剂，不会侵蚀风窗玻璃、电镀及铝合金件。在使用时必须用水以1∶3左右的比例稀释，且最好用热水，这样开蜡水中的表面活性剂最为"活跃"，除蜡效果最佳	碱性较强，废水应妥善安置，操作时应注意劳动保护

（5）多功能清洗剂

多功能清洗剂不仅能去除一般性污垢，而且具有增亮、上光、柔顺、杀菌以及防静电、抗老化等功能。多功能清洗剂又分车身表面清洗和汽车内室清洗两大类。

1）车身表面清洗类。

① 二合一清洗剂。既有清洗功能，又有上蜡功效，即清洁、护理"二合一"。这类产品主要由多种表面活性剂配制而成，上蜡成分是一种具有独特配方的水蜡。清洗作业中，洗车后直接用毛巾擦干，再用无纺棉轻轻抛光，可以在车身漆面形成一层蜡膜，增加车身鲜艳程度。

② 香波型清洗剂，有汽车香波、洗车香波、清洁香波等品种。这类产品具有不破坏漆膜、不腐蚀漆面、液体浓缩、泡沫丰富、成本低等优点。香波清洗剂含有表面活性剂，能有效去除车身表面的尘土和油污，有的产品还含有阳离子表面活性剂成分，能去除车身携带的静电。

③ 脱蜡清洗剂。这类清洗剂含柔和性溶剂，不仅能去除车身油污，而且能脱蜡，主要适用于重新打蜡前的车身清洗。

④ 环保型清洗剂。这类清洗剂主要成分是天然原料，对环境无污染，如"洁碧"变色水蜡（龟博士系列），瓶内上半截的白色为天然巴西棕蜡，下半截的蓝色为环保型润滑洗车液，使用前先将液体晃匀呈乳白色。该清洗剂含流线式催干剂，自动驱水，几乎不用毛巾擦干，洗车的同时即可完成打蜡工序。

2）汽车内室清洗类。

① 丝绒清洁保护剂。这类产品具有泡沫丰富、去污力强，洗后留有硅酮保护膜，可恢复绒织物原状，防止脏物浸入的特点，适用于对毛绒、丝绒、棉绒等织物进行清洁和保护。使用时，先摇晃均匀，然后喷在需要清洁的表面，再用干布将泡沫擦净，污渍明显处应反复喷

涂擦拭。

② 化纤清洗剂。这类产品特别增强了清洗内室化纤制品的功能，对车用地毯、沙发套等化纤制品上的污垢有很好的清洗效果，而且不会伤害化纤制品。使用时，先将液体倒入桶中，用高压喷枪按比例注水，然后用毛巾蘸水中的泡沫来清洗污垢处，再用干净布擦净即可。

③ 塑胶清洁上光剂。这类产品主要用于塑料及橡胶制品的清洁与护理，清除污垢的同时能在塑胶制品表面形成一层保护膜，因而具有翻新效果。

④ 真皮清洁增光剂。这类产品主要用于皮革制品的清洁与护理，清除污垢的同时能在皮革制品表面形成一层保护膜，起到抗老化、防水、防静电的作用，可以有效延长皮革制品的使用寿命。

⑤ 多功能内室光亮剂。这类产品不仅可对室内不同材料的物品进行清洗，而且可以起到上光、保护、杀菌的作用，并有防止内室部件老化、龟裂及褪色的功效，而且使用也很方便，只需一喷一抹，即可光洁如新。

二、汽车研磨、抛光、还原用品

汽车漆面研磨、抛光、还原三道工序，是对车漆进行的深层护理。研磨是去除车漆原有的缺陷，抛光是去除研磨后的痕迹，还原是恢复车漆原有的面目。

（一）汽车研磨、抛光、还原用品的种类

1. 研磨剂

研磨的作用是通过表面预处理清除漆面上的污物，消除严重氧化，减轻表面缺陷，所需材料主要是研磨剂。研磨剂分类如下：

（1）按使用范围分

1）普通型研磨剂。主要用于治理普通漆不同程度的氧化、划痕、褪色等漆膜缺陷。普通型研磨剂中的磨料一般都是坚固的浮岩，如用在透明漆上很快就会把透明漆层打掉，因此不适合透明漆的研磨。

2）通用型研磨剂。对普通漆和透明漆均可使用，该研磨剂中的磨料为微晶体颗粒和合成磨料，具有一定的切割能力，但不像浮岩那样坚硬。

（2）按切割方式分

1）物理切割方式。有浮岩型、陶土型研磨剂。主要特点是磨料坚硬、切割速度快，但操作过程中颗粒体积不会因切割的速度而发生变化，如操作人员对漆膜厚度不了解，手法不熟练，就很容易磨穿漆层，所以只适合于操作十分熟练的专业人员使用。

2）化学切割方式。有微晶型研磨剂，主要特点是可通过摩擦产生的热量逐步化解微晶体颗粒，使其体积在操作过程中逐步变小，产生极热高温而去除氧化层，同时溶解表面漆层凸出的部分，填平凹处的针眼。

3）多种切割方式。主要是中性研磨剂。中性研磨剂内含陶土及微晶体两种切割材料，既有物理切割作用，又有化学溶解填补功能。中性研磨剂适合各类汽车漆面，而且便于操作，速度快，研磨力度小，是目前市场上最佳的漆面护理研磨材料。

2. 抛光剂

抛光主要是为了清除漆层表面的轻微氧化物和杂质，并以化学切割方式填平漆膜表面细微的缺陷，其中包括脱蜡、消除漆面瑕疵及化学转变等功能。

抛光剂采用无硅配方，适用于所有种类的车漆，可配合各种类型的研磨材料清除漆面瑕疵，并可去除漆面研磨后所产生的深凹痕，还可用于一般打蜡的前期处理。抛光剂按摩擦材料颗粒或功效的大小不同分为微抛、中抛和深抛三种。微抛用于去除极细微的车漆损伤，一般指刚刚发生的环境污染及酸性侵蚀（鸟粪、落叶等），微抛也可使用含抛光剂的车蜡来取代。中抛主要适用于对透明漆的抛光，深抛主要适用于对普通漆的抛光。

3. 还原剂

还原是介于抛光与打蜡之间的一道工序。还原剂使用的特点是：

1）还原剂实际上是一种集抛光和打蜡为一体的三合一产品，因此可以缩短工作时间。

2）还原剂是上蜡前的最后一道工序，可以进一步完善抛光的效果。

3）还原剂虽然有上蜡的效果，但一般保持的时间不长，要取得长久保持的效果，还需再加一层高质量的蜡。

（二）研磨、抛光、还原部分产品介绍

汽车研磨、抛光、还原用品的品种很多，下面介绍具有代表性的龟博士系列产品，见表8-3。

表8-3　龟博士系列研磨、抛光、还原用品

品名	型号	容量	包装	性能与用途	备　注
透明漆微切研磨剂	P-100	1 gal	4/箱	对透明漆损伤很小，主要用于透明漆，同时也适用于普通漆的高效微切，可用以去除中度氧化和1200～2000号砂纸划痕	
	P-101	32 oz	6/箱		
透明漆中切研磨剂	P-103	1 gal	4/箱	它是通过化学切割来治理氧化和划痕的。用摩擦产生的热能来达到研磨效果，既可磨得深，又不损伤透明漆层	
	P-104	32 oz	6/箱		
透明漆深切研磨剂	P-107	1 gal	4/箱	被誉为"超级"研磨剂，是唯一可以与膏状（固体）强力研磨剂相比的液体研磨剂，但它对漆膜的损伤比膏状要小得多。用它研磨过的表面，很容易就可还原成诱人的光泽，仅供专业或有经验的技师使用	
	P-108	32 oz	6/箱		
普通漆微切研磨剂	P-115	1 gal	4/箱	选用特殊材料制成，不易粘在切盘上，是国内大部分微型汽车的理想研磨剂，适用于各种普通漆的去氧化和划痕	不含硅氧烷
	P-116	32 oz	6/箱		
	P-232	16 oz	12/箱		
普通漆中切研磨剂	P-115	1 gal	4/箱	选用特殊材料制成，不易粘在切盘上，是国内大部分微型汽车的理想研磨材料。适用于去除各种普通漆的严重氧化、中度划痕、擦伤等	
	P-116	32 oz	6/箱		
普通漆深切研磨剂	P-150	1 gal	4/箱	砖红色膏状研磨剂，属摩擦能力最强的材料，不同于传统的强力研磨材料，配以氨化合物的深切型研磨剂具有传统工艺的优势，加上化学切割的功效，适用于各种大面积车漆研磨的工作，是漆房、修理厂及做深划痕（露底漆）的汽车美容店的必备产品	
	P-151	32 oz	6/箱		
	P-230	10 oz	12/箱		
普通漆抛光剂	P-210	1 gal	4/箱	含少量切割能力较强的研磨材料，用于对普通漆研磨后留下的痕迹进行快速抛光，经验丰富者也可用于透明漆的抛光。不含硬质摩擦材料，不含蜡，不含硅，但它的效率要远远超过一般的抛光剂	不含蜡，不含硅
	P-211	32 oz	6/箱		
	T-240	10 oz	12/箱		
透明漆抛光剂	P-215	1 gal	4/箱	特为透明漆设计，结合化学抛光和硅氧树脂的密封能力，大大减少传统式打蜡前的准备工作，抛光后透明漆的光泽如同打过蜡	不含蜡
	P-216	32 oz	6/箱		
	T-235	10 oz	12/箱		

（续）

品名	型号	容量	包装	性能与用途	备　注
通用增光剂	P-220	1 gal	4/箱	本身具有一定的抛光能力，可当作一种抛光、增光二合一的产品来使用。主要用于抛光后使车漆增添光泽，以承受各种气候条件	
	P-221	32 oz	6/箱		
	T-270	16 oz	12/箱		
通用还原剂	P-231	32 oz	6/箱	主要用于去除抛光后车漆仍旧残存的一些发丝划痕、机器旋转的印痕及花纹等，从而把打蜡前的车漆还原到漆色固有光泽的最高境界	
	T-30C	8 oz	12/箱		

注：1. gal（加仑）—英制容积单位，1UKgal = 4. 54609dm^2。

2. oz（盎司）—英制质量单位，1oz = 28. 3495g。

3. 硅氧烷—是一种硅化的合成树脂，加到研磨材料中后可起到抗水、抗高温和增光的作用，能较好地防止车漆氧化。但如果硅氧树脂未清洗干净或空气中有此物质飘落，喷漆时就会出现浮漆（漆涂不上车体）或漆露。为此，含硅氧烷的产品主要适合汽车护理人员使用，汽车漆工最好使用不含硅氧烷的产品。

4. 型号中 T-240、T-235、T-270 三种产品只适合于人工操作，其余产品人工或机器操作均可。

三、汽车蜡

1. 汽车蜡的作用

汽车车身打蜡是汽车护理中的一项重要作业。汽车蜡的主要成分是聚乙烯乳液或硅酮类高分子化合物，并含有油脂和其他成分，这些物质涂覆在车身表面具有如下作用：

1）隔离作用。汽车蜡可在车漆与大气之间形成一层保护层，将车漆与有害气体、有害灰尘有效地隔离，起到屏蔽作用。汽车蜡使车身表面的水滴附着减少60%~90%，高档车蜡还可使残留在漆面上的水滴进一步平展，呈扁平状，能有效地减少水滴对阳光的聚焦作用，以免使车身由于聚焦点的高温而造成漆面暗斑。汽车蜡的隔离作用大大降低了车身遭受侵蚀的程度，使车漆得到保护。

2）美观作用。汽车车身的面漆相当于汽车的外衣，汽车蜡既可以用来保护车漆，又可以美观车漆。经过打蜡的汽车可以改善其外表的光亮程度，增添亮丽的光彩。

3）抗高温和防紫外线的作用。汽车蜡可对来自不同方向的入射光产生有效反射，防止入射光的高温和紫外线使面漆或底漆老化，从而延长漆面的使用寿命。

185

4）防静电作用。汽车在行驶过程中，车身表面与空气流发生相对摩擦从而产生静电，由于静电的作用，会使灰尘附着于车身外表。给车身打蜡，在车身表面与空气流之间形成一层隔离层，从而减少了静电的影响。

2. 汽车蜡的种类

1）按物理状态不同可分为固体蜡、半固体蜡、液体蜡和喷雾蜡四种。汽车蜡的黏度越大，使用的持久性越强，光泽越艳丽，但打蜡操作越费力；相反，黏度越小则越便于操作，但持久性越弱。

2）按装饰效果分为无色上光蜡和有色上光蜡。无色上光蜡以增光为主，有色上光蜡以增色为主。

3）按功能不同分为上光蜡和抛光研磨蜡两种。上光蜡用于喷漆作业表面上光，抛光研磨蜡用于浅划痕处理及漆膜的磨平作业；以清除浅划痕、橘纹，填平细小针孔等。

3. 汽车蜡部分产品介绍

1）龟博士系列车蜡，见表8-4。

表8-4　龟博士系列车蜡

序号	品名	别名	产品号	性 能 特 点	使 用 方 法
1	斋魔抛光蜡	纯天然镀膜	Z-503	采用纯天然原料，不含任何碳氢化合物。作用于漆面具有镜面光泽、坚固的防水层、易于抛光、有利增光、防止干燥和氧化等特点	将车洗净擦干。轻轻摇晃本品，用柔软布把蜡薄薄地涂在车体上，每次按半米见方涂擦车身上多余的蜡。稍后用干净软布轻擦抛光
2	巴西棕乳抛光蜡	水晶镀膜	T-34	本品由多种聚合物制成，不含腐蚀剂成分，适用所有漆面，集上光、保护为一体，使车漆表面形成永久性保护膜。并可清除车体表面细孔、焦油、氧化层、尘垢等，还能避免车漆产生裂纹、划痕、氧化、脱落及发黄等现象	使用时将车洗净擦干。轻轻摇晃本品，倒入湿布或海绵上少许，小面积旋转涂在车漆表面。稍后用无纺布抛光即可。建议90天使用一次
3	"伟人"新车保护蜡	新车镀膜	T-410	此车蜡含两种化学成分截然相反的高分子聚合物，两者的结合形成了一个完美的流线平面，水珠在上面也存不住	将新车洗净擦干。轻轻摇晃本品，用柔软布把蜡涂在车体上，稍后用干净软布轻擦抛光

186

（续）

序号	品名	别名	产品号	性 能 特 点	使 用 方 法
4	魔彩釉	色彩镀膜	即时抛	此蜡具有清洁、上光保护功能，可使擦伤、划痕减轻或消失。并可与原漆本色浑然一体，使旧漆焕然一新，适用于所有漆面。膏状魔彩釉的保存期是6年，液体魔彩釉的保存期则更长	将车清洗干净，并在车体温度降低后使用。轻轻摇匀本品，倒入湿布少许，小面积旋转擦拭。稍后用干净软布擦净即可。应避免在强烈阳光下和车体温度高时使用
5	特氟隆密封保护剂	隐形车衣镀膜	T-28	此蜡以特氟隆为主要配方原料，结合高级硅酮增亮剂，有密封、润滑耐久、防酸雨、防腐蚀、防海水、抗潮湿的作用，内含抛光剂，可使褪色或轻度划痕的表层光滑如初。对新车和在恶劣及污染环境下行驶的汽车尤为适用。保持期6~8个月，一瓶可用2年左右	将车洗净擦干。轻轻摇晃本品，倒入湿海绵或柔软湿布少许，小面积旋转擦拭，稍干后再用无纺布擦净即可
6	膏状2001抛光蜡	太空镀膜	T-26	此蜡含多种聚合物，能保持12个月之久。使用极为方便，涂上后随即抛光。即便是氧化严重的车漆，经它"整容"后也光彩照人	使用前将本品摇匀，倒于潮湿海绵或毛巾少许，旋转涂于车体后随即用无纺布抛光
7	硬壳蜡	防水镀膜	T-123	此蜡具有特有的光泽，且光泽可持续数月之久。使用起来也极为方便	将本品少许涂于车体，可立刻抛光。建议与2001洗车剂配套使用
8	速效神	全车镀膜	T-163	此蜡是一种全功能上光剂。一瓶速效神可对全车进行护理，包括车漆、轮毂、保险杠、风窗玻璃、仪表台、皮革等。能经得起2000℃火焰喷射器的考验，是车漆抗高温保护的极品	使用前摇匀，喷于物体少许，几分钟后用无纺布抛光（在稍有尘土的状况下可直接使用本品，无须洗车）
9	魁魔蜡	水抛光镀膜	T-207	本品由纯天然的巴西棕蜡加特种聚合物制成，可产生"流线催干"效果。此蜡不含研磨材料，属超柔和型，适用于各种漆表面，打蜡后光泽耀眼	用此蜡抛光可不用手，而是用水来进行。将魁魔蜡快速涂到车上，然后用清水一冲即可，既方便，又快捷

187

（续）

序号	品名	别名	产品号	性能特点	使用方法
10	2001 手喷保护上光剂	防静电镀膜	T-216	此蜡的配方中，具有独特的负离子技术，不含陶土，不留白色痕迹，抗静电、抗紫外线，打蜡后的车身表面不吸尘土。手喷蜡可保持 6 个月之久	将本品直接喷到车漆上，然后用棉布擦干，光泽和保护层即出现在车漆表面，15min 即可完成一辆车的护理

2）冈底斯系列车蜡，见表 8-5。

表 8-5　冈底斯系列车蜡

序号	品名	性能	用途
1	汽车漆面用粗蜡	能去除漆面细尘粒、砂纸痕、轻微氧化、漆面失光、沥青、酸雨滴等，并有抛光之功效，可使漆面恢复如新。更严重的深划痕可配合砂纸使用，并可使用羊毛轮进行研磨	用于漆面瑕疵研磨处理
2	汽车镜面抛光蜡	经本品处理后，漆面能产生镜面反射光泽，且保持时间长，是一品质优良的抛光机用镜面抛光蜡	主要用于处理一般粗蜡、细蜡抛光后遗留的抛光痕
3	汽车油蜡	能使漆面很快去污，去氧化蜡及水渍，并覆盖一层光滑、强韧的保护膜	主要用于一般轿车
4	汽车水彩	能使漆面很快去污、去氧化膜及水渍，并覆盖一层光滑、强韧的保护膜，具有省时、省力、清洁、维护及抗氧化等功效。使用后，汽车表面亮丽光滑，并可防紫外线、静电粉尘，减少水渍、酸雨对漆面的影响	主要用于中、高档轿车
5	汽车水晶蜡	本品的特殊配方可形成耐磨、透明表层，不易被分解，长时间保持车漆光亮如新。具有防紫外线、耐酸雨，防油污、沥青等功效。使用时只需薄薄涂一层，立刻光彩照人，较一般车蜡持久 8～10 倍	

3）英特使系列车蜡，见表 8-6。

表 8-6　英特使系列车蜡

序号	品名	性能	用途
1	英特使玫瑰红镜面蜡	本品由人工蜡和天然蜡混合而成，能够在漆面上形成两层蜡膜，上层能抵御紫外线和含酸碱雨水的侵蚀，下层能对漆面添加油分，养护漆面，并能防御有害物质的渗透	适于新车及金属漆面轿车
2	英特使钻石镜面蜡	本品是一种高级美容蜡，含巴西天然棕榈蜡及特别色彩增艳剂，用后可防止各类有害物质对漆面的侵害，车身光如镜面，特别光亮，且能长时间保留	适于各种颜色的高级轿车

（续）

序号	品名	性　　能	用　　途
3	绿宝石金属蜡	本品是由各不相同的蜡提取物及含无毒研磨剂聚合物组成的特别混合物，用后车身可迅速光亮，耐清洗，并延长漆面寿命	适于金属漆车身表面
4	红景天三生蜡	本品是由三种不同蜡提取物高度熔炼而成，是多种独特品质的组合产品，无论车漆表面干燥或湿润均可使用，且可一次性抛光整个漆面，省时省力，甚至在暴晒的环境下作业也不会严重影响其效果。本蜡防护功能卓越，可耐受各种清洗剂，保持时间长	适于各种高级轿车

4. 汽车蜡的选用

1）根据不同的车辆选用。高级轿车应选用高档车蜡，普通车辆选用普通的珍珠色和金属漆系列车蜡。

2）根据车身颜色选用。白色、黄色和银色等颜色的车身应选用浅色系列的车蜡。红色、黑色和深蓝色等颜色的车身应选用深色系列的车蜡。

3）根据运行环境选用。沿海地区应选用防盐雾功能较强的车蜡；化学工业区应选用防酸雨功能较强的车蜡；多雨地区应选用防水性能优良的车蜡；夏天应选用防紫外线、抗高温性能优良的车蜡；行驶环境较差应选用保护作用较强的树脂车蜡。

四、汽车保护剂

1. 汽车保护剂的特点

汽车保护剂是一种能够对皮革、塑料、橡胶、化纤等材料表面起到增亮、抗磨、抗老化等保护作用的用品，用于汽车座椅、仪表台、保险杠、密封条、轮胎以及电镀件的护理。随着化学工业的发展，目前市场上出售的新一代保护剂，在功能和操作方法上具有如下特点：

1）使用方便。保护剂产品的包装大都采用罐装喷雾式，使用时只要将保护剂喷在物面上，然后擦几下即可完成护理作业。

2）保持时间长。一次护理可保持1~2个月之久。

3）耐磨。保护剂作用于物面形成一层保护膜，增强了物面的抗磨能力。

4）光泽好。保护剂中含增光剂，可提高物面的光泽度。

5）防老化。保护剂中含有抵御紫外线照射作用的成分，对预防塑料、

橡胶、皮革等材料老化具有良好的效果。

2. 保护剂的种类

（1）皮革保护剂

皮革保护剂用于皮革（含人造革）和塑料制品表面，起上光、软化、抗磨、抗老化等作用，适用于皮革座椅、仪表台、转向盘、车门内侧以及塑料保险杠等，有的也称其为皮塑保护剂。将保护剂均匀喷洒于皮塑表面，用纯棉软布蘸少许保护剂轻擦几下即可。如皮塑表面过脏，先用清洗剂清洁表面后再使用该产品。经保护剂处理后，皮塑制品可达到翻新的效果。

主要产品有龟博士系列皮革保护剂，尼尔森系列的皮塑上光保护剂、皮塑护理剂，莱斯豪系列的真皮柔顺增光剂等。

（2）化纤保护剂

化纤保护剂用于化纤制品表面，起清洁、抗紫外线、抗老化和抗腐蚀等作用。一般汽车内室的化纤制品，如顶篷、车门内侧、座椅外套等，表面很容易接触灰尘、油泥等污垢，直接影响到汽车内室的美观。在护理中使用单纯的化纤清洗剂，只能起到去污清洁作用，而化纤保护剂含有硅酮树脂，在清洗去污的同时，将这种聚合物附着在纤维上，能起到防紫外线、防老化、防腐蚀等保护作用。

（3）橡胶保护剂

橡胶保护剂是用于橡胶和工程塑料制品，起清洁、抗氧化、抗老化等作用的保护用品。对于汽车轮胎、橡胶密封件、保险杠等橡胶和塑料制品，通过它的抗紫外线照射作用来防止橡胶及塑料的氧化，从而实现其保护作用。

（4）轮胎上光保护剂

轮胎上光保护剂用于轮胎表面，起清洁、上光和抗老化等作用。该用品内含有专门的聚合油脂，能提供持久的不受天气影响的光亮，恢复表面自然光泽，对漆面或合金没有不利影响。

按轮胎保护剂的功能不同，将其分为两种：一种以清洗为主，在达到清洗目的的同时，对轮胎有增黑上光作用，产品中所含的硅酮树脂对橡胶具有保护作用；另一种以上光为主，它没有清洗功能，但上光功能很强，喷上后不用擦拭，数分钟后光亮如新。这两种产品建议同时使用，前者清洗后者上光，这样保护作用更佳。使用保护剂时，应将轮胎表面清洗干净，待其干燥后或喷或刷，擦去多余的部分，等到晾干后即可。

（5）多功能防锈剂

多功能防锈剂主要用于金属表面，起到除锈和防锈作用。该产品具有很强的防腐功能，对不同金属和机械设备的腐蚀现象有很好的防护作用，而且有优越的避水性，对塑胶无任何腐蚀。多功能防锈剂也可用于油漆、橡胶及塑料表面，是发动机和底盘表面理想的保护用品。同类产品还有电镀件除锈保护剂，主要用于电镀件表面的除锈保护。电镀件表层破损后很容易氧化生锈，而且又不太好除锈，用砂纸和研磨方法易损伤镀铬层，电镀件除锈保护剂用化学方法除锈，同时对电镀层起到防止氧化的保护作用。

第三节　汽车美容常用工具与设备

一、常用清洁护理工具

1. 毛巾

毛巾是人工清洁和擦拭汽车不可缺少的工具。专业的汽车美容场必须准备多种毛巾，包括大毛巾、小毛巾、湿毛巾、半湿毛巾和干毛巾。大毛巾主要用于车身表面的手工清洗和擦拭；小毛巾用于擦洗车身凹槽、门边及内饰部件处的污垢；湿毛巾、半湿毛巾和干毛巾在清洗及擦拭车窗玻璃时结合使用。

2. 海绵

海绵具有柔软、弹性好、吸水性强的优点，有利于保护漆面及提高作业效率，而且可以避免因擦洗工具太硬或不能包容泥沙而给车身表面造成划痕，因此可用于清除车漆上附着力较强的污垢。

3. 麂皮

麂皮具有质地柔软、韧性及耐磨性好和防静电等特点，主要用于车身打蜡后将蜡抛出光泽。

4. 车巾

车巾是新近研制的汽车专用清洁产品。车巾是用蜡、树脂和去离子水乳化混合而成的液体浸润于无纺布上制成的。车巾的去污机理是其特有的乳化液中包括清洁剂、润滑剂和保护油三类物质，当轻擦物体表面时，污垢软化后便被吸附到无纺布上；润滑剂则起到无纺布与被擦表面的润滑作用而保护了被擦表面；保护油则遮盖磨损痕迹，使被擦表面闪闪发亮。

车巾除了去垢、上光的基本功能外，还具有抗静电、除锈防锈、防雾防水、吸污及保洁等多种功能。同时，车巾不损伤被擦表面和刺激人的皮肤，因此也是环保产品。

二、清洗设备

1. 固定式汽车外部清洗设备

常见的固定式汽车外部清洗设备有喷头式、滚刷式和多功能清洗设备三种。

（1）喷头式低压清洗设备

喷头式低压清洗设备如图 8-1 所示，喷头式清洗设备由电动机、离心水泵、直头喷管、旋转喷头及清洗台组成。在专用的汽车外部清洗台上，底部设有旋转式的喷水头，用以清洗汽车底盘。在清洗台的两侧有直喷嘴，用以清洗汽车两侧。在清洗台的一侧设有离心水泵，将水增压至 0.2 ~ 0.4MPa，送至各喷水口。

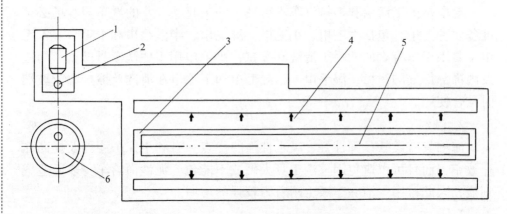

图 8-1　喷头式低压清洗设备示意图

1—电动机　2—离心水泵　3—清洗台

4—直头喷管　5—旋转喷头　6—水井

喷头式清洗设备的喷水管布置有固定式门形管架、移动式门形管架，其管架通过滚轮在地面的导轨上移动。为了清洗汽车底盘部分的油污，通常在清洗设备上装有能冲洗底盘的喷水管，喷水头有固定式和摇摆式，摇摆可由减速机带动，也可由水流射出的反作用力带动。

喷头式清洗设备的清洗过程是：先将汽车低速驶入清洗台，对准台面上的限位导向装置，以保证车身与两边的喷嘴距离相等。汽车进入清洗位置后，接通电动机电源，在水泵的作用下形成高压水流，对汽车进行清洗。

（2）滚刷式低压清洗设备

滚刷式低压清洗汽车是目前比较实用和先进的方法。其设备由电动机、低压水泵、管路、喷嘴、滚刷及清洗台组成，图8-2是四刷式清洗机的工作原理示意图。

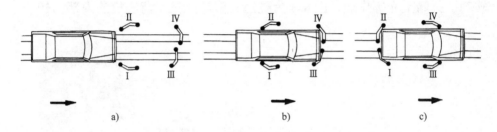

图8-2　四刷式清洗机的工作原理

a）原始位置　b）Ⅰ、Ⅱ滚刷洗刷车侧，Ⅲ、Ⅳ滚刷洗刷车头

c）Ⅰ、Ⅱ滚刷洗刷车尾，Ⅲ、Ⅳ滚刷洗刷车侧

汽车驶入清洗站前，即原始位置，见图8-2a。当汽车驶入清洗站时，打开门形架上的喷嘴，开始喷水淋湿车身。汽车车头驶近Ⅰ、Ⅱ滚刷时，Ⅰ、Ⅱ滚刷转动出水，车头通过Ⅰ、Ⅱ滚刷后，滚刷在气动机构的推动下，向车身靠拢，洗刷车身两侧，见图8-2b。当汽车驶过Ⅰ、Ⅱ滚刷，则Ⅰ、Ⅱ滚刷自动合拢，清洗车尾，见图8-2c。汽车离开Ⅰ、Ⅱ滚刷后，滚刷自动复位。Ⅰ、Ⅱ滚刷的作用是清洗车身两侧和车尾。当车头接近Ⅲ、Ⅳ滚刷时，Ⅲ、Ⅳ滚刷已出水并刷洗车头，接着车头慢慢顶开滚刷清洗车侧，见图8-2b、c。直到车辆通过，Ⅲ、Ⅳ滚刷复位到关闭位置。Ⅲ、Ⅳ滚刷的作用是从车头清洗到车身两侧。

整车洗刷完毕后，汽车向前移动，在专门设置的清水门型淋架处淋洗，使车身表面干燥后不产生水迹斑点，淋洗后可自然干燥。

（3）多功能汽车清洗设备

多功能汽车清洗设备采用自动控制，对汽车整车外表面进行清洗。可清洗货车、挂车、油罐车、公共汽车、小客车和轿车等各类车辆。

这种设备由汽车自动输送线、滚刷及辅助刷、滚子百叶窗板、喷水清洗系统、排水系统以及控制装置组成。平均清洗宽度（工作幅宽）为1.2～1.8m，清洗长度可按车身长度无限延长，清洗高度为3.5m、4m、和4.5m三种。这种清洗自动线具有快速、安全、清洗质量好和节水、节电、节省人力等优点。清洗时，汽车开上自动输送线，输送线将汽车送入清洗通道。操作人员根据车型、污垢分布及客户对清洗的要求，通过控制高速清洗系统的清洗方式、水流速度、压力、方向、水流形状等对汽车进行清洗。清洗后还可根据需要对汽车进行局部重点清洗、车身清洁处理、上柔软剂、打蜡上光等作业。图8-3为隧道式多功能汽车清洗机的内部结构。

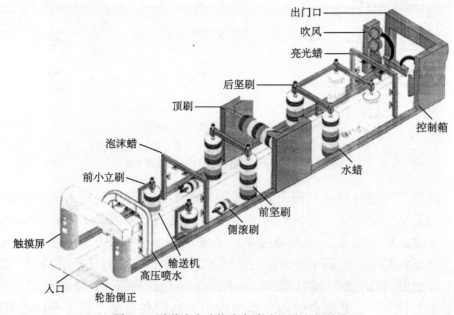

图8-3　隧道式多功能汽车清洗机的内部结构

2. 移动式汽车外部清洗机

移动式外部清洗机，设备投资少，清洗质量也较好，但清洗时间长，耗水量大，属半机械化清洗。其基本结构如图8-4所示，主要由电动机、水泵、管路、喷枪等组成。电动机通过弹性联轴器直接驱动离心水泵，水泵由壳体、叶轮及进、出水口组成。水泵出水口经胶管与喷枪相连，喷枪由枪体、手柄、扳机及喷嘴组成。喷嘴有一般喷水嘴和喷水枪两种，喷枪的尾部可以调节出水流的形状，常用的为柱状和雾状两种，如图8-5所示。

柱状水流冲击力强，可以除去汽车车身上的干涸泥土，雾状水流覆盖面积大，除污效率高，适于除去一般污垢。

清洗过程是：先将水泵进水口与水源接通，再接通电动机电源，电动机带动水泵中的叶轮旋转，经水泵增压的水可达 1MPa 的压力，如若用80℃左右的清洗液，出水压力则可达 1.7～2.0MPa。水被泵出出水口，经胶管、喷枪、喷头，射向汽车的表面，以达到去污的效果。

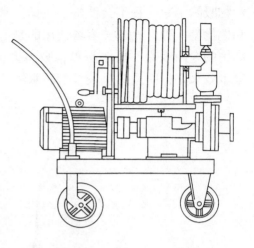

图8-4 移动式汽车外部清洗机

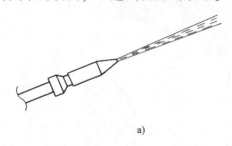
a)

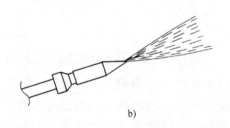
b)

图8-5 水流形状

a）柱状 b）雾状

3. 内室蒸气清洗机

内室蒸气清洗机用于清除汽车驾驶室及车厢内的各种污渍，可对丝绒、化纤、塑料、皮革等不同材料进行清洗，还可以去除车身外部塑料件表面的蜡迹。它不仅具有较强的去污功能，而且还具有杀菌消毒的作用，特别是对带有异味的污垢有很强的清洗作用，能使皮革恢复弹性，丝绒化纤还原至原有光泽，是汽车内室美容的首选设备。蒸气清洗机的操作方法是：清洗前，首先将续水口打开，注满清水，开机预热10min，使用指示灯显示后即可操作。操作时应根据不同材料的部件选择不同的温度，一般情况下，80℃即可够用，有些制品，如塑料、皮革耐热性差，温度还应适当调低。

4. 吸尘器

吸尘器是进行汽车内室清洁的主要设备。汽车内室空间小、结构复杂，不便于清洁，使用吸尘器可以方便地将内壁、地毯、座椅中的浮尘和污物吸除干净，且不会使尘土飞扬。常见的吸尘器主要有专业型、家用型和便携型三种。汽车美容场使用的是专业型吸尘器，它配有适于汽车内室结构的专用吸嘴，操作简单，吸力大，同时集吸尘、吸水、风干于一体，吸尘效果好，而且具有较好的防水性。吸尘器如图8-6所示。

图8-6　吸尘器

吸尘器的工作原理是利用电动机的高速转动，带动风叶旋转，使吸尘器内部产生局部真空，形成空气吸力，将灰尘、脏物吸入，并经吸尘器内部的过滤装置，将过滤后的空气排出去，以达到吸尘目的。吸尘器的工作原理如图8-7所示。

吸尘器的刷座里有一个电动机，它通过传动带带动转刷旋转，把尘埃及脏物搅打起来，称为起尘。吸尘桶里的高速风扇进行强力抽吸，通过软导管和硬导管使刷座对外界形成高负压，于是，起尘的尘埃和脏物便被吸进刷座，并经导管吸到滤尘器中，由滤尘器里的集尘袋收集，而空气被风扇叶片从集尘袋抽出，经过电动机重新进入内室空间。在经过电动机时，

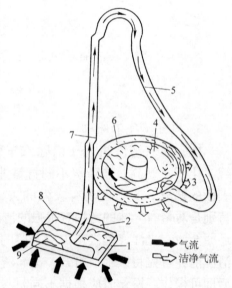

图8-7　吸尘器工作原理
1—传动带　2—电动机　3—吸尘桶
4—风扇　5—软导管　6—滤尘器
7—硬导管　8—刷座　9—转刷

气流
洁净气流

还吹散部分电动机产生的热量。

吸尘器的使用：使用前，先按说明书所述的步骤和方法将吸尘器各部分安装好，起动前核对一下电源的电压和频率，确认相符后即可接通电源试机，试机中不应有异常噪声，10min 左右没有电动机过热现象，才可正式投入使用。每次使用完毕，应先断开电源，然后将集尘袋中的灰尘清除干净，最后将各部分拆开并清理干净收好。吸尘器在使用中应注意以下事项：

1）每次使用前，应先将集尘袋清理干净。

2）有灰尘指示器的吸尘器，不能在满刻度工作，若发现指示器接近满刻度，要停机清尘。

3）不要用吸尘器吸集金属碎屑，以防电动机损坏。

4）吸尘器在清理尘埃时，不要将手放在吸入口附近，以免发生危险。

5）吸尘器电线的绝缘层要保护好，以免发生触电事故。

6）使用后，应将吸尘器及其附件擦拭干净，妥善保管；平时要注意维护，电动机和电刷出现故障，要及时维修。

三、汽车护理设备

1. 研磨/抛光机

研磨/抛光机集研磨抛光为一体，安装研磨盘可进行研磨作业，安装抛光盘可进行抛光作业。

（1）研磨/抛光机类型

1）研磨/抛光机按功能可分为双功能型和单功能型两种。双功能型既能安上砂轮打磨金属材料，又能换上研磨/抛光盘做漆面护理，而且具有工作平稳、转速可调、不易损坏等特点，是专业人员首选机型。单功能型又称简易型，此种机型是一种钻头机，该机具有体积小、转速不可调、使用时很难掌握平衡以及作业质量差等特点，专业人员一般不使用这种机型。

2）研磨/抛光机按转速是否可调和不可调分为调速机和定速机两种。调速机有高、中、低三种转速，1200r/min 以下为低速，1600r/min 左右为中速，2000r/min 以上为高速。定速机也称单速机，一般是转速为1200r/min 的低速机。

（2）研磨/抛光机基本构造

研磨/抛光机主要由壳体、电动机、控制机构及配套装置组成，如图 8-8所示。

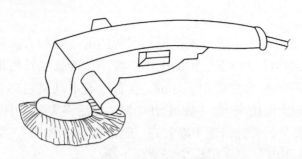

图 8-8 研磨/抛光机

（3）研磨盘和抛光盘

研磨盘和抛光盘是主要的配套装置，各类研磨盘和抛光盘主要产品见表 8-7。

表 8-7 研磨盘和抛光盘主要产品

名　称	产品号	直径/in①	厚度/in①	颜色	说　明
散热凹盘	P44-768	8	2	黄色	散热式凹形平切研磨盘
	P44-778	8	2	白色	散热式凹形平切抛光盘
	P44-758	8	2	黑色	透明漆专用平切抛光盘
散热月牙盘	P44-669	9	1	黄色	散热式月牙研磨盘
	P44-679	9	1	白色	散热式月牙抛光盘
	P44-659	9	1	黑色	透明漆专用抛光盘
螺母托盘	P44-506	6	1.75	黄色	直切研磨盘
	P44-526	6	1.75	白色	直切抛光盘
海绵钻盘	P44-306	6	1.75	黄色	直切研磨钻盘
	P44-326	6	1.75	白色	直切抛光钻盘
散热螺母盘	P44-566	6	1.75	黄色	散热式直切型研磨盘
	P44-576	6	1.75	白色	散热式直切型抛光盘
	P44-556	6	1.75	黑色	透明漆专用抛光盘
月牙盘	P44-208	8	1.75	黄色	平切型研磨盘
	P44-228	8	1.75	白色	平切型抛光盘
羊毛切盘	P57-357	7.5	1.5		标准研磨盘
	P57-377	7.5	1.5		加密研磨盘
	P44-380	8	1.5		透明漆研磨盘
	P44-238	8	1.25		标准抛光盘
	P44-856	8	1.5		混纺高效抛光盘
抛光盘套	P47-357	10		黄色	打蜡盘套
	P47-377	10		白色	研磨盘套
	P47-380	10			抛光盘套

① 1in = 25.4mm。

（4）研磨盘和抛光盘的选用

1）按盘的接头选用

螺母盘：用于带有公接头的研磨/抛光机。

螺钉盘：用于带有吸盘的研磨/抛光机。

吸盘：用于带有吸盘的研磨/抛光机。

2）按盘的颜色选用

黄色盘：一般是研磨盘，用以去除氧化、划痕。

白色盘：一般是抛光盘，用以去除发丝划痕、抛光。

黑色盘：一般是还原盘，适合透明漆的抛光和通用型的还原。

3）按盘的材料选用

纯羊毛：传统切割材料，研磨功效大，一般用于普通漆的研磨和抛光。

混纺：类似羊毛，但柔软得多，建议用于普通漆和透明漆的抛光。

海绵：新材料，可用于普通漆和透明漆的研磨、抛光。

（5）研磨/抛光机的操作方法（图8-9）

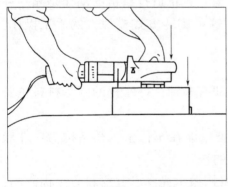

正确　　　　　　　　　　　　　　　　　错误

图8-9　研磨/抛光机的操作方法

1）开机或关机时决不能接触工作表面。

2）作业时，右手紧握直把，左手紧握横把，由左手向作业面垂直用力，转盘与作业面保持基本平行。

3）在研磨机/抛光机完全停下之前，不要放下研磨/抛光机。

4）不要对过于靠近边框、保险杠和其他可能咬住转盘外沿的部位进行作业。

5）应时刻注意研磨/抛光机的电线，防止将电线卷入机器。

6）抛光时，应注意不要让灰尘飞到脸上，而应使其落向地板。

2. 轨道打蜡机

打蜡机是把车蜡打在漆面上，并将其抛出光泽的设备。打蜡机以椭圆形旋转，类似卫星绕地球旋转的轨道，故称轨道打蜡机。轨道打蜡机具有质量轻、做工细、转盘面积大、操作方便等特点，转盘的直径有 8in（203.2mm）、10in（254mm）和12in（304.8mm）三种。轨道打蜡机如图8-10所示。

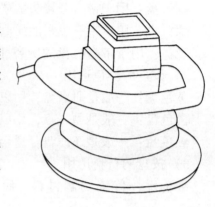

图8-10　轨道打蜡机

（1）轨道打蜡机的类型

轨道打蜡机大致可分为普通轨道打蜡机和离心式轨道打蜡机。普通轨道打蜡机由于转盘较小，使用材料较差，扶把位置不容易平衡等缺点，一般为非专业汽车美容场使用。专业汽车美容场大多使用离心式轨道打蜡机，离心式轨道打蜡机的动作是靠一种离心式的、无规律的轨道旋转来完成，这种旋转方式模拟人的手工操作，但比手工操作要快而且省事得多。

（2）轨道打蜡机的配套材料

打蜡机使用固定的打蜡盘，但盘套却有多种，打蜡机的配套材料主要是指打蜡盘的各种盘套：

1）打蜡盘套。打蜡盘套的作用是把蜡涂在车体上，其结构为：外层是毛巾套，底层是皮革，皮革起到防渗的作用。

2）抛蜡盘套。抛蜡盘套的作用是将蜡抛出光泽，其材料有全棉制品、全毛或混纺制品、海绵制品三种。目前使用最广泛的是全棉盘套，应选用针织密集、线绒较高、有柔和感的，越柔和发丝划痕越少，越能把蜡的光泽和深度抛出来。全棉盘套不宜反复使用，专业美容场大多一辆车换一个新的，即使不换新的，旧的也一定要洗干净，清洗时要使用柔和剂，否则晒干后发硬，有条件的最好使用防静电方式烘干。

（3）轨道打蜡机的操作方法

1）上蜡。若使用打蜡盘套上蜡，则将液体蜡转一圈倒在打蜡盘上，每次按0.5m² 的面积涂匀，直至打完全车；不使用打蜡盘套上蜡，可用海绵或毛巾蘸蜡少许，每次按 $0.5m^2$ 的面积涂匀，直至全车打完。

2）凝固。上完蜡后，过几分钟时间，待车蜡凝固。

3）安装抛蜡盘套。检查抛蜡盘套，确认绒线中无杂质，将抛蜡盘套装上。

4）抛光。打开打蜡机，将其轻放在车体上横向（或纵向）进行覆盖式抛光，直至抛出令人满意的光泽。抛光路线如图 8-11 所示。

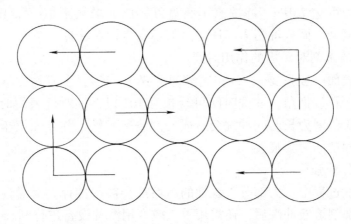

图 8-11　打蜡机抛光路线图

第四节　汽车美容操作工艺

一、清洗操作工艺

1. 操作工艺条件

（1）清洗剂的浓度

通常，清洗剂溶液的浓度增加，去垢效率也会增加，但浓度过大，去垢效率并不再增加，反而对漆层有破坏作用。清洗剂溶液对漆层的影响可用清洗剂的 pH 值来确定。当溶液的碱性增大，即溶液的 pH 值增大时，其去垢能力增加，但对漆层有不利影响；中性溶液对漆层无害，但又缺乏足够的去垢能力。实践证明，采用 pH 为 7.7～8 的弱碱性清洗剂溶液，既能保证去垢效果，又能使漆层不受影响。

（2）清洗剂的温度

清洗剂溶液温度越高，去垢作用越明显；但温度过高，往往会造成汽

车表面漆层发软。清洗剂到达汽车表面的温度为 30～40℃ 较合适。清洗剂溶液加温的温度可依管路的长短及当时的大气温度而定，一般冬季加温的温度要高一些，夏季要低一些。另外，在用清洗剂清洗汽车之前，先用温水冲洗一下被清洗表面，既增加清洗效果，又减少了清洗剂用量。

（3）冲洗压力

一般冲洗车身的压力为 3～5MPa 比较合适，如污垢多、清洗表面形状复杂，压力可达 7MPa，冲洗汽车底盘可将压力增大至 10～25MPa，因为底盘形状复杂，而且油污多，压力过低不易将污垢冲掉。

（4）清洗剂对污垢的作用时间

对外表面一般只要 3～5s，底盘冲洗要 7～10s，个别地方，如一些形状复杂的深孔、拐角，冲洗时间可延长至 10s 以上。对外表面的冲洗，时间不宜过长，因为长时间冲洗会造成局部漆层发软，并且在汽车表面形成一层难以冲洗的薄膜痕迹。

（5）作业强度

在冲洗过程中，大部分干燥性的污垢都会被水冲掉。黏滞性的污垢往往在用清洗剂溶液冲洗后，还需用手工或专用清洗设备进行刷洗。

（6）气温的影响

冬季清洗汽车，气温过低会使水结冰而引起漆膜开裂，应将水加热进行冲洗，并及时擦拭干净。夏季不应在阳光下进行冲洗，由于水分蒸发会使车身遗留下干燥的水珠污迹，这点对轿车和客车显得尤为重要。

2. 汽车外部的清洗

汽车外部的污垢主要是灰尘、泥土、沥青以及润滑油渗漏所形成的油垢，这些污垢如不及时清洗，会造成车身和行走机构的机件严重锈蚀、早期龟裂、松脱，并影响检修拆装，因此应隔一定时间或行驶一定里程清洗一次。清洗的方法有人工水压清洗和专用设备清洗。

（1）人工水压清洗

人工水压清洗是应用最广的汽车外部清洗方法，它是靠具有压力的水通过喷头来冲洗汽车表面的尘土和污垢。清洗中应根据车型、清洗的部位和污染的程度来确定水的压力。一是低压清洗，主要适用于清洗客车和轿车的车身；二是高压清洗，主要适用于清洗货车、工程车等的车身。

1）操作方法。

① 先用清水冲掉内外表面的泥垢。对于积垢较多的表面，须用毛刷

加以刷洗，以减少去垢剂的用量。

② 选用合适的清洗剂溶液冲洗表面，使整个汽车表面得以浸湿。

③ 用毛刷、海绵或擦布清洗全部表面。对污垢较多的地方，可用毛刷蘸清洗剂进行刷洗。

④ 用清水冲洗掉残留在表面上的清洗剂溶液。

⑤ 清洗后还没干燥之前，应不断地用湿润的清洁软布擦拭已清洗的表面，对于镀铬表面应重点擦拭，最后用干布再擦拭一次。汽车底盘一般不进行擦拭，任其自然干燥。

2）汽车外部清洗顺序。

① 先从车顶开始冲洗，使污物由上往下流出。

② 冲完车顶后再冲洗前后风窗玻璃、门窗玻璃及车身四周的污物。

③ 用水柱清洗车轮挡泥板内侧及凹缘处。

④ 使用水柱清洗减振器上的积泥。

⑤ 用清水冲洗车门板下部的积泥。

⑥ 用刷子及清水清洗前、后保险杠上的污泥。

⑦ 用布、刷子或海绵清洗轮辋护盖上的污泥。

⑧ 用水柱彻底清洗前挡泥板上的污泥。

⑨ 清洗后挡泥板、后保险杠和车身的接缝处。

⑩ 清洗后视镜和车窗。

⑪ 用高压水枪清洗车身底盘各总成外壳上的污垢。

⑫ 全车用毛巾与水柱清洗完后，再用半湿性毛巾擦干车身表面。重点擦干前、后风窗玻璃及门窗玻璃。

（2）专用设备清洗

专用设备清洗效率高、质量好、节约用水，是汽车清洗发展的方向，大中型汽车清洗场，一般都采用大型专用设备对汽车进行清洗。

专用汽车清洗设备可分为半自动和全自动两种。两种的共同点是：驾驶人将待洗的汽车驶入洗车线的车道中，发动机熄火，拉起驻车制动，紧闭车门、车窗。不同之处是：半自动需要人工来操作洗车机上的功能按钮，全自动只要按下机器上的起动钮即可全程操作。专用设备清洗的方法，在清洗设备中已有介绍。使用专用设备清洗汽车应注意以下几点：

1）驾驶汽车用低速档进入洗车道，将车平稳停放在洗车道中所设计的位置，并将车门、车窗紧闭。

2）注意水蜡选用。在未开始清洗前，应先告诉清洗场人员，是否需要加水蜡一起清洗。因为水蜡在清洗过程中，同时也清洗了各处的玻璃，一旦下雨水蜡会附着在玻璃上，尤其前风窗玻璃，在刮水片的作用下会造成视线模糊，所以在汽车清洗中，是否选用水蜡应慎重。

3）注意洗后慢行。刚洗完的汽车，车轮及制动鼓没有完全干燥，汽车应减速慢行，一是避免高速行驶将地面上的灰尘再度附着在有水分的车轮上；二是制动鼓中有水分，会影响制动效果。

3. 汽车内室清洁

（1）清洁的方法

可用"掸、擦、吸、洗"来概括：

1）掸：用鸡毛掸掸去内壁及物品上的浮尘。

2）擦：用干净毛巾擦去仪表板及其他部位的灰尘。

3）吸：用吸尘器吸去地毯、座椅内壁及行李箱中的灰尘。

4）洗：定期对座椅罩、地毯、脚垫、安全带等部位进行清洗。

（2）不同部位的清洗

1）车内顶篷的清洁。顶篷上的主要污垢是浮尘，应先用吸尘器进行大面积清洁，然后根据顶篷的材料选择清洁剂进行清洁。必须注意的是顶篷内的填充物是辐热吸音材料，具有很强的吸水能力，清洁时一定要用稍干一些的布，否则会使清洁剂浸湿顶篷内的材料。

2）控制台的清洁。控制台上各种仪表和按钮比较多，而且台面凸凹不平，清洁起来比较困难。在清洁之前，可根据各部位的不同特点，自制一些不同厚度的木片并将其头部分别削成三角形、矩形、尖形等，然后把它包在干净的毛巾里，用于清洁沟沟坎坎之处。这种方法不仅清洁效果好，而且不会损伤台面。

3）车厢地毯的清洗。清洗地毯应注意不能用水清洗，而应选用泡沫型的清洗剂浸泡地毯，然后用毛刷刷洗地毯，待地毯干燥后再用刷子将地毯毛膨起。另外，要保持车厢地毯干燥，以免天长日久造成地毯霉烂和车厢地板锈蚀。

4）安全带的清洗。安全带不能选用染色剂或漂白剂作为清洗剂，而应使用中性的清洁剂和温水进行清洗，否则将会降低安全带的强度。

（3）不同材料的清洗

1）皮革制品的清洗。车内座椅、仪表板等大多是由皮革制成的。对皮革制品可直接用湿毛巾擦拭，对于严重油污，可配合使用皮革清洗剂，仪表板在清洗后，可涂上一层液体水蜡，防止阳光照射发生龟裂。

2）塑料制品的清洗。对仪表板、顶篷支架，座椅护围等处的塑料制品，首先将专用清洗剂喷洒在塑料表面上，然后用毛刷蘸清水刷洗表面，直至细纹中的污垢完全被清除，再用半湿性毛巾擦净或刷掉污垢，如果去污力不够强，可视油污轻重而确定清洗剂的稀释比例，加大力度，但仍然应该由轻到重，以免出现失光白化现象。

3）橡胶制品的清洗。首先将专用清洗剂喷洒在半湿毛巾上，然后直接擦洗橡胶部件，再换用干净的半湿毛巾擦净表面的清洗剂。切勿使用毛刷，以免使橡胶件失去光泽。

4）化纤制品的清洗。车厢内衬及座椅面套如果是化纤制品，应先将表面灰尘用吸尘器吸净，然后将化纤专用清洗剂喷在需清洁的化纤制品表面，润湿 5min，待污物充分溶解、松化，再用毛巾擦拭即可。

进行上述物品清洗时，应注意不能用碱性较强的洗衣粉或洗洁精清洗，更不能使用汽油、煤油、玻璃清洗剂或漂白粉。

（4）汽车清洗的注意事项

1）注意天气。清洗汽车外表面最好在室内或背阴处清洗，不允许在阳光直射下清洗，也不允许在严寒中清洗。

2）注意密封。清洗前应当将全部车门、车窗、发动机罩、行李箱盖、通风孔、空气入口严密关闭，封严发动机电气系统，以防清洗时进水，造成短路、窜电和锈蚀。

3）注意积水。在没有干燥设备的场地清洗时，最好将汽车停在带有小坡度的空地或路面，以便清洗后清洗剂和水能自己流尽。

4）注意制动。清洗汽车轮毂内侧时，要防止进水，如发现进水，可低速运行，反复踩制动踏板造成摩擦，产生热量使其自行干燥。

5）注意水压。手工清洗时，要用软管。水的压力要适宜，水压力过高，会造成车外表污物硬粒划伤漆面。

6）注意沾溅。清洗中内外装饰件不慎被沾溅上污物，应趁污物未干时，尽快清洗。如已干固，要用清水或清洗剂、软毛刷慢慢刷洗，不允许用硬质工具刮除。

7）注意溶剂。不允许用碱、煤油、汽油、矿物油及酸等溶剂直接清洗汽车外表面。

8）注意锈迹。镀铬件清洗后如有锈迹，可用白垩粉或牙粉撒在法兰绒上，蘸上氨水或松节油擦拭。擦毕，再涂上防锈透明漆。

二、护理操作工艺

1. 新车表面漆膜的最初护理

（1）新车开蜡

对汽车生产厂家为防止新车在储运过程中漆膜受损所喷涂的封漆蜡，在购车后应进行除蜡处理。新车开蜡的目的：封漆蜡不同于上光蜡，该蜡没有光泽，严重影响汽车美观。另外，汽车在使用中，封漆蜡易粘附灰尘，且不易清洗。因此，购车后必须将封漆蜡清除掉，同时涂上新车保护蜡。

开蜡的操作方法：

1）在环境温度20℃以上时，准备好高压清洗机、喷雾器等，选择阴凉无风地段，远离草木植被。

2）对车身进行高压冲洗，去除车身表面尘埃及其他附着物。

3）将开蜡用品按说明书中的比例进行混合，然后装入手动或电动喷雾器中待用。

4）用喷雾器按自上而下的顺序将开蜡用品喷于车身表面，确保每个部位都被溶液覆盖，保持湿润3～5min，使开蜡用品完全渗透于蜡层。

5）用毛巾或无纺布擦拭车辆表面，然后用高压水枪冲洗，注意缝隙处不流残液。

6）检查车辆表面是否残留有未洗净蜡迹，若存在，应将其洗净，最后将车擦干。

（2）新车上蜡

汽车表面的封漆蜡被除去后，要涂抹新车上光蜡。新车上光蜡主要有两种：一种叫"新车保护蜡"；另一种叫"新车蜡"。新车保护蜡含有大量高分子聚合物成分，常见的是"特氟隆"，它有很强的抗氧化、抗腐蚀功能，这种蜡在平常洗车情况下是不会被洗掉的，涂抹一次一般能保持一年之久。国内目前普遍使用的是一种叫"隐形车衣"（产品号 T-28）的新车保护蜡。新车蜡则是一种不含抛光剂的柔和的蜡，该蜡一般保持不了12个月。新车除去封漆蜡后首先要使用的是新车保护蜡，在日常洗车后可使用新车蜡。

2. 汽车表面漆膜的特殊护理

（1）研磨与抛光

研磨与抛光属同一类护理作业，研磨是当车漆表面出现氧化、轻微失光或细小划痕时进行的护理作业，抛光是研磨后的一道工序，用于去除打磨痕迹。

1）正确使用研磨、抛光用品。

① 注意面漆种类的不同。风干漆与烤漆，其表面都可做研磨（抛光）处理，但其所用的研磨（抛光）用品是不一样的，因为这类漆本身所含溶剂不同，用错会造成漆膜变软、裂口及变色。纯色漆与金属漆所使用的研磨（抛光）用品不但可增加漆面亮质，而且能使金属（或珍珠）的闪光效果更清澈，更富立体感。

② 注意漆面颜色不同。浅颜色漆与深颜色漆的研磨（抛光）用品不能混用。浅颜色漆若用了深颜色漆的研磨（抛光）用品会使漆膜颜色变深，出现花脸；反之，漆膜颜色会变淡，出现雾影，严重影响外观。

③ 研磨剂与抛光剂要分清。先用研磨剂研磨，然后再用抛光剂进行抛光。如果颠倒使用不但浪费抛光剂，而且达不到应有的研磨效果。

④ 机器用品与手工用品要分清。机器用研磨（抛光）用品必须配合专用研磨/抛光机使用；手工用品则是用棉布直接手涂研磨（抛光）。机器用品用手工操作费工费时，且效果极差，手工用品用机器操作则浪费严重。

⑤ 漆膜保护增光剂与镜面处理剂要分清。镜面处理剂是对漆面进行增光处理的专用剂，其保护作用不如保护增光剂；保护增光剂含有许多成分，可在漆面上形成一层保护膜，抵御外界紫外线、酸雨、静电粉尘、水渍的侵害。

⑥ 含硅产品与不含硅产品在使用范围上应分清。含硅产品在漆面修补时应尽量避免使用，因为漆膜一旦粘有硅质，对漆面修补来说是很难处理的。

2）研磨的方法。

① 将车身清洗干净，待水分干燥后，仔细检查有无残留尘土沙粒。

② 用1500号砂纸对车身表面的划痕进行打磨，应选用高品质研磨砂纸，否则因沙粒不均会造成新的划痕。

③ 选用附着羊毛球底垫的研磨机，仔细检查底垫上是否沾有异物，

以免拉伤漆膜。

④ 用机器研磨剂进行全车身研磨时，将适量的研磨剂挤涂在羊毛底盘垫上对漆面进行研磨，有划痕和网纹处可多使用一点研磨剂或者研磨时间长一些，但需要掌握好力度，否则会击穿漆层。

⑤ 用研磨机在进行曲面作业时或在塑料件及补过漆的部位研磨时，要掌握好持机力度，电动机转速不可超过 2000r/min。

⑥ 对无法使用研磨机处理的部位，可用棉布沾少许手工研磨剂均匀地摩擦漆面，然后用干净的软布擦去漆面上经研磨留下的粉状沉积物。

3）抛光的方法。

研磨后，应选用抛光剂进行全车抛光，以除去漆面上更细小的划痕以及研磨所遗留的研磨痕迹，使漆面达到光洁如镜的程度，其抛光方法与研磨大致相同。抛光之后在漆面涂一层还原剂，起密封和增亮作用。

（2）打蜡

1）打蜡的方法。

打蜡有手工打蜡和上蜡机打蜡两种方式。手工打蜡便于掌握均匀度，不会出现一圈圈的痕迹，但耗时较长。电动圆盘式上蜡机打蜡时间短、效率高，可快速将车蜡在车身上打匀，但对操作技术要求很高，若操作不当，车身表面会出现圈痕。打蜡的方法是：

① 清洗车辆，待车身完全干燥后才能上蜡。

② 用手工方式打蜡，应将适量车蜡涂在海绵块上，然后在车身表面做直线往复涂抹，不可涂涂停停。车蜡在车上涂抹 8~10min，待蜡渗透于面漆内，再用麂皮均匀擦拭，将蜡层擦得光滑如镜为止。

③ 使用上蜡机打蜡时，将车蜡涂在海绵垫上，操作时不可用力过大，以免将原漆打起。

④ 打蜡作业完成后，应清除车灯、车牌、车门和行李箱等处缝隙中的残留车蜡，这些车蜡如不及时清除，不仅影响车身美观，而且还可能产生锈蚀。因此，应仔细检查，彻底清除干净。

2）打蜡注意事项。

① 根据汽车使用环境及车蜡的品质确定打蜡频率。车辆使用环境较好，且有车库停放，一般每隔 3~4 个月打一次蜡；另外，所用车蜡的品质好，打蜡后保持时间长，打蜡时间间隔可适当延长。当然这也并非是硬性规定，一般用手触摸车身感觉不光滑或光泽较差时，可再次打蜡。

② 切不可在阳光直射下或车身温度过高时打蜡。车蜡中起主要保护作用的是严密的电硅分子结构，在阳光下或车身温度过高时，电硅分子键会分解，使车蜡保护作用被破坏。这时打蜡，车身表面看似光亮，但一经雨淋或洗车，车身便失去应有的光泽。

③ 上蜡时要特别注意不要将车蜡涂抹到门边塑料装饰条、前后塑料保险杠及车体其他塑料件上。

④ 上蜡后，应等待 8～10min 再将蜡抛出光泽。

3. 汽车内室的护理

为延长汽车内室各部件的使用寿命，保持其光泽，在清洗结束后，应进行必要的护理作业。

（1）杀菌除味

车内地毯、脚垫；冷暖风口、顶篷丝绒、丝绒座椅、真皮座椅及各缝隙等部位受潮后特别容易滋生细菌，出现异味，应定期进行杀菌消毒除味。

（2）增光护理

车内清洁干净后，应及时进行上光护理。传统内室护理产品只有单一的上光功能，起不到保护作用。新一代上光剂内含表面活化剂和软化剂，不仅具有增光作用，还具有护理功能，用后迅速滋润表面，恢复弹性和光滑状态，防止龟裂、硬化及脱色等现象发生。

（3）塑料件上光

汽车内室的塑料件应定期使用塑料上光剂进行上光处理，上光剂使用时可喷涂也可以擦涂，经处理的塑料件表面光亮如新，并可防止塑料老化。

（4）皮革件上光

选用皮革清洁柔顺剂和上光保护剂对皮革件进行上光处理。方法是先将清洁柔顺剂喷在皮革件上，浸润 1～2min 后擦干，再喷施上光保护剂，再浸润 1～2min 后根据需要擦干，干燥后即可。

4. 车身局部修补

中、小型汽车美容场（店）大多以清洗、护理美容作业为主，同时对车身不太严重的损伤做局部修补。下面介绍一些操作简单又比较实用的局部修补方法。

（1）表漆轻微擦伤的修补

车身表漆轻微的擦伤，比较实用的修补方法是在伤痕部分填上与表漆颜色相同的彩色镀膜剂。操作方法如下：

1）用清洁剂将车身清洗干净。

2）涂上镀膜剂。

3）等待 20～30s 后，用布擦拭干净。

4）经过两三次上述操作，漆膜即会光滑如新。

（2）浅细伤痕的修补

对很浅但是可以比较清楚看见的伤痕，如很浅的表漆刮伤，可用混合剂处理。混合剂是一种含有细粉末的液体研磨剂，可将车漆表面轻轻磨下很薄的一层，去掉伤痕。方法是将混合剂蘸在布上，以伤痕部分为中心，直线擦拭，伤痕消失后，用更细的混合剂擦拭之后再打上蜡即可。浅细伤痕的修补方法如下：

1）用手指检查伤痕，浅细的伤痕可用混合剂消除。

2）将混合剂蘸于布上（最好用法兰绒布）。

3）以伤痕为中心，直线擦拭。

4）一边擦拭，一边检查光滑程度。

5）当伤痕不显眼时，即可停止。

6）换用更细的混合剂操作，最后打上蜡即可。

（3）表漆剥落的修补

对范围很小的表漆剥落，可采用涂装饰漆的方法进行修补。修补方法如下：

1）先用油漆稀释液擦拭伤痕周围，去除污垢。

2）伤痕最深的部分，用牙签将它彻底清理干净。

3）仔细将胶纸贴在伤痕周围，以免误将无关的部分涂上油漆。

4）用毛笔涂上修饰漆。

5）完全干燥需要一周的时间，干燥后用耐水纸蘸上肥皂水涂抹，使表面平滑。

6）然后用混合剂擦出光壳，最后打上蜡，工作即告结束。

（4）尖锐划痕的修补

由锐器造成的划痕，可用彩色油灰修补，修补方法如下：

1）用 300 号砂纸打磨。

2）将污物、灰尘完全清除。

3）用刮刀将彩色油灰填入伤痕。

4）等待 30min 左右，干燥后再涂一层。

5）完全硬化后用 300 号砂纸一边蘸水一边打磨，然后用 1000 号细砂纸打磨。

6）喷上漆后，最后用混合剂整理表面。

（5）凹陷的修补

对范围很小的凹陷，修补方法如下：

1）以凹面为中心用 100 号砂纸打磨，将凹面的涂料磨去。

2）挤出油灰硬化剂，用刮刀混合。

3）刮取油灰，按照从凹面中间部分向外侧扩展的要领涂上油灰。

4）油灰完全硬化后，包上耐水砂纸顺着曲面研磨。

5）用 1000 号耐水细砂纸研磨，使表面光滑。

6）喷上底层涂料后再喷上与车身颜色相同的漆，分几次薄薄地反复涂抹。

第五节 汽车美容安全操作规程和环境保护措施

一、汽车美容安全操作规程

1. 清洗、护理作业安全操作规程

汽车表面清洗、护理中所使用的清洗剂大多带有一定毒性和腐蚀性，施工现场有水、电、气等，也有一定的危险性。为确保施工安全，施工人员必须遵守以下安全操作规程：

1）施工中必须树立安全第一的观念，严格遵守操作规程，杜绝事故发生。

2）施工人员必须熟悉施工现场及周围环境，了解水、电、气开关的位置及救护器材的位置，以备应急之用。

3）现场施工人员直接接触酸、碱液时，应穿工作服、胶鞋和防腐蚀手套，必要时应戴防毒口罩。

4）注意用电安全。地线必须接地，防止漏电；不要用湿手和湿物接触开关，要严防触电。施工结束后，要及时把电源切断。

5）清洗、护理作业现场必须整洁有序，严禁烟火。清洗、护理现场

必须配备必需的消防设备和消防器材。

6）清洗、护理设备在使用前应进行试运转；使用后应清理干净并妥善保管。按要求维护，如有故障应及时排除。

7）施工中排放的清洗废液应符合排放要求，不许随意乱排放。

8）施工安全工作要有专人负责，定期检查，并不断总结安全施工的经验，确保安全施工。

2. 修补涂装作业安全操作规程

修补涂装施工条件较差，操作者大多在充满溶剂气体的环境中作业，不安全因素较多，操作者应熟知本工种作业特点和所用工具设备的安全操作方法，以确保安全施工。

1）施工场地必须有良好的通风条件，若室内施工，要有良好的通风设备。

2）操作前根据作业要求，穿好工作服和工作鞋，戴好工作帽、口罩、手套、鞋罩和防毒面具。

3）操作人员应熟悉所使用的设备，使用前应进行检查。施工完毕将设备、工具清洁干净，摆放整齐。

4）用钢丝刷、锉刀、气动和电动工具进行金属表面处理时，必须佩戴防护镜，以免眼睛沾污和受伤，如遇粉尘较多，应戴防护口罩，以防呼吸道感染。打磨施工中应注意物面有无突出毛刺，以防刮伤手指。

5）酸、碱溶液要严格保管，谨慎使用。搬运酸、碱溶液时应使用专用工具，严禁肩扛、手抱。用氢氧化钠清除旧漆膜时，必须佩戴乳胶手套和防护眼镜，穿戴涂胶（或塑料）围裙和鞋罩。

6）施工场地的易燃品、棉纱等应随时清除，并严禁烟火。涂料库房要隔绝火源，并有消防用品，要有严禁烟火的标志。

7）工作结束时打扫施工场地，残漆、废纸、线头、废砂纸等要随时清理，放置在垃圾箱内。

3. 设备安全操作规程

1）操作人员应熟悉所使用的工具、设备，使用前应检查各零部件是否安装牢固，各紧固件连接是否牢靠，电缆及插头有无损坏、开关是否灵活及可靠。

2）使用前应检查所用电压是否符合规定，电源电压应尽量使用220V，如电源电压为380V时，应检查接地是否良好，并注意地线标记。

3）使用电动工具、设备操作时，应检查是否接地，电线要有胶管保护，检查后接通电源空运转，检查声音是否正常。使用中如发现有火花、异响、过热、冒烟或转数不足等现象，应停止使用，修复后再继续使用。

4）各种电器开关均应为密封式，并操作方便。各电气元器件应保持清洁，接触良好，轴承及变速器内的润滑油每半年更换一次。

5）使用风动工具时，必须防止由于连接不牢而造成空气损失和人身事故。

6）工具在转动中不得随处放置，需要放置时应关机，停稳后再放下。工具不用时应存放在干燥处，以防受潮与锈蚀。

7）施工场地的照明设备应有防爆装置。

8）如用手灯照明，必须使用 36V 安全电压。

二、汽车美容作业中的环境保护措施

汽车美容作业中所产生的废水、废气、废物等污染物，若处理不当将导致环境污染，造成社会性公害。以清洗、护理作业为主的汽车美容场（店），废水的污染又尤其突出，下面着重介绍废水的处理。

汽车美容的清洗、护理作业中，产生大量的废水，这些废水中含有油污、清洗剂等有害物质，必须进行净化处理才能排放，以减少环境污染。

1. 废水处理方法

（1）油污的处理

清洗汽车车身、底盘时产生大量的含油废液。这种油污主要以乳化油的状态存在，油分散的粒径很小，不易从废液中去除，通常采用破乳—油水分离的方法进行净化处理。其基本原理如下：

1）破乳。主要用外加药剂来破坏废液中的乳化胶体溶液的稳定性，使其凝聚。常用的药剂有氯化钙、氯化钠、氯化镁等。为了使油珠和其他悬浮物尽快分离，并生成微小的凝絮，还需投加混凝液，常用的混凝液有硫酸铝、聚合氯化铝、硫酸亚铁、活化硅酸、聚丙烯酰胺等。

2）油水分离。通过破乳、凝聚处理，油珠和杂质生成凝絮。然后用物理方法通过油水分层，去除沉淀，达到分离的目的。油水分离的方法有自然浮上、加压浮上、电解浮上、凝聚沉淀和粗粒化等。自然浮上：将废液露天存放，经一定时间使乳化状油污形成小滴析出，浮在水面上。加压浮上：对废液施加一定压力，使油污分子变大，与水分离，浮在水面上。

电解浮上：向废液中加入电解质溶液，使油污颗粒形成较大的颗粒与水分离，浮聚在水面上。凝聚沉淀：向废液中加入混凝剂，使油污颗粒失去稳定性，凝聚形成较大的颗粒与水分离沉淀于底层。粗粒化：用机械或物理的方法，使水中细小的胶体悬浮颗粒失去稳定性，经碰撞和凝聚变成较大颗粒或油污胶体。

3）水质净化。经破乳、油水分离后，水中的油分和有机物都大大降低，但水中还存在着微量的油和一些水溶性表面活性剂，可通过吸附、过滤除去。常用的吸附、过滤材料有活性炭、焦炭、磺化煤、砂、聚丙烯纤维。油污处理的工艺流程见图8-12。

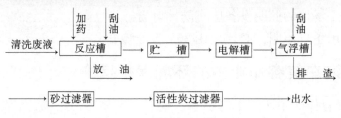

图 8-12　油污处理工艺流程

（2）碱性废液的处理

汽车表面清洗大多采用碱性清洗剂，对废液中的碱可采用中和法进行处理。

1）将碱洗废液与酸洗废液互相中和，使 pH 值为 6～8。此法省药剂，简便易行，成本低。

2）加药中和法。常用的中和剂为工业用硫酸、盐酸或硝酸，此法效果好、时间短，但成本高。中和各种碱性废液所需酸量见表8-8。

表 8-8　中和各种碱性废液所需酸量

需酸量 碱性物质	中和 $1kg$ 碱所需酸的质量数/kg					
	H_2SO_4		HCl		HNO_3	
	100%	98%	100%	36%	100%	42%
NaOH（氢氧化钠）	1.22	1.24	0.91	2.53	1.57	3.74
Na_2CO_3（碳酸钠）	0.92	0.94	0.69	1.92	1.19	2.93
Na_3PO_4（磷酸钠）	0.90	0.92	0.67	1.86	1.15	2.74
Na_2SiO_3（硅酸钠）	0.80	0.82	0.60	1.67	1.03	2.45
$Na_5P_3O_{10}$（三聚磷酸钠）	0.67	0.80	0.50	1.66	0.86	2.05

（3）酸性废液的处理

对酸性废液的处理通常也采用中和法。

1）将酸性废液与碱性废液相互中和，使 pH 值为 6～9。此法节省中和药剂，费用低，但处理效果不稳定。

2）采用加药中和法。常用的中和剂有纯碱、烧碱、氨水、石灰乳、碳酸钙等。此法适应性强，效果好，但成本较高。中和各种酸性废液所需碱量见表 8-9。

表 8-9 中和各种酸性废液所需碱量

需碱量 酸性物质	中和 1kg 酸所需碱的质量数/kg				
	NaOH	Na_2CO_3	NH_4OH	Ca（OH）$_2$	$CaCO_3$
HCl（盐酸）	1.10	1.45	0.96	1.01	1.37
HNO（硝酸）	0.64	0.84	0.56	0.59	0.80
H_2SO_4（硫酸）	0.82	1.08	0.71	0.76	1.02
HF（氢氟酸）	2.00	2.65	1.75	1.85	2.50
H_3PO_4（磷酸）	1.22	1.62	1.07	1.13	1.53
NH_4SO_3H（氨基磺酸）	0.41	0.55	0.36	0.38	0.52
$H_2C_2O_4$（醋酸）	0.64	0.84	0.58	0.62	0.83

2. 废水再生利用

汽车美容行业中水消耗量最大，仅以洗车为例，一个洗车场平均每天要消耗水在 10m³ 以上，一个中等规模的城市至少有 100 多家洗车场，每年洗车场所消耗的水量就达 40 多万 m³，从全国范围看，其数目更是令人触目惊心。我国是个严重缺水的国家，水资源的再生利用具有重要的现实意义。如果把洗车用过的废水进行处理后再用，不仅可以节约用水，降低成本，而且还可以减少水的污染，是一件利国利民的大好事。

（1）主要设备

废水再生利用的主要设备有水泵、蓄水箱、沉淀池、过滤槽和过滤塔。其中过滤塔的结构最复杂，它由塔身和五道过滤层组成，过滤层依次为鹅卵石层、方解石层、棕纤维层、海绵层和净水剂层。

（2）工艺流程

废水再生利用的工艺流程如图 8-13 所示。

1）废水回收。首先要控制废水的流向，洗车场应建有封闭的废水回流地沟，确保洗车废水都能流入地沟，地沟的出口为过滤槽。

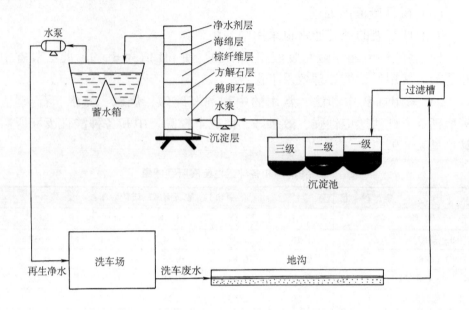

图 8-13　废水再生利用工艺流程

2）初次过滤。初次过滤的目的是吸附、沉淀或除去部分泥沙等粗大颗粒。该工序在过滤槽中进行，过滤槽中设有方解石层、海绵层和净水层三道过滤层。废水经过滤槽中三道过滤层过滤后进入沉淀池。

3）沉淀处理。沉淀处理的目的是除去水中的悬浮颗粒。废水经初次过滤后进入沉淀池进行静态沉淀处理，沉淀池有 3 个或多个池连接，每个池中放入适量的方解石和絮凝剂，相邻两个沉淀池在适当高度留有溢口，以便循环水循序进入 1、2、3 级或多级沉淀池。经过沉淀处理的废水在水泵的作用下进入过滤塔。

4）净化处理。净化处理也称渗吸处理，这是废水的最后一次过滤，经此次过滤的废水基本上可以达到洗车用水的标准。净化处理在过滤塔中进行，废水在塔内依次经鹅卵石层、方解石层、棕纤维层、海绵层和净水剂层进行净化。过滤出来的杂质沉淀于塔内底层，通过释放阀可将沉淀物排出。净化后的水最后流入蓄水箱，蓄水箱中的水经过一段时间的静置便可再次使用。上述废水再生利用所需的设备和原材料都很简单，技术和工艺要求也不高，投资也不大，废水再生利用率可达 70%，非常适用于汽车美容行业。

第 九 章

汽车装饰与汽车防盗

第一节　汽 车 装 饰

一、汽车太阳膜装饰

贴上太阳膜除了能降低车内的温度、减轻空调的负担之外，太阳膜还有另一作用，即装饰的作用。若太阳膜的颜色能与车型和车身的颜色搭配得当，将产生意想不到的装饰效果。

1. 如何选择合适的太阳膜

（1）太阳膜的选用原则

1）适用性原则。根据对隐秘性的要求选择不同深度的防爆太阳膜，太阳膜一般透光率较高者，其颜色较浅，反之亦然。

2）美观性原则。所谓美观，即注重太阳膜与汽车漆面颜色的合理搭配。

3）经济性原则。由于太阳膜选用的材质及制造工艺不同，其价格差异很大。普通太阳膜材料选用混合铝，价位较低，防爆能力相对较弱；防爆太阳膜采用镍、钛、铬等金属，经特殊工艺贴合处理而成，价位高，防爆性、夜视性和耐磨性均较优良。

（2）汽车太阳膜按其成分不同可分为四个等级

1）染色纸。染色纸俗称黑纸，耐磨性较差、易褪色。

2）反射铝。这种隔热纸通常是新车赠品，表面镀有高反射的蒸发铝，缺点是易被氧化腐蚀。

3）混合铝。即混合染色纸及反射铝，因采用双层贴合，具有中等的防爆效果。

4）镍钛金属。采用镍钛、钛铬等金属成分，电感涂层和高压式胶膜贴合处理，具有良好的隔热和安全防爆效果，是目前汽车用太阳膜的主流。

（3）太阳膜的选择方法

太阳膜的隔热性是评价太阳膜好坏的一个很重要的因素，但仅凭眼睛和手是无法判定太阳膜质量高低的。如果有条件，可以做以下试验来比较选择：在一个碘钨灯上放一块贴上合格膜的玻璃，用手指感到一丝热；而换上另一块贴着不合格膜的玻璃，马上感到手热，这样好坏的区别一下子就出来了。另外在挑选膜的颜色时，不要在太阳光底下看它颜色的深浅，而应将它放在车窗上，并把车门关好。只有这样试过之后，才不会和你想要的颜色有误差，因为在阳光下单看一种膜的颜色都是很浅的。

2. 如何贴汽车太阳膜

（1）贴膜前准备

1）洗车。特别要注重汽车玻璃的表面清洁，清洁时要使用专门的玻璃清洁剂，在清除灰尘同时，还要求彻底清除玻璃上附着的污物，这道工序通常配合专用贴膜刮板共同完成。另外，要注意玻璃橡胶压条缝隙的清洁。

2）下料。根据汽车待贴玻璃的形状，裁剪防爆太阳膜。下料时要先准备各车型玻璃样板，一般汽车美容企业应配备常见车型的玻璃形状样板。对于无样板玻璃的贴膜，首先要自制样板，制作方法是将清洁良好的玻璃表面洒一层水，然后把适当厚度的塑料薄膜吸附在玻璃上，根据边缘线的特点，划出玻璃样板，应该注意的是，样板要比划线超出 3～5mm。

（2）粘贴施工

1）进一步清洁待贴玻璃。

2）做好玻璃与防爆太阳膜的对中标记。

3）喷洒水性粘结剂。

4）从玻璃中部向边角变化较多部位逐步刮贴，刮除玻璃与膜之间的液泡和气泡。

5）最后完成边角处刮贴。

二、加装天窗

汽车天窗是在汽车顶部设置的窗口，加装天窗的主要目的是有利于车厢内通风换气。另外，有了天窗还为驾车摄影、摄像提供了便利条件。

汽车天窗在国外有100多年的历史，已经成为汽车文化的一部分。我国轿车安装天窗相对较晚，但近年来发展很快。现在各大汽车制造商纷纷推出自己的"天窗版"轿车，如上海通用的别克赛欧和别克、一汽大众的宝来等。但由于加装天窗后会增大汽车成本，汽车制造商从成本的角度考虑，原装车大多是不带天窗的，而是在汽车售后根据车主需要加装天窗。

1. 汽车天窗的种类

汽车天窗按驱动方式的不同可分为手动式和电动式。手动天窗主要有外倾式和敞篷式，此类天窗结构比较简单，价格也较便宜，且便于安装；电动天窗主要有内藏式、外倾式和外滑式，此类天窗档次较高，价格较贵，安装时由于要走线，安装难度较大。

2. 汽车天窗的作用

1）换气。换气是汽车开天窗最直接、最主要的目的。没有安装天窗的汽车，遇到车内空气污浊，如废气、吸烟、夏季车内霉变等，常用打开侧窗的方法给车内换气。这种方法不仅使乘客感到不舒服，而且车外污浊的空气和噪声也进入车内。汽车在污染严重的城市道路上行驶时，为减少车外污浊空气进入车内，乘客一般都不得不关上侧窗。而在车窗密闭的汽车里，二氧化碳、细小微粒大量积聚，空气的污浊程度往往比车外还要严重。天窗作为一种新型的换气设备，可以很好地解决车厢内通风换气问题。它采用负压换气，抽去车内浑浊的空气，增加新鲜空气的流动，改善空气循环，始终保持车内新鲜空气的流通，提高车内乘坐的舒适性，减少驾驶员的疲劳驾驶。

2）节能。开启天窗可降低车内温度，加强冷气效果，节省能源。经测试，阳光暴晒下的车内温度可高达60℃。这时打开天窗，比开空调降低车内温度速度快2~3倍。并可降低能耗30%左右。

3）除雾。春夏两季雨水多、湿度大，前风窗玻璃容易形成雾气。打开车顶天窗至后翘通风位置，可以轻易消除前风窗的雾气，改善视觉效果，保证行车安全。使用天窗除雾，不仅快捷，而且不必担心雨水被吹进车内。

4）开阔视野。天窗可以使视野开阔，亲近自然、沐浴阳光，驱除被封在车厢内的压抑感。

5）提高汽车档次。天窗不仅是一种很好的换气设备，还起到美观装饰作用。目前，大部分进口高档汽车上基本都配有天窗。

3. 汽车天窗的选用和安装

汽车天窗的选用：

1）看产地。目前市面上出售的天窗大多数是美国、德国、法国及荷兰等国的产品。由于天窗对技术、材料和加工工艺的要求很高，在选择天窗时需谨慎，务必选择质量好，工艺成熟，在国外相当知名、在国内也有完善售后服务体系的品牌天窗。

2）看价格。不同种类的天窗价格相差很大。另外，天窗结构、产地不同，价格也有一定的差异。

3）看质量。天窗的质量是保证正常使用的关键，挑选时应从天窗的外观、框架刚度、机械结构及电控装置等方面认真判别，高质量的天窗应外观光滑平顺、框架刚度较好、机械结构合理、工艺精致、使用舒畅。

4）看款式。天窗的种类繁多，一般每一款天窗都可以搭配几种车型，客户可根据自己喜欢的驱动方式和所驾驶的车型选择适合的天窗。一般手动外滑式、手动外倾式、电动外滑式主要适用于经济型轿车，而内藏式天窗适用于高档商务车。

5）看规格。对于不同规格的天窗建议选取比较大一点的，这样天窗安装后边框离纵梁越近，安全稳定性越高。相反如果尺寸太小，会使天窗在行驶颠簸中形成"打鼓"现象。

汽车天窗的安装：

1）天窗产品对安装技术、安装材料和装配工艺要求很高，在选择天窗服务商时，需谨慎，务必选择经验丰富并有完善售后服务保障体系的安装服务商。

2）天窗的内外两层框架的合并是关键技术，要边合并边做密封处理，只要安装得科学合理，一般天窗是不可能发生漏水现象的，天窗安装完毕后必须做淋水试验。

3）内藏式天窗一般在边框上有4～6个固定支撑点，用螺钉固定在车门纵梁上，无须车顶承重。外倾式天窗，安装后要保证天窗的内外框架用12～16个螺钉夹紧在车顶上，使天窗与车顶基本连成一体。

4）天窗的保修期，一般是1～3年不等。

三、汽车真皮座椅装饰

1. 汽车真皮座椅的优点

1）提高汽车配备档次，让汽车能够在视觉上、触觉上，甚至在味觉上都有一个好的心理感觉，而且可使汽车增色不少。

2）真皮座椅不像绒布座椅那么容易藏污纳垢，顶多只是灰尘落在座椅的表面，不会堆积在座椅的较深处而不易清理。

3）真皮座椅的散热性比绒布座椅要好，在炎热的夏日，真皮座椅只会表面较热，轻拍几下，热气会很快消散。所以，长时间坐在皮椅上时，也会将体热散去，而不像绒布座椅那么吸热。

2. 汽车真皮座椅的选择

1）选择传统式皮椅。所谓传统式，是指换装真皮椅前将原有的绒布座椅拆除，然后再重新缝制一层真皮。这样做的好处是店家完全可以按照原来的椅型及椅面上缝隙，重新缝制一张完全符合座椅造型的真皮。这样不仅可以保持原设计时的线条，更可确保在长久使用的情形下，椅面不至于变形或易位。

2）选择椅套式皮椅。所谓椅套式，是指店家已经制好的皮椅套，只需将它买来往自己车子的椅子上一套即可。拆装自如、相对便宜的售价是椅套式的最大优点，但长时间使用，容易变形、易位。现在已有更好的方法，将椅套固定在绒布座椅上，即通过类似固定胶条的东西，将椅套牢牢粘住，甚至连皱褶和沟纹都能再现。

3. 汽车真皮座椅的识别

如果到装饰店等地方换装真皮座椅，换前最好通过检查皮样来鉴别一下所用皮子的真假。首先要看韧性，即延展度。拿一小块皮样，然后使劲拉一拉，如果延展性不错，那么说明这张皮是人造皮，即所谓的假皮，真皮的延展性是不佳的；其次，要看皮子的抗火性。人造皮含有塑胶成分，容易燃烧，如果拿人造皮样来烧烧看，人造皮就会马上烧起来，而真正的牛皮是很难烧着的。再者，还可以检查皮样的纤维，把皮样翻过来，看看它的底部，如果皮子底部有自然纤维存在，毛毛的，这张皮是真皮。如果反面没有纤维，很光滑或有一层绒布粘在上面，那么很可能就是假皮。

四、汽车座垫

1. 汽车座垫的种类

（1）按座垫材质不同分类

1）纯毛座垫。纯毛座垫是颇受欢迎的座垫品种，它具有乘坐舒适、柔软度好、透气性能优良等特点，同时还可以有效防止车座静电产生。

2）混纺座垫。根据编织的原料不同，可细分为棉麻混纺座垫、棉毛混纺座垫和化纤与棉麻混纺座垫。

3）帘式座垫。帘式座垫一般用硬塑制品或竹制品串连而成，其透气性极佳，适于高温季节或车室空调环境不良的情况下使用。

（2）按座垫辅助功能不同分类

1）普通座垫。

2）防汗座垫。主要指帘式座垫，因其具有良好的透气能力，有利于消汗降温。

3）保健座垫。随着人们保健需求的提高，车用保健座垫应运而生，其主要功能是通过振动按摩或磁场效应，改善乘员身体局部新陈代谢，促进血液循环，消除紧张疲劳，最终达到保健目的。

2. 座垫的选用

1）经济性原则。纯毛座垫价格高，适于中高档汽车使用，而中低档车辆宜选用混纺座垫。

2）实用性原则。根据汽车室内温度条件，选择合适种类的座垫。同时要根据汽车档次，确定座垫的配备。

五、汽车护理车套

1. 汽车护理车套的特点

1）防水。

2）防紫外线辐射。

3）防腐防霉。

4）对车表漆面无磨损。

5）适合各种气候。

6）适合各种车型。

7）易于收藏。

2. 汽车护理车套的使用

（1）盖上车套

1）覆盖前要把天线、放电器杆收好。

2）先盖好发动机部位，然后拉过车顶及车身。

3）将车套向车身两边拉下。

4）把橡胶部分套在轿车前后保险杠上。

（2）除下车套

1）首先移开附于车后保险杠外套部分，向车顶摺起 1m 左右。

2）在前保险杠处重复上述动作。

3）将车身两边摺起大约 45cm。

4）把车套紧贴卷起，然后放回贮藏袋。

3. 汽车护理车套的清洁护理

车套一般由高密度聚氯乙烯制成，有较强的耐腐能力。但在使用过程中，要对其定期进行清洁护理，清洗时最好选用洗车液，不宜使用碱性较强的洗洁精和热水。擦洗时可用海绵或软巾，严禁用刷子进行刷洗。

六、汽车车内饰品

车内饰品既能美化车内环境，又能给车主带来几分愉悦。车内饰品种类很多，按照功能可分为观赏类饰品和实用类饰品两种。

1. 观赏类饰品

观赏类饰品按照与车体连接形式可分为挂饰、贴饰和摆饰三种。

（1）挂饰

挂饰是将饰品通过绳、链等连接件，悬挂在车内顶部的一种装饰。挂饰按饰品的不同可分为以下五类：

1）画像类。主要有伟人照、明星照及佛像等饰品。有的由金属或陶瓷材料制成，有的是照片直接塑封而成。

2）徽章类。主要有国徽、会徽、名车商标、企业标志等饰品，一般由金属或陶瓷材料制作。

3）花果类。主要有彩花、水果等饰品，由绸缎、塑料等材料制成。

4）玩具类。主要有布偶娃娃及卡通小动物饰品，由毛绒和陶瓷等材料制成。

5）物品类。主要有风铃、灯笼、千纸鹤等饰品。车内风铃一般由金属材料制成，千纸鹤一般由塑料薄膜或纸制作，灯笼主要由绒布制成。

（2）贴饰

贴饰是将图案和标语等制在贴膜上，然后粘贴在车内的装饰。贴饰按内容的不同可分为以下三类：

1）商标类。大多为名车商标。

2）图片类。主要有人物、名车及卡通等图片。

3）公益广告类。主要是对驾驶人及乘员的提醒或警告的标语，如

"注意安全""车内严禁吸烟""注意车内卫生"等。

（3）摆饰

摆饰是将饰品摆放在汽车控制台或座椅上的一种装饰，主要有以下两类：

1）展示品类。主要有名车模型、地球仪、水平仪、国旗及精美的珍藏品等，一般摆放在汽车控制台上。

2）布偶类。私家轿车习惯上前座是夫妻两人的专位，后方才是孩子们的活动空间，做父母的总会在后座放几个布偶给孩子们当玩具。不过，由于现在很多布偶制作得相当精美，也备受年轻人和女性车主的青睐。

2. 实用类饰品

1）汽车钟，用于显示时间。

2）汽车指南针，用于指示方向，有的指南针还可显示汽车的水平度。

3）汽车温度计，用于指示车内温度。

4）饮料及手机架，用于放置饮料和手机。

5）车用水杯架，用于放置水杯。

6）眼镜架，用于放置眼镜。

7）空气清新器，用于制造足够的负离子，提高车内氧含量，具有消除车内烟雾、水汽、异味及强杀菌等功能，使车内空气清新怡人。

8）转向盘套。在转向盘上装上高档牛皮制作的转向盘套，不仅美观，而且可以防滑。

9）操纵杆套，主要有变速杆套和驻车制动杆套。

10）纸巾盒套，用于放置纸巾，纸巾盒套外观很精美。

11）便利袋。有遮阳板便利袋、收纳便利袋、饮料食物便利袋等。

七、汽车用香品

1. 车用香品的功能

1）净化车内空气。车用香品能清除车内异味、杀灭细菌，从而使车内空气得到净化。

2）营造温馨环境。车用香品怡人的芳香，营造了温馨、舒适的车内环境，增添了车内浪漫情趣。车内一种好的香品配置，就像是一首优美的抒情诗、一段迷人的曲子、一杯浓郁的香茗。

3）利于行车安全。车用香品使车内空气清新，具有清醒头脑、抗抑郁和使人镇定等功效，从而减少行车事故的发生率。

4）兼作车内饰品。车用香品的容器造型各异，绚丽多彩，可与车内饰品相媲美，让人赏心悦目，具有独特的装饰效果。

2. 车用香品的种类

现今市面上的车用香品种类繁多，这些香品按形态可分为气雾型、液体型和固体型3种。

1）气雾型车用香品可分为干雾型、湿雾型等多个品种。这种香水里的除臭剂可以覆盖车内某些特殊异味，比如行李箱味、烟草味、鱼腥味和小动物体味等。

2）液体型车用香品俗称车用香水，在车内使用比较广泛，具有气味浓香、使用便利等特点，但使用周期短，需要补充。

3）固体型车用香品具有香味清淡、使用周期长、无须补充等特点，也是车内使用较多的香品。

3. 车用香品的选用

目前，国内市场的车用香品主要来自日本、韩国和我国的台湾省。

选购车用香品时，应根据车辆、季节及车主性别、性格、爱好等因素合理选用。选用香品首先要看其颜色及包装品的造型是否与汽车外观、造型、车饰等相互和谐。如香品选用适当，会构成车室的整体美。如选用不当，会感到很不协调。不同的季节应选用不同的香品，在寒冷或炎热的冬夏，如果车内经常开空调，应选用具有较强挥发性的车用香品，以便有效地去除空调机的异味；而在冷暖适宜的春秋，可以挑选喜爱的香型。车主的性别及爱好不同所选香品有很大差异，大多数女性对各种清甜的水果香、淡雅的花香比较欢迎。但有的女性反对色泽艳丽、造型雅致的玻璃瓶装香水。另外，动物造型的车用香品，因其具有活泼可爱、风趣等特点，受到很多成熟女性的喜爱。大多数男性车主喜欢车用香品外观造型单调、古朴，如果造型过于夸张、色彩过于艳丽，使人感到不宜，选用淡雅的古龙香、琉璃香、龙涎香等车用香品比较适合，在外观上，木纹、皮革等样式比较适宜。

第二节　汽车防盗

一、汽车防盗器的功能

随着汽车防护要求的提高，车用防盗器的功能也日趋完备，目前市场上汽车防盗器主要功能如下：

1）防盗设定与解除。其主要作用是警戒车辆，以防被盗或受侵害。

2）全自动设防。若车主忘记设防，报警器将自动进入防盗警戒状态。

3）静音设防与静音解除。静音设防与解除无噪声，适合于在夜间、医院和特殊环境下使用。

4）二次设防。设防解除后，若30s内车主未开车门，则主机自动进入防盗状态。

5）寻车功能。在停车场内帮助车主寻找车辆。

6）求救。在紧急事态发生时，能设定紧急呼救。

7）振动感应器暂时关闭。遇恶劣天气，但汽车处在安全环境下，使用此功能可减少误报和噪声。

8）进场维修模式。适用于汽车进场维修，遥控器无须交给维修厂，安全方便。

9）行车时控制功能。点火后车门自动落锁，熄火后车门自动开锁，车辆使用安全、方便。

10）密码抗扫描。电脑自动判别密码正确与否，并过滤扫描器信号；杜绝扫描密码，因而可防止盗贼用扫描器扫描报警密码盗车。

11）跳码抗复制。每次进行设防和解除警戒时，主机及遥控器都同时更改密码，防止盗贼用无线电截码器截码盗车。

12）遥控起动。提高效率，节省暖车时间。

二、汽车防盗器的种类

汽车防盗器按其结构可分为机械式、电子式和网络式三类。

1. 机械式防盗器

采用金属材料制作各种防盗锁具，包括转向柱锁、转向盘锁、变速杆锁、踏板锁（离合器踏板锁、制动踏板锁）、车轮锁等，通过这些防盗锁具锁住汽车的操纵部件，使窃贼无法将汽车开走。该防盗器简单易行、价格便宜、工作可靠，缺点是不具备报警功能。

1）转向柱锁。主要由锁杆、凸轮轴、锁止器挡块、开锁杠杆和开锁按钮等组成。当驾驶人从钥匙筒拔出钥匙后，转向柱便被锁住，使汽车无法驾驶。

2）转向盘锁。该锁有两种结构：一种是直杆结构，由锁杆、锁栓和锁组成，两个锁栓分别固定在转向盘的径向两相对端，锁杆的另一头插在车内任意地方固定，以防止窃贼转动转向盘；另一种结构形似拐杖，一端挂在转向盘上，另一端挂在离合器踏板上（装有自动变速器的汽车则挂在制动踏板上），一旦锁定，则转向盘不能转动，档位也挂不上。

3）踏板锁。踏板锁主要有制动踏板锁和离合器踏板锁两种，该防盗锁锁在制动或离合器踏板杆上，使汽车无法挂档或处于制动状态，窃贼无法开走汽车。

4）变速杆锁。该防盗锁简便又坚固，材质采用特殊高硬度合金钢制造，防撬、防钻、防锯，且采用同材质镍银合金锁芯和钥匙，没有原厂配备的钥匙极难打开，如果钥匙丢失，可用原厂电脑卡复制钥匙。另外，还有一种可将变速杆和转向盘锁在一起的防盗锁，采用这种锁可以同时防止窃贼转动转向盘和拨动变速杆。

5）车轮锁。该防盗锁锁在车轮上，使车轮无法转动。

2. 电子式防盗器

电子式防盗器也称微机防盗器，如果非法移动汽车、开启车门、油箱门、发动机罩、行李箱盖时，防盗器立刻发出警报，顿时灯光闪烁，警笛大作，同时切断起动电路、点火电路、喷油电路、供油电路和自动变速器电路，使汽车处于完全瘫痪状态。这类防盗器安装隐蔽、功能齐全、无线遥控、操作简便，是目前中、高档轿车上广泛使用的防盗器。电子式防盗器分为钥匙控制式和遥控式两种类型：

（1）钥匙控制式电子防盗器

1）点火钥匙控制式防盗器。点火钥匙控制式防盗器通过点火钥匙控制发动机起动，从而达到防盗目的。

工作原理是：点火钥匙上装有一片编了电阻值的晶片，每把钥匙所用的晶片有一特定阻值，其范围为 380～12300Ω。点火钥匙除了像常规钥匙那样必须与锁体匹配之外，其电码还要与起动机电路的编码吻合。当点火钥匙插入锁体时，晶片与电阻检测触头接触。当锁体转到起动档时，蓄电池电压便送至解码器模块。除此之外，钥匙晶片的电阻值也送至解码器模块。钥匙的电阻值与存储的电阻值比较，如果它们一致，"起动赋能继电器"便被激励，从而接通起动机电路，并发信号给电子控制模块（ECM），ECM 起动燃油输送。若钥匙晶片的电阻值与存储的电阻值不一致，解码器便禁止起动发动机 2～4min，尽管锁体已经转到了起动位置，发动机仍然不能起动，因为起动赋能继电器得不到激励。

2）门锁钥匙控制式防盗器。门锁钥匙控制式防盗器的作用是：当驾驶人将车门锁锁住时，同时接通了电子防盗系统电路，防盗系统开始进入工作状态。一旦有人非法打开车门，防盗系统一方面用蜂鸣器报警求救，另一方面切断点火系统电路，使发动机不能起动，于是起到防盗和报警的作用。

这种防盗器主要由电源、执行部分和控制电路等组成。电源的作用是向防盗系统提供电能；执行部分主要由报警蜂鸣器和切断点火电路的继电器组成；控制电路用来起动报警装置和控制发动机不能起动，以起到防盗的作用。

（2）遥控式电子防盗器

遥控式电子防盗器利用发射和接收设备，并通过电磁波或红外线来对车门进行锁止或开启。该防盗器在夜间无须灯光帮助就能方便快捷地将门锁锁止或开启。

1）遥控式电子防盗器的主要功能。

① 防盗设定。当设定防盗后，车门自动上锁，防盗系统处于警戒状态，一旦受到干扰，警报器系统立即报警。

② 防盗解除。按解除键时，车门自动开锁，防盗状态解除，否则，重新进入警戒状态。

③ 静音防盗。按静音设定键后，警报器不鸣叫，其他功能仍然执行。

④ 夜间寻车。在防盗状态下，可使车灯闪烁，方便夜间寻车。

⑤ 防抢与紧急求救。按下防劫键后，警报器鸣叫，信号灯闪烁，发动机熄火。

⑥ 中央门锁自动化。行驶中，按遥控器可遥控中控门锁开门或关门。

2）遥控式电子防盗器的种类。

遥控式电子防盗器种类繁多，根据密码发射方式的不同，可分为定码防盗器和跳码防盗器。

① 定码防盗器。早期的遥控式汽车防盗器是主机与遥控器各有一组相同的密码，遥控器发射密码，主机接收密码，从而完成防盗器的各种功能，这种密码发射方式称为第一代固定码发射方式（简称定码发射方式）。定码发射方式在汽车防盗器中的应用并不普及，其原因：一是密码量少，容易出现重复码，即发生一个遥控器控制多部车辆的现象；二是遥控器丢

失后，若单独更换遥控器极不安全，除非连同主机一道更换，但费用过高；三是安全性差，密码易被复印或盗取，从而使车辆被盗。

② 跳码防盗器。定码防盗器长期以来一直存在密码量少、容易出现重复码且密码极易被复制盗取等不安全问题，因此推出了密码学习式跳码防盗器，特点如下：

第一、遥控器的密码除身份码和指令码外，又多了一个跳码部分。跳码即密码依一定的编码函数，每发射一次，密码随即变化一次，密码不会被轻易复制或盗取，安全性极高。

第二、密码组合上亿组，根本杜绝了重复码。

第三、主机无密码，主机通过学习遥控器的密码，从而实现主机与遥控器之间的相互识别。若遥控器丢失，可安全且低成本地更换遥控器，无后顾之忧。

3. 网络式汽车防盗系统

网络式汽车防盗系统，是目前国际上比较流行而且比较先进实用的一种防盗方式。它是在充分总结了前几种防盗方式存在防盗方式单一、防盗不防劫的弊端之后，而发展起来的一种新型的汽车防盗方式。网络式汽车防盗系统主要有两种：一种是全球卫星定位，通过 GSM 进行无线传输的 GPS 防盗系统，俗称"天网"；另一种是以地面信标定位，通过有线和无线传输，对汽车进行定位跟踪和防盗防劫的 CAS 防盗系统，俗称"地网"。该类防盗系统最大的优点是改变了传统防盗器单一的技防功能，而增加了人防功能，它通过建立在天空和地面的"网"，对车辆进行及时报警并跟踪定位，从而使公安机关快速出警追堵被盗车辆成为可能，而且这种防盗系统具有阻断油、电路熄火停车等防盗又防劫的功能。

由我国研制开发的 E-eye 卫星定位汽车防盗通信系统已获得国家专利，经公安部等权威部门检测合格并批准生产。该系统具有全球卫星定位智能防盗报警、防劫、紧急援助、数码图像实时传输、免提全球移动通信、电话起动空调、智能语音对话、Internet 在线查询、热线服务九大功能。

该系统的防盗报警功能极其智能，如果进入车内未输密码或三次输入密码不正确，E-eye 卫星定位汽车防盗通信系统自动将此信息报送到车主预先设定的报警电话，如车主手机或住宅电话。车主接听电话后该系统会用语音的方式将警情通知车主，车主直接用手机可监控车辆的位置和状态，并可起动监听装置监听车内动静。如果确认车辆被盗，即可用电话下达指令，直接切断汽车电路，起动声光报警。即使车主出国旅行，只要车主的手机开通全球通，同样可接到汇报，万一报警时车主手机关了接不通，系统还会向车主注册的服务中心报警。

三、我国汽车防盗装置的相关标准

1. 汽车防盗装置技术标准

我国目前适用的汽车防盗装置技术标准有：

1）主要适用于机械防盗产品的相关标准是 GB 15740—2006《汽车防盗装置》、GA/T 73—2015《机械防盗锁》。前一个标准是对车辆原装的机械防盗装置要求，后一个标准则是对各种机械防盗锁的要求。综合它们的要求则可以得出车辆机械防盗装置的通常要求。常见的原装车门锁、点火开关锁以及后装的排档锁、转向盘锁、轮胎锁等属于此类产品。

2）适用于安装在乘用车上的车辆报警系统的我国相关标准是 GB 20816—2006《车辆防盗报警系统　乘用车》。本标准规定了安装在乘用车上的车辆报警系统的要求和试验方法，目的是确保车辆防盗报警系统具备高的安全性、防护性和可靠性，以及减少误报警。本标准适用于在设置警戒状态下对未经许可打开任何车门、行李厢门、前盖或发动机舱盖的行为实施探测、发出报警信号并能止动车辆的报警系统。

3）适用于联网防盗防抢报警（定位、跟踪）系统产品的我国相关标准有《报警传输系统串行数据接口的信息格式与协议》和《车辆反劫防盗联网报警系统技术要求》《车辆反劫防盗联网报警系统接口》等。而且，在车上使用的设备要以 GB 20816—2006《车辆防盗报警系统　乘用车》标准为基准。同时，联网必须依托通信，还要符合我国无线电管理和通信业标准。

4）车辆防盗产品采用和配备了探测器的，应当符合我国 GB 20816—2006《车辆防盗报警系统　乘用车》标准中的探测要求、消耗电流要求和误报警试验要求。同时，也要相应符合我国探测器如超声波、红外、微波、磁开关等一系列相关标准中的要求。

5）针对车辆被盗的作案手段，融合机械与电子的防范技术，我国制定了行业标准《机电一体化车辆防盗报警设备技术要求》，该标准引用已有的国家标准和行业标准，提出了机电一体化防盗报警的要求，提高了防范性能。

2. 汽车防盗装置安装标准

实践证明，车辆安装了防盗装置，仍然有可能被盗，这是因为除了防盗装置本身的不足与缺陷外，还由于安装不规范、服务不到位，未能发挥防盗装置的应有性能，有些甚至反而影响了车辆的性能。为了提高车辆整体防范性能，需要制定将这些车辆防盗报警器材，安装在车辆上的技术要求和管理规定，以便规范市场与服务。为此，我国于 2000 年制定了关于车辆防盗报警器材安装的公共安全行业标准 GA 366—2001《车辆防盗报警器材安装规范》，于 2001 年发布并实施。

第 十 章

二手汽车交易服务

近年来，随着我国国民经济的发展和市场经济的不断完善，全国汽车保有量迅速增加；尤其是进入 20 世纪 90 年代以来，每年以 100 万辆的速度递增，汽车流通渠道和方式由过去的单一分配转向多元化。在新形势下，生产企业和流通企业都感到必须稳定工商关系，建立一个利益共同体，共担风险、共拓市场，在汽车流通领域建立一套完整的运行规则已成为汽车行业的迫切需要。为此，国家商品流通行政主管部门提出在汽车流通领域建立现代汽车流通新体系，实现汽车行业流通体制和经济增长方式的转变，建立专业化、规模经营、高效通畅的流通渠道，形成适度分工、适度竞争的流通秩序，培育促进生产、保障消费的流通功能，达到低成本、高效率、高质量的流通效果。因此，国家注重把新车营销、二手车交易和报废车回收三个方面，相互有机地结合在一起，加快推进营销方式的改革，用科学化、法制化管理的手段建立现代汽车流通新体系。

第一节　二手汽车交易市场概述

一、二手汽车交易市场及其功能

二手汽车交易市场是二手汽车信息和资源的聚集地，是买主和卖主进行二手汽车商品交换和产权交易的场所。

二手汽车交易市场具备的功能是二手汽车鉴定估价、收购、销售、寄售、代购代销、租赁、拍卖、检测维修、配件供应、美容及信息服务，并为客户提供过户、上牌保险等多功能服务；另外它是地方各级政府指定的交易市场，因此它辅之以必要的政府协调功能，即严格按照国家的有关法规审查二手汽车交易的合法性，坚决杜绝盗抢车、走私车、非法拼装车和证照与规费凭证不全的车上市交易。二手汽车交易市场要接受行业主管部门的业务领导，接受工商、公安、税务、物价、国有资产局等综合管理部门的监督和管理。

二、我国二手汽车交易市场的建立

改革开放初期，我国汽车工业迅速发展，汽车保有量、私人汽车需求不断上升，以公有制为主体的运输车辆、社会零散车辆开始向私有运输业主流动，二手汽车交易买卖双方自行交易而有市无场。随着经济体制改革不断深化，社会主义市场经济逐渐形成，国民经济持续稳定发展，全国汽车保有量、私车保有量迅速增加，以汽车为主导的旧机动车交易也摆脱了以往束缚而蓬勃发展。为了正确引导和满足社会对二手汽车交易的客观需求，国家把二手汽车交易纳入汽车市场流通进行管理。1985 年 9 月，国务院办公厅转发国家工商行政管理局《关于汽车交易市场管理暂行规定》的通知明确指出：旧机动车（计划进口的旧机动车除外），必须在各省、自治区、直辖市人民政府指定的市场交易，凭市场交易凭证办理过户手续。按规定应报废的机动车辆禁止销售。至此，各地相继建立二手汽车交易市场。二手汽车交易市场的建立，完善了我国汽车的新车营销、二手汽车交易、报废车回收与拆解的流通体系，满足了汽车消费者不同层次的需要。

三、我国二手汽车交易市场的发展过程

二手汽车市场的发展是随二手汽车交易量的增加而发展的。二手汽车的交易量和市场的发展由多方面因素影响，其中国家经济体制改革、国家宏观政策和经济环境的影响最为深刻。我国二手汽车市场的发展，大体经历了以下发展阶段。

1. 缓慢发展阶段

1985 年下半年，国家经济体制开始由计划经济向社会主义市场经济过渡。在这个历史变革时期，机动车资源还不充足，汽车市场呈卖方市场，价格居高不下，私人购买能力相对不足。开始，有些车主对二手汽车到指定市场交易的政策观念淡薄，有些车辆管理部门对二手汽车交易的政策执法不严，致使二手汽车场外成交严重；虽然二手汽车交易量呈上升趋势，但增加缓慢，二手汽车交易市场大都建立在经济发达的省会城市、计划单列城市和经济发达的地区。

2. 快速发展阶段

1993年11月，党的十四届三中全会通过的《中共中央关于建立社会主义市场经济体制若干问题的决定》指出："要明晰产权关系""让产权流动和重组"。从1994年初开始，为加速社会主义市场经济新体制的建立进程，国家加大了改革力度，相继出台了一系列改革措施。之后的几年间，国民经济持续稳定发展，汽车产量逐年上升；受国家宏观调控政策的影响，汽车市场呈买方市场，其价格逐年下降。随着经济发展的多元化，私营企业投资汽车营运业，私人汽车保有量以平均每年27%的速度迅速增长，社会汽车保有量也不断增多，加之国有企业富余车辆大量流动，在这个时期二手汽车的交易量大幅增加。从1994年以来，二手汽车交易每年均以20%～30%的速度增长，致使二手汽车交易迅速发展，形成一个庞大的市场。

但是我国的二手汽车交易市场发育还很不成熟，也很不完善，突出表现在以下几个方面。

（1）二手汽车流通渠道混乱

乡镇、个体搞二手汽车交易的现象严重，他们无场地、无资金、无专业人员，并存在许多非法交易行为，成为走私车、盗窃车、拼装车、报废车的销赃场所。还有的在交易中存在"私卖公高估价，公卖私低估价"的现象，造成国有资产严重流失。这不仅扰乱了正常的流通秩序，而且使消费者的合法权益得不到有效保障。

（2）监督执法部门办市场的现象依然存在

有些地方的监督执法部门对商品流通部门培育的市场不支持、不配合、另起炉灶，自己批市场、办市场，从中获取一定的利润，难以保证监督、执法的公正性。

（3）交易市场缺乏统一规划和规范管理

市场功能单一，缺乏必要的服务设施和手段，有些市场仅仅是办理过户的场所，不利于二手汽车市场的健康发展。另外完善各项功能所需的配套政策，比如税收、牌证管理、价格的评估标准等还没有理顺。因此，这阶段的交易市场在挖掘城乡潜在购买力方面比较薄弱，难以吸引广大客户，形不成较大的交易规模。

（4）与西方发达国家相比，在经营手段和服务功能等方面有较大的差距一是国外较大的二手汽车交易所，都普遍采用了计算机管理和科学定价方法，具有完备的检测维修和配件供应设施，并开展了二手汽车的收购、销售、寄售、代购、代销、租赁、拍卖、美容及信息咨询等功能的营销活动。而我国的二手汽车经营不论是经营服务功能还是配套设施都与之相距较大。二是二手汽车价格差距太大，如新西兰成交一辆使用了 4 年，行驶了 10 万 km 的日产高级轿车，仅需支付相当于 2 万元人民币；而在我国则需要 10 万元以上。三是经营二手汽车的利润差距较大。从国外新、二手汽车及维修服务的利润构成看，在总利润中，通常新车占 7%，二手汽车占 48%，维修和零部件供应占 45%；而我国的二手汽车经营主要以收取过户服务费为主，还没有认识到挖掘二手汽车经营的潜在效益。

针对二手汽车流通行业迅速发展的现状和行业内存在的问题，借鉴国外发达国家的先进经验，国家商品流通行业行政主管部门采取了积极措施，对二手汽车交易体系进行了培育和建设，扶持旧机动车流通行业的发展。一是在省会、直辖市、计划单列市等中心城市有选择地培育规模较大、设施完善、功能齐全、管理规范的旧机动车交易中心。通过这些中心的样板和带动作用，再逐步将中心交易的范围扩大到地级城市及乡村。二是加强有关二手汽车流通的法规建设，出台了《关于加强旧机动车流通行业管理意见》和《旧机动车交易管理办法》等。三是协调国家税务部门解决旧机动车流通中的有关税收问题。四是采取积极措施推动二手汽车拍卖、租赁等新型营销方式，引导汽车生产企业、新车营销企业和旧机动车经营企业共同开展汽车卖新收旧、以旧换新工作。五是会同劳动和社会保障部门制定并颁布《旧机动车鉴定估价师国家职业标准》，通过对旧机动车鉴定估价人员进行培训和考核，在整个行业推行持证上岗制度。六是建立旧机动车流通行业中介组织，架起政府和企业之间的桥梁，建立市场供求信息网络。随着对二手汽车流通行业的规范管理，我国的二手汽车交易市场初步形成了向深度和广度发展的态势。

3. 稳步发展阶段

2002 年，汽车整车企业开始进入二手汽车交易市场，为二手汽车交易市场的进一步发展注入了活力。2005 年 8 月，国家商务部 16 号令发布了《汽车贸易政策》，为二手汽车交易市场的进一步发展提供了国家政策支持和宽松的经济环境。我国的二手汽车交易市场进入稳步发展并逐步与国际接轨的阶段。

（1）汽车整车企业进入二手车市场

2002年上海通用率先推出"诚新二手车"置换价格优惠活动。2004年国内汽车厂家已有三家正式开展了二手车业务，它们是上海通用的"诚新二手车"、上海大众的"特选二手车"和一汽大众的"认证二手车"。

上海通用的"诚新二手车"是国内第一个二手车品牌，于2002年就正式推出"诚新二手车"置换价格优惠活动。2004年上海通用又出重拳：从8月26日至9月30日，全国46个城市的64家经销商统一推出"诚新二手车"免费估价、置换价格优惠、延长质量担保的三重超值回报，开展升级二手车置换别克新车的活动。

继上海通用之后，上海大众于2004年7月末推出了上海大众"特选二手车"品牌，上海大众的12家经销商首批获得经营二手车的资格，业务包括二手车置换、认证和销售业务等内容。9月1日，上海大众经销商开展了名为"特选二手车"的服务，包括二手车业务咨询及二手车免费评估、收购、置换项目。

一汽大众为了推出自己的品牌二手车，经过了长时间的调研和准备，制定出一套公开透明的二手车评估流程和整套标准，一批专业负责的二手车评估师经过培训持证上岗。2004年8月28日，北京博瑞祥弘汽车销售中心等16家经销商同时开业，成为首批一汽大众认证二手车样板店。一汽-大众在京举行了"一汽大众认证二手车"首批样板店开业典礼，宣布正式进军二手车市场。

汽车生产厂商和品牌经销商介入二手车业务具有明显的优势。首先，换车更方便快捷。厂家的品牌二手车交易都在指定的经销商处进行，旧车的评估、出售和新车的购买一站就可完成。换车者只需将旧车开到经销商那里，经评估后得到旧车的估价，然后补齐与新车的差价款，就可将新车开走。其次是可信度更高。厂家对二手车有一整套规范透明的质量评测标准与先进的评测手段，如上海通用的诚新二手车需经过33项专业技术检测，并对比同期市场行情提供公平、公正、透明的旧车收购价格。这样买品牌二手车将会更放心。第三是品牌二手车售后服务有保障。过去的二手车经纪公司由于规模较小，能给二手车客户提供的服务非常有限；而品牌二手车都是厂家认定的有实力的汽车经销商，他们普遍在维修等方面有明显优势，能为二手车用户提供更专业、品质更高的售后服务。

（2）国家商务部 16 号令发布《汽车贸易政策》

2005 年 8 月 10 日，国家商务部 16 号令发布了《汽车贸易政策》，并自发布之日起施行。《汽车贸易政策》为二手车市场的进一步发展提供了政策支持和宽松的经济环境。

《汽车贸易政策》共 8 章 49 条，内容涉及汽车销售、二手车流通、汽车配件流通、汽车报废与报废汽车回收、汽车对外贸易等领域，系统地提出了我国汽车贸易的发展方向、目标、经营规范和管理体制框架。在二手车流通方面，国家支持有条件的汽车品牌经销商等经营主体经营二手车以及在异地设立分支机构开展连锁经营。国家将实施二手车自愿评估制度，积极规范二手车鉴定评估行为。除涉及国有资产的车辆外，二手车的交易价格由买卖双方商定，当事人可以自愿委托具有资格的二手车鉴定评估机构进行评估，供交易时参考。除法律、行政法规规定外，任何单位和部门不得强制或变相强制对交易车辆进行评估。另外国家也将简化二手车交易、转移登记手续，并将实施二手车自愿评估制度，积极规范二手车鉴定评估行为。同时，还将售后服务明确写进条款中，要求二手车经营企业销售二手车时，应当向买方提供质量保证及售后服务承诺，在产品质量责任担保期内的，汽车供应商应当按承诺承担汽车质量保证和售后服务。

附：

商务部 2005 年 16 号令
汽车贸易政策（节录）

第四章 二手车流通

第十六条 国家鼓励二手车流通。建立竞争机制，拓展流通渠道，支持有条件的汽车品牌经销商等经营主体经营二手车，以及在异地设立分支机构开展连锁经营。

第十七条 积极创造条件，简化二手车交易、转移登记手续，提高车辆合法性与安全性的查询效率，降低交易成本，统一规范交易发票；强化二手车质量管理，推动二手车经销商提供优质售后服务。

第十八条 加快二手车市场的培育和建设，引导二手车交易市场转变观念，强化市场管理，拓展市场服务功能。

第十九条　实施二手车自愿评估制度。除涉及国有资产的车辆外，二手车的交易价格由买卖双方商定，当事人可以自愿委托具有资格的二手车鉴定评估机构进行评估，供交易时参考。除法律、行政法规规定外，任何单位和部门不得强制或变相强制对交易车辆进行评估。

第二十条　积极规范二手车鉴定评估行为。二手车鉴定评估机构应当本着"客观、真实、公正、公开"的原则，依据国家有关法律法规，开展二手车鉴定评估经营活动，出具车辆鉴定评估报告，明确车辆技术状况（包括是否属事故车辆等内容）。

第二十一条　二手车经营、拍卖企业在销售、拍卖二手车时，应当向买方提供真实情况，不得有隐瞒和欺诈行为。所销售和拍卖的车辆必须具有机动车号牌、《机动车登记证书》《机动车行驶证》、有效的机动车安全技术检验合格标志、车辆保险单和交纳税费凭证等。

第二十二条　二手车经营企业销售二手车时，应当向买方提供质量保证及售后服务承诺。在产品质量责任担保期内的，汽车供应商应当按国家有关法律法规以及向消费者的承诺，承担汽车质量保证和售后服务。

第二十三条　从事二手车拍卖和鉴定评估经营活动应当经省级商务主管部门核准。

第二节　二手汽车鉴定估价

一、二手汽车鉴定评估的基本概念和特点

1. 二手汽车鉴定评估的基本概念

二手汽车鉴定估价是指由专门的鉴定估价人员，按照特定的目的，遵循法定或公允的标准和程序，运用科学的方法，对二手汽车进行手续检查、技术鉴定和估算价格的过程。二手汽车鉴定估价从实质上来说，是市场经济的产物，是适应生产资料市场流转的需要，由鉴定估价人员所掌握的市场资料，并在对市场进行预测的基础上，对二手汽车的现时价格做出预测估算。

通过对概念的解释可以看出，二手汽车鉴定估价由六大要素组成，即鉴定估价的主体、客体、特定目的、程序、标准和方法。鉴定估价的主体是指鉴定估价由谁来承担；鉴定估价的客体是指鉴定估价的对象；鉴定估价目的是指二手汽车发生的经济行为，直接决定鉴定估价标准和方法的选

择；鉴定估价标准是对鉴定估价采用的计价标准；鉴定估价的方法是用以确定二手汽车评估值的手段和途径。

2. 二手汽车鉴定估价的价值概念

二手汽车评估中的价值与价格，从现在应用状况上看，远不及经济学中定义的那样严格。二手汽车评估中的价值与价格概念经常处于混用状态，一般地讲，可以理解为交换价值或市场价格的概念。为了便于对评估价值的理解，可以从下述两个方面对评估价值加以认识。

（1）二手汽车评估的价值是交易价值

从某种意义上讲，二手汽车评估的价值是效用价值，是从"有用即值钱"的角度去探究值多少钱。二手汽车评估价值从表面上看是鉴定估价从业人员判定、估算的价值，但车辆价值的真实体现是产权交易发生时的交易价值，而交易价值的最终判定者是交易双方当事人。成功和正确的价值估定是交易双方当事人都认为合理并被认同的价值，因而二手汽车鉴定估价人员也应从交易双方当事人角度考虑二手汽车的价值问题。

（2）评估的价值是市场价值

从某种意义上说，被评估的车辆价值的真正意义是其作为市场价值的货币表现。因为二手汽车评估的依据来源于市场，具有现实的、接受市场检验的特征。二手汽车的价值是一个动态的概念，因而对其评估中的价值是指特定时间、地点和市场条件下的价值，具有很强的时效性，即二手汽车评估价值是指评估基准日的市场价值。

3. 机动车估价与折旧应区别的几个概念

（1）实体性贬值与折旧额

实体性贬值不同于折旧额，不能用账面上累计折旧额代替实体性贬值。折旧是由损耗决定的，但折旧并不就是损耗，折旧是高度政策化了的损耗。在车辆使用过程中，价值的运动依次经过价值损耗、价值转移和价值补偿，折旧作为转移价值，是在损耗的基础上确定的。

（2）使用年限与折旧年限

规定使用年限不同于规定折旧年限。折旧年限是对某一类资产做出的会计处理的统一标准，是一种高度集中的理论系数和常数，对于该类资产中的每一项资产虽然具有普遍性、同一性和法定性，但不具有实际磨损意义上的个别性或特殊性。实际上，它表现在以下几个方面的特性：

1）折旧年限是一个平均年限，对于同一类型中的任何一项资产均适用。

2）它是在考虑损耗的同时，又考虑社会技术经济政策和生产力发展水平，有时甚至以其为经济杠杆，体现对某类资产的鼓励或限制生产的政策。

3）它是以同类资产中，各项资产运转条件均相同的假定条件为前提的。

在这种情况下，同类型的资产，无论其所在地如何，维护情况、运行状况如何，均适用统一的折旧年限。因此，评估工作中，鉴定估价人员不能直接按照会计学中的折旧年限来取代使用年限。

（3）评估中成新率的确定与折旧年限确定的基础损耗本身具有差异性

确定折旧年限的损耗包括有形损耗（实体性损耗）和无形损耗；而评估中确定成新率的损耗，包括实体性损耗、功能性损耗和经济性损耗。其中，功能性损耗只是无形损耗的一种形式，而不是无形损耗的全部。

4. 二手汽车鉴定评估的特点

机动车作为一类资产，有别于其他类型的资产而有其自身的特点。其主要特点一是单位价值较大，使用时间较长；二是工程技术性强，使用范围广；三是使用强度、使用条件、维护水平差异很大；四是使用管理严，税费附加值高。由于车辆的本身特点决定了二手汽车鉴定估价的特点：

（1）二手汽车鉴定估价以技术鉴定为基础

由于机动车辆本身具有较强的工程技术特点，其技术含量较高。机动车在长期的使用中，由于机件的摩擦和自然力的作用，它处于不断磨损的过程中。随着使用里程和使用年数的增加，车辆实体的有形损耗和无形损耗加剧；其损耗程度的大小，因使用强度、使用条件、维修等水平差异很大。因此，评定车辆实物和价值状况，往往需要通过技术检测等技术手段来鉴定其损耗程度。

（2）二手汽车鉴定估价都以单台为评估对象

二手汽车单位价值相差比较大、规格型号多、车辆结构差异很大。为了保证评估质量，对于单位价值大的车辆，一般都是分整车、分部件逐台、逐件地进行鉴定评估。为了简化鉴定估价工作程序，节省时间，对于以产权转让为目的，单位价值小的车辆，也不排除采取"提篮作价"的评估方式。

（3）二手汽车鉴定估价要考虑其手续构成的价值

由于国家对车辆实行"户籍"管理，使用税费附加值高，对二手汽车进行鉴定估价时，除了估算其实体价值以外，还要考虑由"户籍"管理手续和各种使用税费构成的价值。

二、二手汽车鉴定估价的目的和任务

二手汽车鉴定估价的目的是为了正确反映机动车的价值量及其变动，为将要发生的经济行为提供公平的价格尺度。在二手汽车交易市场，二手汽车鉴定估价的主要目的和任务如下。

1. 确定二手汽车交易的成交额

按照国家有关规定，二手汽车成交，按其成交额收取一定的管理费，成交额是按二手汽车鉴定估价人员评估的价格来确定的。

2. 二手汽车的所有权转让

二手汽车在交易市场上进行买卖时，买卖双方对二手汽车交易价格的期望是不同的，甚至相差甚远。因此需要鉴定估价人员对被交易的二手汽车进行鉴定估价，评估的价格作为买卖双方成交的参考底价。

3. 抵押贷款

银行为了确保放贷安全，要求贷款人以机动车辆作为贷款抵押物。贷放者为回收贷款安全起见，要对二手汽车进行鉴定估价。而这种贷款的安全性在一定程度上取决于对抵押评估的准确性。

4. 法律诉讼咨询服务

当事人遇到机动车辆诉讼时，委托鉴定估价师对车辆进行评估，有助于把握事实真相；同时，法院判决时，可以依据鉴定估价师的结论为法院司法裁定提供现时价值依据。

5. 拍卖

对于公物车辆、执法机关罚没车辆、抵押车辆、企业清算车辆、海关获得的抵税和放弃车辆等，都需要对车辆进行鉴定估价，以在预期之日为拍卖车辆提供拍卖底价。

除此之外还有企业或个人的产权变动，如合资、合作和联营；企业分设、合并和兼并；企业出售、股份经营、企业清算或企业租赁等资产业务，必须要进行评估，也一定有二手汽车评估业务，只是这部分业务是局部或整体资产评估，且涉及国有资产。按国家有关规定，国有资产占用单位在委托评估之前，须向国有资产管理部门办理评估立项申请，待批准后方可委托评估机构进行评估。

二手汽车鉴定估价还有一个重要任务就是要鉴定、识别走私车、盗抢车、非法拼装车、报废车、手续不全的车，严禁这些车辆在二手汽车交易市场上交易。

三、二手汽车鉴定估价的业务类型

二手汽车鉴定估价业务类型是指鉴定估价的业务性质。按鉴定估价服务对象不同，把鉴定估价的业务类型分为交易类和咨询服务类。交易类业务是服务于二手汽车交易市场内部的交易业务，它是以收取交易管理费的一部分作为有偿服务；咨询服务类业务是服务于二手汽车交易市场外部的非交易业务，它是按各地方政府物价管理部门，对二手汽车鉴定估价制定的有关规定实行有偿服务，如融资业务的抵押贷款估价、为法院提供的咨询服务等。

四、二手汽车估价的标准

1. 资产评估简述

二手汽车属固定资产中的机器设备类别，鉴定估价的理论依据和估价方法都是以资产评估学为指导思想的。随着市场经济体制的建立和发展，企业资产的再生产已从一个封闭的系统走向了全面开放。不同所有者之间的合资、联营，企业之间的收购兼并，企业破产清算以及资产重组等资产业务的开展，使得资产流动逐渐社会化，加之融资租赁、抵押贷款、债券发行、风险担保等信用业务以及房地产业务的发展，国家行政事业单位的资产合理配置和流动都需要进行资产评估，使得资产评估逐渐发展成为一个专门性的职业。

2. 二手汽车估价的计价标准

和其他资产评估一样，二手汽车估价的计价标准是关于二手汽车估价所适用的价格标准的准则，它要求计价标准与旧机动车估价的业务相匹配。

二手汽车估价的计价标准是二手汽车评估价值形式上的具体化，二手汽车在价值形态上的计量可以有多种类型的价格，分别从不同的角度反映二手汽车的价值特征。这些价格不仅在质上不同，在量上也存在较大差异，而二手汽车评估业务所要求的具体计价标准却是唯一的，否则，就失去了正确反映和提供价值尺度的功能。因此，必须根据评估的目的，弄清楚所要求的价值尺度的内涵，从而确定二手汽车评估业务所适用的价格类别。

根据我国资产评估管理要求，二手汽车估价亦遵守这四种类型的标准：现行市价标准、收益现值标准、清算价格标准和重置成本标准。

（1）现行市价标准

现行市价是车辆在公平市场上的售卖价格。现行市价标准产生于公平市场，具有如下特征：有充分的市场竞争，买卖双方没有垄断和强制，双方都有足够的时间和能力了解实情，具有独立的判断和理智的选择。

决定现行市价的基本因素有：

1）基础价格。即车辆的生产成本价格。一般情况下，一辆车的生产成本高低决定其价格的高低。

2）供求关系。车辆价格与需求量成正比关系，与供应量成反比关系。当一辆车有多个买方竞买时，车的价格就会上升，反之则会下降。

3）质量因素。是指车辆本身功能、指标等技术参数及损耗状况。优质优价是市场经济法则，在二手汽车评估中，质量因素对车辆价格的影响必须予以充分考虑。

（2）收益现值标准

收益现值是指根据机动车辆未来预期获利能力的大小，按照"将本求利"的逆向思维——"以利索本"，以适宜的折现率或资本化率将未来收益折成现值。可见，收益现值是指为获得二手汽车以取得预期收益的权利所支付的货币总额。收益现值标准适用的前提条件是车辆投入使用，同时，投资者投资的直接目的是为了获得预期的收益。

（3）清算价格标准

清算价格是指在非正常市场上限制拍卖的价格。清算价格标准适用的前提条件，与现行市价标准的区别在于市场条件。现行市价是公平市场价格，而清算价格则是一种拍售价格，它由于受到期限限制和买主限制，其价格一般低于现行市价。在旧机动车交易的实践中，旧机动车的拍卖，均是这种性质的价格出售。

（4）重置成本标准

重置成本是指在现时条件下，按功能重置机动车并使其处于在用状态所耗费的成本。重置成本的构成与历史成本一样，也是反映车辆的购建、运输、注册登记等建设过程中全部费用的价格，只不过它是按现有技术条件和价格水平计算的。重置成本标准适用的前提是车辆处于在用状态，一方面反映车辆已经投入使用；另一方面反映车辆能够继续使用，对所有者具有使用价值。决定重置成本的两个因素是重置完全成本及其损耗（或称贬值）。

对于二手汽车评估计价标准的选择，必须与机动车经济行为的发生密切结合起来，不同的经济行为，所要求车辆评估价值的内涵是不一样的。如果不区别车辆经济行为确定评估价值类型——计价标准，或者笼统地确定机动车辆的评估值，就会失去评估价值的科学性。实际工作中，二手汽车评估的经济行为是多种多样的，要求鉴定估价人员充分理解机动车评估计价标准的涵义和适用前提，分析选择科学合理的计价标准。

五、二手汽车评估的假设

假设是任何一门学科形成的前提，相应的理论、观点和方法是建立在一定假设基础之上的。二手汽车的评估适用于资产评估的理论和方法，也是建立在一定的假设条件之上的。二手汽车评估的假设前提有继续使用假设、公开市场假设、清算（清偿）假设。

1. 继续使用假设

继续使用假设是指二手汽车将按现行用途继续使用，或转换用途继续使用。对这些车辆的评估，就要从继续使用的假设出发，而不能按车辆拆零出售零部件所得收入之和进行估价。比如一辆汽车用作营运，其估价可能是4万元；而将其拆成发动机、底盘等零部件分别出售时可能仅值3万元。可见同一车辆按不同的假设用作不同的目的，其价格是不一样的。

在确定机动车能否继续使用时，必须充分考虑的条件是：车辆具有显著的剩余使用寿命，而且能以其提供的服务或用途，满足所有者经营上或工作上期望的收益；车辆所有权明确，并保持完好；车辆从经济上和法律上允许转作他用；充分地考虑了车辆的使用功能。

2. 公开市场假设

公开市场是指充分发达与完善的市场条件。公开市场假设，是假定在市场上交易的二手汽车，交易双方彼此地位平等，都有获取足够市场信息的机会和时间，以便对车辆的功能、用途及其交易价格等做出理智的判断。

公开市场假设是基于市场客观存在的现实，即二手汽车在市场上可以公开买卖。不同类型的二手汽车，其性能、用途不同，市场程度也不一样，用途广泛的车辆一般比用途狭窄的车辆市场活跃，而不论车辆的买者或卖者都希望得到车辆的最大最佳效用。所谓最大最佳效用是指车辆在可能的范围内，用于最有利又可行和法律上允许的用途。在二手汽车评估时，按照公开市场假设处理或做适当地调整，才有可能使车辆获得的收益最大。最大最佳效用，由车辆所在地区，具体特定条件以及市场供求规律所决定。

3. 清算（清偿）假设

清算（清偿）假设是指机动车辆所有者，在某种压力下被强制进行整体或拆零，经协商或以拍卖方式在公开市场上出售。这种情况下的二手汽车评估具有一定的特殊性，适应强制出售中市场均衡被打破的实际情况，二手汽车的估价值大大低于继续使用或公开市场条件下的评估值。

综上所述，在二手汽车评估中，由于机动车辆未来效用有别而形成了"三种假设"。在不同假设条件下，评估结果各不相同。在继续使用假设前提下，要求评估二手汽车的继续使用价值；在公开市场假设前提下要求评估二手汽车的市场价格；在清算假设前提下要求评估二手汽车的清算价格。因此，二手汽车鉴定估价人员在业务活动中要充分分析了解，判断认定被评估车辆最可能的效用，以便得出二手汽车的公平价格。

六、二手汽车鉴定估价的主要依据

二手汽车鉴定估价工作和其他工作一样，在评估时必须有正确科学的依据，这样才能得出较正确的结论。其主要依据如下。

1. 理论依据

二手汽车鉴定估价的理论依据是资产评估学，其操作方法按国家规定的方法操作。

2. 政策法规依据

二手汽车鉴定估价工作政策性强，依据的主要政策法规有《国有资产评估管理办法》《国有资产评估管理办法实施细则》《汽车报废标准》等，以及其他方面的政策法规。

3. 二手汽车的价格依据

一是历史依据，主要是二手汽车的账面原值、净值等资料，它具有一定的客观性，但不能作为估价的直接依据；二是现实依据，即在评估价值时都要以基准日这一时点的现实条件为准，即现时的价格、现时的车辆功能状态等。

七、二手汽车鉴定估价的工作原则

二手汽车鉴定估价的工作原则是对二手汽车鉴定估价行为的规范。为了保证鉴定估价结果的真实、准确，并做到公平合理，被社会承认，就必须遵循一定的原则。

1. 公平性原则

公平、公正是二手汽车鉴定估价工作人员应遵守的一项最基本的道德规范。鉴定估价人员的思想作风、工作态度应当公正无私。对评估结果应该是公道、合理的，而绝对不能偏向任何一方。

2. 独立性原则

独立性原则是要求二手汽车鉴定估价工作人员，应该依据国家的有关法规和规章制度及可靠的资料数据，对被评估的二手汽车价格独立地做出评定。坚持独立性原则，是保证评估结果具有客观性的基础。鉴定估价人员的工作不应受外界干扰和委托者意图的影响，公证客观地进行评估工作。

3. 客观性原则

客观性原则是指评估结果应以充分的事实为依据。它要求对二手汽车计算所依据的数据资料必须真实，对技术状况的鉴定分析应该是实事求是。

4. 科学性原则

是指在二手汽车评估过程中，必须根据评估的特定目的，选择适用的评估标准和方法，使评估结果准确合理。

5. 专业性原则

专业性原则要求鉴定估价人员接受国家专门的职业培训，经职业技能鉴定合格后，由国家统一颁发执业证书，持证上岗。

6. 可行性原则

可行性原则又称有效性原则。要想使鉴定估价的结果真实可靠又简便易行，就要求鉴定估价人员是合格的，具有较高的素质；评估中利用的资料数据是真实可靠的，鉴定估价的程序与方法是合法的、科学的。

第三节　二手汽车评估的基本方法

二手汽车评估方法和资产评估的方法一样，按照国家规定的现行市价法、收益现值法、清算价格法、重置成本法四种方法进行。

一、现行市价法

现行市价法又称市场法、市场价格比较法。是指通过比较被评估车辆与最近售出类似车辆的异同，并将类似车辆的市场价格进行调整，从而确定被评估车辆价值的一种评估方法。

现行市价法是最直接、最简单的一种评估方法。这种方法的基本思路是：通过市场调查，选择一个或几个与评估车辆相同或类似的车辆作为参照物，分析参照物的构造、功能、性能、新旧程度、地区差别、交易条件及成交价格等，并与评估车辆一一对照比较，找出两者的差别及差别所反映的在价格上的差额，经过调整，计算出二手汽车的价格。

1. 现行市价法应用的前提条件

1）需要有一个充分发育、活跃的二手汽车交易市场，有充分的参照物可取。在二手汽车交易市场上二手汽车交易越频繁，与被评估相类似的车辆价格越容易获得。

2）参照物及其与被评估车辆可比较的指标、技术参数等资料是可收集到的，并且价值影响因素明确，可以量化。

运用现行市价法，重要的是要能够找到与被评估车辆相同或相类似的参照物，并且参照物是近期的，可比较的。所谓近期，即指参照物交易时间与车辆评估基准日时间相近，一般在一个季度之内。所谓可比即指车辆在规格、型号、功能、性能、内部结构、新旧程度及交易条件等方面不相上下。

2. 采用现行市价法评估的步骤

1）收集资料。收集评估对象的资料，包括车辆的类别名称车辆型号和性能、生产厂家及出厂年月，了解车辆目前使用情况、实际技术状况以及尚可使用的年限等。

2）选定二手汽车交易市场上可进行类比的对象。所选定的类比车辆必须具有可比性，可比性因素包括：

① 车辆型号。

247

② 车辆制造厂家。

③ 车辆来源，是私用、公务、商务车辆，还是营运出租车辆。

④ 车辆使用年限、行驶里程数。

⑤ 车辆实际技术状况。

⑥ 市场状况。指的是市场处于衰退萧条或是复苏繁荣，供求关系是买方市场还是卖方市场。

⑦ 交易动机和目的。车辆出售是以清偿为目的或是以淘汰转让为目的；买方是获利转手倒卖或是购建自用。不同情况交易作价往往有较大的差别。

⑧ 车辆所处的地理位置。不同地区的交易市场，同样车辆的价格有较大的差别。

⑨ 成交数量。单台交易与成批交易的价格会有一定差别。

⑩ 成交时间。应尽量采用近期成交的车辆作为类比对象。由于市场随时间的变化，往往受通货膨胀及市场供求关系变化的影响，价格有时波动很大。

按以上可比性因素选择参照对象，一般选择与被评估对象相同或相似的三个以上的交易案例。某些情况找不到多台可类比的对象时，应按上述可比性因素，仔细分析选定的类比对象是否具有一定的代表性，要认定其成交价的合理性，才能作为参照物。

3）分析、类比。综合上述可比性因素，对待评估的车辆与选定的类比对象进行认真的分析类比。

4）计算评估值。分析调整差异，做出结论。

3. 现行市价法的具体计算方法

运用现行市价法确定单台车辆价值通常采用直接法和类比法。

（1）直接法

直接法是指在市场上能找到与被评估车辆完全相同的车辆的现行市价，并依其价格直接作为被评估车辆评估价格的一种方法。

所谓完全相同是指车辆型号相同，但是在不同的时期，寻找同型号的车辆有时是比较困难的。我们认为，参照车辆与被评估车辆类别相同、主参数相同、结构性能相同，只是生产序号不同，并进行局部改动的车辆，则还是认为完全相同。

（2）类比法

类比法是指评估车辆时，在公开市场上找不到与之完全相同的车辆，但在公开市场上能找到与之相类似的车辆，以此为参照物，并依其价格再做相应的差异调整，从而确定被评估车辆价格的一种方法。所选参照物与评估基准日在时间上越近越好，实在无近期的参照物，也可以选择远期的，再进行日期修正。其基本计算公式为

评估价格 = 市场交易参照物价格 + ∑评估对象比交易参照
物优异的价格差额 − ∑交易参照物比评估对象
优异的价格差额

或者

评估价格 = 参照物价格 × （1 ± 调整系数）

用现行市价法进行评估，了解市场情况是很重要的，并且要全面了解，了解的情况越多，评估的准确性越高，这是市价法评估的关键。用现行市价法评估应该说已包含了该车辆的各种贬值因素，包括有形损耗的贬值、功能性贬值和经济性贬值。因为市场价格是综合反映了车辆的各种因素而体现的。由于车辆的有形损耗及功能陈旧而造成的贬值，自然会在市场价格中体现出来。经济性贬值则反映了社会上对各类产品综合的经济性贬值的大小，突出表现为供求关系的变化对市场价格的影响。因而用市场法评估不再专门计算功能性贬值和经济性贬值。

4. 采用现行市价法的优缺点

（1）现行市价法的优点

1）能够客观反映旧机动车辆目前的市场情况，其评估的参数、指标，直接从市场获得，评估值能反映市场现实价格。

2）评估结果易于被各方面理解和接受。

（2）现行市价法的缺点

1）需要公开及活跃的市场作为基础。然而我国二手汽车市场还发育不完全，不完善，寻找参照物有一定的困难。

2）可比因素多而复杂，即使是同一个生产厂家生产的同一型号的产品，同一天登记，由不同的车主使用，其使用强度、使用条件、维护水平等多种因素作用，其实际损耗、新旧程度都各不相同。

二、收益现值法

1. 收益现值法及其原理

收益现值法是将被评估的车辆，在剩余寿命期内预期收益用适用的折

现率折现为评估基准日的现值，并以此确定评估价格的一种方法。

采用收益现值法对二手汽车进行评估所确定的价值，是指为获得该机动车辆以取得预期收益的权利所支付的货币总额。

从原理上讲，收益现值法基于这样的事实：即人们之所以占有某车辆，主要是考虑这辆车能为自己带来一定的收益。如果某车辆的预期收益小，车辆的价格就不可能高；反之车辆的价格肯定就高。投资者投资购买车辆时，一般要进行可行性分析，其预计的回报率只有在超过评估时的折现率时，才肯支付货币额来购买车辆。在机动车的交易中，人们购买的目的往往不是在于车辆本身，而是车辆获利的能力。因此该方法较适用投资营运的车辆。

2. 收益现值法评估值的计算

收益现值法的评估值的计算，实际上就是对被评估车辆未来预期收益进行折现的过程。被评估车辆的评估值等于剩余寿命期内各期的收益现值之和，其基本计算公式为

$$P = \sum_{t=1}^{n} \frac{A_t}{(1+i)^t} = \frac{A_1}{(1+i)^1} + \frac{A_2}{(1+i)^2} + \cdots + \frac{A_n}{(1+i)^n} \qquad (1)$$

当 $A_1 = A_2 = \cdots = A_n = A$ 时，即 t 从 $1 \sim n$ 未来收益分别相同为 A 时，则有

$$P = A\left[\frac{1}{(1+i)^1} + \frac{1}{(1+i)^2} + \cdots + \frac{1}{(1+i)^n}\right] = A\frac{(1+i)^n - 1}{i(1+i)^n} \qquad (2)$$

当未来预期收益不等值时，应用式（1）；当未来预期收益等值时，应用式（2）。

式中　P——评估值；

A_t——未来第 t 个收益期的预期收益额，收益期有限时（机动车的收益期是有限的），A_t 中还包括期末车辆的残值，一般估算时残值忽略不计；

n——收益年期（剩余经济寿命的年限）；

i——折现率；

t——收益期，一般以年计。

其中，$\dfrac{1}{(1+i)^t}$ 称为现值系数；$\dfrac{(1+i)^n - 1}{i(1+i)^n}$ 称为年金现值系数。

3. 收益现值法中各评估参数的确定

（1）剩余经济寿命期的确定

剩余经济寿命期指从评估基准日到车辆到达报废的年限。如果剩余经济寿命期估计过长，就会高估车辆价格；反之，则会低估价格。因此，必须根据车辆的实际状况对剩余寿命做出正确的评定。对于各类汽车来说，该参数按《汽车报废标准》确定是很方便的。

（2）预期收益额的确定

收益法运用中，收益额的确定是关键。收益额是指由被评估对象，在使用过程中产生的超出其自身价值的溢余额。对于收益额的确定应把握两点：

1）收益额指的是车辆使用带来的未来收益期望值，是通过预测分析获得的。无论对于所有者还是购买者，判断某车辆是否有价值，首先应判断该车辆是否会带来收益。对其收益的判断，不仅仅是看现在的收益能力，更重要的是预测未来的收益能力。

2）收益额的构成，以企业为例，目前有几种观点：第一，企业所得税后利润；第二，企业所得税后利润与提取折旧额之和扣除投资额；第三，利润总额。关于选择哪一种作为收益额，针对旧机动车的评估特点与评估目的，为估算方便，推荐选择第一种观点，目的是准确反映预期收益额。为了避免计算错误，一般应列出车辆在剩余寿命期内的现金流量表。

（3）折现率的确定

确定折现率，首先应该明确折现的内涵。折现作为一个时间优先的概念，认为将来的收益或利益低于现在的同样收益或利益，并且随着收益时间向将来推迟的程度而有系统地降低价值。同时，折现作为一个算术过程，是把一个特定比率应用于一个预期的将来收益流，从而得出当前的价值。从折现率本身来说，它是一种特定条件下的收益率，说明车辆取得该项收益的收益率水平。收益率越高，车辆评估值越低。因为在收益一定的情况下，收益率越高，意味着单位资产增值率高，所有者拥有资产价值就低。折现率的确定是运用收益现值法评估车辆时比较棘手的问题。折现率必须谨慎确定，折现率的微小差异，会带来评估值很大的差异。确定折现率，不仅应有定性分析，还应寻求定量方法。折现率与利率不完全相同，利率是资金的报酬，折现率是管理的报酬。利率只表示资产（资金）本身的获利能力，而与使用条件、占用者和使用用途没有直接联系，折现率则与车辆以及所有者使用效果有关。一般来说，折现率应包含无风险利率、风险报酬率和通货膨胀率。无风险利率是指资产在一般条件下的获利水平，风险报酬率则是指冒风险取得报酬与车辆投资中为承担风险所付代价的比率。风险收益能够计算，而为承担风险所付出的代价为多少却不好确定，因此风险收益率不容易计算出来，只要求选择的收益率中包含这一因素即可。

每个行业、每个企业都有具体的资金收益率。因此在利用收益法对机动车评估选择折现率时，应该进行本企业、本行业历年收益率指标的对比分析。但是，最后选择的折现率应该起码不低于国家债券或银行存款的利率。

此外还应注意，在使用资金收益率这一指标时，要充分考虑年收益率的计算口径与资金收益率的口径是否一致。若不一致，将会影响评估值的正确性。

4. 收益现值法评估的程序

1）调查、了解营运车辆的经营行情，营运车辆的消费结构。

2）充分调查了解被评估车辆的情况和技术状况。

3）确定评估参数，即预测预期收益，确定折现率。

4）将预期收益折现处理，确定旧机动车评估值。

5. 采用收益现值法的优缺点

1）采用收益现值法的优点：

① 与投资决策相结合，容易被交易双方接受。

② 能真实和较准确地反映车辆本金化的价格。

2）采用收益现值法的缺点是预期收益额预测难度大，受较强的主观判断和未来不可预见因素的影响。

三、清算价格法

1. 基本概念

清算价格法是以清算价格为标准，对二手汽车进行的价格评估。所谓清算价格，指企业由于破产或其他原因，要求在一定的期限内将车辆变现，在企业清算之日预期出卖车辆可收回的快速变现价格。

清算价格法在原理上基本与现行市价法相同，所不同的是迫于停业或破产，清算价格往往大大低于现行市场价格。这是由于企业被迫停业或破产，急于将车辆拍卖、出售。

2. 评估清算价格的方法

二手汽车评估清算价格的方法主要有如下几种：

（1）现行市价折扣法

指对清理车辆，首先在二手汽车市场上寻找一个相适应的参照物，然后根据快速变现原则估定一个折扣率并据以确定其清算价格。

例如，一辆旧桑塔纳轿车，经调查在二手汽车市场上成交价为4万元，根据销售情况调查，折价20%可以当即出售。

则该车辆清算价格为4×（1−20%）＝3.2万元。

（2）模拟拍卖法（也称意向询价法）

这种方法是根据向被评估车辆的潜在购买者询价的办法取得市场信息，最后经评估人员分析确定其清算价格的一种方法。用这种方法确定的清算价格受供需关系影响很大，要充分考虑其影响的程度。

例如，有大型拖拉机一台，拟评估其拍卖清算价格，评估人员经过对三个农场主、两个农机公司经理和三个农机销售员征询，其估价分别为6万元、7.3万元、4.8万元、5万元、6.5万元和7万元，平均为6.1万元。考虑其他相关因素，评估人员确定清算价格为5.8万元。

（3）竞价法

是由法院按照法定程序（破产清算）或由卖方根据评估结果提出一个拍卖的底价，在公开市场上由买方竞争出价，谁出的价格高就卖给谁。

清算价格法的应用在我国还是一个新课题，还缺少这方面的实践，关于清算价格的理论与实际操作，都有待进一步总结和完善。

四、重置成本法

1. 重置成本法及其理论依据

重置成本法是指在现时条件下，重新购置一辆全新状态的被评估车辆所需的全部成本（即完全重置成本，简称重置全价），减去该被评估车辆的各种陈旧贬值后的差额，作为被评估车辆现时价格的一种评估方法。其基本计算公式可表述为

被评估车辆的评估值＝重置成本−实体性贬值−功能性贬值−经济性贬值

或

被评估车辆的评估值＝重置成本×成新率

从上式可看出，被评估车辆的各种陈旧贬值包括实体性贬值、功能性贬值、经济性贬值。

重置成本法的理论依据是：任何一个精明的投资者在购买某项资产时，它所愿意支付的价钱，绝对不会超过具有同等效用的全新资产的最低成本。如果该项资产的价格比重新建造，或购置一全新状态的同等效用的资产的最低成本高，投资者肯定不会购买这项资产，而会去新建或购置全新的资产。这也就是说，待评估资产的重置成本是其价格的最大可能值。

重置成本是购买一辆全新的与被评估车辆相同的车辆所支付的最低金额。按重新购置车辆所用的材料、技术的不同，可把重置成本区分为复原重置成本（简称复原成本）和更新重置成本（简称更新成本）。复原成本指用与被评估车辆相同的材料、制造标准、设计结构和技术条件等，以现时价格复原购置相同的全新车辆所需的全部成本。更新成本指利用新型材料、新技术标准、新设计等，以现时价格购置相同或相似功能的全新车辆所支付的全部成本。一般情况下，在进行重置成本计算时，如果同时可以取得复原成本和更新成本，应选用更新成本；如果不存在更新成本，则再考虑用复原成本。

和其他机器设备一样，机动车辆价值也是一个变量，它随其本身的运动和其他因素变化而相应变化。影响车辆价值量变化的因素，除了市场价格以外，还有：

（1）机动车辆的实体性贬值

实体性贬值又称有形损耗，是指机动车在存放和使用过程中，由于物理和化学原因而导致的车辆实体发生的价值损耗，即由于自然力的作用而发生的损耗。二手汽车一般都不是全新状态的，因而大都存在实体性贬值。确定实体性贬值，通过依据新旧程度，包括表体及内部构件、部件的损耗程度。假如用损耗率来衡量，一部全新的车辆，其实体性贬值为百分之零，而一部完全报废的车辆，其实体性贬值为百分之百，处于其他状态下的车辆，其实体性贬值率则位于这两个数字之间。

（2）机动车辆的功能性贬值

功能性贬值是由于科学技术的发展导致的车辆贬值，即无形损耗。这类贬值又可细分为一次性功能贬值和营运性功能贬值。一次性功能贬值是由于技术进步引起劳动生产率的提高，现在再生产制造与原功能相同的车辆的社会必要劳动时间减少、成本降低而造成原车辆的价值贬值。具体表现为原车辆价值中有一个超额投资成本将不被社会承认。营运性功能贬值是由于技术进步，出现了新的、性能更优的车辆，致使原有车辆的功能相对新车型已经落后而引起其价值贬值。具体表现为原有车辆在完成相同工作任务的前提下，在燃润料、人力、配件材料等方面的消耗增加，形成了一部分超额运营成本。

（3）机动车辆的经济性贬值

经济性贬值是指由于外部经济环境变化所造成的车辆贬值。所谓外部经济环境，包括宏观经济政策、市场需求、通货膨胀、环境保护等。经济性贬值是由于外部环境而不是车辆本身或内部因素所引起的达不到原有设计的获利能力而造成的贬值。外界因素对车辆价值的影响不仅是客观存在的，而且对车辆价值影响还相当大，所以在二手汽车的评估中不可忽视。

重置成本法的计算公式为正确运用重置成本法评估二手汽车提供了思路，评估操作中，重要的是依此思路，确定各项评估技术、经济指标。

2. 重置成本及其估算

如前所述，重置成本分为复原重置成本和更新重置成本。一般来说，复原重置成本大于更新重置成本，但由此引致的功能性损耗也大。在选择重置成本时，在获得复原重置成本和更新重置成本的情况下，应选择更新重置成本。之所以要选择更新重置成本，一方面随着科学技术的进步、劳动生产率的提高，新工艺、新设计的采用被社会所普遍接受。另一方面，新型设计、工艺制造的车辆无论从其使用性能，还是成本耗用方面都会优于旧的机动车辆。

更新重置成本和复原重置成本的相同方面，在于采用的都是车辆现时价格，不同的在于技术、设计、标准方面的差异，对于某些车辆，其设计、耗费、格式几十年一贯制，更新重置成本与复原重置成本是一样的。

应该注意的是，无论更新重置成本还是复原重置成本，车辆本身的功能不变。

重置成本估算的方法很多，对于二手汽车评估，一般采用以下两种方法：

（1）直接法

直接法也称重置核算法，它是将车辆按成本构成分成若干组成部分，先确定各组成部分的现时价格，然后加总得出被评估车辆的重置全价。

重置成本分为直接成本和间接成本两部分：直接成本是指直接可构成车辆成本的部分，即按现行市价的买价，加上运输费、购置附加费、消费税、人工费等；间接成本是指购置车辆发生的管理费、专项贷款发生的利息、注册登记手续费等。以直接法取得的重置成本，无论国产或进口车辆，应尽可能采用国内现行市场价作为车辆评估的重置成本全价。

二手汽车重置成本全价的构成一般分以下两种情况：

1）属于所有权转让的，可按被评估车辆的现行市场成交价格作为被评估车辆的重置全价，其他费用略去不计。

2）属于企业产权变动的（如企业合资、合作和联营、企业分设、合并和兼并等），其重置成本构成除了考虑被评估车辆的现行市场购置价格以外，还应考虑国家和地方政府对车辆加收的其他税费（如车辆购置附加费、车船使用税等），一并计入重置成本全价。

（2）物价指数法

物价指数法是在车辆原始成本基础上，通过现时物价指数确定其重置成本。当被评估车辆是淘汰产品或是进口车辆，询不到现时市场价格时，这是一种很有用的方法。计算公式为

车辆重置成本 = 车辆原始成本 × 车辆评估时物价指数／
车辆购买时物价指数

或　车辆重置成本 = 车辆原始成本 × （1 + 物价变动指数）

用物价指数法应注意的问题：

1）一定要先检查被评估车辆的账面购买原价。如果购买原价不准确，则不能用物价指数法。

2）用物价指数法计算出的值，即为车辆重置成本值。

3）运用物价指数法时，如果现在选用的指数与评估对象规定的评估基准日之间有一段时间差，这一时间差内的价格指数可由评估人员依据近期内的指数变化趋势结合市场情况确定。

4）物价指数应尽可能选用有法律依据的国家统计部门或物价管理部门以及政府机关发布和提供的数据。有的可取自有权威性的国家政策部门所辖单位提供的数据。不能选用无依据、不明来源的数据。

3. 实体性贬值、功能性贬值、经济性贬值的估算

（1）实体性贬值的估算

机动车的实体性贬值是由于使用和自然力损耗形成的贬值。实体性贬值的估算，一般可采取观察法和使用年限法。

1）观察法。观察法也称成新率法，是指对评估车辆，由具有专业知识和丰富经验的工程技术人员，对车辆的实体各主要总成、部件进行技

术鉴定，并综合分析车辆的设计、制造、使用、磨损、维护、修理、大修理、改装情况和经济寿命等因素，将评估对象与其全新状态相比较，考察由于使用磨损和自然损耗对车辆的功能、技术状况带来的影响，判断被评估车辆的有形损耗率，从而估算实体性贬值的一种方法。计算公式为

$$车辆实体性贬值 = 重置成本 \times 有形损耗率$$

2）使用年限法。其计算公式为

$$车辆实体性贬值 = （重置成本 - 残值）\times 已使用年限/规定使用年限$$

式中残值是指汽车在报废时净回收的金额，在鉴定估价中一般略去不计。

（2）功能性贬值的估算

1）一次性功能贬值的测定。对目前在市场上能购买到且有制造厂继续生产的全新车辆，一般采用市场价即可认为该车辆的功能性贬值已包含在市场价中了，这是最常用的方法。从理论上讲，同样的车辆，其复原重置成本与更新重置成本之差即是该车辆的一次性功能性贬值。但在实际评估工作中，具体计算某车辆的复原重置成本是比较困难的，一般就用更新重置成本（即市场价）作为已考虑其一次性功能贬值。

在实际评估时经常遇到的情况是：待评估的车辆是现已停产或是国内自然淘汰的车型，这样就没有实际的市场价，只有采用参照物的价格用类比法来估算。参照物一般采用替代型号的车辆。这些替代型号的车辆，其功能通常比原车型有所改进和增加，故其价值通常会比原车型的价格要高（功能性贬值大时，也有价格降低的）。故在与参照物比较，用类比法对原车型进行价值评估时，一定要了解参照物在功能方面改进或提高的情况，再按其功能变化情况测定该车辆的价值。总的原则是被替代的旧型号车辆，其价格应低于新型号的价格。这种价格有时是相差很大的，评估这类车辆的主要方法是设法取得该车型的市场现价或类似车型的市场现价。

2）营运性功能贬值的估算。测定营运性功能贬值的步骤为：

① 选定参照物，并与参照物对比，找出营运成本有差别的内容和差别的量值。

② 确定原车辆尚可继续使用的年限。

③ 查明应上缴的所得税率及当前的折现率。

④ 通过计算超额收益或成本降低额，最后计算出营运性陈旧贬值。

（3）经济性贬值估算

经济性贬值是由车辆外部因素引起的，外部因素不论多少，对车辆价值的影响不外乎两类：一是造成营运成本上升；二是导致车辆闲置。由于造成车辆经济性贬值的外部因素很多，并且造成贬值的程度也不尽相同。所以在评估时只能统筹考虑这些因素，而无法单独计算所造成的贬值。其评估的思考方法如下：

1）估算前提。车辆经济性贬值的估算主要以评估基准日以后是否停用、闲置或半闲置作为估算依据。

2）已封存或较长时间停用，且在近期内仍将闲置，但今后肯定要继续使用的车辆最简单的估算方法是：可按其可能闲置时间的长短及其资金成本估算其经济性贬值。

3）根据市场供求关系估算其贬值。

五、二手汽车成新率的确定

在二手汽车鉴定估价的实践中，重置成本法是二手汽车鉴定估价的首选方法，成新率则是重置成本法的一项重要指标。如何科学、准确地确定成新率是二手汽车评估中的关键。

1. 成新率的概念

成新率是反映汽车新旧程度的指标。二手汽车成新率是表示二手汽车的功能或使用价值占全新车的功能或使用价值的比率。

有形损耗率与成新率的关系为

$$成新率 = 1 - 有形损耗率$$

或　　　　　　　　　　　$$有形损耗率 = 1 - 成新率$$

2. 二手汽车成新率的确定方法

通常采用使用年限法、技术鉴定法、综合分析法三种方法。

（1）使用年限法

使用年限法是建立在汽车的整个使用寿命期间，实体性损耗是随线性递增的，价值的降低与其损耗的大小成正比。因此，使用年限法的数学表达式为

$$成新率 = （1 - 已使用年限/规定使用年限）×100\%$$

从上述表达式中可知，运用使用年限法估算二手汽车的成新率，涉及规定使用年限和已使用年限两个基本参数。

1）规定使用年限。汽车规定使用年限是指商务部、发改委、公安部、环境保护部令2012年第12号《机动车强制报废标准规定》中规定的使用年限。

2）已使用年限。已使用年限是指汽车开始使用到评估基准日所经历的时间。

运用使用年限法估算二手汽车成新率要注意两点：第一，使用年限是代表车辆运行或工作量的一种计量，这种计量是以车辆的正常使用为前提的，包括正常的使用时间和正常的使用强度。在实际评估过程中，应充分注意车辆实际已使用的里程，而不是简单的日历天数，同时也要考虑实际使用强度。第二，已使用年限不是指会计折旧中已计提折旧年限。规定使用年限也不是指会计折旧年限。

使用年限法方法简单，容易操作，一般用于二手汽车的价格粗估或价值不高的二手汽车价格的评估。

（2）技术鉴定法

技术鉴定法是评估人员用技术鉴定的方法测定二手汽车的成新率的一种方法。这种方法，首先是评估人员通过技术观察和技术检测来鉴定二手汽车的技术状况，再以评分的方法或分等级的方法来确定成新率。技术鉴定法分为部件鉴定法和整车观测法。

1）部件鉴定法。部件鉴定法是对二手汽车，按其组成部分对整车的重要性和价值量的大小来加权评分，最后确定成新率。其做法是：将车辆分成若干个主要部分，根据各部分的建造费用占车辆建造成本的比重，按一定百分比例确定权重。各部分功能与全新车辆对应的功能相同，则成新率为100%，其功能完全丧失，则成新率为0。再根据这若干部分的技术状况给出各部分的成新率，分别与权重相乘即得各部分的权分成新率，最后将各部分的成新率加权，即得二手汽车的成新率。

这种方法费时费力，车辆各组成部分权重难以掌握，但评估值更接近客观实际，可信度高。它既考虑了二手汽车实体性损耗，同时也考虑了二手汽车维修换件后增加车辆的价值。这种方法一般用于价值较高的车辆评估。

2）整车观测法。整车观测法主要是采用人工观察的方法，辅之以简单的仪器检测，对二手汽车技术状况进行鉴定、分级以确定成新率的一种方法。分级的办法是先确定两头，即先确定刚投入使用不久的车辆和待报废处理的车辆，然后再根据车辆评估的精细程度要求，在刚投入使用不久与待报废车辆之间划分若干等级。其技术状况分级见表10-1。

表10-1　成新率评估参考表

车况等级	新旧情况	有形损耗率（%）	技术状况描述	成新率（%）
1	使用不久	0～10	刚使用不久，行驶里程一般在3万～5万km，在用状态良好，能按设计要求正常使用	100～90
2	较新车	11～35	使用一年以上，行驶15万km左右，一般没有经过大修，在用状态良好，故障率低，可随时出车使用	89～65
3	旧车	36～60	使用4～5年，发动机或整车经过大修一次，大修较好地恢复原设计性能，在用状态良好，外观中度受损，恢复情况良好	64～40
4	老旧车	61～85	使用5～8年，发动机或整车经过两次大修，动力性能、经济性能、工作可靠性能都有所下降，外观油漆脱落受损、金属件锈蚀程度明显。故障率上升，维修费用、使用费用明显上升。但车辆符合《机动车运行安全技术条件》，在用状态一般或较差	39～15
5	待报废处理车	86～100	基本到达或到达使用年限，通过《机动车运行安全技术条件》检查，能使用但不能正常使用，动力性、经济性、可靠性下降，燃料费、维修费、大修费用增长速度快，车辆收益与支出基本持平，排放污染和噪声污染到达极限	15以下

成新率评估参考表是就一般车辆成新率判定的经验数据，仅供参考。整车观测分析法对车辆技术状况的评判，大多由人工观察的方法进行。成新率的估值是否客观、实际，取决于评估人员的专业水准和评估经验。这种方法虽然简单易行，但评估值没有部件鉴定法准确，一般用于中、低档车的初步估算，或作为综合分析法鉴定估价考虑的主要因素之一。

（3）综合分析法

综合分析法是以使用年限法为基础，再综合考虑影响的多种因素，以系数调整确定成新率的一种方法。其计算公式为

成新率 ＝（1－已使用年限/规定使用年限）×调整系数×100%

鉴定估价时要综合考虑的因素有：①车辆的实际运行时间、实际技术状况；②车辆使用强度、使用条件、使用和维护情况；③车辆的原始制造质量；④车辆的大修，重大事故经历；⑤车辆外观质量等。采用这种方法

虽然比较复杂，但它充分考虑了影响车辆价值的各种因素，评估值准确度较高，适合使用在中等价值的二手汽车，这是二手汽车鉴定估价中最常用的方法之一。

第四节 二手汽车鉴定估价的程序

二手汽车鉴定估价的程序是依法按资产评估的法定程序进行的。下面简要介绍资产评估的法定程序，可以据此来确定鉴定估价的实际操作程序和步骤。

一、资产评估的法定程序

资产评估的程序在国家有关的法律、法规和规章制度中做出了具体规定。按照国家的有关规定，整个资产评估工作可分为三个阶段、四个步骤和若干具体环节。三个阶段即前期准备、评估操作、后期管理。四个步骤即申请立项、资产清查、评定估算、验证确认。按法定程序简介如下。

1. 申请立项

申请立项是指因资产业务需要，资产占有单位依法向国有资产管理部门书面提出进行资产评估的申请报告，由国有资产管理部门进行审核后，做出是否准予进行资产评估决定并通知申请单位。准予评估的，即可建档立案，并据此进行评估事宜等一系列工作。这一程序主要分为申请、立项、委托三个环节。

（1）申请

申请行为的主体是申请准予资产评估立项的国有资产占有单位。申请时间，一般是在其资产业务提出之后，正式签约委托之前。申报的主体文件是资产评估立项的申请书，申请的内容包括资产评估的目的，被评估资产用于哪种经营活动，被评估资产的范围、种类、评估基准日。同时提供有关经济业务的基本文件，如合同可行性报告、资产目录、财务会计报表等。

1）接受申请的主管部门。

① 国有资产向国有资产管理部门申请立项。

② 集体资产向主管部门申请立项。

③ 无主管部门的集体资产、私有资产可直接向评估机构申请立项评

估，受理视为立项，并签订评估合同。

2）按照国家规定，国有资产占有单位有下列情况之一时，应进行资产评估，必须向国有资产管理部门提出资产评估的申请。

① 拍卖、转让。转让是指国有资产占有单位有偿转让超过百万元或占全部固定资产原值20%以上的非整体性资产的经济行为。

② 企业兼并、出售、联营、股份制经营。

③ 与外国公司、企业或其他经济组织或个人开办中外合资经营企业或者中外合作经营企业。

④ 企业清算，包括歇业清算和破产清算。

⑤ 行政、事业、企业单位之间发生单位性质的互相转变。

⑥ 依照国家有关规定需要进行资产评估的其他情形。

3）国有资产占有单位有下列情形之一，当事人认为需要进行资产评估的，也要向国有资产管理部门提出评估的申请：

① 资产抵押及其他担保。

② 企业承包经营、租赁经营。

③ 当事人认为需要进行资产评估的其他情形。

（2）立项

立项是指国有资产管理部门，或者由其授权委托的资产占有单位的主管部门，对评估申请进行审查，对符合规定的做出批准决定并书面通知申报单位，同时建档备案，准许评估项目成立的管理行为。对资产评估申请主要从以下几方面进行审核：

1）申报单位对资产占有的合法性，即请求准予评估的资产，应是申报单位合法占有并能用于生产业务的。

2）申报理由的充分性，即请求评估立项有正当、充分的理由，对其经济业务或经济行为确有必要，符合国家有关政策、法规和制度的规定。

3）资产业务的效益性，即需要进行资产评估的经济业务或经济行为，应当有利于资源的合理利用和优化组合，有利于促进社会主义市场经济和现代化建设的发展，有利于国有资产经营使用效率和经济效益的提高，有利于国有资产的保值增值，并不得对社会和生态环境造成不利的影响，涉及业务不得有损国家利益和民族尊严。

4）申报内容和资料的完备性及数据资料的可靠性，即申报文件应按要求做到内容充实、文字简明、资料齐备、数据可靠。

对上述四个方面全面审查、逐一核实后，符合要求的可批准立项。否则限期补充修正后再行审核，不符合要求的则不准立项。对近期已经进行过评估或申报评估的资产数额很小，或经济业务与资产关系不大的，或即使加以评估资产价值也不会明显变动的，可不必立项评估。

有时资产所有者认为，有必要评估某项资产，也可以不经资产占用单位申报，直接立项。国务院正式决定的对全国或特定行业、地区、单位进行的国有资产评估，视为已经批准立项。

经审核后不论是否批准立项，审核机关都应及时书面通知申报单位及其主管部门。已经批准立项的申请单位，接到立项批准通知书后，便可委托评估机构着手进行评估工作。同时，国有资产管理部门应对已批准立项的评估项目登记评估立项表，连同申报文件资料建档立户，作为对其管理监督和验证确认的依据。

（3）委托

资产评估申请单位收到立项批准通知书后，可根据国有资产管理部门的建议，或自行寻找合适的资产评估机构，进行委托工作。

评估机构接受委托后，要与资产占有单位办理委托手续，双方共同签订《资产评估业务委托书》。委托书是一种合同契约文件，其主要内容包括：

1）委托方与受托方的单位全称。

2）委托事项及内容（被估资产的范围、种类及评估要求）。

3）评估时间（基准日期和工作起止日期）。

4）双方的责任和义务。

5）双方应承担的违约责任。

6）评估收费标准、费用总额、交费时间和方式等。

2. 资产清查

资产清查是指按确定的评估范围，对被评估资产的实际数量、质量等进行的实地盘点，并做出清查报告的过程。资产清查是资产评估的准备工作，一般由委托单位完成。资产评估机构的任务是核实清查工作的质量，并收集待估资产的各种有关资料。

资产评估机构在清查过程中，应对待估资产逐项进行立账，并对账表、账卡、账实进行核对，检查资产的名称、数量、计量单位、型号、购置时间、账面价值等是否一致；其次，根据委托书中所列资产的范围逐项进行实地盘点，核实账实是否相符。如果委托评估的资产是企业的整体资产，还要根据企业会计报表，对企业经营成果是否真实做出鉴定。

资产清查过程，同时也是评估人员对待估资产进行现场勘查的过程。评估人员可将评估资划分类别，按照实际情况，采取不同的方式对资产进行清查。如果待估资产中同一类别资产单位数目较少，应该以普查的方式逐件地进行勘察；如果单位数目较大，也可以按照具体情况，采取抽样方式进行。通过现场勘察，使评估人员对待估资产的实际情况有全面的、细致的了解，取得评估所需的第一手资料。

在资产清理开始之前和评定估算之前，评估人员还要收集必要的资料。在实地勘查和资料收集的基础上，评估人员要对资料进行分类整理、鉴别比较、筛选加工，除供评定估算参考使用外，有重要价值的资料还要留作撰写评估报告的附件。

3. 评定估算

评定估算是评估人员根据特定的评估目的和所掌握的待估资产的有关资料，选择适当的评估标准和评估方法，进行具体的计算和判断，从而得出资产评估结果的过程。评定估算是整个评估过程最关键的程序，一般分为以下三个步骤：

（1）合理划分资产类别

如果对企业的全部资产评估，一般可按房地产、机器设备、流动资产、长期投资、资源性资产、无形资产和其他资产等分类。

（2）确定正确的估价标准，选择适当的评估方法

根据特定的评估目的、评估范围、资产种类和所掌握资料数据的实际情况，选择正确的估价标准和适当的评估方法。在确定估价标准、选用评估方法时，应遵循选择的主要评估方法与估价标准相一致，估价标准符合特定的评估目的的原则。

（3）逐一计算资产价值，汇总资产总值，撰写评估报告

在评定估算的基础上，就要撰写评估报告。资产评估报告是资产评估机构及人员，对其接受资产评估委托提出的公证性文件，负有法律责任。

4. 验证确认

验证确认是国有资产管理行政主管部门，对资产占有单位提出的资产评估报告，在合法性、真实性、科学性等方面进行检验和确认的过程。对不符合要求的资产评估报告要分别令其修改、重评或做出不予确认的决

定。验证确认是资产评估的最后阶段。为了确保资产评估的质量，一定要把好最后一关。这一阶段一般分为以下四个环节：

（1）审核

国有资产管理行政主管部门接到资产评估报告书及有关资料后，应指派专人对其进行全面细致的审核。审核的主要内容是：

1）资产评估报告书的各项内容有无错漏。

2）资产评估工作是否符合法定程序和有关政策法规。

3）资产评估的范围和基准时间是否符合立项规定。

4）资产评估的特定目的、计价标准与评估方法是否相互匹配。

5）资产评估中利用的数据是否可靠，评估计算是否准确，评估结果是否公正。

6）评估报告书文字是否规范，用语是否确切。

7）资产评估机构是否具有国家认证的评估资格，收费是否合理。

（2）验证

国有资产管理部门在对资产评估报告进行全面审核的基础上，应通过实地抽查等方法，对资产评估结果进行验证。首先，要对评估结果的数据进行验证。

1）对资产评估所依据的资料和数据要逐个细致地检验，并与国有资产管理部门掌握的有关技术、经济、物价和财务资料数据核对。

2）对资产评估采用的公式、计算步骤进行认真验证。

其次，在对资产评估结果资料数据进行验证的同时，还要进行必要的实地验证。要到被估资产单位去进行实地抽样验证，检查资产评估报告书提供的资产名称、规格、购进时间、原值、净值、主要价格、新旧程度、主要折余价格等是否与实物和有关账卡、表上相应数据一致，是否与当场初步评估结果相一致。

（3）协商

为了保证评估结果的合理性、公平性，国有资产管理部门要与被估单位的主管部门、财政部门和有关方面，就资产评估结果进行协商，听取各方面意见。然后综合平衡，将各种意见统一到实事求是、客观公正、合理合法、真实可靠的评估结果上来。

（4）确认

经过对资产评估报告书的审核、验证和协商，国有资产管理部门对资产评估结果做出是否准予确认的决定，并登记备案。如果认为评估结果符合要求，国有资产管理部门就要下达资产评估确认通知书。

有关单位对确认通知书有异议，可以向上一级国有资产管理部门提出复议，并具体阐述理由和根据。上一级国有资产管理部门收到复议申请后，要根据申请人提出的理由和根据，对已经确认的评估报告书中的问题进行重新验证，经复议裁定，向当事人各方下达裁定通知书后，应根据资产评估的目的和国家有关会计制度进行账务处理。至此，资产评估过程全部结束。

二、二手汽车鉴定估价操作程序

对于二手汽车，相比其他资产有其自身特点。在实际工作中，既要遵守资产评估的法定程序，又要简化程序中申报审批、验收确认等烦琐的操作手续，寻找一套适合二手汽车鉴定估价特点，简便易行的操作程序。所谓二手汽车鉴定估价操作程序是指对具体的评估车辆，从接受立项、受理委托到完成评估任务，出具评估报告的全过程的具体步骤和工作环节。

通常二手汽车交易市场发生的评估业务有：

1）单个的二手汽车交易业务。这类业务一般都是零散地一辆一辆地进入市场交易。

2）多辆或批量的二手汽车评估业务。这类业务特点是数量比较集中，车辆少则 5 辆、10 辆，多则几十辆。这些客户大多是生产企业或运输企业。

对于上述评估业务中，前者评估操作程序相对简单，后者评估操作相对复杂。下面就多辆或批量交易评估业务一般的操作程序简述如下。

1. 前期准备工作阶段

二手汽车鉴定估价的前期准备工作主要包括业务接待、实地考察、签订评估委托协议书。根据鉴定估价的要求，向委托方收集有关资料、了解情况，即鉴定估价人员本身需要做的准备工作。

2. 现场工作阶段

现场工作阶段的主要任务是检查手续、核查实物、验证委托人提供的资料、鉴定车辆技术状况。

3. 评定估算阶段

评定估算阶段一方面要继续收集所欠缺的资料，另一方面对所收集的数据资料进行筛选整理。根据评估目的选择适用的估价标准和评估方法，本着客观、公正的原则对车辆进行评定估算，确定评估结果。

4. 自查及撰写评估报告阶段

这一阶段主要是对整个评估过程进行自查，对鉴定估价的依据和参数再进行一次全面核对，在重新核对无误的基础上，撰写评估说明和报告，最后登记造册归档。

三、二手汽车鉴定估价报告书的撰写

二手汽车鉴定估价报告书是二手汽车交易市场完成某一鉴定估价工作后，向委托方提供说明鉴定估价的依据、范围、目的、基准时间、评估方法、评估前提和评估结论等基本情况的公正性的工作报告，是二手汽车交易市场履行评估委托协议的总结。报告不仅反映出二手汽车交易市场对被评估车辆作价的意见，而且也确认了二手汽车交易市场对所鉴定估价的结果应负的法律责任。

1. 撰写鉴定估价报告的基本要求

国家国有资产管理局以国资办发〔1993〕55号文发布了《关于资产评估报告书的规范意见》，对资产评估报告书的撰写提出了比较系统的规范要求，结合二手汽车鉴定估价的实际情况，主要要求如下：

1）鉴定估价报告必须依照客观、公正，实事求是的原则，由二手汽车交易市场独立撰写，如实反映鉴定估价的工作情况。

2）鉴定估价报告应有委托单位（或个人）的名称、二手汽车交易市场的名称和印章，二手汽车交易市场法人代表或其委托人和二手汽车鉴定估价师的签字，以及提供报告的日期。

3）鉴定估价报告要写明评估基准日，并且不得随意更改。所有在估价中采用的税率、费率、利率和其他价格标准，均应采用基准日的标准。

4）鉴定估价报告中应写明估价的目的、范围、二手汽车的状态和产权归属。

5）鉴定估价报告应说明估价工作遵循的原则和依据的法律法规，简述鉴定估价过程，写明评估的方法。

6）鉴定估价报告应有明确的鉴定估算价值的结果，鉴定结果应有二手汽车的成新率。估价结果应有二手汽车原值、重置价值、评估价值等。

7）鉴定估价报告还应有齐全的附件。

2. 鉴定估价报告书正文的基本内容和编写步骤

（1）估价的依据

1）国务院 1991 年 91 号令发布的《国有资产评估管理办法》。

2）国家国有资产管理局国资办发［1992］36 号文发布的《国有资产评估管理办法施行细则》。

3）评估立项批文。

4）《汽车报废标准》《关于制定大中型拖拉机报废标准的通知》。

5）客户提供的原始购车发票，有关合同、协议，人民法院出具的发生法律效力的判决书、裁定书、调解书。

6）产权证明材料。

7）当地政府的有关规定。

（2）鉴定估价目的

对鉴定估价目的的相关内容应有一定叙述。

（3）评估范围和评估基准时间

对评估范围的描述主要是明确评估了哪些类型的二手汽车。而评估基准时间是表明评估结论相对于哪一天发表的价值意见。由于车辆是在不断运动的，它的价值随着自身的运动和外部环境而发生变化，鉴定估价的结论也只是反映某天的静态价值意见。

（4）评估前提

主要说明前提性条件，如采用的评估标准、评估方法等。

（5）鉴定估价结论

一般应说明在完成了哪些鉴定估价程序后发表鉴定估价的结论意见。

四、鉴定估价报告附件的内容

鉴定估价报告的有关附件是对鉴定估价报告正文的有关重要部分的具体说明和必要补充，其内容一般包括：

1）产权证明文件。

2）评估立项批文。

3）二手汽车鉴定估价登记表、作业表。

4）鉴定估价的计算说明。它主要叙述采用的具体方法和估价的计算过程，对某些参数、系数的取定，以及对某些情况的说明。

第五节　国外二手汽车交易市场简介

一、国外二手汽车交易市场情况综述

世界各国经济发展水平不一样，其二手汽车交易市场的情况也不一样。一般来说，一个国家旧机动车的交易量和二手汽车交易市场的成熟程度，与这个国家的经济体制、经济发展水平、汽车工业的发展水平和汽车保有量、国内交通车辆管理政策、社会文化背景等都有很大关系。

发达国家经济发展水平很高，汽车工业高度发达，汽车保有量很高。如1987年美国仅加利福尼亚州的汽车保有量就相当于当时苏联、中国、日本等国的总和。美国人"喜新厌旧"的观念最为突出，更新率特别快，车主基本上每3年换一辆车。因此，使得美国二手汽车交易频繁，而且价格便宜。德国绝大多数人都有一辆或数辆车，其更新率也很高，一辆车使用5～6年，最多7～8年就会淘汰。有钱人追求时髦不到两年换一辆车，有些车主将淘汰而又卖不了多少钱的车干脆登报送人。日本人有一种跑10万km就是旧车的心理，有大约每5年换一次车的习惯。这些国家由于对车辆的更新率高，使得交易量大，且二手汽车市场发育也很成熟，国内相关政策健全、完善，如健全的中介组织、完善的税收政策、方便的转籍过户、科学的鉴定估价等。

二、澳大利亚、新西兰二手汽车交易市场简介

澳大利亚、新西兰地广人稀，人均拥有资源十分丰富，人们生活水平很高，车辆和交通非常发达。以澳大利亚维多利亚州为例，全州共有人口450万人，其中350万人居住在墨尔本市，人均拥有一辆车，全州的道路主干线长22160km。新西兰共有人口370万人，汽车240万辆。总的来讲，澳大利亚、新西兰两个国家旧机动车交易相当普遍，办理手续简便快捷，售后服务非常完善，管理十分规范。

澳大利亚、新西兰两国的二手汽车交易十分活跃，几乎到处都可以看到规模较大的二手汽车商行、二手汽车交易市场及汽车交易一条街的景象，澳大利亚、新西兰两国旧机动车半年交易量占社会汽车保有量的25%

~30%，澳大利亚仅维多利亚州每年的旧车交易量就达 82.5 万辆，墨尔本市就有 700 家旧车商行，而且经营旧车的利润比新车高近 1/2。

澳大利亚、新西兰两国汽车经销商主要有三种形式：一是新车行；二是新、旧车一体化经营；三是专业从事二手汽车交易。三种形式中，新车专卖店相对较少。二手汽车行的旧车来源主要是卖新收旧、拍卖行竞买、国外进口、委托销售、寄售销售等。另外，旧车交易商之间也可以互相调度资源。

澳大利亚、新西兰两国的旧机动车经营商都非常重视企业形象，营业厅简洁、明快、高雅，设施非常现代化。工作人员精干、热情。营业厅各种车辆按品牌排放整齐，洁净明亮。个别车辆还用金属架托出高出地面半米的位置，很有层次和立体感，客户不仅可看到车辆的外观，而且还可以看到车辆的底盘。每辆车的前窗都贴有各种颜色的价格标签，非常醒目。车行还通过报刊、电视、杂志等新闻媒体做广告，搞一些促销活动。

澳大利亚、新西兰两国二手汽车销售价格都很便宜，而且提供优质的售后服务。如新西兰某地成交一辆使用 4 年、行驶 10 万 km 的日产高级轿车，仅需支付不到 2 万元人民币的购车费，25 元的过户费和车价 4% 的印花税即可。二手汽车行都有自己的维修加工车间和许多协议修理点，新西兰规定各经营企业二手汽车售出后给用户 5000km 的质量担保里程，在质量担保里程内，在正常使用情况下，如出现故障，可免费保修或退货。维修时，还可为客人提供代用车辆，可见服务之周到。另外，每个二手汽车行都可以为客户代办转籍过户手续，但代办转籍过户手续的车行，要有路署（交通管理部门）的书面认可，并每年还要年审。

澳大利亚、新西兰两国政府都有健全的交通法、车辆管理法、道路安全法和上路标准、车辆注册及驾驶执照管理、汽车检测及汽车进口管理、二手汽车经营管理等严格规定，特别是进口二手汽车两国都有严格的质量标准和修复行驶的标准及具体的检测措施。二手汽车由政府指定的维修车行进行检测，维修车行的检测设备也要符合政府规定。新西兰对未售出的二手汽车每半年还要检测一次，否则不准销售。

关于二手汽车鉴定估价，在澳大利亚，具有专门资格的鉴定估价部门，根据汽车市场行情和多年经验，结合车况向全社会定期公布各类车型的市场参考价格，这些部门多数是政府与汽车中介机构共同指定的二手汽车鉴定估价单位。另外，在一些大学里，也设置鉴定估价方面的课程，开展这方面的培训。新西兰则设有专门的鉴定估价机构，车辆的价格完全市场化。

澳大利亚、新西兰两国汽车行业的中介组织十分发达。澳大利亚的皇家汽车俱乐部是全国最有权威、影响最大的中介组织，已有 75 年的历史，目前已有会员 350 万人，同时还有 57 家代理公司、250 家代理拖车公司、800 家农村巡视代理公司，悉尼总部有 850 人。它的主要业务范围有：向会员提供保险服务；道路救援工作；检测二手车的质量和价格的评估；咨询服务、法律服务；定期的杂志和宣传资料服务等。每个会员的入会费为 46 元，每年的年会费为 46 元，该协会每年仅处理路面救援就达 230 万人次，检测审查考核达 120 万人次。另外还有汽车经销商协会等中介组织，可以受理投诉事件等。新西兰汽车行业的三个主要中介组织汽车工业协会、进口汽车经纪行协会、汽车经纪行协会分别来协调整个汽车行，并强调行业的自律。它们定期到政府的有关部门听取、交流意见，咨询理解新政策，不断改进行业的管理工作。各协会每年会费为 70 元，可以免费向会员提供车辆的咨询、技术帮助、救援服务，并可帮助会员向政府游说，按会员的要求来调整有关政策，同时还受理客户的投诉等。

在澳大利亚、新西兰两国，二手汽车经销企业的资格审批由政府部门来管理。在澳大利亚申办汽车经销企业，须向政府汽车经销委员会申请，由委员会审查公司的经营资格，并每年对公司情况进行年审。新西兰的汽车经销企业须经国家持牌汽车经济管理协会批准，再到政府工商部门公司注册处注册，方可营业。持牌经济管理协会是协助政府的中介组织，为保持该组织的公正性，政府要在该组织中指定律师、消费代表和经销商代表。在审查经销企业资格时特别注重：第一、企业的财务规定；第二、法人无犯罪记录；第三、企业符合国家法律规定；第四、企业要接受每年的年检。被批准的经销企业要遵守该协会的自律规定，并交 200～300 澳元/年的信用金。协会要求这些企业对车辆的状况进行公开描述，不能搞欺骗，出现问题，客户可以向协会投诉。

在澳大利亚、新西兰两个国家，无论是新车上牌，还是旧车转籍过户，都十分方便，如澳大利亚维多利亚州每年要转籍过户 82.5 万宗，其中 31 万宗由路署办理过户，51.5 万宗由路署的合同代理方代办完成。过户时要求买卖双方在合同契约上填写好双方及车辆的基本情况，包括上路

许可证情况、车辆的转让费情况等。车辆转让费主要包括25元过户费和车价4%的印花税等，直系亲属转让车辆时不需交纳转让费。一般二手汽车办理过户的时间不超过48h。目前维多利亚州路署除直属39个办公室和下设50个分支机构专门办理新车上牌和二手汽车转籍过户外，还积极推广车行进行代理登记的做法，也可通过银行、网络、电话、商店等实行一人一照、登记入网、全国查询的方式服务于老百姓。目前，已有880家车行代办登记、上牌。该州于1997年12月9日启动MAXI系统对全州车辆进行计算机管理，该系统可以24h为客户提供服务，客户可以通过遍布全州的网络，随时随地办理付年费、更改姓名、变更地址、学习加强知识、申请驾驶许可、预约考试、信息查询、购汽车零部件、办理汽车过户等。由于澳大利亚的车辆管理网络还没有实现，车辆在办理异地转籍时只能采用先退后办，重新办理登记、注册的办法，但手续还是非常简单方便的。新西兰办理旧车过户更为简单，全部由邮局代办，买卖双方只要在过户单上签字，买方需向政府交纳9.2元的过户费，即可办理。另外，大的二手汽车商行也可以为客户代办过户手续和发放牌照。新西兰的异地转籍，全国是统一管理的。

第十一章

汽车报废与汽车回收利用

第一节　我国的汽车报废制度

一、汽车报废标准

我国实行汽车强制报废制度，国家有关部门制定的汽车报废标准，其内容几经变动和调整，现介绍如下。

1）1997 年制定的《汽车报废标准》的主要内容。

凡在我国境内注册的民用汽车，属下列情况之一的应当报废：

① 微型载货汽车（含越野型）、矿山作业专用车累计行驶 30 万 km，重、中、轻型载货汽车（含越野型）累计行驶 40 万 km，特大、中、微型客车（含越野型）和轿车累计行驶 50 万 km，其他车辆累计行驶 45 万 km。

② 微型载货汽车（含越野型）、带拖挂的载货汽车、矿山作业专用车及各类出租汽车使用 8 年，其他车辆使用 10 年。

③ 因各种原因造成车辆严重损坏或技术状况低劣、无法修复的。

④ 车型淘汰，已无配件来源的。

⑤ 汽车经长期使用，耗油量超过国家定型车出厂标准规定值 15% 的。

⑥ 经修理和调整仍达不到国家对机动车运行安全技术条件要求的。

⑦ 经修理和调整或采用排气污染控制技术，排放污染物仍超过国家规定的汽车排放标准的。

此外，《汽车报废标准》还规定，除 19 座以下出租车和微型载货车（含越野型）外，对达到上述使用年限的客、货车辆经公安车辆管理部门依据国家机动车安全排放有关规定严格检验，性能符合规定的，可延缓报废，但延长期不得超过本标准第二条规定年限的一半。对 1998 年 7 月 6 日以前已达到 8 年使用年限的轻型载货汽车，不得延缓报废。对于吊车、消防车，钻探车等从事专门作业的车辆，还可根据实际使用和检验情况，适当延长使用年限。凡延长使用年限的车辆，都需要按公安部规定增加检验次数，不符合国家有关汽车安全及废气排放规定的应当强制报废。

2）2000年12月18日，国家经贸委、国家计委、公安部、国家环保总局联合发文《关于调整汽车报废标准若干规定的通知》，决定将1997年制定的汽车报废标准中非营运载客汽车和旅游载客汽车的使用年限及办理延续的报废标准调整如下：

①9座（含9座）以下非营运载客汽车（包括轿车，含越野型）使用15年。

②旅游载客汽车和9座以上非营运载客汽车使用10年。

③上述车辆达到报废年限后需继续使用的，必须依据国家机动车安全、污染物排放有关规定进行严格检验，检验合格后可延长使用年限。但旅游载客汽车和9座以上非营运载客汽车可延长使用年限最长不超过10年。

④对延长使用年限的车辆，应当按照公安交通管理部门和环境保护部门的规定，增加检验次数。一个检验周期内连续3次不符合要求的，应注销登记，不允许再上路行驶。

⑤营运车辆转为非营运车辆或非营运车辆转为营运车辆，一律按营运车辆的规定报废。

⑥本通知没有调整的内容和其他类型的汽车（包括右置转向盘汽车），仍按原国家经贸委等部门《关于发布〈汽车报废标准〉的通知》（国经贸经〔1997〕456号）和《关于调整轻型载货汽车报废标准的通知》（国经贸经〔1998〕407号）执行。

⑦本通知所称非营运载客汽车是指单位和个人不以获取运输利润为目的的自用载客汽车；旅游载客汽车是指经各级旅游主管部门批准的旅行社专门运载游客的自用载客汽车。

3）2013年1月14日，商务部、发改委、公安部和环境保护部联合公布了新的《机动车强制报废标准规定》，从2013年5月1日起施行。按规定私家车没有强制报废的使用年限的限制，只要行驶里程未达到60万km，通过交警部门的车辆年检就可以一直上路行驶。

根据《机动车强制报废标准规定》，已注册机动车应当强制报废的情况包括达到规定使用年限的；经修理和调整仍不符合机动车安全技术国家标准对在用车有关要求的；经修理和调整或者采用控制技术后，向大气排放污染物或者噪声仍不符合国家标准对在用车有关要求的；在检验有效期届满后连续 3 个机动车检验周期内未取得机动车检验合格标志的。

《机动车强制报废标准规定》还明确了各类机动车的"退休"年限。其中，小、微型出租客运汽车使用 8 年，中型出租客运汽车使用 10 年，大型出租客运汽车使用 12 年；公交客运汽车使用 13 年等。小、微型非营运载客汽车、大型非营运轿车、轮式专用机械车等无使用年限限制。但根据《机动车强制报废标准规定》，国家会对达到一定行驶里程的机动车引导报废，其中小、微型非营运载客汽车的行驶"上限"为 60 万 km。

营运车辆转为非营运车辆或非营运车辆转为营运车辆，一律按营运车辆的规定报废。

小型、微型非营运载客汽车 6 年以内每两年检验 1 次，超过 6 年的每年检验 1 次。车辆年检可以在年检到期前的 3 个月内办理，但是首先要将车辆的违法记录产生的罚款和记分办结，之后才可以去办理车辆年检。如果超期，交警部门将会给予罚款 200 元、扣 3 分的处罚。

二、关于私家车报废年限

《机动车强制报废标准规定》对私家车报废年限问题的解决，符合广大公众期待，也彰显了制度的理性纠偏。

自 1997 年汽车强制报废制度实施以来，私家车的报废年限一直备受诟病。从纵向上看，私家车的使用频率远远不及公交车、出租车，维护却大大好过后者，一律"过期报废"不尽合理；从横向比较，同样是私家车，在一定年限内行驶的里程和损耗程度也相差很大，一刀切按照年限报废也有些简单粗暴。

其一，对公民物权的理性尊重。对于车主来说，他们拥有私家车的全部财产权利，包括使用频率、使用年限等，有关部门单方面以年限到期为由予以强制报废，就涉嫌对公民私有财产的侵犯。而从法理上讲，《物权法》属于《宪法》之下的部门法，是上位法；强制报废标准属于部门规章，是下位法。取消私家车报废年限，符合"下位法应服从上位法"的基本法则，体现了对公民合法财产权的尊重和保障。

其二，是制度初衷的理性回归。一些车辆明明还能安全上路，正值壮年的车辆"未老先亡"，造成了资源的无谓浪费，一些车主担心"有车不用，到期报废"，放弃公共交通，依赖私车出行，又会加剧城市拥堵、尾气污染。

取消私家车报废年限，无疑是对这些问题的拨乱反正，同时也对机动车管理提出了新的考验。必须看到，把 60 万 km 里程作为报废的上限，存在一定的舞弊空间。对此，有关部门必须有充分预判和应对，严厉打击违规调表的行为，避免老车装嫩"带病"上路。

《机动车强制报废标准规定》对促进二手车交易将会产生积极的影响和促进作用。以前，汽车的年龄往往成为人们买二手车的主要标准之一，一辆也许性能不错的二手车，往往因其年事略高，使消费者望而却步，导致二手车市场只有中段价位的二手车，没有超低价位的二手车，束缚了二手车的发展。因此实行新的规定，那么报废年限就不是必要的限制条件。

三、老旧汽车报废实行补贴制度

国家对老旧汽车报废实行补贴制度。例如，对 2004 年报废车辆的补贴范围为：2004 年 1 月 1 日至 2004 年 12 月 31 日期间报废、拆解的，使用年限在 5~10 年的大型载货、大型载客汽车，补贴标准为每辆车 4000 元人民币。

对 2005 年报废的车长 9m 以上（含 9m）且当年更新的汽车排放符合欧 II 标准的城市公交车，补贴标准为每辆车 15000 元人民币。

为了应对金融危机，2009 年 6 月 3 日国务院批准了国家发改委等部门《促进扩大内需、鼓励汽车、家电"以旧换新"实施方案》（以下简称《实施方案》），要求各地、各部门贯彻实施。

《实施方案》提出了鼓励汽车"以旧换新"的具体补贴范围、标准和流程。

2009 年在已安排老旧汽车报废更新补贴资金 10 亿元的基础上，再安排 40 亿元，对符合一定使用年限要求的中、轻、微型载货车和部分中型载客车，以及"黄标车"适度提前报废并换购新车，给予不高于同型车辆单辆车辆购置税金额补贴，具体为：中型载货汽车 6000 元、轻型载货汽车 5000 元，微型载货汽车 4000 元，中型载客汽车 5000 元，轻型载客汽车 4000 元、微型载客汽车 3000 元，其他车型汽车 6000 元，中央按上述补贴标准，对地方实行补贴资金包干，地方可以根据"黄标车"的车型、年限、城市管理等因素，调整补贴标准。

符合条件的车主按照有关规定，将报废汽车交售给有资质的报废汽车回收拆解企业，回收拆解企业向车主开具报废汽车回收证明，车主凭报废汽车回收证明、注销证明、更新车辆购车发票和有效身份证明申领补贴资金。

鼓励汽车"以旧换新"的目的有三个方面：①拉动国内需求，加速淘汰更新，促进汽车产业稳步增长。②促进节能减排，老旧汽车油耗比新车高5%~10%，"黄标车"油耗比"绿标车"高30%，污染物排放量是现行国Ⅲ排放标准的14倍。实行"以旧换新"，有利于提高汽车能效水平，减少环境污染。③可以有效利用资源，汽车中含有大量可回收利用的钢铁、有色金属、塑料、橡胶等，通过"以旧换新"，加快完善汽车回收拆解处理体系，可使这些资源得到充分有效利用，促进循环经济发展。

第二节 汽车回收利用是汽车产业发展循环经济的重要途径

一、循环经济的基本概念

从资源的角度考察，增长方式存在着两种模式：一种是传统增长模式，即"资源→产品→废弃物"的单向式直线过程，这意味着创造的财富越多，消耗的资源就越多，产生的废弃物也就越多，对资源环境的负面影响就越大；另一种是循环经济模式，即"资源→产品→废弃物→再生资源"的反馈式循环过程，可以更有效地利用资源和保护环境，以尽可能小的资源消耗和环境成本，获得尽可能大的经济效益和社会效益，从而使经济系统与自然生态系统的物质循环过程相互和谐，促进资源永续利用。

概括地说，循环经济是一种以资源的高效利用和循环利用为核心，以"减量化、再利用、资源化"为原则，以低消耗、低排放、高效率为基本特征，符合可持续发展理念的经济增长模式，是对"大量生产、大量消费、大量废弃"的传统增长模式的根本变革。

循环经济3R原则是"减量化"（Reduce），"再利用"（Reuse）和"再循环"（Recycle）。显而易见，"减量化"是指减少生产过程的资源能源投入量和减少生产和消费活动的废弃物产生量，属于源头控制范畴。"再利用"可以理解为：一是延长产品的使用时间；二是在基本不改变废弃物物理形态和结构的情况下，继续使用废弃物，如报废汽车零部件的再利用。所以，"再利用"同时有过程控制和末端控制的含义。"再循环"可以认为是通过物理和化学过程，使废弃物转化为新的经济资源，并投入生产和消费过程，属于末端控制，如汽车材料的再生利用。

从上述三个原则可以看出，循环经济就是节约资源、合理利用资源、回收废旧物品，使之成为再生资源，充分提高资源利用率的一种经济发展模式。目前已有学者将循环经济的原则定义为4R1D，即减量化（Reduce）、再利用（Reuse）、再循环（Recycle）、再生（Regenerate）与可降解（Degradation）。再生，即在经济发展过程中，尽量利用再生资源，发展清洁能源；可降解，即尽量减少生产和减少使用会产生不可降解废物的产品，提高产品和包装容器使用后的可降解率。这种分类将循环经济的原则更加细化。因此，循环经济还有发展清洁能源，利用可再生资源的发展方向。

二、汽车工业必须走循环经济发展之路

汽车工业也必须走循环经济发展之路，而汽车回收利用正是汽车产业发展循环经济的重要途径。

2016年全球汽车产量为9497万辆，表11-1所示为20世纪90年代一辆轿车的材料构成。

表11-1　20世纪90年代轿车材料构成　　　　单位：kg（%）

材 料 品 种	1998 年型欧洲轿车	1997 年型日本轿车
黑色金属	780 (68.3)	(69.0)
钢铁	89 (7.8)	(9.6)
塑料	104 (9.1)	(8.6)
橡胶	18 (1.6)	(3.3)
轮胎	40 (3.4)	
地毯	4 (0.4)	
玻璃	33 (2.9)	(2.8)
蓄电池	13 (1.1)	
工艺聚合物	12 (11)	(1.7)
电解质	8 (0.7)	
流体	24 (2.1)	(1.8)
其他	17 (1.5)	(3.2)
合计	1142 (100)	1100 (100)

全世界汽车按普通轿车材料利用率70%计算，汽车制造业每年消耗钢铁6100万t，有色金属700万t，塑料800万t，橡胶450万t，玻璃260万t。加上全世界6亿多辆汽车维修用零件的材料，每年汽车消耗的材料更是惊人。如以橡胶来讲，虽然年生产汽车需要450万t。但全世界维修汽车用的橡胶却多达1500万t以上。

汽车生产和维修每年消耗如此大量的地球资源，如不加以循环利用必将导致资源枯竭和浪费，因为地球资源是有限的。根据目前探明的矿产资源，地球主要资源可采年限见表11-2。如果资源消费量增加，可采年数还会缩短。由于探矿技术的进步，不断发现新的矿源以及能源利用率的提高，可采年数会有所修正，但绝不容乐观。为了有限的资源可持续利用，必须开展废旧汽车材料的回收利用工作。

表11-2 地球主要资源可采年限

品 种	石油	天然气	煤	铁矿	铝矾土	铜	铅	锌	锡
可采年限/年	45.5	64	219	182	227	59	36	42	38

从循环经济来看，工业经济中的有些资源在使用过程中本身并不会消失（如铁、铜、铝等），这样的资源只能通过发展循环经济来解决，使它们永远处于循环利用之中。20世纪90年代以来，随着世界环境的恶化和资源成本的攀升，迫使一些企业开始追求一种建立在清洁生产和废弃物综合利用基础上的经济发展模式，生产和使用中产生的各种废弃物都可经过处理后，再以资源的形式重新进入生产流程，这便是循环经济。

日本的经验值得借鉴。20世纪90年代，日本的报废汽车填埋场所日益紧张，处理成本高涨。为此，日本提出了有关循环社会发展建设的理念，出台了构建循环社会的相关法律，并在2000年、2001年开始快速推进。2002年7月，日本国会通过了《关于报废机动车再资源化等的法律》（简称《汽车回收利用法》）。该法案根据报废汽车处理面临的实际问题提出要求，2005年开始实施。日本在建立了相关的循环型社会的相关法令后，汽车回收利用才取得了明显成绩。

该法案的特征表现在以下几个方面：

1）新车所有者负担每辆车1万日元左右的回收利用费用。

2）汽车厂商有义务承担ASR、气囊类、氟利昂类等三类指定零部件的回收、利用及合理处理的工作。

3）汽车厂商必须努力将 ASR 回收利用率提高到 70% 以上。

这一法律的根本特征是责任分担。汽车所有人分担回收利用费用，转交给国家认可的接收方。销售、回收、粉碎各方负责废旧汽车的交易、氟利昂和气囊等的回收，汽车电池等的处理。

同时，提升回收利用基础设施的建设也是做好回收利用工作的重要一环。如对于氟利昂的销毁，日本共有 8 处回收利用场所分布于各个地区。法律实施后每年有 50 万～60 万 t 氟利昂被交易和回收利用。为了促进汽车回收利用，完善的回收利用基础设施是非常必要的。

我国汽车行业再生资源回收利用率很低，与国外先进水平的差距很大。例如，轮胎翻新量仅占新轮胎产量的 4%，而发达国家一般为 10%。其中轿车轮胎基本不翻新，而欧盟翻新率达 18.8%。钢铁和有色金属的回收利用率也很低，总的不到 40%，与发达国家相差 50 个百分点。实践证明，较低的资源利用水平已成为我国汽车企业降低生产成本，提高经济效益和竞争力的重要障碍。

我国政府已关注到这一问题，2006 年 2 月国家发改委、科技部和国家环保总局联合颁布了《汽车产品回收利用技术政策》（以下简称《技术政策》），明确提出："要综合考虑汽车产品生产、维修、拆解等环节的材料再利用，鼓励汽车制造过程中使用可再生材料、鼓励维修时使用再利用零部件，提高材料的循环利用率，节约资源和有效利用能源，大力发展循环经济"。《技术政策》还明确要求将汽车产品回收利用率指标纳入汽车产品市场准入许可管理体系。自 2008 年开始进行登记备案工作，从 2010 年起，我国汽车企业或进口汽车总代理商要负责回收处理其销售的产品及包装物品。

然而，我国自 2006 年《汽车产品回收利用技术政策》颁布以来，政策中规定的各项具体管理措施进展缓慢，与国外相比差距较大，加强汽车回收利用管理刻不容缓。

三、报废汽车回收的重要性

汽车回收作为汽车"产业链"中的重要一环，其重要性主要体现在以下几点。

1. 报废汽车不及时回收对环境造成严重污染

发达国家年报废汽车量十分可观，仅西欧、美国和日本年报废汽车总量约 2500 万辆。据预测，未来 20 年间，全世界将有 10 亿辆汽车报废。

随着汽车工业的发展、开发周期的缩短，新车进入市场的速度加快，汽车拥有量急速增加，也导致汽车报废数量逐年增多。根据意大利菲亚特轿车公司的估计，如按意大利汽车平均使用寿命 12 年计算，全国每年报废的汽车达 140 万辆，若排列起来，可长达 5000km，相当于意大利公路网总长的 3/4。对大量的报废车若不及时进行分类处置和回收再利用，报废车将占用很大的堆积场地。在自然条件下，长期日晒和风吹雨打，将使报废车很快失去循环再利用的价值，不仅浪费资源，而且会对环境造成严重的污染。

汽车材料中一部分是具有挥发性的，它们会对周边环境产生破坏作用。例如，轮胎可以破坏周边环境并占用大量土地，传动油液之类直接污染周边的水资源和生态环境。其他如汽车废蓄电池、空调器等都会对空气造成污染。

2. 报废汽车回收率低将严重浪费资源

目前，我国汽车年报废量超过 400 万辆，如果每辆车的空车质量平均以 3t 计算，假如汽车完全报废而不考虑回收，则意味着被消耗的各种净材料每年将达 1200 万 t。

其实，汽车上的钢铁、有色金属 90% 以上可以回收利用，玻璃、塑料等的回收利用率也可达 50% 以上，至于汽车上的一些贵重元件材料，回收利用的价值更高。

目前我国报废汽车的回收率很低，大部分旧车被无序处理，最终变成垃圾而占据大片土地。随着我国汽车年产量的不断增加，对自然资源的需求压力随之增加，由于报废汽车回收率低，造成的资源流失、浪费更为严重。

3. 报废汽车改头换面殃及交通安全

在我国由于报废汽车回收制度执行不严，非法拼装车黑市一度泛滥成灾，先后出现了收购报废汽车，并将其拆解拼装成整车进行销售的违法经营黑市。

非法拼装汽车是名副其实的"马路杀手"，严重危及人民群众的生命安全。交通部门的统计资料显示，近年来的交通事故中有相当部分是因使用非法拼装车、报废车造成的。非法拼装车黑市的猖獗，严重干扰正常的汽车经营秩序。用报废车的零件七拼八凑成二手车蒙混上市，祸及二手车市场。以非法拼装车充斥新增车、更新车，这既损害新车声誉，又殃及新车市场。非法拼装车是我国汽车市场中的一个毒瘤。

4. 报废汽车回收是极具潜力的经济增长点

汽车回收蕴藏着巨大商机，回收一辆汽车平均可回收 2.4t 废钢铁和 45kg 有色金属，从一辆报废汽车上回收的废钢生产的零部件能占新车所用零部件的 1/4。美国每年报废汽车 1000 万辆以上，已形成有 1 万多家汽车零部件回收企业的庞大行业，年利润达数十亿美元。所以说，报废汽车回收是极具潜力的经济增长点。

另外，除了节约资源，为社会创造财富外，汽车回收还能提供大量就业岗位。以美国和加拿大为例，仅汽车回收就创造了近百亿美元的年收入，并吸收了大量就业人员。因此，世界各汽车生产大国都把废旧汽车回收既看成是一个产业问题，又看成是一个社会问题。

5. 汽车回收利用能有效降低汽车制造成本

回收报废汽车也就回收了部分汽车制造成本。据不完全统计，1982～2000 年，我国汽车报废回收总计 442.1 万辆，回收 1061.1 万 t 废钢铁和 19.9 万 t 有色金属。仅废钢铁和有色金属两项，就节约资金 11.96 亿元。

目前各汽车生产企业都在千方百计降低生产成本，其有效途径之一就是：汽车制造企业与报废汽车回收企业"联姻"，在保证新车生产质量的前提下，充分利用报废汽车拆解下来的零部件进行重复利用。此举无疑是一种节约原材料、降低配件生产成本，最终达到车辆生产成本大幅下降的有效方法。

6. 加强报废汽车回收管理对汽车行业的发展具有重要意义

汽车行业的发展受到许多因素的制约。原材料、技术、资金、人才、服务等都对汽车行业的发展起着很重要的作用。市场的需求是汽车行业发展的关键，没有需求就没有市场。汽车生产的动力是人们生产生活对汽车的需求，汽车报废则增强了人们购买新车的欲望，从而促进了汽车工业的发展，带动了汽车行业的良性循环。假如汽车不报废，很难想象城市交通将会是什么样，车满为患拥堵不堪，交通事故频发，并将严重影响汽车工业发展，阻碍汽车行业的良性循环。汽车报废后拆解的废旧金属回炉为汽车生产提供原料，对汽车工业发展补充资源具有重要意义；同时加强报废汽车回收管理对建设资源节约型和环境友好型社会都有积极意义。

四、发达国家报废汽车回收情况

1. 美国：回收汽车获利颇丰

美国是世界上最大的汽车生产和消费国家，每年因老旧过期或交通事故而报废的车辆超过 1000 万辆。随着废旧汽车对环境危害的不断加剧，美国从 20 世纪后期开始重视废旧汽车的回收利用，并逐渐形成了一个专门收购、处理废旧汽车的行业。每辆汽车的收购价，按汽车的新旧程度，从 50 美元到上千美元不等。目前美国已成为世界上汽车回收卓有成效的国家之一，年获利达数十亿美元的汽车回收行业也因此变得生机勃勃。

有关资料显示，美国通过立法推动废旧汽车和轮胎的回收利用，取得了明显的经济和社会效益。早在 1991 年美国就出台了关于回收利用废旧轮胎的法律，从 1994 年起，国家有关条例又规定，凡是国家资助铺设的沥青公路，必须含有 5% 用旧轮胎磨碎的橡胶颗粒。由于旧轮胎含抗氧化剂，可以减缓沥青铺路材料的老化，使路面更有弹性并延长公路使用寿命。条例实施以来，美国铺成的含有橡胶颗粒的沥青公路已超过 1 万 km。此外，美国还将废旧轮胎与钢筋混凝土结合，用于加固防洪堤坝，也取得了较好的效果。

经过多年的摸索，特别是采用了先进的回收技术和设备，美国已经能把占每辆汽车质量 80% 的零部件都回收并重新利用起来。大约有 1.15 万家汽车零部件回收商遍布美国各州，它们尽管规模不同，但所做的工作是一样的：就是将废旧汽车上的零部件拆卸下来，自行送到专业的厂家对其中尚有使用价值的部分进行整修和翻新，然后运往修车厂重新使用。当旧车的轮胎被卸掉，车内残留的有害气体和液体清理完毕，有用的零部件被拆卸一空后，金属车架便会被送进大型挤压机压碎，再用磁分离法将钢分离出来。据测算，粉碎一辆车的废壳几乎能够满足制造一辆新车的需要。统计数字显示，汽车回收业每年向美国钢铁冶金行业提供的废钢铁占冶金业总回收量的 1/3 还多。

福特公司在汽车回收方面一直走在同行的前列。20 世纪末，该公司的前任总裁纳塞尔瞄准了既能减少废车垃圾又能获得丰厚利润的旧车回收业务，先不动声色地买下了美国佛罗里达州最大的汽车回收中心——科佛兄弟汽车零件公司，然后悄然并购了欧洲最大的汽车修理连锁公司——克维格·费特公司，摇身一变成为欧美车坛举足轻重的旧车回收“排头兵”。随后，福特公司又一举扩大自己的势力范围，利用福特制造技术加工二手车零配件，并将有关资料输入计算机网络，供所有修理行上网查询，再利用福特公司的销售运输网络，及时输送和供应二手车零部件，从而组成了一个无孔不入的汽车回收利用网络。

汽车回收业在美国日益受到重视，一方面是因为整个社会环保意识的不断加强，另一方面也说明这个行业中隐藏的巨大商机驱动了商家涉足。这个行业中利润最大的是废旧汽车中一些零部件经过整修和翻新后的再利用。根据美国有关法律，汽车零部件只要没有达到彻底报废的年限，不影响正常使用，就可以再利用。

据美国的一项调查，目前美国从事汽车零部件再制造生产的企业有5万多家，产值达360亿美元。通用、福特和克莱斯勒三大汽车制造商联合在海兰帕克建立汽车回收利用研究中心，就是为了专门研究开发汽车零部件的拆卸、再制造和再循环利用。

汽车回收业在美国的蓬勃发展，大大减少了公路两旁和树林之中报废汽车的停放和堆积，使长期以来一直困扰人们的环境污染问题在很大程度上得到了解决。同时，由于部分回收汽车零部件经过整修和翻新后再次进入市场，增加了零部件新品的竞争力度，有利于降低成本，使广大消费者得到了实惠。

2. 英国：汽车回收目标95%

在英国，每年报废的轿车和轻型商用车约有180万辆，它们或是到了使用年限，或是因为事故而损坏，这就相当于产生了200万t的废弃材料。对于一个面积只比广东省大一点点的国家来说，处理这些废料是一个严峻的挑战。

英国要求已达到使用年限的车辆的材料回收利用率为95%，为了实现这一目标，成立了车辆回收利用及处理联盟（ACORD）。ACORD的成员包括汽车与零部件厂商协会（SMMT）、机动车解体协会（MVDA）、英国金属业联合会（BMF）、英国塑料业联合会（BPF）、英国橡胶制造业协会（BRMA）。

这些组织协同工作，探索新的方法以提高汽车材料的回收利用率。回收利用是一项复杂的工作，因为汽车上使用的材料多种多样。表11-3中列出了一辆轿车上所使用的材料的大致分类。其中，有些材料（如钢铁）处理起来相对容易，但另外一些材料（如塑料）处理起来就不那么简单。

表11-3　一辆轿车所使用的材料的大致分类

一辆轿车所用材料	百分比（%）	平均回收净质量/kg
钢铁	68.3	780
轻有色金属	6.3	72

（续）

一辆轿车所用材料	百分比（%）	平均回收净质量/kg
重有色金属	1.5	17
电工、电子产品	0.7	8
流体	2.1	24
塑料	9.1	104
地毯	0.4	4
聚合物	1.1	12
轮胎	3.5	40
橡胶	1.5	18
玻璃	2.9	33
电池	1.1	13
其他	1.5	17
合计	100	1142

作为各自领域内的技术专家，ACORD 的成员关注每一辆送到废料堆的旧车，他们通过制定策略来减少回收利用时的技术难度，增加其经济性。例如，汽车制造商可以在初始设计阶段，就尽量多地采用可回收利用的材料，当车辆达到使用寿命后，BMF、BPF 和 BRMA 则能够利用回收的材料开发新的产品。

ACORD 取得了许多新的成果，他们开发的计算机化国际车辆解体信息系统（IDIS）目前已被主要的车辆制造商所采用，制定了一项对汽车产品中聚丙烯材料回收利用的规范以及在水泥行业尝试使用旧轮胎作为能源。

3. 德国：建立废旧汽车回收网络与汽车零部件连锁收购店

德国每年有 150 万辆的旧车报废，为了加强环保的力度，德国政府已立法规范汽车报废回收，并增加投资发展废旧汽车回收业。

（1）强制回收汽车

德国是个汽车王国，每年生产的新车接近 500 万辆，同时也有近 150 万辆旧车报废。在德国，通常使用 10 年以上的车就可以申请报废。申请报废和购买新车一样，需要办理手续，注销后，方可把汽车送往指定的旧车处理厂。德国自 2002 年 7 月 1 日起实施"旧车回收法"。该法规定：汽车制造商或进口商有免费回收旧车的义务，并须将车体以环保的方式回收、再利用。自 2006 年起，汽车材料、零件的回收必须达到 85% 的再利用率以及 80% 的回收率，2015 年起则分别提高到 95% 和 85%。根据这个法律，自 2003 年 7 月开始，德国汽车生产商已不能使用含有重金属（如镉、汞、铅、6 价铬等）的材料，以防范更严重的环境污染。

（2）旧车出口增加

近年来，越来越多的德国报废汽车没有进入本国的回收厂，而是被当成热销产品出口国外。统计资料显示，约有 2/3 的德国废旧汽车被出口到国外。进口德国废旧汽车的主要国家是东欧国家及南非。

德国废旧汽车向东欧国家出口直线上升的主要原因是，随着欧盟的东扩，德国废旧汽车向新入盟国家的出口不再有任何障碍，出口增长迅猛。东欧国家的汽车回收企业还未执行相应的环保要求，回收成本低。此外，由于东欧国家维修成本低廉，许多汽车维修后投入再次使用。

（3）大力发展废旧汽车回收业

目前，德国拥有约 200 多家旧汽车回收企业，汽车回收率已达 96%。在拆卸公司的流水线上，发动机、金属车架、塑料、导线、稀有金属等分门别类被堆放在一起，完好的部件被送到汽车修理厂作为备件使用，其余的作为回收材料进行再生处理。

实际上，德国汽车业从 20 世纪 90 年代初就开始逐年增加在汽车回收、再生方面的投资。德国的三家主要汽车生产商 1991 年以来用于建造专门的"拆卸流水线"上的投资达 6 亿欧元，年均增幅达 20%，远高于其他国家。

奔驰公司从 1992 年开始按照技术标准回收、利用汽车上的旧零件。实践证实，汽车上的钢铁、有色材料零部件 90% 以上可以回收、利用，玻璃、塑料等的回收利用率也可达 50% 以上。从 1995 年起，奔驰公司开始重复利用处理后的电池组、织物和轮胎，收集的油料经处理后进入市场给某些生产部门使用。至于汽车上的一些贵重元件材料，回收利用的价值更高。统计表明，在 50 万辆梅赛德斯·奔驰轿车的转换器中含有 2t 铂，这些铂和转换器中使用的约 0.5t 铑至少值 5000 万欧元。

宝马公司也一马当先，建立了类似销售连锁店的全国回收网，对废旧汽车的发动机、轮胎、电池、玻璃、保险杠、安全带及汽油、冷却剂、润滑剂等进行回收，分类处理。宝马甚至还主动向回收商提供大量的计算机软件服务，不仅提高了回收工作效率，也给自己带来了巨大的经济效益。

德国政府对废旧汽车回收工作十分重视，先后帮助汽车厂商在全国建立了能够回收近 250 万辆废旧汽车的经营网络，把德国废旧汽车回收产业推上了一个新台阶。应该说，在城市中开设专门的汽车零部件收购商店，是德国汽车业对环保做贡献的一项有效措施。

德国政府为鼓励业主开设废旧汽车回收企业，国家在信贷、税收上予以照顾。废旧汽车回收业的发展需要增加投入资金。汽车企业也愿意为此掏腰包。德国宝马就准备向自己产品的全部使用者发放巨额奖金，以鼓励他们尽可能把车维护在最佳状态，达到便于利用回收的目的。德国大众公司在回收废旧汽车方面也不遗余力。大众公司注重促使汽车更加适宜于分解并重新利用。

4. 法国：汽车企业与钢铁企业"联姻"回收废旧汽车

法国每年约有 200 万辆废旧汽车，为此标致-雪铁龙集团联合法国废钢铁公司等建立了汽车分解厂，雷诺汽车公司同法国废钢铁公司建立了报废汽车回收中心。目前，法国的废旧汽车被压碎后有近 75% 的零部件得到回收利用。法国的目标是将汽车回收利用率提高到 95%。另外，废旧汽车被压碎后，平均每辆车可产生 200~300kg 的垃圾，不仅污染环境而且浪费资源，因此法国决定，今后在设计汽车新产品时必须考虑到报废后的回收利用。一些汽车厂家特意让回收人员参与汽车产品的设计，并与工程师们共同研究如何把汽车设计得更加易于回收。

5. 日本：以回收处理废弃物，减少其对环境的影响为主

日本目前每年有近 500 万辆汽车更新报废（登记注销）。值得注意的是，在日本每年的 500 万辆报废汽车中，事故车占了 10.15%。发生事故的车辆，由于修车费用高，修复得少，报废得多。无论车辆发生事故后损害的程度如何，只要修复的费用高于车辆的现存价值，这辆车肯定就报废了。

日本的旧车及报废汽车主要是由汽车销售店和汽车维修厂来回收的。车主去销售店买新车时，原有的旧车通过评估、作价，如果还有一定的使用价值，便可用旧车抵价。如果旧车已经没有使用价值，车主需向销售店交纳一定的处理费。由销售店回收的废车量占废车总量的近 99%。还有一小部分是通过汽车维修厂回收的。

日本报废汽车回收，最初是以回收废钢铁资源为主要目的。到了 1985 年，随着日元升值、废钢铁价格越来越低，报废汽车产生量也越来越大，而且国家对环境保护的要求也越来越高，汽车回收制度开始发生了变化。

报废车回收处理逐渐转变为以回收处理废弃物，减少其对环境的影响为主要目的。到1990年，拆解企业开始使用切片机、粉碎机及其他分选设备，对树脂类废弃物也开始进行回收利用。

日本中央政府指导和管理报废汽车回收的机构主要是经济产业省和国土交通省，经济产业省负责研究制定指导报废汽车回收处理的政策法规，国土交通省实施对车辆和道路交通管理。为进一步促进废旧汽车的回收处理，2000年11月，由日本自动车工业协会等9个相关业者发起，成立了日本废旧汽车回收促进中心，主要目的是推行以生产者负责制为主要内容的废旧汽车回收处理制度。

6. 韩国：拆解下来的旧零部件继续流通销售

韩国汽车拥有量达1250万辆，平均每个家庭拥有一辆汽车（千人拥有汽车为256辆），目前韩国年旧车交易量达150万辆左右，稍大于新车销售量，其中每年有7万~8万辆的旧车出口。韩国年汽车报废量达60万辆左右，一般事故车占了10%左右。目前，韩国汽车更新报废的周期是7~8年，更新报废后，基本上都拆解，旧零件绝大多数出口到有韩国汽车的国家，主要是发展中国家。

韩国报废汽车回收拆解主要由专门的废车回收拆解公司负责。除废车回收外，拆解、压块及废钢铁加工等都在拆解企业完成。拆解下来的旧零部件继续流通销售，车身压块及经过初加工的废钢铁则销售给钢铁企业。

报废汽车一般是由废车回收拆解公司直接从车主那里购买来的，主要是通过废车回收公司的业务人员为车主提供服务，包括代办车辆注销手续来获得废旧车源。很少量的废车是车主直接交到废车回收公司的。价格由买卖双方协商而定。废车回收公司回收废车后，向车主出具《汽车回收证明书》，车主根据证明书到有关的车辆管理机关办理车辆注销手续。车牌由废车回收公司当场销毁。

第三节　我国报废汽车回收业的现状和发展

一、我国报废汽车回收业经历的四个阶段

1. 创始阶段

我国汽车拥有量在新中国成立初期只有几万辆，到改革开放前发展到

100 万辆，20 世纪 80 年代初期刚刚超过 200 万辆。1983 年决定成立全国老旧汽车更新改造领导小组（以下简称"汽更办"），下设办公室，由国家物资局为主，负责日常工作，要求各地方物资部门要指定和适当增设回收、拆车网点，随后，原国家计委、国家经委及交通公安、工商等部门多次发文，强调加强老旧汽车更新工作的组织领导和行业管理，加快汽车更新步伐。

2. 整合阶段

改革开放以来，我国汽车工业得到了快速发展，全国汽车拥有量从 1982 年的 216 万辆猛增到 2001 年的 1845 万辆。与此相适应，我国汽车报废更新速度也相应加快。2000 年报废更新汽车 58 万辆，比 1986～1989 年四年的报废更新总量还多 15 万辆。为加强对报废汽车回收拆解工作的管理，1990～1997 年，国家有关部委多次下发通知，及时对老旧汽车更新工作提出标准和要求。其中重点强调对收购的报废汽车，回收单位要及时进行解体加工，发动机、前后桥、变速器、车架、转向机等几大总成主要件，必须作为废钢铁处理，禁止出售报废旧车和总成。还规定了实行报废汽车回收拆解企业的资格认证制度。规定全国报废汽车回收（拆解）企业控制在 400 家，企业年回收（拆解）量不低于 900 辆，禁止审批新的报废汽车回收（拆解）企业等。这一时期，我国报废汽车回收拆解业逐步建立了一套符合中国国情的管理服务体系，这是全行业得到快速发展的阶段。

3. 规范约束阶段

由于利益驱动，有一段时间，一些地区先后出现违反国家规定，无证（照）擅自回收拆解报废汽车，甚至利用报废汽车五大总成和零配件拼装汽车，抬高报废汽车回收价格，导致报废汽车回收拆解秩序混乱。2001 年 6 月 16 日，国务院颁布了《报废汽车回收管理办法》（第 307 号令）（以下简称《办法》），其中明确了报废汽车车主和回收企业的行为规范，明确了报废汽车回收监管部门职责分工，明确了地方政府报废汽车回收工作职责。同年，为了进一步贯彻落实全国整顿和规范市场经济秩序工作会议精神和《办法》，国务院办公厅以特急件发电《关于限期取缔拼装车市场有关问题的通知》；原国家经贸委、监察部、公安部、国家工商行政管理总局联合下发了《关于贯彻〈办法〉的实施意见》；国家经贸委印发了《报废汽车回收企业总量控制方案》（国经贸资源［2001］773 号）。据此，国家工商行政管理总局迅速开展了严厉打击非法收购、拆解、拼装汽车经营行为，坚决取缔报废汽车拆解拼装市场的集中行动。公安部对依法强化报废汽车回收拆解行业的治安管理工作做出了新的规定。经过几个月的努力，全国范围内查明的报废汽车非法拆解拼装市场被全部取缔，一大批拆、拼窝点被铲除，非法拆解、拼装汽车行为得到了有效遏制，专项打击行动收到了明显成效。《办法》的颁布，标志着我国报废汽车回收拆解业开始走上规范化、法制化的轨道，也为进一步加强立法管理，探索建立社会主义市场经济体制下中国报废汽车回收拆解体系和模式提出了新的要求。

4. 动态调整阶段

1）2003 年政府体制改革后，原国家经贸委撤销，报废汽车管理职能转到国家商务部市场建设司。当时，商务部对报废汽车的政策指导思想是继续贯彻国务院 307 号令，执行报废汽车回收企业总量控制方案，暂时不增加新的回收企业。根据经济发展形势，逐步探讨由国家控制报废汽车回收企业数量转向根据市场需要自主决定回收企业数量的模式过渡。

2）国家对老旧汽车报废更新给予资金补贴。补贴办法规定旧汽车报废标准，依法办理报废手续，将车送交资格认定企业，凭《报废汽车回收证明》申请补贴资金。补贴范围是使用年限在一定年限的大型载货或载客汽车，补贴标准为 4000 元/辆。

3）国家对从事废旧物资回收经营业务的单位免征增值税率至一定的年限，财政部、国家税务总局发文，明确报废汽车回收拆解企业享受的优惠政策。

二、我国汽车回收利用的现状与问题

目前，我国报废汽车回收拆解行业已经形成了一定规模并且发挥了重要作用，为社会提供了可观的再生资源和可回收利用汽车零部件。但是，我国目前汽车回收利用水平较之汽车产业发达国家仍有较大差距，主要表现在：报废汽车回收量较低，回收拆解企业技术水平不高，整车生产企业尚未在汽车回收利用领域承担起相应的责任和义务，回收利用工作并未发挥应有的作用。

早在 2001 年我国就颁布实施了《报废汽车回收管理办法》（国务院令第 307 号），以规范报废汽车回收流程，加强报废汽车回收管理。这是目前我国汽车回收利用方面最高级别的法规。2006 年，国家发改委、科技部、环保部联合发布了《汽车产业回收利用技术政策》，对我国汽车回收利用工作的各个方面提出了具体要求。在政府有关部门的指导下，针对报废汽车拆解企业行为规范和整车生产企业产品标识等方面的标准相继出台，《汽车禁用物质要求》及配套检测标准也已报批。

从总体上来看，我国汽车回收利用法规体系还不完善、产业链各阶段的具体要求还有待补充。从管理效果来看，单纯的对后端的回收拆解、再利用企业加强管理并不能从根本上解决环境污染和资源利用率低的问题。我国要想达到汽车回收利用产业目标，必须要转变管理思路，完成从单一的后端治理向前端源头管控的转变，进而促进汽车产业循环经济的发展。

三、加强汽车回收利用的管理，促进汽车回收业的健康发展

针对我国汽车回收利用现状，并借鉴国外的先进经验，有必要采取以下措施，加强对我国汽车回收利用的管理。

1. 加强领导，政策调控，使之纳入法制的轨道

发展汽车回收利用，政府要加强领导。所谓加强领导主要是指政府运用法律法规手段，强制性标准等技术手段，财政、税收等经济手段对汽车企业的行为加以引导，使之纳入法制的轨道。

2001 年国家颁布了《报废汽车回收管理办法》，该《办法》出台的目的主要是杜绝拼装车，但也断绝了部分汽车零部件再次利用的机会。有资料显示，北京 9 家拆车厂的处理能力为每年 9 万辆，但收车量只有 2 万~3 万辆。其回收工艺还停留在靠气焊进行手工拆解的粗放型工艺，拆解的报废车只有卖废铁一条出路。

汽车生产过程中要经历上万道工序，消耗了大量资源，简单地把报废车当废铁卖是对资源的浪费。由于零部件使用年限不同、材料不同，一辆汽车报废时仍有少则 20%，多则 40% 的零件是可以经过"再制造"继续使用的。在剩下的部件中，还有 50%~70% 可以作为材料回收利用。

怎样管好、用好这些不应该丢弃的"资源"，机动车的强制报废政策导向正在发生变化。国家发改委牵头制定的《汽车零部件再制造试点管理办法》已经于 2008 年 3 月颁布实施。该《办法》提出了"再制造"的概念，明确再制造要由厂家牵头，产品只用于售后维修，不用于新车生产。制定这一政策的初衷是为有效利用废旧汽车零部件资源，规范废旧汽车零部件再制造工作和市场秩序。该《办法》将对再制造企业、产品进行管

理，对再制造产品的流通进行监督。

再制造带来的经济效益相当可观。以发动机为例，德国大众再制造发动机 720 万台，配件市场上的再制造产品与新品的比例为 9：1。美国机动车维修市场 70% ~ 80% 为再制造品。经过计算，造一台新汽车发动机的能耗是再制造的 11 倍；造一台新汽车发电机的能耗是再制造的 7 倍；造一台新汽车发动机关键件的能耗是再制造的 2 倍。

综上所述，汽车零部件再制造好处多多，所以政府在报废汽车零部件再使用方面转变政策，变"堵"为"疏"，实在是明智之举。

目前在加强领导、政策调控方面还有很多工作要做。与欧盟的汽车回收法规相比，我国的相关政策标准要落后 4 ~ 5 年，这一差距使我国汽车垃圾处理远落后于发达国家。而汽车垃圾污染带来的环境影响往往是不可逆转的，其对经济的影响往往比技术落后更可怕。因此从战略上考虑，专家建议国家有关部门对现行的汽车产品回收利用技术政策进行修订，提高汽车回收利用率目标，尽可能缩小与国外的差距，以便加快与国际标准完全接轨。

2. 健全法制、建立制度，解决发展中面临的问题

依法建立一系列强有力的制度，解决汽车回收利用发展中所面临的问题。应重点建立以下制度。

（1）生产者责任延伸制度

在当代，汽车企业不仅仅要在生产中对环境负责，而且要对所生产的汽车产品在其使用期间以及报废之后对环境造成的影响负责，这就是生产者责任延伸制度的基本内涵。建立和完善生产者责任延伸制度，加大了企业对最终处置废物的强制性责任，必然促使企业在设计、生产产品的过程中，把产品的再商品化率作为一项重要指标纳入到企业经济考核中来，促进生态设计（或绿色设计）等工作的开展。这是一项有利于节约资源、保护环境和发展经济的重要制度。

《汽车产品回收利用技术政策》（以下简称《技术政策》）就明确规定："2010 年起汽车生产企业或进口汽车总代理商要负责回收处理其销售的汽车产品及其包装物品，也可委托相关机构、企业负责回收处理其生产、销售的汽车及其包装物品。""电动汽车（含混合动力汽车等）生产企业要负责回收、处理其销售的电动汽车的蓄电池。"

《技术政策》同时规定："汽车生产企业或进口汽车总代理商要负责其

产品回收并进行符合环保、回收利用要求的处理或处置，或按规定缴纳相关回收处理费。

不同类型汽车的回收处理费由有关部门根据我国不同时期报废汽车回收处理技术水平、再生能力、物价、委托处理业务等因素确定、调整，汽车价格因承担回收处理费而调整的，其增长部分不能超过规定的数值或比例。

回收处理费的管理、收支、用途等以公开、公正、公平的原则进行运作，并接受政府、企业及公众监督。"

（2）市场准入与许可制度

汽车回收利用离不开市场的推进，但市场的推进必须符合市场规则和环境保护等方面的市场准入和环境保护许可条件，即投资是否符合一定的数额标准，技术和设备是否符合国家的规定，环境影响评价结果是否合格等。

政府除了对汽车回收拆解企业进行准入管理外，对危险及有害废物处理企业更要实行严格的许可制度。如《技术政策》第二十三条规定："对处理污染物及有毒物质的企业实行严格的准入管理，加强监督检查，减少进而避免对环境和人身健康造成损害。取得环境保护部门颁发的经营许可证的单位，方可从事危险废物的收集、利用、储存、运输、处理等经营活动。"

（3）经济激励制度

正确、可行的激励政策是推动汽车回收利用发展的根本措施。该制度应当包括以下内容：拓宽回收利用融资渠道，建立多元化的投资机制；调整税收、信贷、财政等政策，对汽车回收利用企业要给予税收优惠。同时，政府通过建立回收利用发展专项资金制度，支持回收利用废旧汽车的企业的开办，支持报废汽车回收拆解中心的建立。

在激励制度方面，《技术政策》中有如下规定："为有效实现报废汽车产品的回收利用，对提前达到产品可回收利用率或超过当时政策规定限值的企业，在生产中使用再生材料达到一定数值的企业，开发并应用回收利用技术及设备的企业和引进专用处理技术及设备并进行国产化开发的企业，国家将给予必要的优惠政策，以鼓励汽车产品生产和回收利用企业提高汽车产品的回收利用率，主动使用再生材料。"

（4）绿色采购制度

目前，发改委已组织行业协会和专家研究提出了"节能产品目录"，并正会同财政部门研究对生产和使用目录内产品给予减免税的优惠政策。

在法律框架下，在技术服务等指标同等条件下，政府应优先采购节能产品清单中所列的节能环保汽车产品。例如，《技术政策》第三十七条明确提出：政府采购汽车产品时，要优先选择可回收利用率高的产品。

考虑到生产企业在绿色产品的开发过程中，增加了环保、节能和提高可回收利用率等方面的成本，为了确保绿色产品供货渠道的顺畅和产品数量的充足，可在政府采购的招标管理办法中对绿色产品的生产企业给予必要的价格倾斜，以调动绿色产品生产的积极性。

（5）落后生产工艺和落后设备的淘汰制度

当前，汽车行业要注意淘汰严重浪费资源、污染环境的工艺和设备。

《技术政策》第三十五条明确表示：政府主管部门将组织研究、开发和推广减少工业固体废物产生量的生产工艺和设备，公布限期淘汰产生严重污染环境的工业固体废物的落后生产工艺、落后设备的名录。

生产者、销售者、进口者或者使用者必须在国务院经济综合主管部门会同国务院有关部门规定的周期内分别停止生产、销售、进口或者使用列入前款规定的名录中的设备，生产工艺的采用者必须在政府有关部门规定的期限内停止采用列入前款规定的名录中的工艺。依据前款规定被淘汰的设备，不得转让给他人使用。

（6）法律责任制度

要对违反回收利用法规的行为规定明确的制裁条款，为相关的执法和监督创造有利条件。例如，《技术政策》第三十六条规定："政府主管部门将适时制定汽车限用材料时间表，引导企业积极采用环保、有利于回收利用的材料。产品在一定时间内达不到可回收利用率要求的汽车生产企业或进口商，将受到相应的处罚，并对其加收环保处理费。"

（7）生产单位利用、处置废旧资源的基本顺序制度

《技术政策》第四十条提出，要"明确回收处理技术路线"，其重点是要建立生产单位利用、处置废旧汽车的"基本顺序制度"。

这个顺序由五个基本步骤组成：

① 通过提高汽车利用效率等手段，尽可能抑制废物的产生。

② 通过加强汽车维护等手段，延长汽车的使用寿命以节约资源。

③ 在汽车报废后将其再生利用实现资源化。

④ 将废弃的物质通过焚烧回收其热能。

⑤ 将目前经济技术条件下无法利用的废物进行无害化处置。

以上基本顺序需要在法律中加以明确。

（8）征收生态税制度

生态税（或称环境税）是对那些使用了对环境有害的材料和消耗了不可再生资源的产品而增加的一个税种。生态税的引入有利于促进汽车企业在产品设计中采用绿色材料，并尽可能对废旧汽车零部件及其材料进行回收利用。

3. 加强交流、拓宽视野，学习和借鉴国外先进经验

促进汽车回收业发展的一个重要措施是：加强与国内外同行的联系，加强交流、拓展视野、借鉴先进经验。

（1）建立信息平台

要积极支持建立汽车回收利用信息系统和技术咨询服务体系，及时向汽车企业发布有关汽车回收利用的技术、管理和政策等方面的信息，开展信息咨询、技术推广、宣传培训等，要充分发挥汽车行业协会的作用，积极推动国际交流与合作，借鉴国外推行汽车回收利用的成功经验，引进核心技术与设备。

（2）学习国外经验

当前我们一个重要的任务是学习发达国家推行回收利用的经验，特别是德国、日本等汽车工业在发展回收利用方面的一些成功做法。其中，德国汽车制造商建立专业回收处理公司的经验尤其值得借鉴。

例如，宝马公司废车中心专门负责宝马公司在研究开发新型汽车的过程中需要报废的试验车的回收再利用处理，同时对宝马汽车的设计、性能等进行解剖，以进一步提高和改进宝马汽车的设计和制造工艺。这种制造商自行负责，从产品设计的源头开始控制污染物的产生，就是所谓的绿色设计，即在功能结构设计，电器部件设计，制造工艺设计，运输结构设计，选择环保材料、可拆解和再利用的结构上下工夫，围绕政府在环境保护方面的要求，使设计-制造-销售-使用，组成闭环系统，整个贯穿"绿色"思想，既满足客户的需求，又符合环保的要求，形成闭合的资源循环利用体系。

美国克莱斯勒、通用和福特三大汽车公司共同创立了汽车回收开发中心，对新车进行拆解研究，以便学会如何改进汽车设计，使拆解更容易，即为拆解而设计（DFD）。德国宝马（BMW）已设计了一个 DFD 车间，他们根据 DFD 原理设计的新车 Z1 赛车，从根本上改革了传统的连接方式，减少了所用材料种类，取得了明显的效果。

4. 体制创新，强化管理，构建汽车回收产业化模式

（1）汽车回收利用的一体化管理

国外的发展趋势是：汽车企业的品牌销售商已将其营业范围扩大至废旧汽车回收、旧零部件修复和再制造，以及翻新配件销售等。也就是说，其经营方式发生了变化，由过去的四位（销售、维修、配件供应和信息反馈）一体变成了现在的六位一体或七位一体，这种将汽车生产、销售、维修直至报废回收、再加工利用等实施一体化管理的办法，极有利于汽车企业推行循环经济。

必须指出，这里所谓的"一体"，并不是说必须把汽车销售部门、维修企业、配件供应商店、报废汽车回收拆解中心以及废旧零部件再制造工厂等都建在一起，而是分散设置，统一管理。

（2）遵循市场经济规律的产业化策略

欧美等发达国家的废钢铁回收利用模式，多数是在中心城市建立回收量万吨以上的现代化废钢铁回收中心。回收的废钢资源主要是报废汽车。回收解体方式主要是隧道液氮冷却破碎，以磁选、浮选等方式剔除杂质，碎钢打包压块，回炉冶炼，整个加工流程是自动化的。相比之下，我国现有以人工氧割解体报废汽车的方式是相当落后的。

我国报废汽车回收拆解的发展方向，应该是在中心城市建立规模较大的报废汽车回收拆解中心及合理布局的回收网络。当地的报废汽车全部运回"中心"拆解，回收网络要设立严格控制的回收点，回收点只回收、运输，不解体、不对外销售零部件。回收拆解中心主要采取机械切割，结合适当氧割解体，分选、打包压块的现代拆解加工方式。回收拆解中心还可以和国家重点钢厂建立定点关系，交售废钢铁，做到及时、充分利用。

报废汽车回收中心可以由大中城市的国家定点回收企业筹办。这些回收企业，一般规模较大，有大型场地，有专业回收队伍，技术、设备力量雄厚，有回收管理经验，理应成为开展报废汽车回收拆解工作的中坚力量。以大型回收企业为龙头建立报废汽车回收拆解利用中心，有利于尽快形成我国报废汽车拆解工作的良性运行机制。

（3）生产企业为主的实施回收利用途径

对一些大型汽车生产企业（集团公司）可强调以企业为主实施回收利用。

1）集团公司增设综合利用公司那样的企业为各制造厂服务，承担处理与回收各生产线的固体废弃物、废水、废酸等，规模化地转化成一系列再生制品。

2）以符合环保与循环利用要求的工艺流程建立集团公司的"汽车报废回收中心"，设置氟利昂、蓄电池等回收、解体、分拣、破碎等作业间，并配套设置相应的再生制品生产线。

3）建立废旧零部件再制造基地，应用"表面工程"与"再制造工程"对汽车的报废件修复利用。

集团公司还可以设立有关汽车回收利用的研究机构，专攻国际先进技术。同时，通过回收拆解厂的具体回收数据的动态反映，逐步建立国家和地区的废旧汽车资源化信息中心，建立信息网络和数据库，为汽车面向绿色产品设计、制定回收法规和标准提供可靠的依据。

另外，大型汽车生产企业还有义务向回收拆解企业提供《汽车拆解手册》及相关技术信息。例如，通用公司建立并公布了自己产品的拆解手册，并在国际拆解信息系统（1DIS）上免费提供给各拆解企业，其中还详细介绍了拆解时每一步骤涉及的车型部件、材料、数量、质量及体积等。

5. 政府监督，企业自律，建立完善的运行机制

为了监督企业回收废旧产品和处理垃圾的情况，德国设置了专门的监督机构，生产企业必须要向监督机构证明其有足够的能力回收废旧产品，才会被允许进行生产和销售。因此专家建议国家发改委和环保部有必要针对汽车行业成立专门的废旧汽车回收利用监督机构，以利于汽车回收利用的发展。

虽然政府的监督作用很重要，但企业的行业自律更可贵。

德国企业的行业自律在废物回收和再利用方面确实发挥了重要作用，负责生产的单位自愿地承担义务是补充法律规定的一种重要手段。1996年，德国汽车工业及相关行业的代表许诺，到 2002 年将旧汽车中的废物质量降到 15%，到 2015 年减少到 5%，同时将为德国的小汽车建设一个涉及面广的回收和利用系统。

在日本，越来越多的汽车企业主动向全社会报告本企业在资源循环利用和环境保护方面采取的措施，并将此作为展示企业形象的重要方式。

1998 年废弃的汽车再利用率为 75% ~ 80%。1998 年日本汽车工业会制定了提高再利用率的自主行为计划，计划 2002 年达到 85% 以上，2015 年达到 95% 以上，埋藏废弃量 2002 年以后达到 1996 年的 3/5 以下，2015 年以后达到 1/5 以下。日本汽车工业会是一个行业协会，它在提高汽车产品回收利用率方面发挥了重要作用。

在美国，汽车回收行业协会的作用也是很大的。在美国，报废汽车回收行业协会按照区域划分，根据区域汽车保有量、环保和安全法规要求，为政府提供咨询服务，帮助政府制定规划，合理布局工业用地、企业数量和规模。例如，美国最大的州汽车回收行业协会——加州汽车回收拆解协会（SCADA）成立于 1957 年，现有 9 个分会，会员企业 500 家，各分会地区划分合理，在各地为政府和会员企业提供专业和高效的咨询服务，还为会员在培训、商贸和技术方面提供服务。

根据国外的经验，我国也应结合国情，充分发挥汽车行业协会及其他相关行业协会的作用。2001 年 5 月，中国物资再生协会和报废汽车回收（拆解）企业共同发出了《报废汽车回收（拆解）企业自律宣言》，但自律仅靠宣言是不够的，必须形成一种机制，形成"行规"。中国物资再生协会为此成立了报废汽车专业委员会，以期在建立行业自律机制方面更好地发挥作用。例如，建立报废汽车回收拆解企业及从业人员的资格许可制度、报废汽车评估师制度、拆解企业的退出机制、行业发展基金及管理办法等，建立一套完善、可操作的运行机制。

附：

商务部、发改委、公安部、环境保护部令 2012 年第 12 号 《机动车强制报废标准规定》（2013 年 5 月 1 日执行）

机动车强制报废标准规定

第一条 为保障道路交通安全，鼓励技术进步，加快建设资源节约型、环境友好型社会，根据《中华人民共和国道路交通安全法》及其实施条例、《中华人民共和国大气污染防治法》《中华人民共和国噪声污染防治法》，制定本规定。

第二条 根据机动车使用和安全技术、排放检验状况，国家对达到报废标准的机动车实施强制报废。

第三条 商务、公安、环境保护、发展改革等部门依据各自职责，负责报废机动车回收拆解监督管理、机动车强制报废标准执行有关工作。

第四条 已注册机动车有下列情形之一的应当强制报废，其所有人应当将机动车交售给报废机动车回收拆解企业，由报废机动车回收拆解企业按规定进行登记、拆解、销毁等处理，并将报废机动车登记证书、号牌、行驶证交公安机关交通管理部门注销：

（一）达到本规定第五条规定使用年限的；

（二）经修理和调整仍不符合机动车安全技术国家标准对在用车有关要求的；

（三）经修理和调整或者采用控制技术后，向大气排放污染物或者噪声仍不符合国家标准对在用车有关要求的；

（四）在检验有效期届满后连续 3 个机动车检验周期内未取得机动车检验合格标志的。

第五条 各类机动车使用年限分别如下：

（一）小、微型出租客运汽车使用 8 年，中型出租客运汽车使用 10 年，大型出租客运汽车使用 12 年；

（二）租赁载客汽车使用 15 年；

（三）小型教练载客汽车使用 10 年，中型教练载客汽车使用 12 年，大型教练载客汽车使用 15 年；

（四）公交客运汽车使用 13 年；

（五）其他小、微型营运载客汽车使用 10 年，大、中型营运载客汽车使用 15 年；

（六）专用校车使用 15 年；

（七）大、中型非营运载客汽车（大型轿车除外）使用 20 年；

（八）三轮汽车、装用单缸发动机的低速货车使用 9 年，装用多缸发动机的低速货车以及微型载货汽车使用 12 年，危险品运输载货汽车使用 10 年，其他载货汽车（包括半挂牵引车和全挂牵引车）使用 15 年；

（九）有载货功能的专项作业车使用 15 年，无载货功能的专项作业车使用 30 年；

（十）全挂车、危险品运输半挂车使用 10 年，集装箱半挂车 20 年，其他半挂车使用 15 年；

（十一）正三轮摩托车使用 12 年，其他摩托车使用 13 年。

对小、微型出租客运汽车（纯电动汽车除外）和摩托车，省、自治区、直辖市人民政府有关部门可结合本地实际情况，制定严于上述使用年限的规定，但小、微型出租客运汽车不得低于6年，正三轮摩托车不得低于10年，其他摩托车不得低于11年。

小、微型非营运载客汽车、大型非营运轿车、轮式专用机械车无使用年限限制。

机动车使用年限起始日期按照注册登记日期计算，但自出厂之日起超过2年未办理注册登记手续的，按照出厂日期计算。

第六条 变更使用性质或者转移登记的机动车应当按照下列有关要求确定使用年限和报废：

（一）营运载客汽车与非营运载客汽车相互转换的，按照营运载客汽车的规定报废，但小、微型非营运载客汽车和大型非营运轿车转为营运载客汽车的，应按照本规定附件1所列公式核算累计使用年限，且不得超过15年；

（二）不同类型的营运载客汽车相互转换，按照使用年限较严的规定报废；

（三）小、微型出租客运汽车和摩托车需要转出登记所属地省、自治区、直辖市范围的，按照使用年限较严的规定报废；

（四）危险品运输载货汽车、半挂车与其他载货汽车、半挂车相互转换的，按照危险品运输载货车、半挂车的规定报废。

距本规定要求使用年限1年以内（含1年）的机动车，不得变更使用性质、转移所有权或者转出登记地所属地市级行政区域。

第七条 国家对达到一定行驶里程的机动车引导报废。

达到下列行驶里程的机动车，其所有人可以将机动车交售给报废机动车回收拆解企业，由报废机动车回收拆解企业按规定进行登记、拆解、销毁等处理，并将报废的机动车登记证书、号牌、行驶证交公安机关交通管理部门注销：

（一）小、微型出租客运汽车行驶60万千米，中型出租客运汽车行驶50万千米，大型出租客运汽车行驶60万千米；

（二）租赁载客汽车行驶60万千米；

（三）小型和中型教练载客汽车行驶50万千米，大型教练载客汽车行驶60万千米；

（四）公交客运汽车行驶 40 万千米；

（五）其他小、微型营运载客汽车行驶 60 万千米，中型营运载客汽车行驶 50 万千米，大型营运载客汽车行驶 80 万千米；

（六）专用校车行驶 40 万千米；

（七）小、微型非营运载客汽车和大型非营运轿车行驶 60 万千米，中型非营运载客汽车行驶 50 万千米，大型非营运载客汽车行驶 60 万千米；

（八）微型载货汽车行驶 50 万千米，中、轻型载货汽车行驶 60 万千米，重型载货汽车（包括半挂牵引车和全挂牵引车）行驶 70 万千米，危险品运输载货汽车行驶 40 万千米，装用多缸发动机的低速货车行驶 30 万千米；

（九）专项作业车、轮式专用机械车行驶 50 万千米；

（十）正三轮摩托车行驶 10 万千米，其他摩托车行驶 12 万千米。

第八条　本规定所称机动车是指上道路行驶的汽车、挂车、摩托车和轮式专用机械车；非营运载客汽车是指个人或者单位不以获取利润为目的的自用载客汽车；危险品运输载货汽车是指专门用于运输剧毒化学品、爆炸品、放射性物品、腐蚀性物品等危险品的车辆；变更使用性质是指使用性质由营运转为非营运或者由非营运转为营运，小、微型出租、租赁、教练等不同类型的营运载客汽车之间的相互转换，以及危险品运输载货汽车转为其他载货汽车。本规定所称检验周期是指《中华人民共和国道路交通安全法实施条例》规定的机动车安全技术检验周期。

第九条　省、自治区、直辖市人民政府有关部门依据本规定第五条制定的小、微型出租客运汽车或者摩托车使用年限标准，应当及时向社会公布，并报国务院商务、公安、环境保护等部门备案。

第十条　上道路行驶拖拉机的报废标准规定另行制定。

第十一条　本规定自 2013 年 5 月 1 日起施行。2013 年 5 月 1 日前已达到本规定所列报废标准的，应当在 2014 年 4 月 30 日前予以报废。《关于发布〈汽车报废标准〉的通知》（国经贸经〔1997〕456 号）、《关于调整轻型载货汽车报废标准的通知》（国经贸经〔1998〕407 号）、《关于调整汽车报废标准若干规定的通知》（国经贸资源〔2000〕1202 号）、《关于印发〈农用运输车报废标准〉的通知》（国经贸资源〔2001〕234 号）、《摩托车报废标准暂行规定》（国家经贸委、发展计划委、公安部、环保总局令〔2002〕第 33 号）同时废止。

附件：

1. 非营运小微型载客汽车和大型轿车变更使用性质后累计使用年限计算公式

2. 机动车使用年限及行驶里程参考值汇总表

第十二章

汽车售后服务市场的拓展与开发

汽车售后服务市场除了传统的技术服务、车辆维修、配件经营、汽车美容装饰、二手车交易，还包括汽车俱乐部、汽车租赁、停车设施、汽车文化服务、汽车法律服务等以汽车作为载体的相关市场，这些市场也蕴涵着巨大的商机，并有待进一步拓展与开发。

第一节　汽车俱乐部

一、汽车俱乐部的产生和发展

汽车俱乐部是以会员制的形式，将社会上高度分散的汽车组织到一起，通过发挥规模效应和服务网络的优势，为会员提供单个车辆很难得到的服务，给会员带来诸多方便和实惠，而俱乐部本身也从会费中取得一定收益。随着会员人数的不断增多，俱乐部服务的范围也在不断扩大，汽车生产厂、金融、保险、房地产都开始与俱乐部发生联系。

汽车俱乐部已有百年以上的发展历史。1895 年 10 月中旬，美国《芝加哥时报》在"车坛风云"专栏上发表了赛车运动员查尔斯·布雷迪·金格建议成立汽车俱乐部的一封信，成为车迷和驾驶人议论的热门话题。1895 年 11 月 1 日，由《先驱者时报》主办的汽车大赛在芝加哥开幕，全国各地很多驾驶人都赶来参加比赛。其中，有 60 名驾驶人在一家酒店聚会，响应金格的倡议而发起成立了美国汽车联盟，这就是世界上最早的汽车俱乐部。同年 11 月 29 日，美国汽车联盟召开第二次会议，选举产生委员会并通过了活动宪章，旨在利用举办报告会等形式，向会员传授汽车工程最新技术，通报汽车大赛动态，并为他们提供紧急救援和法律咨询服务，以保障机动车会员的各种合法权益。

同年 11 月 12 日，法国汽车驾驶人则以巴黎普拉斯·德罗佩拉大街 4

号作为活动总部，成立了法国汽车俱乐部。澳大利亚的汽车俱乐部也于1905年成立。随后，欧美各国都相继成立了为车主和驾驶人服务的汽车俱乐部，使汽车融入了人们的生活。在这样的前提下，出现了一个国际性的组织——国际旅游汽车联盟，简称AIT。它是国际上各汽车俱乐部组成的一个庞大组织，包括138个国家的成员，有2亿注册会员。AIT最大的成员国是美国，美国9000万驾车人口中，就有4200万会员，接近驾车人口的半数。亚洲区最大的成员国是日本，俱乐部有会员1300万，占驾车人口的1/3。汽车界的两大组织中，另一大组织就是FIA，它主要组织各种汽车拉力赛。FIA的总部设在巴黎，而AIT的总部设在瑞士，这两大组织已经合并组成了AIT-FIA。

随着私人购车的比例大幅度增加，越来越多的私家车主不断地涌现。汽车的使用过程比较复杂，车主会遇到许多问题。例如，有与车主本人相关的驾照年检、安全学习、转籍过户等；有与车相关的日常维护、维修、年检、事故处理，以及交纳养路费、车船税、办理车辆保险等；另外，车在路上行驶的时候，也会发生故障。上述的种种问题，无不困扰着车主。为了让广大车主摆脱这些烦恼，从而使得有车的生活真正变得轻松，服务于广大驾车人士的汽车俱乐部不断地涌现。

如今汽车俱乐部在发达国家早已盛行，并且形成一个非常大的行业。据统计，世界各国汽车俱乐部的会员总数至少2亿。俱乐部这个组织形式不仅创造了大量就业岗位，而且每年营业额也很可观，如澳大利亚悉尼俱乐部有会员200万，每年营业额达到了40亿美元。

二、汽车俱乐部的服务项目

汽车俱乐部大致可划分为以下几种类型：救援型、租赁型、文化娱乐型、企业型、汽车品牌型、综合型。汽车俱乐部因为有着强大的市场作为发展经营基础，它的成长速度是惊人的，在这里，汽车不仅仅是代步工具，它已成为会员联系的纽带。汽车俱乐部的主要服务项目如下。

1. 汽车救援

汽车救援是俱乐部的一个服务项目。由于它收费低，反应速度快，救援质量好，得到了各界很高的评价。汽车救援保证在承诺时间内准时到达，做到急修手到病除，大修免费拖至特约维修站，并为会员提供备用车、备用油，如果因发生事故而要求救援，还将协助车主报警。

2. 金融服务

金融服务在国外的汽车俱乐部中是很大的一部分业务，从信用卡开始到汽车贷款等包括很多服务。国外的许多服务都是借助信用卡实现的，比如异地租车，有了信用卡，租车行就不用担心租车客户不付钱的问题，如果持卡人不向银行付钱，俱乐部也会采取一系列追索办法，化解风险。

3. 车辆保险

在车辆出险后，向保险公司索赔是一件耗费精力的事情。但如果是俱乐部的会员，就可以放心地把理赔的繁琐手续留给俱乐部，而且还会先期得到由俱乐部垫付的车辆保险理赔款。

4. 维护修理

为了维修出险车、故障车，汽车俱乐部拥有自己的维修、配件、美容服务网络。这些服务网点在服务质量和工期上均接受俱乐部严格的审查，配件费用和工时费用由俱乐部严格监督，会员可在这个网络里享受相当程度上的打折优惠。

5. 展销咨询

咨询是为消费者购车当"参谋"。一些汽车俱乐部举办诸如"双休日家用轿车展销及免费咨询活动"。活动期间，工作人员向用户免费发放各种宣传材料，介绍各种家用轿车的技术参数和性能，同时，还免费提供售车咨询及汽车维修咨询服务。

6. 汽车旅游

一些汽车俱乐部创造性地提出了"汽车旅游"的新概念，为汽车旅行提供条件。

7. 赛事运动

例如，从1995年卡丁车运动传入我国，已先后成立了一批卡丁车俱乐部。在不久的将来，卡丁车运动也会像现在的台球、保龄球一样，成为全民健身运动项目之一。

8. 连锁租赁

连锁租赁是汽车俱乐部推出的重要举措。如各家汽车俱乐部实现联网，就可打破区城界限，使租车实现"一地入会，各地驾车"。租车时不要押金，不必办理繁琐手续，可在各地租车、驾车和还车。

总之，汽车俱乐部的服务项目里包含着会员的汽车全过程、全方位的服务，会员车辆的更新手续、年检、维护、装饰、维修、救援、理赔以及为会员提供应急车辆都是俱乐部的基本服务项目。

三、汽车俱乐部的性质

汽车俱乐部是服务行业，服务行业最重要的就是管理，即在于如何保证为会员提供承诺性的服务。从世界汽车俱乐部的情况来看，它们不是以盈利为目的，或是干脆建成非盈利组织。不以盈利为目的并不是不可以盈利，而是要求所有利润必须返回俱乐部，不能向与俱乐部无关的行业投资。俱乐部的收入都是来自会员的会费，所以每一项投入必须让会员得到实惠。基于这一点，带来了一系列运作上的措施，才能保证会员的利益。反过来，要保证会员的利益，就必须不以盈利为目的。各国的俱乐部运作时都尽量避免利益冲突。我国的汽车俱乐部，除汽车救援之外，还有一个综合服务网，包括与驾车相关的各服务行业，如汽车维修、保险、加油站等。汽车俱乐部与厂家签订协议，让它们成为指定服务点，这样，会员无论在哪里都可以享受优质优价的服务。其实，是俱乐部把客源带到那里的。例如，对修理厂来说，俱乐部介绍会员就是介绍生意，会员可以享受打折优惠，而且出现问题后，会员也会投诉俱乐部而非修理厂。不以盈利为目的引申出来的内容还非常多，如汽车保险，为了保持公正，必须代理三家以上的保险公司的车险，以保证会员有公平自由选择的余地，也就是保险经纪人的概念。用这种方式建立汽车俱乐部，实际上是推行了一种新的商业法则和服务方式，并且这种方式的确具有生命力。

四、部分汽车俱乐部简介

1. 美国汽车协会

美国汽车协会（简称"AAA"）是世界上最大的汽车俱乐部，也是世界上最大的"美国快速旅行支票"的销售者。AAA 的成员驾驶着在美国道路上行驶的所有轿车的 20%。如今 AAA 为其遍布美国及加拿大的 3900 万会员提供路边帮助、实施信息咨询及其他服务。AAA 是一个非盈利性社团，下属 139 个分支机构，各自独立地经营汽车俱乐部。AAA 在全美范围内，向人数庞大的会员们卖出了数以千万美元计的信用卡、旅行支票、保险单、行李票等，其初衷是服务于驾车者。此外，AAA 还促进了拉力赛和其他一些汽车竞赛，以展示各型新车的优异性能和汽车工业的发展水平。

2. 澳大利亚汽车俱乐部

澳大利亚汽车俱乐部创建于 1905 年，目前已发展会员近 600 万。澳大利亚有 7 个国营的汽车俱乐部，每年提供 537 万次道路紧急救援服务。从 1991 年起，全国统一启用提供道路服务的单一号码系统，这个号码为 "131111"，依靠这一电话系统，可以随时沟通待援者与救援中心的联系。救援服务除对在路上或家中发生机械故障的汽车提供帮助以外，还提供更换车轮、陷入沼泽、塞车、油料耗尽等服务。在澳大利亚，平均每个会员每年有一次要求提供救援服务。由于澳大利亚汽车俱乐部具有良好的财政基础，由训练有素的工作人员提供了出色的服务，采用了先进的技术，给会员提供了适合其要求的高标准产品，因而取得了成功的经验。

3. 德国汽车俱乐部

德国汽车俱乐部全称是 "全德汽车俱乐部"，其德语的缩写为 "ADAC"，每年只需交纳 73 马克的会费即可成为该组织的会员。如果是尚未工作的大学生或有驾照的残疾人，会费还可减半。一旦成了 ADAC 的成员，行驶在德国任何地方，甚至欧共体其他国家，都不用为车坏了而发愁。按照规定，当车外出抛锚后只需打一个电话，ADAC 很快派人帮助排除故障。修理时更换部件的费用由会员自付，但修理工时费不得超过 200 马克。如果汽车无法就地修复，ADAC 可帮助把车拖回家，而支付的托运费最高不超过 300 马克。ADAC 除了拥有众多的普通会员外，还有一种高级会员。高级会员每月交纳 139 马克的会费，但可享受高于普通会员的一些待遇和服务。所有会员每月可得到一期 ADAC 办的杂志，杂志中的大部分内容是介绍如何维护修理汽车的经验。这本名为 "ADAC——马达世界" 的杂志发行量达 1300 万份，是德国发行量最大的刊物。

4. 中国汽车俱乐部

中国汽车俱乐部的出现，始于 1995 年建立的北京大陆汽车救援中心，即现在的北京恩保大陆汽车俱乐部（CAA）。

随着中国加入世界贸易组织，中国即将进入一个汽车拥有率迅速上升的时期。国内汽车的销量大幅增长，意味着方兴未艾的汽车俱乐部业将是一个蕴藏无限商机的新兴产业。由于处于发展初期，而且各自的经营理念和发展方向不同，中国目前的汽车俱乐部形式多样，但主要可以划分为以下类型：一是为车主提供具体服务为主的，以救援为龙头，并带动相关售后服务等，如北京 "大陆"、福建 "迅速" 等。二是专门做售后服务的，如武汉 "绿岛"。三是与文化、沙龙以及公益活动相结合，带有一定的协会性质，如全国唯一在民政部门注册成功的北京 "爱车俱乐部"。四是以旅游、越野、赛车等兴趣或职业特征为主的，如"凤鸟""摄影家"等。五是以企业、品牌等设立的俱乐部，如法拉利汽车俱乐部、大众俱乐部。当然，还有集上述特色于一体的综合性俱乐部。

第二节　汽车租赁

汽车租赁在经济发达国家已成长为一项规模巨大、管理成熟、深受汽车制造厂商和政府关注的服务产业。在我国，随着经济的持续发展和人民生活水平的不断提高，人们对方便快捷的出行方式的需求越来越强烈，预示着我国汽车租赁业将有着巨大的市场潜力和美好前景。

一、汽车租赁及其分类

1. 汽车租赁

汽车租赁是在将汽车的产权与使用权分开的基础上，通过出租汽车的使用权而获取收益的一种经营行为，其出租标的除了实物汽车以外，还包含保证该车辆正常、合法上路行驶的所有手续与相关价值。不同于一般汽车出租业务的是，在租赁期间，承租人自行承担驾驶职责。

2. 汽车租赁的分类

（1）按照租赁期长短分类

按照租赁期的长短可将汽车租赁划分为长期租赁和短期租赁。

长期租赁，是指租赁企业与用户签订长期（一般以年计算）租赁合同，按长期租赁期间发生的费用（通常包括车辆价格、维修费、各种税费开支、保险费及利息等）扣除预计剩存价值后，按合同月数平均收取租赁费用，并提供汽车税费、保险、维修及配件等综合服务的租赁形式。

短期租赁，是指租赁企业根据用户要求签订合同，为用户提供短期（一般以小时、日、月计算）的用车服务，收取短期租赁费，解决用户在租赁期间的各项服务要求的租赁形式。在实际经营中，一般认为 15 天以下为短期租赁，15～90 天为中期租赁，90 天以上为长期租赁。

（2）按照经营目的分类

汽车租赁还可以按照经营目的划分为融资租赁和经营租赁。

融资租赁是指承租人以取得汽车产品的所有权为目的，经营者则是以租赁的形式实现标的物所有权的转移，其实质是一种带有销售性质的长期租赁业务，一定程度上带有金融服务的一些特点。经营性租赁则是指承租人以取得汽车产品的使用权为目的，经营者则是通过提供车辆功能、税费、保险、维修、配件等服务来实现投资收益。

二、汽车租赁的经营模式

目前，我国汽车租赁企业由于经营时间短，规模和实力有限，大多采取分散独立经营的模式。随着我国经济的发展和租赁市场的成长，这种模式难以为顾客提供方便快捷的服务，难以为企业提供持续健康发展的空间，限制了企业的市场开拓和经营规模的扩大。汽车租赁企业在经历了最初的市场培育之后，其经营模式必将走上特许连锁经营和与生产厂商合作的道路。

1. 特许连锁经营

世界知名的汽车租赁企业无一不采用连锁经营的方式，其连锁经营网点遍布各地，大型租赁公司的连锁租赁站点都在 1000 个以上，其中赫兹（Hertz）公司在 140 个国家设有 5600 余个站点，另一家美国的汽车租赁公司阿维斯（AVIS）也在世界 140 个国家中设有 5000 余个站点。欧洲最大的汽车租赁公司"欧洲汽车（Europcar）"则设立有 8 个分公司和 1515 个租赁站点，不仅如此，连锁经营的汽车租赁企业通过统一的管理标准和运营体系还在其车辆型号、车辆技术管理、服务质量管理等方面不断优化，从而赢得大量稳定的客户。欧洲汽车（Europcar）租赁公司就与 464 个跨国公司建立长期合作关系，这些跨国公司的资料均进入了 Europcar 的绿色通道预订系统的数据库中。

汽车租赁企业实行连锁经营，通过建立广泛的网络，统一管理，统一调配资源，能带来经营上的很多优势。首先，在构建连锁网络的同时，由于经营规模的扩大，使得企业统一采购的车辆和服务数量大大增加，提高了连锁企业与汽车厂商和相关服务企业的议价能力，从而易于获得优惠价格。其次，连锁经营的汽车租赁企业通过统一管理标准和统一调配资源，大大提高了客户在租车的时间、地点上的方便性和使用中出现故障时进行施救的及时性，简化客户租赁的手续，完善客户的信用管理体制，进而提高企业整体的服务水准和客户满意程度，同时，也能够在更高的层次上实现企业各项资源的优化配置，提高各种设备、设施的利用效率。对于全国性或区域性的汽车连锁租赁企业，可以统一运作各种形式的媒体工具，提高市场推广的效果和效率。

2. 与制造厂商的合作经营

从汽车租赁业的发展历史看，自 20 世纪初汽车租赁行业诞生以来，汽车租赁企业就一直与汽车生产厂商保持密切的合作关系。各大汽车厂商以收购或入股的形式直接参与一些汽车租赁公司的经营。以世界第一家也是目前规模最大的汽车租赁公司赫兹（Hertz）公司为例，该公司自 1918 年创建之初，便专门使用福特汽车公司的 T 型汽车。1926 年，赫兹（Hertz）公司被美国通用汽车公司购买，其后又由美国福特公司、瑞典沃尔沃汽车公司共同拥有，成为福特汽车公司的全资子公司。大众汽车则拥有欧洲最大的汽车租赁公司 Europcar。在日本，丰田汽车租赁公司仅在本国就拥有 130 多个营业站点，雇用员工 1300 多人。在德国，1996 年全国租赁汽车总保有量为 230 万辆，由汽车制造企业建立的汽车租赁公司的保有量就有 147 万辆，占 64%。其中，大众汽车租赁公司有 47.9 万辆；欧宝汽车租赁公司有 20 万辆；宝马汽车租赁公司有 13.9 万辆；奔驰汽车租赁公司为 13.6 万辆。除此以外，世界其他几家著名的租赁公司也出于经营的需要，与汽车制造厂商保持着良好的合作关系。20 世纪 70 年代，通用公司与 AVIS 汽车租赁公司达成了一项广告合作协议：AVIS 公司在其广告中宣传推荐使用通用公司的汽车系列产品；通用公司每年为 AVIS 公司承担预先协商限度内的一定比例的广告费用。于是，AVIS 公司在其全球范围的广告宣传中，使用了"AVIS 公司以通用汽车作为特色车型的"广告语，AVIS 欧洲公司也在其广告中使用了"AVIS 推荐 Vauxhall 及 Opel 汽车"的短语。1989 年，通用汽车公司更成为 AVIS 欧洲公司的股东，拥有 AVIS 公司 26.5% 的股权。1996 年 AVIS 欧洲公司所购车辆的 30% 来自于通用汽车公司。1997 年 2 月，通用公司与 AVIS 欧洲公司签订了新的车辆购买及广告宣传协议：AVIS 欧洲公司保证两年内在双方议定融资条款的基础上，购进一定数量的通用公司的产品，通用公司则以优越的条件向 AVIS 欧洲公司提供车辆；同时，在这段时间，通用公司将为 AVIS 欧洲公司所有使用通用汽车产品以及推荐通用汽车品牌的广告承担 50% 的费用，直至达到双方议定的累计金额为止。

通过合作，厂商一方面为汽车租赁公司提供了融资上的支持，这样有利于汽车租赁公司扩大规模获取规模经济效应，另一方面，租赁公司还可获得来自厂商直接的技术支持，为出租车辆提供专业维护和维修质量担保，提高了车辆整体技术状况，降低了出租车辆在整个使用寿命中的使用成本，从而在一定程度上保证汽车租赁企业资产投资的有效性和收益能力。除了获得资金和技术上的支持以外，像 AVIS 与通用汽车公司的这种战略联盟式的合作，还直接增强了企业市场推广的力度，降低了企业营销活动的成本。由此可见，汽车租赁企业与汽车制造厂商的合作，是租赁企业发展到一定规模后必须做出的战略选择。

三、汽车租赁企业的运营管理

1. 汽车租赁企业的投资要求

交通部、国家计委 1998 年颁布实施的《汽车租赁业管理暂行规定》，对汽车租赁企业的投资规模进行了一些规范，主要体现在汽车租赁企业的技术经济条件必须达到以下要求：

1）汽车租赁企业配备车辆数不少于 20 辆，且汽车车辆价值不少于 200 万元。租赁汽车应是新车或达到一级技术等级的车辆，并具有齐全有效的车辆行驶证件。

2）汽车租赁企业须有不少于汽车车辆价值 5% 的流动资金。

3）汽车租赁企业有固定的经营和办公场所，停车场面积不少于正常保有租赁汽车投影面积的 1.5 倍。

4）汽车租赁企业有必要的经营机构和相应的管理人员，在经营管理、车辆技术、财务会计等岗位分别有一名具有初级及以上职称的专业技术人员。

除了以上的规定以外，值得注意的是，有些地方还针对本地的实际情况制定颁布了"汽车租赁业管理实施细则"，对经营汽车租赁业的技术经济条件提出了更高的要求。《汽车租赁业管理暂行规定》和各地颁布实施的实施细则规定了企业投资汽车租赁行业的最低投资额，在此基础上各企业应根据实际情况和拟进入的目标市场，确定具体用于租赁的车型、数量、经营场地、经营设施和人员配备，依据市场通行的价格水准，在准备必要的流动资金的条件下确定投资金额。

2. 租赁企业的机构设置

要保证汽车租赁企业的正常运作，汽车租赁企业必须合理设计其组织结构，明确各部门的分工与职责，同时确保部门间协作的效率。通常汽车租赁企业都设有业务部、车辆管理部、财务部、行政部，一些大型的连锁经营的汽车租赁公司为了开拓加盟连锁市场还设有网络发展等部门。

在实际运作中，工作人员数量和岗位的具体设置可根据站点规模、租赁车辆数量、经营状况而定。具体岗位的工作职责大致如下：

1）经理：统筹规划租赁企业各项事宜，制定企业发展战略，带领企业开拓市场，提高服务质量，规避经营风险，赢得竞争优势和利润。

2）行政部：处理日常行政事务，协调各部门运作，制定和实施企业人力资源规划。

3）业务部：解答咨询，接待客户，洽谈业务，审核客户租车担保手续，对承租者资信状况进行租赁业务的风险控制，进行资信审查、签订汽车租赁合同；制定汽车租赁的价格政策；与财务、车管部门配合，收发租赁车辆，跟踪租赁营运车辆车况及隐患排除，即与车管部门配合，协助救援、安排替换并完成有关交接手续等；为租赁车辆办理保险及事故处理、保险索赔；并对租赁市场状况进行分析和中短期预测，提出业务发展意见。

4）车管部：租赁车辆的整备、维护，易损件更换；租赁车辆收发时的查验；租赁车辆车况跟踪，安排救援及替换车辆；事故车辆维修、送修，配合定损、索赔等；租赁车辆档案建立、健全与管理。

5）财务部：租赁业务涉及款项（如租金、押金等）收支、结算及出具票据；租赁业务流程中相关单据、票据、存单的保管、整理与归档；本站点租赁状况分析及财务报表提交；协助业务部门对风险规避的措施提出意见。

6）网络发展部：制定和实施网络发展规划、网络运营的商务政策，组织和实施对新加盟的网络成员进行技术、管理和市场开拓方面的培训。

3. 汽车租赁的业务流程

汽车租赁作为一种服务产品，为了提高服务质量、控制运营风险，业务运行中的过程管理十分重要，因此汽车租赁企业应制定和实施合理、严格的业务流程。具体涉及租车、还车和实施救援三个方面。

（1）租车流程

客户到达汽车租赁站点后，应由业务人员负责接洽，简要介绍租赁业务情况，解答客户提出的有关价格、车辆使用限制、信用担保、交还车程序等方面的疑问；根据客户的租车目的、用途、所需车型、所用时间等具体情况为客户制定租赁方案，尽可能满足客户需求。

通过洽谈达成意向后，业务员应按照公司有关制度仔细查验客户所提供的证件、证明（包括各项身份证明、承租方驾驶证等）。经严格确认、留存复印件和必要的抵押后，与客户签订正式汽车租赁合同。之后，业务人员应陪同客户到财务部缴纳押金，预付租金；到车管部门交接所需车辆并会同客户一起试车、验车，客户试车满意后，双方共同在租赁车辆交接单上登录验车情况，并签字确认，直至客户驾车离站。

在此过程中，业务人员应始终具备较强的风险防范意识，一旦出现难以确认的情况或客户提出超出公司控制条件的要求时，应及时上报主管领导，进行慎重的个案处理。另外，对于长期租赁的客户，业务人员应定期与客户保持联系，了解车辆使用状况，提醒客户定期回公司对租赁车辆进行维护，以确保车辆的安全、车况良好，以延长车辆使用寿命。

（2）还车流程

当客户到租赁公司交还承租车辆时，业务员应给予客户主动热情的接待，和客户一起迅速查验汽车租赁合同、车辆交接单等相关单据及其租车时所用证件、证明，会同车管部门对照车辆交接单对车主交还的车辆进行现场勘验；验车结果经车管部门和承租方共同确认后，双方鉴字验收。然后，由业务人员引导客户至财务部门进行账务结算（若有车损情况，双方应相互协商，由技术部门出具合理赔偿单据，承租方依单据缴纳赔偿金后，方可进行账务结算），财务部门出具结算证明，还车手续结束，汽车租赁合同终止。

（3）车辆救援流程

当收到客户要求救援的信息后，业务员应及时建立与客户的现实联系，询问客户所在具体地点、联系方式、车辆状况、车损程度、是否需要替换车辆的情况。然后通知车管、技术部门安排救援（包括救援车辆、替换车辆的派遣，随车修理工具、通信工具的准备，或准备拖车）。并及时提醒或协助客户向公安交管部门和保险公司报案，并会同本公司自己的车管人员迅速赶赴现场，到达事故现场后，应仔细进行检查，与客户和公安交管部门一起确认事故原因、责任方及车辆损坏程度，协助保险公司进行定损，双方在救援单据上记录情况并签字确认。然后由工作人员进行维修及必要的车辆替换并跟踪办理保险理赔手续。

4. 车辆的管理

车辆的管理工作包括车辆营运标准管理、车辆档案管理、车辆技术与安全管理，现分别予以介绍。

（1）车辆营运标准管理

车辆营运标准是指投入汽车租赁运营的车辆应具备的技术、安全条件，各租赁公司为了减少车辆非正常损耗和事故的发生，避免车辆运营过程中的车辆技术状况不良造成租赁双方的纠纷，都应制定相应的车辆营运标准，一般包含以下几个方面：

1）必须随车携带年检证、行车执照、车辆购置附加费缴费凭证、养路费证、保费证、车船使用税交讫（张贴）、其他地方主管部门要求的证件。有关标志应按统一位置要求进行张贴，以确保车辆能合法上路行驶。

2）保证车况优良、设备完好，做到发动机运行平稳、无异响；制动系统可靠有效；转向灵活、可靠；变速器操纵轻便、有效，无异响；刮水器、玻璃的电热装置完好；风窗玻璃、车窗无破损；反光镜、后视镜、遮阳板齐全完好；门锁、摇窗机完好；灯光完好；喇叭按钮灵敏，音量符合标准；组合仪表、空调、音响等设施完好；座椅完好舒适，安全带安全有效；轮胎、备胎符合标准，气压正常，车轮轮辋无裂损或变形；随车工具（千斤顶、套筒等）齐全有效。在车容、车貌方面应做到车身整洁光亮；车厢顶篷无悬尘、无脱落；车内特别是空调管道内无异味，空气清新；行李箱整洁，物品放置规范。

3）应根据具体情况为租赁车辆配备适当的安全防盗和灭火装置（防盗锁、警示牌、灭火器等）；并根据经营季节的变化配备凉席、隔热膜等配套设施。

（2）车辆档案管理

1）车辆技术档案管理。租赁公司应为每一辆租赁车辆建立完整的车辆技术档案，并做到一车一档、专人管理、随时记载、分级调用，以方便技术部门随时了解车辆技术状况，拟定维修计划。

2）车辆运营证件管理。行车证件必须齐全有效，所用证件均应有复印件存档，车辆一交回公司，所有行驶、运营证件均应交由专人保管。车辆营运证到期前，应提前报管理部门统一安排办理相关手续。

（3）车辆的技术与安全管理

1）车辆技术管理。为使车辆始终处于良好的技术状态之下，以保证车辆的正常使用，车管部门应按照车辆使用说明书和维护手册上规定的里程数和时间要求，定期对租赁车辆进行仔细检查、维护，不应以任何理由拖延。对交回公司的租赁车辆进行技术状况检查，并详细记入技术档案，以消除故障隐患，一旦发现车辆故障，及时报有关管理人员安排修理，从而最大限度地减少车辆技术状况的非正常损耗，降低经营成本，保证租赁车辆的正常使用。

2）车辆安全管理。车辆安全管理主要涉及预防车辆事故的发生和事故发生后的处理。为预防车辆在公司发生事故，租赁公司的业务人员应对租车客户的驾驶资格严格审定，条件允许的也可针对不同驾驶资格的客户制定不同价格以控制风险。车管部门应将租赁站点的停车场地划分为待租车辆区、检修车辆区、车辆通道等不同区域，避免车辆因乱停、乱放和移动造成碰撞事故。工作人员将车辆停入车场后，必须关掉所有电门、拉紧驻车制动器，锁好门窗及防盗装置，检查确定无误后方可离开。配备专门人员做好停车场车辆的登记、管理工作，防止车辆缺损或丢失。按国家要求和本地情况为停车设施配备有效的灭火工具，并保证停车管理人员能熟练使用。车辆一旦在运营过程中发生交通事故，租赁公司有关业务人员应在第一时间协助租车人保护好现场、积极抢救伤者，并向交通管理部门和保险公司报案。协助有关部门做好现场勘验、责任认定和车辆定损的工作，并由专人与保险公司及租车人商洽赔偿事宜；凡发生交通事故造成车辆损坏，必须由保险公司鉴定认可后，方可修复，车辆修复期间车管人员必须经常到修理厂督促、查看，发现问题及时处理，以保证维修速度和质量。

5. 租赁企业的风险管理

汽车租赁，由于车辆交于承租人驾驶和使用，租赁企业在租赁期中难以对车辆的使用状况和使用方法进行现场监督，其经营具有一定的风险。一般来说，汽车租赁企业经营中的风险主要存在于以下几个方面：

1）车辆技术状况的非正常损耗。由于承租人对所租赁的车辆的驾驶特点、性能、构造等方面不熟悉，造成操作不当，或者为了减少租车的使用成本，在使用过程中不注重对租用车辆的维修，带来车辆技术性能的非正常损耗，或者由于企业自身对租赁运营车辆的技术管理出现漏洞，没有及时地检查和维修，致使租车人在使用过程中造成车辆损坏。这些都将导致车辆的使用寿命降低、企业的经营成本升高，妨碍企业投资的按时收回，从而给企业的经营带来风险。

2）承租人的道德风险。是指承租人违反双方议定的租赁合同，在租赁过程中侵占租赁企业的合法利益的行为。常见的有两种情况：一是承租人不按合同规定交付租金，有些客户延长用车时间而不补交租金或延期交付租金，超时使用短则十几天，长则几个月，造成企业的租金不能及时收回，车辆周转受到影响。另外租赁合同在规定每日基本租赁价格外，一般还对每日行驶里程、行驶范围有一些限定，对超出使用里程和范围的部分加收部分租金，部分客户为了多行驶一些里程而少付费，拆卸租赁车辆的里程表，使企业经营蒙受损失。二是承租人非法侵占租赁车辆的所有权，承租人在租赁期内采取不法手段将租赁的汽车进行抵押、偿债或擅自改变汽车的结构，更换零部件，甚至以租车为名，行盗车之实，将租赁的车辆变卖，直接侵占汽车租赁企业的营运资产。

3）租赁车辆交通肇事。承租人驾驶租赁车辆发生交通事故，致使车辆必须进行维修，影响车辆的正常运营，或者承租人驾驶租赁车辆发生交通肇事，在案件处理过程中，也可能造成车辆停驶，影响企业的正常运营。

正是由于汽车租赁经营具有上述风险，企业必须建立健全相应的风险管理、控制机制以保证企业的健康发展，具体说来可以采取以下几点措施：

1）提高全体员工特别是企业管理层的风险防范意识，建立相应的规章、措施，杜绝不规范操作，对风险管理给予制度上的保证，做到防微杜渐，把风险发生的可能性降到最低。

2）在企业内部设立风险防范机构，负责对所租赁运营的汽车和租车的客户进行风险评估、监测和控制，与银行、保险、公安交管部门建立稳定的合作关系和信息交换体制，控制风险的发生和发生后的处理效率，将企业的风险和风险可能带来的损失控制在最低水平。

3）建立车辆详细的技术档案和租赁车辆的维护、检查、维修标准和制度。一来通过日常的检查和维护制度，及时发现故障隐患并及时解决，保证车辆的正常运行；二则建立车辆定期检查和大修规范，定期评估车辆的技术状况，确保需要维护或修理的车辆获得及时的维修服务，以及车辆在使用过程中的安全性。

4）建立承租人的资信调查制度和信誉评估体系，通过使用前的资信调查，认真审核承租人提供的有关信息，并运用同业信息交换和公开合法渠道查询承租人以往的信用记录，在此基础上对确定承租人的信用风险登记，并以此制定不同的销售政策。在市场拓展和风险控制中取得平衡。条件具备的企业还可以应用信息技术建立客户关系管理平台，在开发市场的同时，应用管理信息系统广泛收集、积累和在合作伙伴间交换客户和潜在客户的有关资料，为业务部门进行风险评估提供技术和数据保证。

5）建立跟踪服务制度。在租赁期中通过电话回访或其他形式，经常与客户保持联系，一来掌握租赁车辆的使用情况，避免欠租现象的发生，降低车辆被盗的可能性；同时也了解承租人的驾驶习惯和消费偏好，对于那些不熟悉租赁车辆使用条件的客户给予适当指导，对于大客户或经常租用车辆的客户，则尽可能在识别客户偏好的基础上为他们提供经济实惠的服务，以创造客户满意，提高客户信任程度。

6）完善租车手续和租赁合同，依法约束租车人的行为，保障企业合法权益。汽车租赁企业应与客户签订周密的租车合同，详细规定双方的权利义务和纠纷解决方式，向双方明确汽车租赁过程中各个环节的操作标准。严格按照业务流程办理有关手续，要求客户留下住址、联系电话、手机号或呼机号码、身份证复印件等，核对无误后存档。

7）为营运车辆进行保险以分担经营风险。一旦被租的车辆发生交通肇事或被盗，企业应及时派人至现场并及时向保险公司和公安交管部门报案，协助有关部门勘查现场，认定责任，依照保险条款向保险公司提出索赔，为提高定损、理赔效率打下良好的基础。涉及刑事案件的还应及时向公安部门报案，提供有用线索协助破案。

6. 租赁客户的客户关系管理

客户关系管理是在对汽车租赁客户的客户价值及其形成过程的深入分析的基础上，运用现代 IT 技术和系统集成技术建立 CRM 平台。通过为客户提供个性化汽车租赁服务，建立和发展与客户之间长期、稳定的合作关系，在实现客户价值最大化的同时为汽车租赁企业赢得竞争优势的管理手段。它不同于一般传统意义上的客户管理，仅对客户的个人资料、租赁的车型、租期、是否违规等一般信息进行收集和分析以作为营销管理和决策的参考，它更多的是对客户在租赁过程中的价值体验以及通过与客户建立稳定合作关系所带来的长期收益进行评估和管理。它更能够为汽车租赁企业创造长期稳定的发展和客户忠诚。

建立 CRM 平台所需的关键技术主要有数据发现、数据挖掘和数据仓库。数据发现是一种强有力的解决信息超载的方法，它通过自动检索大量数据来探求事件模式，并提交简单易懂的分析结果，使得管理者能够更好地理解商业过程。数据挖掘则是一系列技术的组合，旨在发现隐藏在大量数据背后的有价值的数据模式，其目的是通过建立决策模型来分析过去、预测未来，通过数据挖掘，发现隐藏在大量信息中对客户消费决策有潜在价值的知识和规则，从而掌握单个客户的价值链构成和价值偏好。这两项技术与由各种分类数据库集成的数据仓库相结合，使汽车租赁公司能够通过 CRM 平台持续不断地获得各类客户的相关信息，从中归纳、预测租车客户在汽车租赁过程中的价值链构成和消费行为模式，再有针对性地进行一对一营销，使得租赁公司在和租车客户的每一次接触中，都能够尽可能多地为客户提供针对该客户的消费习惯，而专门设计的服务组合，从而提高客户对其消费行为所感知到的效用和价值，提高客户满意度。

第三节　经营性停车场

"停车难"的问题成为影响交通及汽车发展的一大瓶颈，解决停车问题也是提高城市交通效率，推动汽车市场发展的重要环节。

一、停车场与停车场分类

汽车停车场是指从事汽车保管、存放，并可进行加注、充气和清洁的作业场所。按照不同的分类标准具有不同的分类方法。

（1）按照停车场所处的位置分类

1）路上停车场。城市道路的两侧或一侧，在不妨碍公共交通的前提下，划出若干段带状路面作为车辆停泊的场所。

2）路边停车场。指在道路用地（红线）以内划定的供车辆停放的场地。它包括公路路肩、城市道路行车带以外加宽部分、较宽的绿带内、人行道外绿地圈或利用高架路、立交桥下的空间停车。路边停车场设置简单，一般在统一规划下因地制宜地采用标志、标线划定出一定的范围即可，适宜供车辆临时停放。

3）路外停车场。指在道路用地控制线以外专门投资兴建的停车场、停车库、停车楼和各类建筑附近的停车场以及各类专业性停车场。通常建在商业繁华地段、机场、火车站、码头、公共交通枢纽、文体活动中心和居住密度高的大型社区。一般投资较高，多设有完备的停车管理系统。

（2）按照停车场的服务对象分类

1）社会公共停车场。指设在大型商业、文化娱乐等公共设施附近，面向社会开放，为各种出行者提供停车服务的停车场，多由政府统一规划和建设。

2）配建停车场。又称建筑物附设停车设施，是新建面积在达到一定规模以上的建筑物（如住宅、办公楼、商业场所、餐饮娱乐场所、影院、医院、旅馆、学校），依据相关条例在此建筑物或者其附属范围内建设的停车场，另外，如剧场、百货商店和其他特定用途的停车需求量较大的场所，即使面积未达到一定规模也要遵从有关条例，有义务附设停车设施。配建停车场主要为该建筑或设施的使用者及其相关的出行者提供停车服务，由政府颁布标准强制设立。

3）专用停车场。指建在企业、机关、团体、政府部门等组织的内部，为内部车辆提供停车服务的停车场。

（3）按照停车场的建筑类型与位置分类

1）地面停车场。即广场式停车场，是指位于地面上的停车场所，具有布局灵活、不拘形式、不拘规模、不拘场地、停车方便等优点，是最为常见的停车场。具体来讲又有单层和多层（停车楼）、室内和室外之分。单层停车场分为露天和室内两种：露天停车场建造费用低，方便实用，但车辆要经受风吹、雨淋、日晒的侵害，无形损失较大，且不保温，在北方冬季汽车不易起动；室内停车场（又称车库）多用于停放小型汽车，条件好的企业也用于停放大型汽车。按其布置形式，室内停车场又可以分为敞开式、分隔式、敞开-分隔式、综合式4种。其优点是可以保证车辆具有最佳的技术状况，车辆能顺利、迅速、安全地进出，及时参加营运工作，缺点是占地面积大，建造费用高。

多层停车场也称多层车库、停车楼等，主要用于停放小型轻便汽车，用以解决城市用地紧张的问题。一些大城市，也设计并建造了一些载货汽车和大客车的双层停车场。按其垂直方向移动方式的不同，多层停车场可分为斜道式停车楼和机械式停车楼。斜道式停车楼是指汽车的上升、下降是靠汽车在连接各楼层的斜道上自行移动实现的。机械式停车楼是指汽车的上升和下降是用机械进行的。移动汽车用的机械设备有电梯、升降机、提升机等，最常用的是电梯，其数目与存放车数、楼层数有关；机械式停车楼又有半机械化和全机械化之分。前者指汽车仅在楼层之间的垂直移动是机械化的；后者指垂直和水平移动均为机械化。楼层内部水平移动的机械化设备一般采用传送带、移车机和迁车台等。机械式停车楼与斜道式停车楼相比，主要优点是用地面积小、存放车位多、污染小、节省行驶消耗和通风设备费用、经济性较好。缺点是机械受电源控制，电梯的运营费用较高。

2）地下停车场。也称地下停车库，是指建筑在地下的具有一层或多层的停车场所，通常建在公园、道路、广场和建筑物的下面，具有能节省城市用地、设置位置很少受限制等优点。可以缓解城市用地紧张的矛盾，提高土地的使用价值。缺点主要是由于需要附加的照明系统、空调系统、排水系统、用于挡土的加厚墙体以及地下施工等项的费用，建筑投资大、工期长，直接经济效益小。但从城市的整体规划看，综合经济效益较高。

（4）按使用车型分类

1）机动车停车场。指用于机动车辆停放的停车场，包括中心商业区和出入口交通集散枢纽（如车站、码头、港口等），公共活动中心（如宾馆饭店、医院、文体场馆、公园等）和公共交通回车场、终点站的机动车停放、维修场地等。

2）非机动车停车场。指各类非机动车的停放处，通常非机动车停放场地比机动车停车场地要分散得多，设施要简单得多。

（5）按管理方式分类

1）免费停车场。多见于地面，如住宅区或商业区的路上或路边停车场，大型公用设施和邮电、商店、饭店宾馆、办公大楼等的配建停车场。多用于临时停车，所以一般停放时间较短，车位的周转率不至于过低。但是由于是免费停车，可能因停车者的时间观念淡化而延长不必要的停车时间，降低车位的周转率。

2）限时停车场。为了避免停车者不必要地延长占用停车设施的时间，限时停车场限制了车辆的停车时间，并且辅以适当的处罚措施，以提高停车场的车位周转率。限时停车场设置限时装置，由停车者自动启用，交通警察或值班人员经常来往监视。

3）限时免费停车场。是在限时停车的基础上，辅以收费的管理措施。车主在限定时间内停车免费，超过限定时间，则需要支付一定的停车费用。这种停车场不仅能保持较高的利用率，也能保持较高的车位周转率。

4）收费停车场。无论停车时间长短，均收取停车费。一般有两种收费方式，计时收费和不计时收费。前者每车位的收费随停车时间长短变化；后者不论停车时间，每车收费标准相同。

二、停车管理系统

经营性停车场的运营除了基本的场地设施以外，还需要一套高效的收费管理系统。以往主要靠人工进行停车位置调度、车辆识别、停车计时和收费等工作，由于当今大型停车场规模大、服务车辆繁杂、人工管理的效率和可靠性已难以满足其在管理上提出的要求，智能停车场管理系统得到了广泛的应用。

智能停车场管理系统可分为半自动停车场管理系统和全自动停车场管理系统两种：所谓半自动停车场管理系统，是指由人工完成收费操作，其他功能诸如车辆识别、车位显示、车辆引导等功能都可在计算机控制下自动完成；全自动停车场管理系统则通过设立自动收费站，无须操作员即可完成收费管理工作，实现所有停车场管理功能的自动化。

1. 智能停车场管理系统的构成

智能停车场管理系统由计算机管理中心和车辆引导系统、挡车器系统、车辆自动识别系统、车位显示系统、收费系统等几个子系统组成。

（1）车辆引导系统

车辆引导系统由条形 IED 显示屏、车辆引导控制器、灯光引导指示牌组成。简单的车辆引导系统通过在每组停车位前设置灯光引导指示牌，通过指示牌告知驶近的驾驶人能否停车，灯光引导指示牌受车位超声波探测器控制，当每组车位停满时，控制器会发出信号熄灭灯光引导指示牌的有车位指示灯，进入地下停车场的驾驶人会根据灯光引导指示牌的有车位指示灯寻找车位。较为先进的车辆引导系统在停车场的通道上铺设感应器，车辆在通道上行驶时，感应器将车辆信息传至管理中心的计算机，由计算机控制引导车辆前进的灯光引导信息，车辆通过感应器后，车前的引导灯光先亮，车后的引导灯再自动关断，这样引导车辆驶向空位。

（2）挡车器系统

挡车器由金属机箱、电动机、变速器、动态平衡器、控制器、横杆、防碰检测器等组成。控制器在对各种输入信号处理的基础上（如防碰信号、车辆驶入、驶出信号等），指挥各个执行机构执行相应操作，电动机经过变速器为各执行机械提供动力，如横杆的开启与落下等。横杆一般长

2.5m，由于某些地下停车场入口高度较低，一些厂商也将栏杆制成折线状或伸缩型，以减小升起时的高度。车辆驶近停车场入口，系统借助于埋设于车通中栅栏前的感应线圈，感知到有要进场的车辆，对临时停放的车辆自动发放临时停车票。停车票记录车辆进入的时间、日期、车位号码及入场序号、车型等信息用作收取停车费的计费依据。对于长期客户使用的磁卡或IC卡需要设定停车场的编码（一般为3位数），固定车位号，以防止同一张停车卡拿到不同的停车场使用。系统读卡确认后，挡车器升起放行，车辆驶过挡车器后，挡车器自动放下，阻挡后续车辆进入。

为了防止碰撞事故的发生，挡车器系统一般还具有防碰车保护装置，根据其工作原理分为红外防碰装置、气动防碰装置和电子控制防碰装置。

红外防碰车装置。安装在栏杆机下部，当栏杆下降时，如果车辆突然驶入，阻挡住红外线，栏杆会自动抬起。

气动防碰车装置。气囊安装在栏杆下部，当栏杆下降时，如果车辆突然驶入，栏杆气囊轻微触到车身，气动开关会自动将栏杆抬起。

电子控制防碰装置则通过传感器监测栏杆放下过程，一旦在下降过程中遇到阻力，栏杆自动抬起避免损坏车身。

（3）车辆自动识别系统

车辆的自动识别装置是停车场智能管理系统的核心技术，一般采用卡片识别技术，包括驾驶人手持的磁卡、条码卡、IC卡、非接触型RF射频识别卡等。非接触型RF射频识别卡由于能在一定距离上实现自动识别，可靠性高，处理速度快，适用于单位、住宅小区、写字楼和公寓等自用的内部停车场。若停车场作为公共停车场，使用者通常只是临时停车，数量多、时间短，则价格低廉、制作简单的IC卡、磁卡或打印条码式智能管理系统比较适合，但它们的缺点是可靠性相对较低，处理速度慢，易被仿造，保密性不高。目前，最先进的识别系统将IC卡和图像识别技术综合在一起，并形成计算机网络管理与控制，在入口处通过摄像头摄入进场车辆，经计算机加以处理并传输到管理中心主系统储存起来，车辆出场时，由收费人员进行比对，与驾车人所持票据编号的车辆在入口时的信号相比，若两者相符即可放行，大大提高了停车场管理系统的安全性和可靠性。

（4）车位显示系统

汽车驶入停车场后，为了提高各车位的利用率，并使客户迅速停在合适车位上，智能停车场管理系统一般设有车位显示系统，该系统由车位探测器、供电器、控制器、LED 显示板组成。车位探测器安装在车位上方，当有车辆进入时探测器发出有车信号，控制器将显示板上的代表该车位的 LED 发出的绿色变为红色，显示该车位已被占用。LED 显示板一般安装在停车场的入口处，以方便进入停车场的驾驶人，根据显示板所显示的车位情况选择停车位。

（5）收费系统

收费系统由计算机、读卡机、网络控制软件组成，主要用于对临时车辆的停放进行识别、记录和收费，并兼有长期停放车辆的识别功能。当车辆驶入时，驾驶人通过出示识别卡或操纵发卡机获取一张临时停车票（或卡），将进入时间及其他有关信息传送至计算机，如有图像识别系统则传至计算机的还有相关图像。当该车驶出时，驾驶人将停车票交给收费管理员，收费管理员读卡后系统自动计算计费时间和应收费用，收费完成后，栏杆抬起，收费系统会将收取费用自动进行累计。

（6）智能停车场管理系统的管理中心

智能停车场管理系统的管理中心，由中央控制计算机和停车场管理系统软件组成，负责整个系统的协调与管理。既可以独立构成停车场管理系统，也可以与其他计算机网相联，组成更大的集散控制系统，通常具有以下五种功能：

1）实时监控。实时监控是指每当读卡器探测到智能卡出现，立即向计算机报告，在计算机的屏幕上实时地显示各出入口驾驶人的卡号、状态、时间、日期、驾驶人信息。

2）IC 卡管理。IC 卡管理的主要功能是发行、查询、删除、修改智能卡信息，包括持卡人、卡号、身份证号码、性别、工作部门、车牌号等，可以根据客户的需求自动删除或人工删除到期的 IC 卡。

3）设备管理。设备管理的功能是对出入口读卡器和控制器等硬件设备的参数和权限等进行设置。

4）报表功能。生成报表，以进行统计和结算。

5）软件设置。可对软件系统自身的参数和状态进行修改、设置和维护，包括口令设置、修改软件参数、系统备份和修复、进入系统保护状态等。

2. 智能停车场的工作流程

停车场智能管理系统本质上是一种分布式的集散控制系统，其工作流程如下：

1）待停车辆驶近入口，可看到停车场车位显示与信号标志，标志显示入口方向与停车场内空余车位情况，若停车场未满，允许车辆进入停车。

2）驾驶人在入口处购置停车票、卡或将专用停车卡在验读机上读卡，或使用核准的停车场出入感应卡感应，入口栏杆升起放行。车辆驶入后，栏杆自动放下，阻挡后续车辆进入。

3）进入的车辆可由摄像机将车牌、颜色甚至车型等信息影像摄入并传送到系统控制中心加以处理和储存，形成进入车辆的车牌数据。"车牌数据"与停车凭证数据（凭证类型、编号、进场日期、时间）一齐存入管理系统计算机内。进场的车辆在停车引导灯的指导下，停到规定的位置，同时系统反馈该车位已被占用。车辆驶离时，汽车驶近出口处，出示停车凭证经验读机识别，此时出场车辆的停车编号、出场时间、出口车牌摄像识别器提供的车牌数据和验读机读出的数据一起送入管理系统，进行核对与计费计算，若需当场核收费用，由出口收费器（员）收取。

4）手续完毕后，出口栏杆升起放行，车辆通过后栏杆落下，车场停车数据减一，入口指示信息标志中的停车状态刷新一次。

三、停车场的管理

1. 经营性停车场的选址

选址是经营性停车场投资决策成功与否的最重要因素，它与城市规划中的停车场选址有一定的相似之处。但是，由于这一类停车场除了配合城市交通疏导之外，还要求投资收益的最大化，因此在选址时还应考虑如下因素：

停车需求。这主要指备选地周边的交通流量和相关机构可能为停车场所带来的停车客户的多少，以及周边其他停车设施的形式、数量可能会对投资造成的影响。一般而言，在人口密集的生活小区或商业区的繁华路段修建经营性停车场是比较可行的。

步行距离。各国对停车设施规划中的停车后步行时间都曾做过研究，人们一般倾向于停车后有短距离的步行即可到达出行的目的地。对美国的调查表明，人们对停车后步行距离有一定的可容忍范围，一个停车点要保证85%～95%的使用者在其可容忍的服务半径以内。在日本，停车后步行距离一般为 200~300m，界限为 400m 左右。我国政府规定，市中心区的停车场服务半径不应大于 500m。

交通方便性。指停车场所处的交通环境造成的汽车到达停车场的难易程度，主要与停车场周围的路网结构和交通疏导方案有关，交通越方便，停车场的吸引力就越大。

连通街道的通行能力。指连接停车场与城市主干道的街道，其通行能力必须要适应停车场建成后所吸引的附加交通量，并能提供车辆一定的等候排队所需的空间。

征地拆迁的难易及费用。指拟建设停车场土地上是否存在建筑物需要拆迁，以及拆迁所需的成本和时间，是否有难度较大的地上、地下管线改造，是否存在地质处理等。

建设方案与城市总体规划的协调。指在停车场的使用寿命内及服务范围内将来可能发生的停车源的变化，主要考虑新建街道或交通干道出入口布局和现有街道的改造。

2. 停车场建设的审批

停车场建设的审批，在我国一般由公安交通管理部门牵头会同规划部门、土地管理部门和消防部门共同负责，公安交管部门负责根据城市总体规划的要求，协助规划局制定有关城市停车场建设的专业规划。对专业性停车场（库）、楼和公共建筑配建的停车场（库）以及临时性停车场的选址地点，是否符合道路交通管理要求和城市规划进行审核，并对设计方案和停车场（库）设计的施工图样进行审核，确定其是否符合《停车场规划设计规则》的要求，对不符合规定的，提出整改要求，并要求其限期整改，并会同有关部门对停车场（库）的建筑施工过程进行技术监督、检查。城市规划部门则主要负责制定城市停车场的专业规划，对报建的停车场（库）设计方案提出具体设计要求，对停车场建设和管理实行监督。城市土地管理部门负责审批单位或个人专项建设停车场（楼），申请以划拨或出让方式用地的审批手续。消防部门则负责对停车场的消防情况进行审核。在申请申报时，一般要提供以下文件：申请报告；工商行政管理部门核发的营业执照；规划局的图文批件；消防合格证明；市政占道批件；法人代表委托停车场责任人证书；土地使用证件（红线图）复印件；临时性场地需有用地协议；停车场设置车位、标志牌进出口的施工设计图、停车场设施图（施工前报审批）；主办单位营业执照复印件和法人任命书复印件。

在管理上一般还要求停车场必须设专门管理人员负责停车场秩序和收费管理工作，要有具体的规章制度和管理措施。停车场出、入口及场地内要设置明显的引导标志、标线，室内停车场的出、入口要设置限高标志。在社会道路的路口以及道路主、辅路出入口的范围内，不得设置停车场出、入口。停车场地必须是硬质铺装（含草地水泥砖）。场地内的停车泊位要以白线标划清晰，每个停车泊位的规格为不得少于5m长、2.5m宽，场地内的通道宽度在6m以上。泊位斜排时，通道宽度在4.5m以上。与通道平行设置的泊位规格为6m长、2.5m宽。停车场须配置必要的消防设备、照明设备，消防通道不得设置停车泊位。室内停车场出、入口的数量，坡道的坡度以及转弯半径必须与规划设计方案相等。

3. 停车场的收费

2000年9月1日，国家有关部门根据《中华人民共和国价格法》等有关法律、法规规定制定、颁布了《机动车停放服务收费管理办法》，规定县级以上地方人民政府价格主管部门负责机动车停放服务收费方面的管理工作。机动车停放服务收费实行"统一政策、分级管理"的原则。国务院价格主管部门统一负责全国机动车停放服务收费管理政策的制定；各省、自治区、直辖市人民政府价格主管部门负责制定本行政区域内机动车停放服务收费实施细则；机动车停车场所所在城市人民政府价格主管部门负责制定机动车停放服务收费具体标准。机动车停放服务收费实行市场调节价、政府指导价、政府定价3种定价形式。

具有自然垄断经营性质的机动车停放服务（机场、码头、车站、旅游景点、住宅区的露天或地下配套停车场等停放服务）收费，实行政府指导价或政府定价。具体定价形式由各省、自治区、直辖市人民政府价格主管部门根据本行政区域内机动车保有量和停放服务供求关系确定。收费标准的制定或调整，由经营者提出书面申请，报所在地人民政府价格主管部门批准后执行。收费标准按照补偿合理经营成本、依法纳税、保本微利的原则核定。

非自然垄断经营性质的机动车停放服务（商场、娱乐场所、宾馆酒店、写字楼等建筑物的配套停车场等停放服务）收费，实行市场调节价。非自然垄断经营性质的机动车停放服务收费标准按照补偿合理经营成本、依法纳税的原则核定。

经营成本按照停车场维护、管理所需支出，在合理定岗、定员的基础上确定。各省、自治区、直辖市人民政府价格主管部门应结合本地区停车场发展的实际情况，制定规范停车场经营成本的指导性意见，指导停车场经营企业加强管理，降低成本。地方人民政府价格主管部门制定涉及面广和调整有争议、社会反应强烈的部分停车场收费标准，必要时可召开听证会，广泛听取社会各方面意见。机动车停放服务收费实行明码标价制度。经营者应当按照《中华人民共和国价格法》和国家计委《关于商品和服务实行明码标价的规定》，在机动车停车场所及收费地点醒目位置设置明码标价牌，标明停放车辆类型、服务内容、计费单位、收费标准和投诉、举报电话，接受社会监督。

4. 停车场的消防管理

1998 年 5 月 1 日。由公安部编定，建设部批准实施了《汽车库、修车库、停车场设计防火规范》，从消防安全的角度对停车场、停车库的设计、建设提出了具体要求，内容包括专业术语、防火分类和耐火等级、平面布局和平面布置、防火分隔和建筑构造、安全疏散、消防给水和固定灭火系统、采暖通风和排烟以及电器等。这一规范颁布实施后，成为各地对停车场项目进行消防验收的权威和法定标准。

四、我国部分城市的停车管理简介

1. 北京

在停车场建设方面，北京市采取了在重点地区建立停车诱导系统，优先在轨道交通换乘站和大型公交枢纽站，配建一定数量的机动车和自行车公共停车位以方便换乘的做法。同时为了加强停车管理，建立了凡属对社会开放的收费停车场均由市交管局负责审批，经批准的收费停车场，由工商管理机关核发营业执照，按物价部门规定收取停车费的审批制度。非社会停车场由产权单位自己管理。占路停车位由市交管局统一规划、统一设置，停车收费由市有关单位负责。大中型公共建筑、居住小区配套停车场（库）在规划时，由市交管局和市规划局负责审定，并确定车位数量。

2001 年 7 月 1 日，北京市人民政府第 74 号令正式颁布实施了《北京市机动车道路停车秩序管理办法》（以下简称《办法》），为加强道路停车秩序管理，全面规范机动车停车行为，改善机动车停车秩序提供了有力的法律保障。为保证《办法》的顺利实施，市交通管理局采取了以下措施：

1）对全市主要道路的路侧停车场地、停车泊位和停车设施进行一次全面清理整顿，重点解决路侧停车位标志、标线不准确、不齐全、相互矛盾，沿街单位违法占用、圈用公共停车位和私设停车位的问题。对擅自设置停车位、私划停车标线的，依照有关法规规定，责令有关单位或当事人及时进行清除，保证准停和禁停地区标志标线清晰醒目。同时，在不影响交通的前提下，在部分道路增划停车泊位，缓解停车供需矛盾。

2）进一步加强停车秩序管理。在原有基础上，继续抓好全市340条停车管理规范街的达标工作，调整警力部署，确保停车规范街和重点地区、重点大街"双无"（无失控街道、无失控时间）。并组织交通民警通过现场处罚和粘贴《违章停车通知单》、拖车、锁车等形式，对违法停车行为严格处罚。为此，交通管理局依法专门制定了与《办法》条款相对应的处罚标准和适用方法，组织全体干警及交通协管员集中培训，准确使用法律条文，掌握执法尺度，规范执法行为，保证执法公正。

3）规范交通协管员工作。根据《办法》第十四条的规定，明确了"专门人员"即交通协管员，在交通民警的组织下，对违法停车行为进行纠正。

4）规范经营性停车位管理。明确经营性停车位和停车场的管理人员，有义务维护所经营管理的停车位的交通秩序，对拒不交纳停车费的人员，有权通知交通民警予以处罚。

5）加大《办法》的社会宣传工作。交通管理局召开了新闻发布会，通过新闻媒介开展宣传，让广大驾驶人了解掌握《办法》的内容和要求，同时部署宣传民警深入社会单位组织驾驶人学习，要求大家自觉遵守《办法》规定。

2. 上海

上海市为了缓解停车矛盾，在制定城市静态交通建设十五规划的同时，采取"远边结合、标本兼治"的管理措施，缓解停车难矛盾，促进停车管理走良性循环的道路。具体采取了如下措施：

1）鼓励引导单位自用停车场（库）和公共建筑配套的停车场（库）向社会开放。上海有1100多家客货运企业和出租、公交企业，自用车场（库）面积大，且流量大多在市区边缘，运输企业因昼夜都有大量车辆在外从事运输活动，有较大潜力可挖，由运管部门统一引导、组织自用停车场向社会及有关单位开放而增加的停车泊位达1.26万个。

2）利用已建或在建市政设施或建筑工地时间差开辟长期或临时的停车场所。上海的南北高架、延安路高架、内环线下以及吴淞路闸桥、越江大桥底下等都开辟为停车场库，为前来旅游观光或公务外出的各种车辆提供了方便；而因市政建设拆除的建筑工地辟为临时停车场的达85个，停车泊位2366个。

3）运用行政和经济手段引导车辆进入停车场库。上海结合"畅通工程"的实施，在市区已撤除公路停车点56个，缩减临时停车泊位达2313个，缩减总量达40%，同时采取稽查、监控等手段，迫使驾驶人将车辆停放进停车场库，还路于交通。与此同时，上海有关部门着手制定上海市新的收费标准，总的原则是降低停车场库的停车费，提高利用率。例如，徐家汇地区的汇金百货广场等采取了灵活的停车措施，半小时内停车免费，而购物200元以上的顾客凭购物单可免费停车3h。

3. 广州

据统计，截至2000年底，广州市车辆总数约为120万辆，而市区公共停车位仅3万多个，这些车辆中相当部分是采用路边占道停放。以前由于多头管理、职责不清等原因，普遍存在乱收费、超范围经营、消防隐患大、治安形势严峻、违章事实多、群众意见大等问题，尤其是货车停车场，100多家货车停车场中，牌证齐全、正规经营的不到1/3。

鉴于上述情况，广州市有关部门制定了《广州市停车场管理规定》（以下简称《规定》）。这意味着广州市第一次有了针对停车场管理的政府法令，广州市的停车场将全部纳入行业管理。该《规定》将把广州的停车场按规模、区域的不同分为5类（室内一级、二级、室外一级、二级、简易），实行不同的收费标准。

此外，广州市政府决定，广州市（包括四郊区市）停车场将由广州市交委独家管理。广州市第一批共9个货车停车场已经交委认定并颁发统一的"机动车收费停车场"牌证。据悉，这种统一牌证将在广州市上千个停车场悬挂。

另外，针对许多不规范的路边停车场与专业停车场之间恶性竞争的现象，广州将加强管理，包括严管乱停乱放，加快电子咪表建设，并通过价格杠杆加以调控。全市规划实施"电子咪表"收费的停车车位已达2000~3000个，实际已投入使用300多个，其中大量的车位将通过招投标方式，选择最具实力的企业来建设和管理。

4. 香港

香港有 600 多万人口，1994 年的登记车辆为 44.7 万多辆，拥有停车和装/卸载场泊位总数 45.8 万多个，车辆数与泊位数之比为 1∶1.03，其中路外泊位 43.2 万多个，占 94%，路内泊位 2.6 万多个，占 6%。全香港共有公共泊位 14.9 万多个，其中路外泊位 12.3 万多个，路外泊位与路内泊位的比为 4.7∶1；在香港，公共泊位与私人泊位之比为 1∶2.1；公共泊位与机动车总数比为 1∶3。泊位供应充分，基本能满足停车需求。

自 1993 年，香港警方开始提出"灵活执行交通法例政策"的概念，指导一线执法警察在交通执法时应当如何确定先后缓急的次序，抓住重点交通违法行为予以处罚。对于需要予以记分的交通违法行为，一线执法警察必须优先处罚，以保障驾驶人的自身安全和其他道路使用者的人身财产安全。为了保持道路交通的畅顺，所有一线执法警察均须遏止不为他人设想的驾驶行为，如在出口受阻时仍进入黄色方格路口、在高速公路上慢驶的车辆没靠左线行驶、在不准停车区内非法停车（泊车）等。这类交通违法行为将视情况予以定额罚款告票、交通传票形式处理。

另外，香港特区政府运输署日前开始实施一项试验计划，以方便父母或配偶接载行动不便的残疾人士。此项试验计划旨在通过发放父母或配偶接残疾人士泊车证明书，让证明书持有人把车辆停泊在政府多层停车场内指定车位，以方便父母及配偶接载其行动不便的残疾家庭成员。这些车位都比较宽敞并靠近电梯。为配合这项试验计划，运输署已把政府多层停车场内的指定停车位数目由 16 个增至 39 个。凡家庭中有行动不便的残疾人的合格驾驶人士都可申请证明书。

五、国外停车管理简介

1. 日本

在人多地少、居住面积狭小的日本，尤其是在东京，停车问题对于城市交通管理部门来说是一大难题。但日本的停车场数量多、规模大，已形成了大产业。

日本停车场的建设非常发达，大部分家庭有家庭式私家停车场，在和式二层小楼的一层，设计有专门的停车位，与整体小楼一起设计，停车位就是小楼的一部分。建筑商也多以带有停车位的和式小楼来招商卖楼。也有在宅独院内建起小巧的停车房。更有不少屋主，在独宅独院的门前或房侧，地皮允许的范围内，建立停车位，自用之余，向邻里出租。

大型停车场一般都是由企业、团体建设的。一种是在高层建筑的地下，有内部免费停车，也为外来车辆提供收费停车服务。在繁华地段或商业、办公集中区，都建有大型或特大型地下停车场，由专门的公司进行经营管理。有的企业还建有高层立体式自动化停车库和地面立体停车场。而大型宾馆则建有完备的停车场和车库，最多可停车上千辆。大型商场和超市，也建有足够车位的专用停车场，停车位少则几十个，多则几百个。例如，东京迪斯尼乐园，停车场可一次停车 2000 辆，新建的迪斯尼海上乐园，建有 4000 辆规模的屋内外停车场。

据 1998 年实际统计，日本商品房住宅区停车泊位数已经占住房总数的 80%，出租房住宅区也达到了 60%。

按交通管理法，东京的主要街道上，几乎没有一个地方可以停车，绝大多数路面不能停车 5min 以上。但车如流水人如潮，总是需要临时停车。不得已，政府交通管理部门在一些宽阔路面的单侧或两侧，划出若干停车位，设自动收费机，可以停车 1h。尽管如此，乱停车的问题始终存在。政府交管部门尽管采取了拖车、罚款甚至吊销执照等严厉措施，但仍然摆脱不了汽车时代面临的这一大社会病。

另外，名古屋市人口 215 万人，机动车总数 123 万辆，在其面积为 19.19km^2 的停车场建设地区内，停车泊位总数达 12 万多个，其中公共停车泊位数达 31300 个，几乎全是民营。

2. 新加坡

新加坡东西长 42km，南北宽 25km，国土总面积 646km^2。在过去的 10 年里，新加坡的道路交通增长了 2.5 倍，截至 2001 年底，新加坡每天的国民出行已达 7 百多万次；私人小轿车拥有量达 15 万辆，约每 20 个新加坡人即拥有 1 辆；而在可能预测的从现在到 2010 年的期间里，其国民的出行量仍将不断增长，私人小轿车拥有量将达 50 万辆，达到约每 7 个新加坡人即拥有 1 辆的水平。

面对如此大量的汽车拥有量及出行，停车管理成为一个非常棘手的问题。为此新加坡政府除了积极利用原有的停车场以外，还制定了许多的政策以应对出现的停车问题。例如，将停车场建设视为整体交通管制的重要组成，限制私人使用小汽车，对在早高峰（7：00～10：15）进入 CBD（中央商务区）和乘员少的车辆收费，其目的在于有效抑制进入中心区的车流，事实证明此举的收效十分显著。

另外，新加坡寸土如金，地面上土地有限，必须考虑向更深的地下、海域和空域发展。所以，新加坡政府专门筹组了新的跨机构委员会，以制定新加坡地下空间发展规划的总蓝图，积极探讨如何全面规划利用更深的地下空间来发展停车场。

新加坡的建屋局和市区重建局自2000年1月起，以拖车行动对付拖欠停车罚款且对拘捕令置之不理的车主。建屋局、市区重建局和交警发出联合声明说，当局给予违反停车条例者充足的时间付款销案，大约95%的驾车者收到警告信后也自动缴付罚款，只有少数车主置之不理，也不出庭面控，并对拘捕令不加理会。拖车行动开始以来，接到拘捕令后到中央警署付款的车主增加了一半。

3. 韩国首尔

1988年奥运会前后，随着经济的快速发展，韩国首尔市民的汽车拥有量大幅增加，"停车难"成了首尔市政管理的突出问题，为此政府于1989年专门设立了停车规划处。停车规划处的主要工作有三，即负责有关停车政策的研究、负责首尔市停车场的建设和监督、负责首尔市停车场的综合管理工作。

截至2001年6月底，首尔的停车位达到了195.6万个，占总需求量的78%，比1988年提高了36个百分点。但是由于这期间首尔市的汽车数量大幅增加，目前停车位缺口的绝对数量仍然很大。截至2001年6月底，在首尔登记的机动车辆达到249.7万辆，目前停车位的缺口为54.1万个，比1988年增加了10多万个。

由于首尔地价昂贵，在新建停车场时平均每个停车位的费用高达4000万韩元（约合3万美元），要使停车场的建设速度赶上汽车的新增速度是不可能的，因此首尔采取的措施是在已有设施的基础上最大限度地开发停车空间。

近年来停车规划处主要推行的两项政策：

（1）居民区街道停车制度

即在宽度为5.5m以上12m以下的居民区街道的一侧全都划定停车位，宽度在7m以下的街道在划定停车位后，由原来的双向通行改为单向通行。在街道停车场的使用上，对附近居民实行优惠，居民只要每月支付很少费用就能优先使用固定的停车位。据介绍，这种制度的推行使首尔在过去几年里增加了30万个停车位，在划定停车位的街区里，邻里之间的停车纠纷也明显减少了。

（2）家庭停车场支援制度

要解决停车难问题，光靠政府的力量是不够的。为鼓励有单独住宅的居民建立自己的停车场，停车规划处规定，对于利用自己住宅的庭院或空地建设停车场的居民，每个停车位最多给予150万韩元（约1000美元）的援助。除此之外，停车规划处还有许多政策计划，如在首尔的每一个洞（街道）建立一个公共停车场；利用公园等公共用地合理开发新的停车场；提高办公楼等大型建筑附属停车场的夜间利用率等。

以上这些措施极大地缓解了首尔的停车难的问题。

4. 法国

法国是一个汽车大国，80%的人口有汽车，汽车在人们的日常生活中占有重要地位。截至2001年8月底，法国的汽车保有量已近4000万辆，其中2800多万辆为私人小汽车，几乎两人一辆。因而，城市停车就成了一个大问题。

为缓和"停车难"的问题，巴黎等一些城市规定，在建造新的住宅时，必须修建至少与住户数相等的地下车库车位。但是，这只能解决一部分问题，住宅地下车库并不能彻底解决停车问题。法国各大、中城市多有收费停车场，但远满足不了日常的停车需求，因而，有关部门在道路两旁建立大量的停车位。这类停车位分为两种：一种是定时停车位，设在车流量较大的街区；另一种是混合车位，多设在居民区内，既可定时停车，又可供附近无车库的住户停车。

定时停车位的停车费因城市和地段不同而异，在巴黎为5~15法郎/h，最长可停泊2h；而混合车位除这种收费方式外，对附近居民采取"包干制"，由市政府提供停车卡，每天收费15法郎。在周末、法定假日和8月份休假期间，这些车位均免费。在一些车流量不大的中、小城市，路边车位全年免费。

停车费是一种税收，属地税范围，在有些财政状况较好且车流量也不太大的城市，这类车位亦不收费。路边车位的收费是通过自动收费机进行的。收费机分为三种，一种是投币式，另一种是插卡式，还有一种是投币与插卡两用，其中最常见的是投币付款。当停车者找到一个车位把车泊入时，根据所需停车的时间长短，将硬币（最小单位为1法郎）从投币口投入，按确认键后，收费机便将一张打印出付费数和停车时限的小纸片吐出。然后将这张纸片放在汽车前风窗玻璃内即可。

在每年的 8 月份，由于休假，巴黎大部分车位免费停车，约有 4/5 的收费车位，即 14.5 万个车位中有 11.3 万个免费开放。这一措施自 1997 年起实施，因为一年中这段时间的车流量和警员数量都减少。在巴黎郊区、外省以及国外注册的所有车辆都可以享受 8 月免费停车的措施。但是，并不是所有街道都可以免费停车，只有通常供给居民停车的车位免费。在停车时间限制在 2h 以内的路段停车仍然收费，因此这些路段共 3.2 万个车位始终收费。这些道路一般位于巴黎的商业区和旅游区。如果在这些地方停车，设自动收费机，可以停车 1h。

第四节　汽车文化市场

汽车的发明和发展是社会文明的产物，汽车文化是汽车发明和发展中所创造的物质财富和精神财富的积累。汽车文化不但有助于汽车工业的发展，有助于社会整体的发展，同时汽车文化形成的市场潜力巨大，为社会的发展创造了无限的商机。这种市场主要表现在汽车展览、汽车赛事、汽车广告、汽车旅游、汽车夜市、汽车影院、新闻媒体等方面。

一、汽车展览

汽车展览不仅是汽车企业家、汽车专家及有关人士的表演舞台，而且还散发出浓浓的汽车文化气息。汽车展览经常召开多种形式的研讨会，研讨汽车技术、汽车创新、汽车安全、汽车与环境保护等问题，为汽车行业的发展，为大众的汽车消费开拓着美好的未来。汽车展览会带来更多的概念车型、新车型、汽车展会风格和文化氛围，让人们感受到世界汽车工业跳动的脉搏。

法兰克福车展、巴黎车展、日内瓦车展、北美车展和东京车展是世界著名的五大汽车展，最短的也有 50 年以上的历史。这些车展都对世界汽车的发展起到了推动和促进作用，在世界汽车工业发展的历史长河中有着不可磨灭的功绩。

1. 法兰克福车展
德国法兰克福车展是世界上最大的汽车展之一，创办于 1887 年 9 月。

有世界汽车工业"奥运会"之称。在第 35 届之前，该车展的举办地在柏林，此后移到法兰克福，并确定一年为轿车展，一年为商用车展。展会在法兰克福市中心不远的一些大厅里进行。这是一个规模庞大的车展，是一些世界级汽车公司的主要展车会场。"梅塞德斯-奔驰""宝马""奥迪""欧宝"以及"保时捷"都有自己专门的展厅。

图 12-1 所示为法兰克福会展中心塔楼。

图 12-1　法兰克福会展中心塔楼

2. 巴黎车展

法国是汽车的发源地，第一次车展也是在法国举行的。在法国汽车俱乐部的倡议下，第一次国际车展于 1898 年在巴黎的一个公园举行，大约 14 万名游客前来参观，232 辆汽车往返于巴黎与凡尔赛之间，汽车已经成为公众瞩目的焦点。尤其是 1901 年在大皇宫开幕而于爱丽舍宫闭幕的车展，它重振了汽车工业在人们心目中的地位。巴黎汽车展从 1854 年的第一部汽车到 21 世纪的电动汽车，展示了汽车整个发展过程中的许多重要车型，标志着人们取得的惊人进步。这里吸引了世界各主要汽车厂商、零部件厂商和科研中心参展。

3. 日内瓦车展

日内瓦国际汽车展是全球五大国际车展之一，每年的参展作品多得不胜枚举，让人眼花缭乱。一年一度在瑞士日内瓦举行的国际车展反映了当今世界的汽车流行趋势。由于欧洲是世界主要汽车消费市场，各大汽车公司竞相在该车展上亮相，推销自己的新产品。大型高级轿车、豪华小轿车、面包车、跑车和赛车等是该展会上的主要展品。图 12-2 所示为日内瓦车展的展厅。

图 12-2　日内瓦车展展厅

4. 北美车展

北美车展原名"底特律车展",一年一度在美国底特律举行。它始于1907 年,当时参展的厂商只有 17 家,参展汽车一共只有 33 辆,随着汽车工业的兴盛,车展也越办越大。1965 年开始,车展迁移到现在的 COBO 展览中心,那里是世界上面积最大的室内展览会场之一,可同时容纳上万名参观者。1989 年该车展更名为"北美国际汽车展"。参展的主要是世界各汽车大公司当年推出的新型车、概念车等。图 12-3 所示为 2005 北美国际车展开幕。

5. 东京车展

东京车展始于 1966 年,与北美车展、法兰克福车展等并称世界五大车展。它一年一度交替展出商用车和小轿车。东京车展聚集了日本本土车厂出产的五花八门、千姿百态的小型汽车,以及各种各样的汽车电子设备和技术。东京车展历来以规模大,注重新产品、新技术的推出,展出产品实用性强而闻名于世界。

二、汽车广告

汽车文化对广告的发展起着不可估量的作用。日本丰田车的经典广告语:"车到山前必有路,有路必有丰田车"影响了中国人十几年。现在,汽车广告在城市里已经非常普遍。各式各样的广告充斥着公共汽车的里里外外,特别是当举办体育比赛、商贸洽谈会、文化节、艺术节、博览会

图 12-3　2005 北美国际车展开幕

时，汽车广告更是无所不在。一些商家还将专用运输车和售后服务车作为流动的广告牌走街串巷。投资大、冲击力强、视觉效果显著的汽车广告已成为各种形式广告中必不可缺的一部分。进入 21 世纪，各大汽车公司兼并联合，实施全球营销战略，使得众多知名品牌涌入世界各地，给综合了视觉、听觉、平面、立体等各类效果的广告及整个广告业创造出更多的契机、掀起新一轮广告投放热潮。

三、汽车旅游

汽车旅游是昔日大众不敢想的，而现在，即便是没有私家车的爱好者也能将其变为现实。20 世纪 90 年代初，我国兴起学驾热，现在非专职驾驶人数以百万计。与此相伴，我国汽车租赁业勃然兴起。这一切，终于使汽车爱好者走近了汽车，自己驾车旅游，说停就停，想走就走，这种满足个体需求、体现个性情趣的旅游，是跟随旅游团体而失去个体自由无法相比的。因此，汽车旅游，方兴未艾。

四、汽车夜市和汽车影院

人们可到夜市观摩、购车。夜市有许多介绍汽车知识的宣传资料，播放着"新车介绍"专题录像片，还设有大排档，让人们在观摩、购车的同时，还可以品尝一下各地的风味、小吃。在露天电影已消失的今天，作为汽车文化独特景观的汽车影院却悄然问世。在这里，轿车的泊位就是影院的座位，泊位的设计不会挡住视线。打开汽车音响，透过前窗玻璃，就可悠然地欣赏电影。在汽车影院，每一辆轿车都是一个贵宾包厢，不必担心来自周边的干扰，尽情地品尝生活。

五、新闻媒体

汽车文化已成为人们日常生活的重要组成部分，各种汽车杂志纷纷问世，许多报纸开辟了有关汽车的专栏，电视台、广播电台也纷纷举办汽车专题报道，新闻媒体对汽车文化的形成与发展功不可没。

21世纪，汽车会真正成为国人生活的一部分，只有当人们与汽车同生存时，才可能创造出形式各异的汽车文化。归根结底，汽车文化是以汽车为载体，以文化为依托，两者相辅相成，缺一不可。

第五节　汽车法律服务

一、汽车法律服务概况

汽车法律服务作为汽车服务的一种表现形式，随着我国汽车工业的发展和汽车保有量的不断增加，其贸易额也在逐年攀升。其一，我国巨大的市场和商机吸引国际汽车集团纷纷加大对我国的投资；其二，加入WTO后面临的经济全球化和游戏规则化，以及我国对汽车工业实施保护的需要，这些都要求提供复杂交易和高科技含量的专业化法律服务；其三，日益庞大的私人用车市场也对汽车法律服务提出了个性化和差异化服务的要求，同时汽车法律服务本身也面临全球化竞争。因此，研究我国汽车法律服务的内涵和市场需求，对壮大和完善我国汽车法律服务、推进汽车法律服务全球化是十分必要的。

二、汽车法律服务的特征

汽车法律服务作为法律服务中的一种专业服务，既具有法律服务的基本特征，同时又具有汽车的专业特性。汽车法律服务的特征如下。

1. 专业性

汽车法律服务提供者一般需经专门法律职业考试才能取得进入市场的资格，同时，还必须具备一定的汽车专门知识。

2. 地域性

所提供的服务往往与服务提供者或接受者所在地的政治、经济、文化、法律制度及语言密切相关，不同国家的法律制度往往具有不同的社会性质，在法律属性、术语、结构、实施等方面也大相径庭，外国律师要提供涉及东道主或者第三国法律服务的业务相当困难。因此，外国律师主要以从事本国法律或国际法有关的业务为主。因此，汽车企业在进行跨国诉讼时，往往会聘请一个律师团，其中必定包括当地的律师。

3. 信任性

汽车法律服务的对象既有汽车生产制造企业，也有汽车贸易维修企业，同时还有汽车消费者，几乎涉及社会各个领域，服务提供者与委托人之间往往有直接且高度信任的关系。

4. 差异性

汽车法律服务内涵的多样性决定了汽车法律服务的差异性，另外，国际汽车法律服务的增加，各国之间汽车法律服务市场的需求差异也极大。

三、汽车法律服务的表现形式

我国的汽车法律服务主要是在以下领域开展业务。

1. 反倾销领域

由于我国劳动力成本的竞争优势，我国的许多行业曾经遭受过国外的倾销指控。我国汽车虽然竞争力还不强，但在个别领域也曾被提出倾销指控，如我国的汽车玻璃、摩托车等，我国的汽车法律服务工作者为此付出了大量的努力，并取得了一定的成果。另一方面，我国加入 WTO 后，有可能面临外国汽车的低价竞争，我国可以考虑利用反倾销手段对其加以限制，以保护本国汽车工业。在汽车工业上采用这一手段，从法律上是可行的。

2. 解决贸易争端领域

加入 WTO 后，我国现行的许多政策、法律、法规都与 WTO 的要求存在很大差距。在我国加入 WTO 后，尽管仍有一段过渡期，但要在这么短的时间内完成国内法律法规与 WTO 规则的协调工作是相当困难的。因此，在我国加入 WTO 后，在诸多方面与其他成员国发生了争端。尤其在汽车产业，由于汽车工业是我国的重点保护部门，而外国汽车厂家又对我国汽车市场垂涎已久，我国与他国发生贸易争端的可能性更大。一旦发生这种贸易争端，我们便可以利用 WTO 的贸易争端解决机制加以解决。WTO 的贸易争端解决机制是一套很独特的争端解决机制，我国汽车法律服务工作者应当研究已经发生过的其他国家之间运用 WTO 贸易争端解决机制解决争端的案例，如美国与日本之间的汽车贸易战。这对我国今后灵活运用这一机制保护自身利益至关重要。

3. 汽车消费领域

我国在汽车消费领域普遍存在着"维权难"这种说法，一方面是由于以前，我国没有专门针对汽车这一特殊消费品的消费法律，消费者只能根据《中华人民共和国产品质量法》和《中华人民共和国消费者权益保护法》维护自己的权益，往往针对性不强，合法权益难以得到保护，但是随着《缺陷汽车产品召回管理条例》的出台，应该可以大大缓解这一问题。

另外，汽车法律服务还在汽车金融保险领域、国内贸易争端、汽车人力资源的争夺等领域开展了大量的业务活动。随着汽车服务贸易的发展，汽车法律服务还将进一步发挥作用。

四、WTO 体制下的汽车法律服务

加入 WTO 后，我国经济将在产业结构、组织结构、文化形态和管理模式等方面加快与世界经济的整合；我国的产品、劳务、技术、信息和资本将全面汇入世界经济大潮；我国的企业将在全球范围内进行生产要素的最佳组合和配置，分享经济全球化带来的结构优化和规模经济的实惠；中国人的消费结构、投资结构和消费理念将发生深刻的变化，这些都将潜在地影响汽车法律环境的改变，导致汽车法律服务需求的增长，汽车法律服务的竞争力将加强，其国际化进程也将加快。具体表现如下。

1. 在 WTO 体制下，汽车法律服务的执业环境得到改善

加入 WTO 后，中国将按 WTO 的规则办事，对经济活动、行政活动、社会管理、法律领域等各方面进行调整，强化国家的宏观管理职能，逐步减少国家的行政干预，以前惯有的部门审批、行业保护、部门垄断将逐步消失，市场参与者之间进行的是公平和平等的竞争。从社会管理方面看，随着依法治国基本方略的实施，各种社会关系、经济关系都将逐步实现法制化，国家依法行政、依法管理社会各项事务，所有宏观行为都将在法制的轨道上进行。从法律领域看，中国的立法、司法、执法体系将发生改变，在处处强调"按法律规则办事"的 WTO 氛围下，市场主体进行经济

活动必须受到法律规范的约束。

2. 汽车法律服务需求日益增长

加入 WTO 后，大量国外资本和国外企业，如汽车服务企业、汽车金融企业等进入中国市场，具有涉外性的金融、投资、贸易、争端等也将不断涌现，对高层次、高质量的汽车法律服务需求也越来越大，主要表现为：客户数量增加、传统业务量扩大、汽车法律服务品种多样化，反倾销、反补贴 WTO 争端等新型汽车法律服务领域不断出现。

3. 汽车法律服务的竞争力加强

国外法律服务业在进入中国市场带来竞争压力的同时，还带来国外律师业先进的做法和经验，如发展战略规划、内部管理制度、服务质量控制等，中国法律服务业在进行国际法律服务，开拓国际市场的时候，也在不断积累服务经验。这些都将促进我国汽车法律服务业竞争力的提高，缩短与国外汽车法律服务业的差距。

4. 汽车法律服务国际化进程加快

加入 WTO 后，对外投资条件的放宽，将会有大量的汽车、摩托车整车和零部件制造企业走出国门，拓展国外市场，参与国际竞争，汽车法律服务业也将随之进入国际市场，为这些企业服务。另外，国外法律服务业进入中国，也将提高中国法律服务业的国际意识，促使中国法律服务业提高服务质量、拓宽服务范围，并逐步走向世界，为世界经济全球化服务。

当然，加入 WTO，也对我国汽车法律服务带来了一定的冲击。国外律师事务所的进入将会对国内律师事务所带来较大的冲击，经济全球化后，涉外业务，如国际汽车经济贸易法律服务等业务将会被国外律师事务所占领大部分，同时，国外律师事务所的进入也会导致律师人才的加速流动，给国内律师事务所造成负面影响。

总之，加入 WTO 扩大了中国汽车法律服务市场，为中国的律师进军国际汽车法律服务市场提供了机遇，一方面，外国律师事务所在"市场准入"的前提下，大量进入中国，冲击中国的法律服务业，尤其是涉外法律服务较多的汽车法律服务业。另一方面，加入 WTO 会使中国法律服务工作者放眼世界，通过与外国律师的全球竞争，提高自身竞争力，从而也提高了中国汽车法律服务的整体服务水平。

附　　录

附录 A　车辆购置税征收管理办法

**（2014 年 12 月 2 日国家税务总局令第 33 号公布
根据 2015 年 12 月 28 日《国家税务总局关于修改
〈车辆购置税征收管理办法〉的决定》修正）**

第一条　根据《中华人民共和国税收征收管理法》（以下简称税收征管法）、《中华人民共和国税收征收管理法实施细则》《中华人民共和国车辆购置税暂行条例》（以下简称车辆购置税条例）及有关法律法规规定，制定本办法。

第二条　车辆购置税的征税、免税、减税范围按照车辆购置税条例的规定执行。

第三条　纳税人应到下列地点办理车辆购置税纳税申报：

（一）需要办理车辆登记注册手续的纳税人，向车辆登记注册地的主管税务机关办理纳税申报；

（二）不需要办理车辆登记注册手续的纳税人，向纳税人所在地的主管税务机关办理纳税申报。

第四条　车辆购置税实行一车一申报制度。

第五条　纳税人购买自用应税车辆的，应自购买之日起 60 日内申报纳税；进口自用应税车辆的，应自进口之日起 60 日内申报纳税；自产、受赠、获奖或者以其他方式取得并自用应税车辆的，应自取得之日起 60 日内申报纳税。

第六条　免税车辆因转让、改变用途等原因，其免税条件消失的，纳税人应在免税条件消失之日起 60 日内到主管税务机关重新申报纳税。

免税车辆发生转让，但仍属于免税范围的，受让方应当自购买或取得车辆之日起 60 日内到主管税务机关重新申报免税。

第七条　纳税人办理纳税申报时应如实填写《车辆购置税纳税申报表》（以下简称纳税申报表），同时提供以下资料：

（一）纳税人身份证明；

（二）车辆价格证明；

（三）车辆合格证明；

（四）税务机关要求提供的其他资料。

第八条　免税条件消失的车辆，纳税人在办理纳税申报时，应如实填写纳税申报表，同时提供以下资料：

（一）发生二手车交易行为的，提供纳税人身份证明、《二手车销售统一发票》和《车辆购置税完税证明》（以下简称完税证明）正本原件；

（二）未发生二手车交易行为的，提供纳税人身份证明、完税证明正本原件及有效证明资料。

第九条　车辆购置税计税价格按照以下情形确定：

（一）纳税人购买自用的应税车辆，计税价格为纳税人购买应税车辆而支付给销售者的全部价款和价外费用，不包含增值税税款；

（二）纳税人进口自用的应税车辆：

$$计税价格 = 关税完税价格 + 关税 + 消费税$$

（三）纳税人购买自用或者进口自用应税车辆，申报的计税价格低于同类型应税车辆的最低计税价格，又无正当理由的，计税价格为国家税务总局核定的最低计税价格；

（四）纳税人自产、受赠、获奖或者以其他方式取得并自用的应税车辆的计税价格，主管税务机关参照国家税务总局规定的最低计税价格核定；

（五）国家税务总局未核定最低计税价格的车辆，计税价格为纳税人提供的有效价格证明注明的价格。有效价格证明注明的价格明显偏低的，主管税务机关有权核定应税车辆的计税价格；

（六）进口旧车、因不可抗力因素导致受损的车辆、库存超过 3 年的车辆、行驶 8 万公里以上的试验车辆、国家税务总局规定的其他车辆，计税价格为纳税人提供的有效价格证明注明的价格。纳税人无法提供车辆有效价格证明的，主管税务机关有权核定应税车辆的计税价格；

（七）免税条件消失的车辆，自初次办理纳税申报之日起，使用年限未满10年的，计税价格以免税车辆初次办理纳税申报时确定的计税价格为基准，每满1年扣减10%；未满1年的，计税价格为免税车辆的原计税价格；使用年限10年（含）以上的，计税价格为0。

第十条 价外费用是指销售方价外向购买方收取的基金、集资费、违约金（延期付款利息）和手续费、包装费、储存费、优质费、运输装卸费、保管费以及其他各种性质的价外收费，但不包括销售方代办保险等而向购买方收取的保险费，以及向购买方收取的代购买方缴纳的车辆购置税、车辆牌照费。

第十一条 最低计税价格是指国家税务总局依据机动车生产企业或者经销商提供的车辆价格信息，参照市场平均交易价格核定的车辆购置税计税价格。

车辆购置税最低计税价格管理办法由国家税务总局另行制定。

第十二条 纳税人购买自用或者进口自用的应税车辆，申报的计税价格低于同类型应税车辆的最低计税价格，又无正当理由的，是指除本办法第九条第（六）项规定车辆之外的情形。

第十三条 主管税务机关应对纳税申报资料进行审核，确定计税价格，征收税款，核发完税证明。

第十四条 主管税务机关对已经办理纳税申报车辆的征管资料及电子信息按规定保存。

第十五条 已缴纳车辆购置税的车辆，发生下列情形之一的，准予纳税人申请退税：

（一）车辆退回生产企业或者经销商的；

（二）符合免税条件的设有固定装置的非运输车辆但已征税的；

（三）其他依据法律法规规定应予退税的情形。

第十六条 纳税人申请退税时，应如实填写《车辆购置税退税申请表》（以下简称退税申请表），由本人、单位授权人员到主管税务机关办理退税手续，按下列情况分别提供资料：

（一）车辆退回生产企业或者经销商的，提供生产企业或经销商开具的退车证明和退车发票。

未办理车辆登记注册的，提供原完税凭证、完税证明正本和副本；已办理车辆登记注册的，提供原完税凭证、完税证明正本、公安机关车辆管理机构出具的机动车注销证明。

（二）符合免税条件的设有固定装置的非运输车辆但已征税的，未办理车辆登记注册的，提供原完税凭证、完税证明正本和副本；已办理车辆登记注册的，提供原完税凭证、完税证明正本。

（三）其他依据法律法规规定应予退税的情形，未办理车辆登记注册的，提供原完税凭证、完税证明正本和副本；已办理车辆登记注册的，提供原完税凭证、完税证明正本、公安机关车辆管理机构出具的机动车注销证明或者税务机关要求的其他资料。

第十七条　车辆退回生产企业或者经销商的，纳税人申请退税时，主管税务机关自纳税人办理纳税申报之日起，按已缴纳税款每满 1 年扣减 10% 计算退税额；未满 1 年的，按已缴纳税款全额退税。

其他退税情形，纳税人申请退税时，主管税务机关依据有关规定计算退税额。

第十八条　纳税人在办理车辆购置税免（减）税手续时，应如实填写纳税申报表和《车辆购置税免（减）税申报表》（以下简称免税申报表），除按本办法第七条规定提供资料外，还应根据不同情况，分别提供下列资料：

（一）外国驻华使馆、领事馆和国际组织驻华机构及其外交人员自用的车辆，分别提供机构证明和外交部门出具的身份证明；

（二）中国人民解放军和中国人民武装警察部队列入军队武器装备订货计划的车辆，提供订货计划的证明；

（三）设有固定装置的非运输车辆，提供车辆内、外观彩色 5 寸照片；

（四）其他车辆，提供国务院或者国务院授权的主管部门的批准文件。

第十九条　车辆购置税条例第九条"设有固定装置的非运输车辆"，是指列入国家税务总局下发的《设有固定装置非运输车辆免税图册》（以下简称免税图册）的车辆。

第二十条　纳税人在办理设有固定装置的非运输车辆免税申报时，主管税务机关应当依据免税图册对车辆固定装置进行核实无误后，办理免税手续。

第二十一条　国家税务总局定期编列免税图册。车辆购置税免税图册管理办法由国家税务总局另行制定。

第二十二条　主管税务机关要加强完税证明管理，不得交由税务机关以外的单位核发。主管税务机关在税款足额入库后发放完税证明。

完税证明不得转借、涂改、买卖或者伪造。

第二十三条 完税证明分正本和副本，按车核发，每车一证。正本由车主保管，副本用于办理车辆登记注册。

税务机关积极推行与车辆登记管理部门共享车辆购置税完税情况电子信息。

第二十四条 购买二手车时，购买者应当向原车主索要完税证明。

第二十五条 完税证明发生损毁丢失的，车主在补办完税证明时，填写《车辆购置税完税证明补办表》（以下简称补办表），分别按照以下情形予以补办：

（一）车辆登记注册前完税证明发生损毁丢失的，主管税务机关应依据纳税人提供的车辆购置税完税凭证联次或者主管税务机关车辆购置税完税凭证留存联次或者其电子信息、车辆合格证明补办；

（二）车辆登记注册后完税证明发生损毁丢失的，主管税务机关应依据车主提供的《机动车行驶证》或者《机动车登记证书》，核发完税证明正本（副本留存）。

第二十六条 完税证明内容与原申报资料不一致时，纳税人可以到发证税务机关办理完税证明的更正。

第二十七条 完税证明的样式、规格、编号由国家税务总局统一规定并印制。

第二十八条 主管税务机关应加强税源管理。发现纳税人不按规定进行纳税申报，造成不缴或者少缴应纳税款的，按税收征管法有关规定处理。

第二十九条 本办法涉及的纳税申报表、补办表、退税申请表、免税申报表、车辆信息表的样式、规格由国家税务总局统一规定，另行下发。各省、自治区、直辖市和计划单列市国家税务局自行印制使用，纳税人也可在主管税务机关网站自行下载填写使用。

第三十条 本办法自2015年2月1日起实施。《车辆购置税征收管理办法》（国家税务总局令第15号）、《国家税务总局关于修改〈车辆购置税征收管理办法〉的决定》（国家税务总局令第27号）同时废止。

附录 B　汽车综合性能检测站能力的通用要求

中华人民共和国国家标准 GB/T 17993—2005
（摘要）

1　范围

本标准规定了汽车综合性能检测站开展汽车综合性能检测工作应具备的服务功能、管理、技术能力以及场地和设施的要求。

本标准适用于汽车综合性能检测站建设、运行管理以及对汽车综合性能检测站能力认定、委托检测和监督管理。

2　规范性引用文件（略）

3　术语和定义

下列术语和定义适用于本标准。

3.1

汽车综合性能 automotive multiple-function

在用汽车动力性、安全性、燃料经济性、使用可靠性、排气污染物和噪声以及整车装备完整性与状态、防雨密封性等多种技术性能的组合。

汽车综合性能检测站 automotive multiple-function test station

按照规定的程序、方法，通过一系列技术操作行为，对在用汽车综合性能进行检测（验）评价工作并提供检测数据、报告的社会化服务机构。简称综检站。

4　服务功能

4.1　依法对营运车辆的技术状况进行检测。

4.2　依法对车辆维修竣工质量进行检测。

4.3　接受委托，对车辆改装（造）、延长报废期及其相关新技术、科研鉴定等项目进行检测。

4.4　接受交通、公安、环保、商检、计量、保险和司法机关等部门、机构的委托，为其进行规定项目的检测。

5 管理要求

5.1 组织

5.1.1 综检站应具有明确的法律地位，应为独立承担法律责任的社会化法人机构（非独立法人的需经所属独立法人授权）。

5.1.2 综检站从事检测工作应符合本标准的要求。

5.1.3 综检站的组织管理应覆盖检测工作的各个方面。

5.1.4 综检站应设置管理、检测操作、质量审核监督等基本岗位，各岗位人员的数量、素质应与其工作相适应，需规定对检测质量有影响的主要岗位人员的职责、权力和相互关系，并通过明示的方法被客户所了解。

5.2 质量体系

5.2.1 综检站应按 GB/T 15481 建立、健全质量体系，应将其政策、制度、计划、管理程序、检测规范等制定成文件，构成质量体系文件，应符合计量认证的相关规定。

5.2.2 质量体系文件包括内部制订文件和外来文件。

内部制订文件应至少包括：质量手册、支持性程序文件、主要仪器设备操作规程、检测作业指导书、委托检测受理程序、外部抱怨处理程序、生产安全保障制度、检验人员守则、服务公约等。

外来文件应至少包括：所有开展检测工作依据标准、委托检测机构有关管理政策、法规等文件。

5.2.3 综检站的质量体系应覆盖检测工作的各个方面。

5.2.4 综检站应实施并保持与其承担检测工作相适应的质量体系。

5.3 文件控制

5.3.1 质量体系文件应由综检站最高管理者或其授权人员审查并批准后使用，并通过适当的标识确保其现行有效。

5.3.2 质量体系文件应传达至有关人员，并被其获取、理解和执行。

5.3.3 应定期核查质量体系文件的适用性和时效性，确保其现行有效。

5.3.4 质量体系文件的修改、变更应经过最高管理者或其授权人员审查并批准，并确保所有发放使用的受控文件被替换。

5.3.5 全部质量体系文件原件应存档，应建立适用的档案管理制度，并规定不同文件的保存周期。

5.3.6　应有保护客户机密信息和所有权的措施，包括电子存储和结果数据传输等。

5.4　服务

5.4.1　综检站应通过适当的方式，保证各类检测的具体项目、收费价格、检测工作的具体流程、检测适用标准、被检参数的限值和依据方便客户了解，并依据相关标准的要求、程序和规范，开展检测服务。

5.4.2　检测报告应采用规范的格式或委托方要求的格式提供给客户。

5.4.3　应制定程序并采用适当手段，在不影响检测工作和保护其他客户机密的条件下，允许客户监督对其委托业务进行的检测工作。

5.5　抱怨处理

5.5.1　应有程序文件处理来自客户的抱怨，并有效实施。抱怨包括对检测工作质量、检测数据结果有异议的申诉和损害客户利益的投诉以及改进检测工作的意见和建议等。

5.5.2　抱怨处理程序应包括责任部门、处理程序、受理范围、受理期限、经济责任等，并以适当的方式明示，被客户了解。

5.6　事故、差错控制

5.6.1　应有程序文件处理检测过程中出现的事故和差错，并有效实施。

5.6.2　程序文件应包括责任部门和责任人、处理程序、纠正和预防措施的实施、不良后果的挽回和客户损失的补偿以及处理结果的跟踪。

5.7　记录、报告的控制

5.7.1　应建立记录、报告控制文件，包括质量记录、技术记录、结果报告等。质量记录应包括来自内部质量管理的过程记录等；技术记录、结果报告包括检测过程记录、检测报告、检测结果统计、分析报告等。

5.7.2　记录、报告格式应符合一定的规范要求，包含的信息齐全，并有授权签字人确认。

5.7.3　记录、报告应以便于存取的方式保存在安全的环境中，并符合相关法规、政策、制度、标准的规定，记录、报告的保存期限不少于两年。

5.7.4　应制订计算机自动生成、存档记录、报告控制程序，防止未经授权的侵入或修改以及数据的丢失。

5.8 质量审核和评审

5.8.1 应制订程序文件定期对检测工作、质量体系运行的各要素进行审核和评审，能保证检测工作、质量保证体系合理、有效运行，并持续改进。

5.8.2 质量审核、评审应涉及质量体系的全部要素，包括与检测业务相关的管理工作和检测工作。

5.8.3 应定期对检测工作进行质量审核（每年不少于两次）、评审（每年应至少一次）。

6 技术能力要求

6.1 人员

6.1.1 基本要求

6.1.1.1 综检站应设站长（或其他称谓）、技术负责人、质量负责人、计算机控制网络系统管理员、检测员、引车员，以及仪器、设备（维护）管理员、文件资料档案管理员等主要岗位。

注：本标准主要岗位人员不是岗位设置要求，允许1人多岗，但均须达到本标准规定的从业岗位的要求，质量负责人不宜兼职。

6.1.1.2 应制订人员培训制度，并有效实施，保证检测有关人员能按新的检测标准开展检测工作。

6.1.1.3 对持证上岗从业人员，应通过专门培训，取得岗位从业资格证书后，方可上岗。

6.1.2 站长

6.1.2.1 熟悉国家、行业、地方关于汽车检测方面的政策、法令、法规、规定、相关标准。

6.1.2.2 熟悉汽车检测业务，具有大专（含）以上学历、中级（含）以上职称，具备企业经营、管理能力。

6.1.3 技术负责人

6.1.3.1 应具有汽车运用工程或相近专业大专（含）以上学历和中级（含）以上工程技术职称。

6.1.3.2 掌握汽车理论和汽车构造知识，有三年以上的汽车维修或检测工作经历。

6.1.3.3 熟悉国家、行业、地方有关汽车维修检测方面的政策、法规、规定及相关标准。

6.1.3.4　掌握检测设备的性能，具有使用检测设备的知识和分析测量误差的能力，能组织检测仪器、设备校准和计量检定工作。

6.1.4　质量负责人

6.1.4.1　应具有汽车运用工程或相近专业大专（含）以上学历和中级（含）以上工程技术职称。

6.1.4.2　熟悉检测技术标准和检测仪器、设备检定规程，熟知计量认证和质量控制要素，胜任检测站全面质量管理工作。

6.1.5　计算机控制网络系统管理员

6.1.5.1　应具有计算机相关专业大专（含）以上学历，具备计算机网络管理知识。

6.1.5.2　掌握检测技术标准，熟悉检测仪器、设备的控制原理、计算机控制系统的构架、各业务节点的操作和设置、数据库的结构和维护管理等。

6.1.6　检测员

6.1.6.1　应具有高中（含）以上学历，了解汽车各系统的工作原理、构造和有关使用、安全性能知识及维修经验。

6.1.6.2　熟悉所在工位检测仪器、设备的性能，具备使用检测仪器、设备的知识，熟练掌握检测操作规程。

6.1.6.3　掌握检测项目的技术标准，能独立进行一般数据处理工作。

6.1.6.4　了解综检站计算机控制网络的构成和业务节点，熟知汽车综合性能检测工艺流程及相关标准，具有计算机操作和计算机网络系统的基本知识。

6.1.7　引车员

6.1.7.1　应具备6.1.6.1、6.1.6.2规定的检测员资格条件。

6.1.7.2　应持有与驾驶车型相对应的机动车驾驶证，从事汽车驾驶三年以上的工作经历，并取得汽车驾驶中级及其以上等级证书。

6.1.8　仪器设备管理员

6.1.8.1　应具有中专或相当于中专（含）以上学历和技术员（含）以上技术职称。

6.1.8.2　掌握汽车构造和原理的一般知识。

6.1.8.3　掌握检测仪器设备的性能和使用，具备检测设备管理知识，能对检测仪器设备进行维护、保养、校准。

6.1.9 文件资料档案管理员

6.1.9.1 应具有中专（含）或相当于中专以上学历，熟悉国家档案管理、保密法规和综检站管理工作程序。

6.1.9.2 了解综检站使用的检测标准、方法，能为检测人员提供受控标准和更新。

6.1.9.3 胜任综检站质量体系文件及其运行、验证等资料的管理工作。

6.2 检测项目与参数

6.2.1 综检站应具备附录 A 所示检测项目或参数的能力。

6.2.2 综检站应依据相关标准或根据客户委托制定的检测方法开展检测工作。

6.2.3 综检站按 GB 18565、GB 7258、JT/T 198、GB/T 18344、GB/T 15746.1~15746.3、GB 1589、GA 468 规定的要求开展检测工作，应采用计算机控制联网方式进行检测。

6.2.4 综检站应制订开展新的检测工作的程序，保证所开展检测工作能满足预定用途或应用领域的要求。

6.3 检测仪器设备

6.3.1 综检站应配备与检测项目或参数相应的检测仪器设备。仪器设备主要技术要求应符合附录 A 中的规定。

6.3.2 综检站配备的检测仪器设备应通过产品形式认定，并有产品检验合格证和制造计量器具许可证标志。进口检测设备参照执行。

6.3.3 综检站配备的检测仪器设备应符合相应检测仪器设备计量检定规程和检测用标准要求的测量范围、分辨力、准确度等级或允许误差，满足相应仪器设备国家、行业产品标准的要求，使用的计量检测仪器设备应按规定周期经过检定合格。

6.3.4 综检站配备的检测仪器设备应与被检测车辆的主要技术参数相适应。

6.3.5 主要检测仪器设备应能进行计算机联网，实现自动检测，应具备计算机联网受控检测功能的仪器设备见附录 A。

6.4 计算机控制检测系统

6.4.1 控制系统应具有车辆信息的登录、规定项目与参数的受控自动检测、检测数据的自动传输与存档、检测报告与统计报表的自动生成、指定信息的查询等功能，所有记录（包括报告和报表）格式及内容均应符合有关规定。

6.4.2 控制系统配置的计算机等硬件和操作系统等软件应符合相关标准的要求。

6.4.3 控制系统应建立适用检测车型数据库和适用检测标准项目、参数限值数据库，并符合相关委托检测行业管理的要求。

6.4.4 控制系统不应改变联网检测仪器设备的测试原理、分辨力、测量结果数据有效位数和检测结果数据，检测参数的采集、计算、判定应符合有关标准。

6.4.5 应具有人工检验项目和未能联网的检测仪器设备检测结果的人工录入功能（IC 卡或其他方式）。

6.4.6 应设置检测标准、系统参数等数据修改的访问权限及操作日志。

6.4.7 计算机控制系统其他要求应符合 JT/T 478 的有关规定。

7 场地和设施

7.1 基本要求

7.1.1 综检站应有科学的总体规划设计和工艺布局，合理设置汽车检测线、检测间、检测工位、计算机控制系统、停车场、试车道路、业务厅等设施。

7.1.2 综检站的设计和使用须有消防通道、消防设施等，并严格执行国家、行业、地方有关消防条例、法规的规定。

7.1.3 综检站应有必要的绿化面积和卫生设施，符合 GBZ1 的有关规定。

7.1.4 综检站的供电设施应符合 GB 50055 的有关规定。

7.1.5 综检站的建筑物防雷措施、防雷装置均应符合 GB 50057 的有关规定。

7.2 检测线

7.2.1 检测线应布置在检测间内，应按规定的检测项目配置检测工位。

7.2.2 检测工艺流程应布置合理，各检测工位应有足够的检测面积，检测时各工位应互不干涉。

7.2.3　检测线出入口应设引车道和必要的交通标志，应有醒目的工位标志、检测流程指示信号，应有避免非检测人员误入检测工作区的安全防护装置等。

7.3　检测间

7.3.1　检测间的长度、宽度、高度应满足检测车型检测工作的需要，并符合建筑标准的要求。

7.3.2　检测间应通风、防雨，并设置排（换）气、排水装置，检测间内空气质量应符合 GBZ1 的有关规定。

7.3.3　检测间通道地面的纵向、横向坡度在全长和任意 10m 长范围内应不大于 1.0%，平整度应不大于 3.0‰，在汽车制动检验台前后相应距离内，地面附着系数应不低于 0.7。

7.3.4　检测间内采光和照明应符合 GB/T 50033 和 GB 50034 的有关规定。

7.4　停车场和试车道路

7.4.1　停车场的面积应与检测能力相适应，不允许与检测场地、试车道路和行车道路等设施共用。

7.4.2　试车道路的承载能力应满足受检汽车的轴荷需要，试车道路应符合 GB/T 12534、GB 7258 的相关要求。

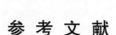

参 考 文 献

[1] 徐宏源，陈建国．中国汽车市场展望［M］．北京：机械工业出版社，2002.

[2] 威文，邢何明，杨利强．第一流的汽车营销［M］．北京：机械工业出版社，2002.

[3] 刘锡平．汽车消费信贷指南［M］．长沙：湖南人民出版社，2000.

[4] 梁军，焦新龙．汽车保险与理赔［M］．北京：人民交通出版社，2004.

[5] 周延礼．机动车辆保险理论与实务［M］．北京：中国金融出版社，2003.

[6] 赵春梅，等．保险学原理［M］．大连：东北财经大学出版社，2001.

[7] 陈晋元．汽车配件及其储存、维护常识［M］．上海：上海科学技术出版社，1996.

[8] 宓亚光．汽车配件经营与管理［M］．北京：机械工业出版社，2014.

[9] 胡建军．汽车维修企业创新管理［M］．北京：机械工业出版社，2002.

[10] 杨江河．汽车美容［M］．北京：机械工业出版社，2001.

[11]《汽车维修》编写组．汽车维修［M］．北京：人民邮电出版社，2000.

[12] 曹家喆．现代汽车检测诊断技术［M］．北京：清华大学出版社，2003.

[13] 陈焕江．汽车检测与诊断［M］．北京：机械工业出版社，2001.

[14] 罗伯特·斯卡福．汽车车身修复［M］．李福勤，译．北京：机械工业出版社，1998.

[15] 汪盛藻．汽车修补涂装与修补技术［M］．北京：中国物资出版社，1997.

[16] R 舒尔夫，R J 帕奎特．汽车车身表面修复［M］．冯桑，关燕明，杨霄，译．北京：机械工业出版社，1998.

[17] 国家国内贸易局．旧机动车鉴定估价［M］．北京：人民交通出版社，2000.

[18] 关宏志，刘小明．停车场规划设计与管理［M］．北京：人民交通出版社，2003.

[19] 张国方．汽车服务工程［M］．北京：电子工业出版社，2004.

[20] 俞宁，等．汽车文化［M］．重庆：重庆大学出版社，2004.

[21] 庄蔚敏，叶福恒，庄继德．汽车回收利用与节能减排［M］．北京：机械工业出版社，2014.